DB 트랜잭션 동시성 제어

저자 소개

조시형

現) 주식회사 디비안 대표이사 /
前) 이랜드, 인슈넷, 디엠에스랩, 엔코아, 비투엔 /
前) 국가공인 SQLP, DAP 자격검정 전문위원 /
친절한 SQL 튜닝, 오라클 성능 고도화 원리와 해법 1, 2 저자

대용량 데이터 처리가 필수인 eCRM 솔루션 개발 업무를 담당하면서 DB 전문가의 길로 들어서게 되었다. 2010년에 한국데이터진흥원과 한국DB산업협의회가 공동 주관하는 제1회 우수DB人상을 수상하였고, 2016년 1월에 주식회사 디비안을 설립하였다. 25년 넘게 컨설팅을 수행하면서 터득한 성능관리 방법론을 솔루션화하는 일에 관심이 많고, DB 전문서적을 꾸준히 집필하면서 교육과 후배 양성에도 더 매진하려고 노력한다. 요즘은 인터넷 카페 디비안 포럼(www.dbian.net)을 통한 지식공유 활동에도 열심이다.

DB 트랜잭션 동시성 제어

초판 1쇄 발행 2026년 1월 2일

지은이 조시형
펴낸이 조시형
펴낸곳 주식회사 디비안
디자인 윤인아
출판등록 2018년 4월 5일 제2018-000041호
주소 서울특별시 영등포구 당산로31길 16-1, 201호 (당산동3가, JUM빌딩)
전 화 02-2662-8246
팩 스 050-4394-8246
홈페이지 www.dbian.co.kr
커뮤니티 www.dbian.net, www.sqlp.co.kr

ISBN 979-11-91941-12-8
값 38,000원

DB 트랜잭션 동시성 제어

주요 DBMS Lock 메커니즘 완전 비교 분석

Oracle

PostgreSQL

MySQL

SQL Server

조시형 지음

(주) 디비안

DBian

makes DB easier

서 문

"서버에 귀신이 산다"는 말을 들어본 적이 있는가?

IT 현장에서 널리 쓰이는 이 표현은 논리적으로 설명하기 어려운 이상한 현상이 간헐적으로 발생할 때 개발자들이 내뱉는 자조 섞인 탄식이다. DB 서버도 예외는 아니다. 분명히 SQL은 올바르게 작성했는데, 가끔씩 조회 결과가 일관되지 않거나 정합성이 깨진 트랜잭션 결과를 마주한 개발자는 "귀신의 소행"을 의심하게 된다. 하지만 DB 서버에는 귀신이 살지 않는다. 대신 우리가 모르는 복잡한 메커니즘이 조용히 작동하고 있을 뿐이다.

특히 다중 트랜잭션 환경에서 발생하는 대부분의 기이한 현상은 개발자가 현재 사용 중인 DBMS의 Lock 메커니즘을 정확히 이해하지 못한 데서 기인한다. Oracle, SQL Server, MySQL, PostgreSQL 등 각각의 DBMS는 저마다 다른 방식으로 동시성을 제어한다. 그런데도 대부분 개발자들은 이들이 모두 동일하게 동작한다고 가정하며 코드를 작성한다. 이런 잘못된 가정이 문제의 시작이다.

동시성 제어에 대한 이해가 부족한 상태에서 개발된 프로그램들은 다양한 문제를 야기한다. 데이터 정합성이 깨지고, 예측할 수 없는 교착상태가 발생하며, 성능이 급격히 저하되기도 한다. 무엇보다, 문제가 발생해도 재현이 어려워 원인 파악조차 쉽지 않다.

Lock에 대한 깊이 있는 이해는 DB를 다루는 모든 개발자에게 필수적이다. 각 DBMS의 특성을 정확히 파악하고, 그에 맞는 트랜잭션 동시성 제어 전략을 수립하는 것은 개발자가 갖추어야 할 핵심 역량이다. 하지만 안타깝게도 이를 체계적으로 다룬 교육 과정이나 실무 중심의 서적은 찾아보기 어렵다. Lock의 내부 동작 원리를 비교 분석한 책들은 있지만, 실제 애플리케이션 개발 관점에서 동시성 제어 기법을 깊이 있게 다룬 자료는 극히 드물다.

이러한 현실에 대한 문제의식이 이 책의 출발점이 되었다.
2024년 9월, 나는 "DB 트랜잭션 동시성 제어"를 주제로 특강을 진행했다. 십수 년 전 데이터 품질 관련 컨퍼런스에서 발표했던 자료를 기반으로, 오랜 기간에 걸쳐 내용을 보완하고 확장해 온 결과물이었다. 귀중한 자료를 소수의 참석자들에게만 공유하고 끝내기에는 너무 아쉽다는 생각이 들었고, 시간 제약으로 미처 다루지 못한 내용들을 정리해서 책으로 출간하겠다고 참석자들에게 즉석에서 약속해 버렸다.
당초에는 이미 정리된 자료가 있으니 2~3개월이면 충분할 것이라고 생각했다. 그런데 막상 집필을 시작하자 욕심이 생겼다. 기존 자료가 Oracle과 SQL Server 중심이었다면, 이번에는 MySQL과 PostgreSQL까지 아우르는 종합적인 비교 분석서를 만들어보자고 결심했다.
목표는 명확했다. "동일한 트랜잭션이라도 DBMS별 동시성 제어 메커니즘의 차이로 인해 어떻게 서로 다른 결과가 나타나는지를 실무 개발자들에게 알리고, 다중 사용자 환경에서 발생할 수 있는 각종 이상 현상들을 효과적으로 제어하는 방법들을 제시하는 것."

2025년 12월 현재, 집필을 시작한 지 15개월을 훌쩍 넘겼다. Lock 메커니즘이라는 주제 자체가 워낙 복잡하고 까다로워서, DBMS별로 실제 테스트를 반복하며 검증하는 과정이 예상보다 훨씬 오래 걸렸다. 하지만 그만큼 값진 발견들이 있었다. 집필 과정에서 얻은 가장 중요한 깨달음은 이것이다.

"모든 상황에서 완벽하게 일관성을 보장하는 DBMS는 존재하지 않는다."

이 책에서 독자들은 Oracle, SQL Server, MySQL, PostgreSQL의 Lock 엔진이 어떻게 설계되었는지, 각각의 장단점이 무엇인지, 그리고 이러한 차이점들이 실제 애플리케이션에 어떤 영향을 미치는지를 깊이 있게 이해할 수 있을 것이다.

이제 서버에서 "귀신"을 쫓아낼 시간이다. 함께 떠나보자.

감사의 말

이 책이 완성되기까지 많은 분들의 도움이 있었습니다.

무엇보다 긴 집필 기간 동안 묵묵히 응원해 준 가족들에게 깊은 감사를 전합니다. 초고를 꼼꼼히 검토하고 귀중한 조언을 아끼지 않으신 삼성SDS 정재우 수석님, 네이버 최준영 님, 디비안에서 함께 일하는 유일환 수석님, 김태형 수석님, 이승민 수석님께 진심으로 감사드립니다. 특히 테스트 스크립트를 직접 작성하여 책의 내용이 정확히 작동하는지 꼼꼼히 검증해 준 조예은 님 덕분에 책의 완성도를 한층 높일 수 있었습니다.

또한 2024년 특강에 참석하여 'DB 트랜잭션 동시성 제어'라는 주제에 뜨거운 관심을 보여 주신 수강생 여러분께도 감사를 드립니다. 여러분의 예리한 질문과 소중한 피드백이 이 책을 더욱 실무 중심의 실용적인 내용으로 발전시키는 데 큰 도움이 되었습니다.

끝으로, 이 책이 세상에 나올 수 있도록 건강과 지혜를 허락해 주신 하나님께 깊은 감사를 드립니다.

책 소개

책을 쓴 목적

PostgreSQL과 MySQL 같은 오픈소스 DBMS의 시장 점유율이 빠르게 확산되면서, 개발자들은 이제 이기종 DBMS 환경을 당연하게 마주하게 되었다. 문제는 동일한 SQL과 트랜잭션 패턴이라도 DBMS마다 전혀 다른 결과가 나타날 수 있다는 사실을 많은 개발자가 충분히 인지하지 못한다는 점이다. 자신이 작성한 프로그램이 어떤 격리 수준에서 어떤 결과를 낳을지조차 모른 채 DB 프로그래밍을 수행한다는 것은 어불성설이며, 상황에 따라 시스템에 심각한 문제를 초래할 수 있다.

각 DBMS는 벤더가 굳이 알리고 싶어 하지 않는 고유의 취약점과 구현적 한계를 갖고 있으며, 이는 공식 문서만으로는 파악하기 어렵다. 이 책은 바로 이러한 숨겨진 특성들을 명확히 드러내고자 한다. Lock 메커니즘과 동시성 제어 방식의 장단점을 투명하게 비교함으로써, 개발자들이 다중 사용자 환경에서 발생하는 트랜잭션 이상 현상을 정확히 인지하고 효과적으로 제어할 수 있도록 돕는다.

궁극적으로 이 책을 통해 개발자들은 어떤 환경에서도 견고하고 신뢰할 수 있는 DB 프로그램을 설계할 수 있을 것이다.

어떤 내용을 다루었나?

1장에서는 데이터 품질 저하의 주요 원인과 이를 방지하기 위한 동시성 제어의 중요성을 살펴본다.

2장에서는 Lock 기반 동시성 제어 모델과 다중 버전 동시성 제어 모델의 근본적인 차이점을 설명하고, 하나의 Select 문을 실행하는 과정에서 나타날 수 있는 비일관성 문제를 다룬다.

3장에서는 하나의 Update 문을 실행하는 과정에 나타날 수 있는 비일관성 현상을 설명하고, 이를 차단하기 위해 각 DBMS가 어떻게 동작하는지를 집중적으로 분석한다.

4장은 하나의 SQL 문을 넘어 트랜잭션 수준에서의 일관성을 조망하며, 격리 수준별로 발생할 수 있는 다양한 왜곡 현상과 해결 방안을 설명한다.
마지막 5장에서는 실무 시스템에서 실제로 적용할 수 있는 비관적/낙관적 동시성 제어, 데이터 누수 방지, 페이징 처리, 자원 요청 순서 정렬, 채번 동시성, 프로그램 병행 실행 제어 등 구체적인 동시성 제어 기법과 적용 사례들을 제시한다.

이 책이 꼭 필요한 독자

1. 금융권(은행·증권·보험) 시스템 개발자
2. 대용량 트랜잭션 처리 시스템 개발자
3. 온디맨드(On-demand) 배치 프로그램 개발자
4. 이기종 DBMS 통합 운영 환경의 개발자
5. 아래 질문에 대한 답변이 명확하지 않은 개발자

- SELECT 수행 중 일부 데이터가 변경되거나 추가된다면?
- UPDATE 수행 중 일부 데이터가 변경되거나 추가된다면?
- 일련의 SQL을 수행하는 동안 일부 데이터가 변경되거나 추가된다면?
- 동시에 진행하던 두 트랜잭션 간 처리 순서가 뒤바뀐다면?

책 읽는 방법

이 책의 내용이 쉽지 않으므로 한 번 읽고 단박에 이해하기는 어렵다. 세부 사항까지 정확히 이해하려면 최소 두 번 이상 읽어야 한다.
첫 번째 읽을 때는 아래 형식의 '보충 설명'을 일일이 읽다 보면 큰 흐름을 놓칠 수 있으므로, 보충 설명은 두 번째 읽을 때 보는 것을 권장한다.

Insert 시, ORA-08177 에러가 발생할 수 있는 이유

Oracle은 Serializable 격리 수준에서 Update 할 때 트랜잭션 시작 이후에 삽입된 레코드는 무시한다. 그럼에도 불구하고 상황에 따라 ORA-08177 에러가 발생할 수 있는 이유는 무엇일까?

- **1독** : 실습 없이 빠르게 대략적인 의미만 파악하되, 각 장 마지막에 제공한 요약 정보만큼은 정확히 숙지
- **2독** : 보충 설명까지 포함해서 꼼꼼히 읽고, 필요하다면 실습까지 진행

스크립트 사용법

실습 스크립트는 DBian 포럼(www.dbian.net)에서 다운로드할 수 있다. 좌측 메뉴에서 '[도서] DB 트랜잭션 동시성 제어'를 클릭한 후 '공지'를 확인하기 바란다.

1. 스크립트는 장별로 별도 폴더에 담겨 있다.
2. 스크립트 내에 테이블 생성문이나 초기화 명령문이 없는 경우, 테이블 생성 스크립트 또는 초기화 스크립트를 먼저 실행한 후 테스트해야 한다.
3. 테이블 생성 스크립트는 '테이블 생성' 폴더에 담겨 있다.
4. 데이터 초기화 스크립트는 '초기화' 폴더에 담겨 있다.
5. 책에는 스크립트명을 'script1_**dbms**_tx1.sql'이라고 표기했지만, 스크립트 폴더에는 아래와 같이 DBMS별 파일이 따로 존재한다.

    - script1_**mysql**_tx1.sql
    - script1_**oracle**_tx1.sql
    - script1_**postgresql**_tx1.sql
    - script1_**sqlserver**_tx1.sql

6. 스크립트별로 아래와 같이 두 세트의 파일을 제공한다. 두 개의 DB 접속을 생성하고, 하나는 ①번 파일을, 다른 하나는 ②번 파일을 열면 된다.

    ① scriptN_dbms_**tx1**.sql

    ② scriptN_dbms_**tx2**.sql

제3의 트랜잭션이 필요한 경우, scriptN_dbms_**tx3**.sql을 제공한다.

7. 각 파일에서 주석으로 감싸지 않은 SQL만 현재 트랜잭션에서 실행한다. 주석으로 감싼 SQL은 다른 트랜잭션에서 실행한다. 예를 들어, 아래는 TX1용 스크립트이므로 첫 번째 Select만 실행하고, 주석으로 감싼 Update는 TX2에서 실행한다.

```
-- TX1
SELECT SUM(SAL)
FROM   EMP
WHERE  DEPTNO = 20;

/*-- TX2
UPDATE EMP
SET    SAL = SAL + 200
WHERE  EMPNO = 7369
AND    DEPTNO = 20;

COMMIT;*/
```

반대로, 아래는 TX2용 스크립트이므로 주석으로 감싼 첫 번째 Select는 TX1에서 실행하고, 두 번째 Update만 실행한다.

```
/*-- TX1
SELECT SUM(SAL)
FROM   EMP
WHERE  DEPTNO = 20;*/

-- TX2
UPDATE EMP
SET    SAL = SAL + 200
WHERE  EMPNO = 7369
AND    DEPTNO = 20;

COMMIT;
```

차례

1장 트랜잭션과 데이터 품질

2장 문장 수준 읽기 일관성

3장 문장 수준 쓰기 일관성

4장 트랜잭션 수준 일관성

5장 트랜잭션 동시성 제어

1장

트랜잭션과 데이터 품질

우리는 수많은 트랜잭션이 동시에 발생하는 환경에서 데이터를 다루고 있다. 이러한 다중 사용자 환경에서는 데이터를 입력, 조회, 수정하는 모든 순간에 데이터 품질이 훼손될 수 있는 위험이 도사리고 있다. 특히 트랜잭션이 충돌하거나, 동시성 제어가 미흡한 상황에서는 의도하지 않은 결과를 초래하며, 시스템의 신뢰성을 떨어뜨리는 주요 원인이 된다.

이 장에서는 데이터 품질 저하의 주요 원인과 이를 방지하기 위한 동시성 제어의 중요성을 살펴본다. 트랜잭션의 기본 개념과 ACID 특성, 격리 수준 선택에 따른 동시성과 일관성의 상충 관계, 그리고 PK, FK, Not Null 제약 설정과 같은 데이터 무결성 수단의 한계도 논의할 것이다. 무엇보다, 동시성 제어가 미흡했을 때 현실에서 벌어질 수 있는 다양한 사례들을 통해 데이터 품질을 지키기 위한 개발자의 역할이 얼마나 중요한지를 구체적으로 짚어본다. 이 장은 이후에 다룰 기술적 내용을 이해하는 데 기반이 되는 개념과 문제의식을 정리하는 출발점이 될 것이다.

1.1 데이터 품질저하 원인

데이터 품질이 저하되는 원인은 다양하지만, 크게 다음 세 가지 과정에서 문제가 발생할 수 있다.

- **초기 입력 과정에서의 오류 :** 사용자나 시스템이 데이터를 최초로 입력하는 과정에서 발생하는 오류는 가장 일반적인 품질 저하 요인이다. 예를 들어, 잘못된 값 입력, 형식 오류, 중복 데이터 등이 대표적이다.
- **데이터 이관 또는 재구조화 과정의 문제 :** 데이터를 다른 DB로 이관(Migration)하거나, 합병으로 인한 DB 통합, 스키마 변경, 기타 여러 목적으로 데이터를 이행하는 과정에서 데이터가 누락되거나 왜곡될 위험이 존재한다.
- **데이터 활용 과정에서의 품질 훼손 :** 데이터를 조회, 수정, 삭제하는 과정에서 트랜잭션 간 충돌이나 일관성 오류가 발생할 수 있다. 특히 동시 접근 환경에서 품질 저하 가능성이 더욱 높아진다.

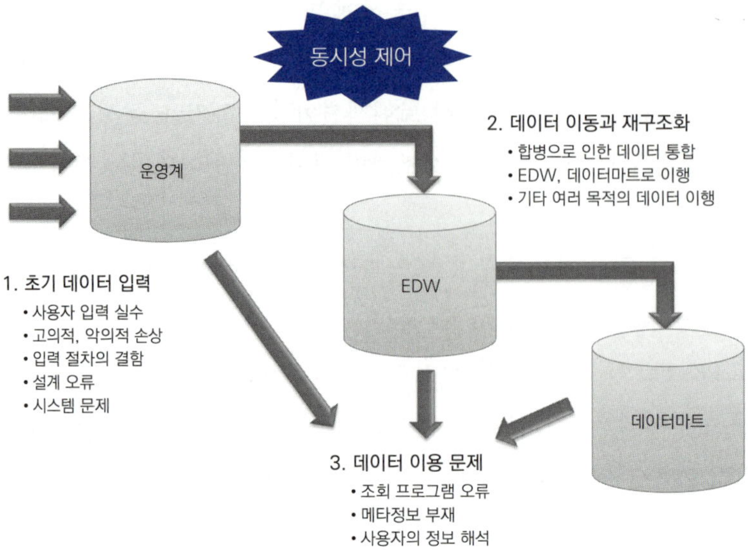

[그림 1 - 1]

이러한 모든 단계에서 동시성 제어(Concurrency Control)의 중요성은 점점 더 커지고 있다. 사용자 수와 처리 요구가 증가할수록, 데이터 무결성과 정확성을 유지하기 위해 동시성에 대한 체계적인 관리가 필수적이다.

1.2 동시성 제어의 중요성 증가

동시성 제어의 필요성은 시스템 환경이 고도화되고 사용자 요구가 증가하면서 갈수록 커지고 있다. 그 이유를 구체적으로 살펴보자.

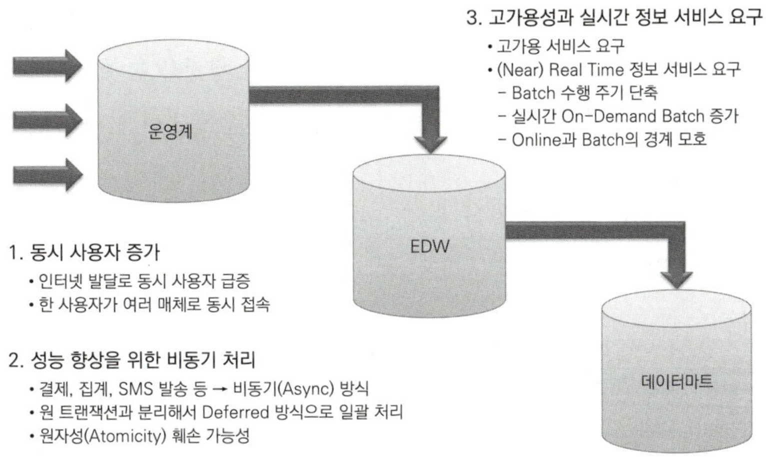

[그림 1-2]

동시 사용자 증가

인터넷과 모바일 기술의 발달로 인해 동시 접속자가 폭발적으로 증가하고 있다. 과거에는 한 사용자가 단일 PC에서만 시스템을 이용했다면, 이제는 스마트폰, 태블릿, 스마트워치 등 다양한 디바이스로 동시에 접근하는 일이 흔하다. 같은 계좌에 대해 여러 경로에서 동시 작업이 발생할 가능성도 그만큼 커졌다.

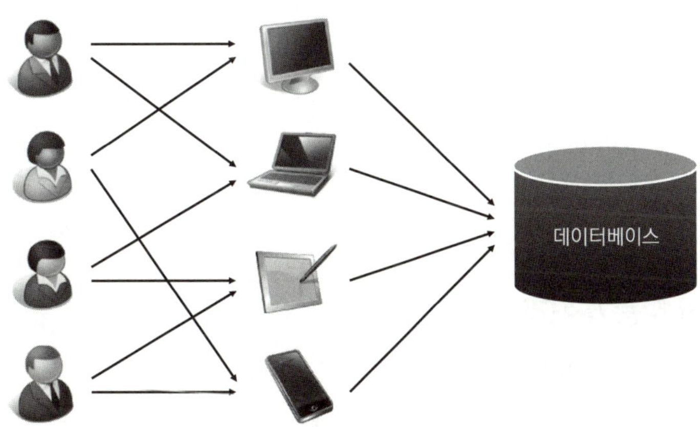

[그림 1-3]

필자가 실제로 겪었던 사례를 소개하면, 어느 날 은행 ATM에서 잔액 10만 원을 확인하고 5만원 출금을 시도했는데, 잔액이 부족하다는 에러 메시지가 뜨는 것이 아닌가? 분명히 잔액을 확인했는데 말이다. 확인해 보니, 같은 시점에 아내가 인터넷 뱅킹을 통해 이체를 진행했기 때문이었다. 비록 흔한 일은 아니지만, 이처럼 동시성 충돌은 실생활에서 언제든 발생할 수 있다.

이런 사례도 있었다. 2011년 무렵에 아래 기사를 접했는데, 제목부터 재미있다. "기막힌 우연(?)… 같은 번호 휴대전화가 두 대"

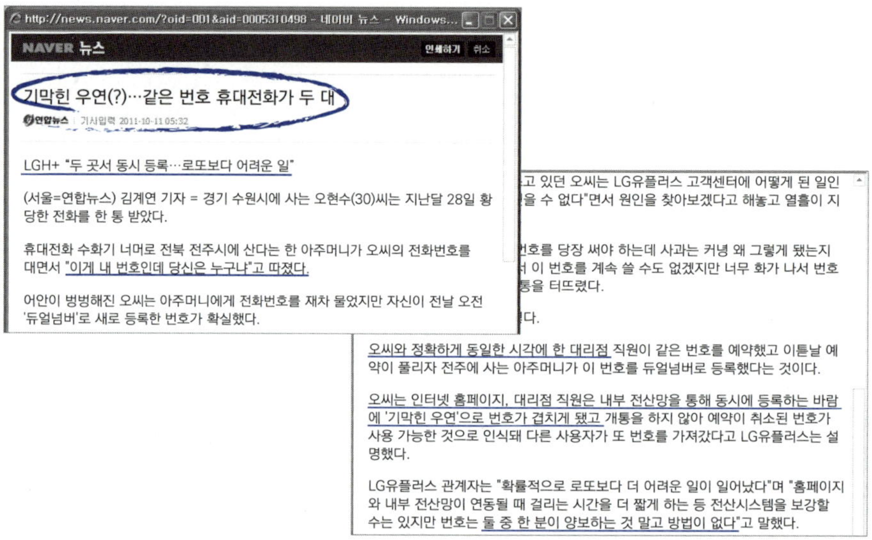

http://news.naver.com/?oid=001&aid=0005310498 - 네이버 뉴스 - Windows...

NAVER 뉴스 인쇄하기 취소

기막힌 우연(?)…같은 번호 휴대전화가 두 대

연합뉴스 | 기사입력 2011-10-11 05:32

LGH+ "두 곳서 동시 등록…로또보다 어려운 일"

(서울=연합뉴스) 김계연 기자 = 경기 수원시에 사는 오현수(30)씨는 지난달 28일 황당한 전화를 한 통 받았다.

휴대전화 수화기 너머로 전북 전주시에 산다는 한 아주머니가 오씨의 전화번호를 대면서 "이게 내 번호인데 당신은 누구냐"고 따졌다.

어안이 벙벙해진 오씨는 아주머니에게 전화번호를 재차 물었지만 자신이 전날 오전 '듀얼넘버'로 새로 등록한 번호가 확실했다.

고 있던 오씨는 LG유플러스 고객센터에 어떻게 된 일인
을 수 없다"면서 원인을 찾아보겠다고 해놓고 열흘이 지

번호를 당장 써야 하는데 사과는 커녕 왜 그렇게 됐는지
서 이 번호를 계속 쓸 수도 없겠지만 너무 화가 나서 번호
통을 터뜨렸다.

다.

오씨와 정확하게 동일한 시각에 한 대리점 직원이 같은 번호를 예약했고 이튿날 예약이 풀리자 전주에 사는 아주머니가 이 번호를 듀얼넘버로 등록했다는 것이다.

오씨는 인터넷 홈페이지, 대리점 직원은 내부 전산망을 통해 동시에 등록하는 바람에 '기막힌 우연'으로 번호가 겹치게 됐고 개통을 하지 않아 예약이 취소된 번호가 사용 가능한 것으로 인식돼 다른 사용자가 또 번호를 가져갔다고 LG유플러스는 설명했다.

LG유플러스 관계자는 "확률적으로 로또보다 더 어려운 일이 일어났다"며 "홈페이지와 내부 전산망이 연동될 때 걸리는 시간을 더 짧게 하는 등 전산시스템을 보강할 수는 있지만 번호는 둘 중 한 분이 양보하는 것 말고 방법이 없다"고 말했다.

[그림 1 - 4]

두 명의 사용자가 "정확하게 동일한 시각에" 서로 다른 경로(웹사이트와 내부 전산망)로 번호를 등록하면서 동일한 전화번호가 두 단말에 부여된 것이다. 로또에 당첨될 확률보다 어려운 일이 실제로 일어난 셈이다.

성능 향상을 위한 비동기 처리

최근에는 트랜잭션 성능 저하를 막기 위해 결제, 집계, 문자 발송 등의 작업을 동기 처리(Synchronous) 대신 비동기 처리(Asynchronous)로 전환하는 추세다. 이를 통해 메인 트랜잭션 처리 속도는 개선되지만, 원 트랜잭션과 분리된 작업은 원자성(Atomicity)이 보장되지 않아 품질 문제로 이어질 수 있다. 예를 들어, 결제가 완료되었는데 알림 메시지가 발송되지 않거나, 집계 데이터가 누락되는 문제가 발생할 수 있다.

고가용성과 실시간 정보 서비스 요구

온라인(Online) 프로그램과 배치(Batch) 프로그램의 경계가 모호해지고 있다. 과거에는 야간 시간대에만 수행되던 DW 이관 및 ETL[1] 배치 작업이 최근에는 근실시간(Near Real-Time) 방식으로 전환되고 있기 때문이다.

그 결과, 운영계(OLTP) 시스템에서 트랜잭션이 활발히 진행 중인 상황에서 DW 시스템이 데이터를 실시간으로 읽어가야 하는 환경이 잦아지고 있는 것이다. 문제는 이러한 변화에도 불구하고, 여전히 많은 실시간(On-Demand) 배치 프로그램이 기존 야간 전용 배치 스타일을 그대로 따르고 있다는 점이다.

이로 인해 DW에 적재되는 데이터가 누락되거나 잘못 갱신되는 사례가 빈번히 발생하고 있으며, 이는 데이터 품질 저하로 직결된다.

1.3 데이터베이스 제약의 한계

데이터베이스는 데이터 무결성을 보장하기 위해 다양한 제약(Constraint) 기능을 제공한다. 대표적으로 기본 키(PK), 외래 키(FK), 체크(Check), Not Null 제약 등이 있으며, 이들은 데이터 무결성을 유지하는 데 중요한 역할을 한다.

하지만 이러한 제약 기능들이 데이터 품질과 관련된 모든 문제를 해결해 주는 것은 아니다. 현실적인 제약으로 인해 제약 조건 설정이 제한되거나, 설계 기법상 어쩔 수 없이 무결성을 포기해야 하는 상황도 자주 발생한다.

1 Extract, Transform, Load의 첫 글자를 딴 약어다. 운영 시스템에서 추출한 데이터를 정제 및 변환한 후에 데이터 웨어하우스에 적재하는 과정을 의미한다.

데이터 무결성	데이터베이스 제약	무결성 강화 방법
개체 무결성	• PK 제약 • Unique 제약	
참조 무결성	• FK 제약	• 트리거
도메인 무결성	• Not Null 제약 • Check 제약 • Data Type & Length	• 사용자 정의 함수 • 애플리케이션
사용자 정의 무결성		

동시성에 대한 고려

[그림 1-5]

가장 대표적인 사례가 외래 키(Foreign Key) 제약이다. 성능 문제, 배치 적재 순서 문제, 데이터 마이그레이션 유연성 등의 이유로 인해 FK 제약을 실제 운영 DB에 적용하지 못하는 경우가 많다.

Check 제약은 표현력의 한계와 관리의 어려움으로 인해 활용도가 매우 낮고, Not Null 제약조차도 설계상 곤란한 상황이 존재한다. 예를 들어, 개인 고객과 법인 고객을 하나의 테이블로 통합한 경우를 생각해보자. 개인 고객에게는 필수적인 속성이 법인 고객에게는 선택 사항일 수 있고, 그 반대의 경우도 존재한다. 이런 상황에서 고객 테이블을 통합했다면, 그런 속성들은 Null 허용 컬럼으로 설계할 수밖에 없고, 필수 속성에 대한 무결성 검증은 애플리케이션 로직에서 처리해야 한다.

이처럼 DBMS 제약 조건만으로는 복잡한 비즈니스 규칙을 완전히 표현할 수 없기 때문에, 트리거(Trigger), 사용자 정의 함수/프로시저, 그리고 애플리케이션 단에서의 검증 로직이 반드시 보완되어야 한다. 특히 동시성 제어를 어떻게 구현하느냐는 다중 사용자 환경에서 데이터 품질을 좌우하는 핵심 요소라 할 수 있다.

1.4 파일 시스템과 DBMS

고비용에도 불구하고, 우리가 언젠가부터 파일시스템 대신 DBMS를 선택하게 된 데에는 여러 가지 이유가 있다. 필자가 그중 가장 중요하다고 생각하는 요소는 바로 동시 접근성이다.

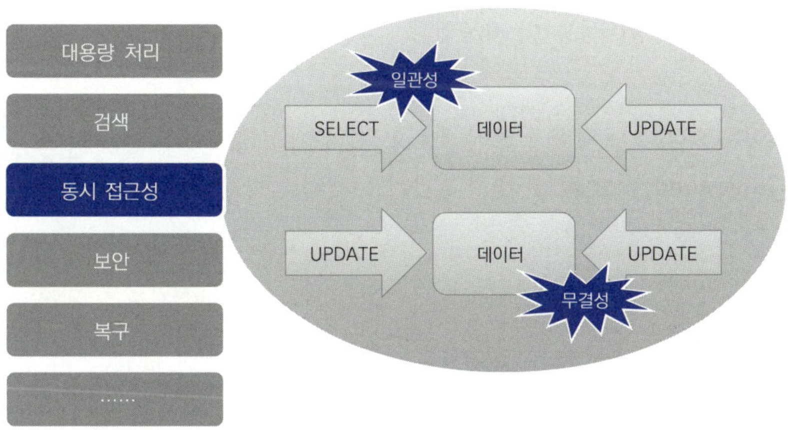

[그림 1-6]

두 개 이상의 트랜잭션이 동시에 같은 데이터를 접근할 때 발생하는 일관성 및 무결성 문제를 파일시스템 기반에서 개발자가 직접 제어해야 한다고 생각해 보라. 개발 비용과 복잡도는 상상 이상으로 치솟게 된다.

다행히도 Oracle, SQL Server, DB2, MySQL, MariaDB, PostgreSQL과 같은 상용 DBMS는 다중 사용자 환경에서의 동시 접근을 제어하는 다양한 Lock 메커니즘을 기본적으로 제공한다. 개발자는 이러한 검증된 기능들을 잘 활용하기만 하면 된다.

1.5 상충 관계

하지만 DBMS가 일관성과 무결성에 관한 모든 문제를 해결해 주지는 않는다. 트랜잭션 격리 수준(Isolation Level)을 높이면 일관성을 향상시킬 수 있지만, 동시성과 일관성이 서로 상충(Trade-Off) 관계라는 점이 문제다. 즉, 트랜잭션 격리 수준을 높일수록 Lock 범위가 넓어지고 지속 시간도 길어져 동시성(=성능)이 저하된다.

- **동시성(Concurrency) :** 다중 사용자에 의한 데이터 동시 접근성
- **일관성(Consistency) :** 조회 및 갱신 결과가 논리적 정합성 유지

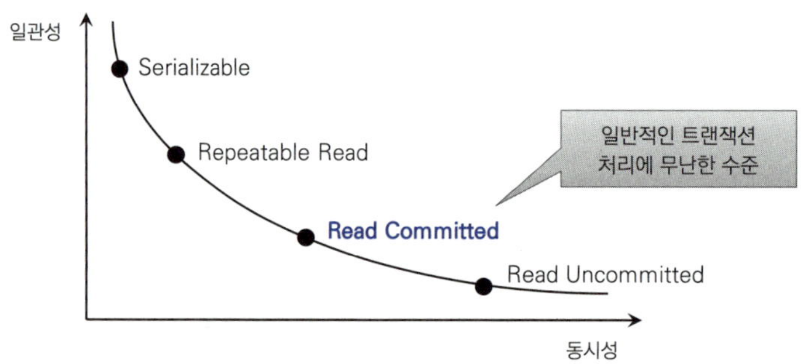

[그림 1-7]

동시성 제어가 어려운 이유가 바로 여기에 있고, 그래서 대부분 DBMS는 그림 1-7에 표현한 것처럼 일반적인(PK 인덱스로 데이터에 접근하는) 온라인 트랜잭션 처리에 무난한 수준인 Read Committed를 기본 격리 수준으로 채택하고 있다.

1.6 트랜잭션의 특징

트랜잭션(Transaction)은 데이터베이스 작업에서 업무 처리를 위한 최소 단위이며, 일반적으로 ACID 특성으로 정의된다.

원자성(Atomicity)

더 이상 분해가 불가능한 업무의 최소단위(→ 트랜잭션 내의 모든 작업이 하나의 단위로 처리되어야 함)

일관성(Consistency)

트랜잭션 수행 전과 후의 데이터베이스 상태는 항상 비즈니스 규칙과 제약 조건을 만족(→ 트랜잭션 결과로 인해 데이터베이스 상태가 모순되지 않아야 함)

격리성(Isolation)

트랜잭션 실행 중에 생성되는 중간 결과는 다른 트랜잭션이 접근 불가(→ 각 트랜잭션이 서로에게 영향을 주지 않고 독립적으로 실행된 것처럼 보여야 함)

영속성(Durability)

성공적으로 완료(커밋)된 트랜잭션 결과를 영속적으로 유지(→ 시스템 장애가 발생하더라도 복구 가능해야 함)

모든 트랜잭션은 ACID를 보장해야 한다. 오해하지 말아야 할 점은, 트랜잭션을 구현할 때 이 4가지 특징이 보장되도록 구현해야 한다는 뜻이지, DBMS가 이를 모두 자동으로 보장해 준다는 뜻은 아니라는 사실이다.

트랜잭션을 올바르게 정의했다면 DBMS가 원자성은 보장해 준다. 현재의 컴퓨팅 기술로 두 개 이상의 연산을 한번에 처리하는 것은 물리적으로 불가능하므로 '전부 성공 아니면 전부 실패(All or Nothing)' 방식을 사용한다. 즉, 여러 개의 수정작업이 하나의 작업처럼 전부 처리되거나 아예 전부 처리되지 않도록 구현하는 것이다.

DB 관리자가 백업만 철저히 수행하면 영속성도 보장된다.

문제는 일관성과 격리성인데, DBMS에 기본으로 설정된 격리 수준은 이를 보장하지 않는다.

1.7 일관성/격리성에 대한 개발자의 역할

그런데도 많은 개발자가 DBMS 또는 애플리케이션 프레임워크에서 일관성과 격리성을 알아서 잘 처리해 줄 것이란 "강한" 믿음을 가진다는 데 문제가 있다.

[그림 1-8]

ANSI/ISO 표준에서 정의한 트랜잭션 격리 수준(Transaction Isolation Level)에는 다음 4가지가 있다.[2]

- Read Uncommitted
- Read Committed
- Repeatable Read
- Serializable

---

2 트랜잭션 격리 수준을 변경하는 명령어는 아래와 같다.
set transaction isolation level READ UNCOMMITTED;
set transaction isolation level READ COMMITTED;
set transaction isolation level REPEATABLE READ;
set transaction isolation level SERIALIZABLE;

대부분 DBMS는 기본 격리 수준으로 Read Committed를 채택하고 있다. 이는 말 그대로 커밋이 완료한 데이터만 읽을 수 있게 허용하는 수준이므로 Dirty Read[3]를 방지해 주는 정도의 일관성을 제공한다. Non-Repeatable Read[4], Phantom Read[5] 현상은 방지해 주지 않는다.

격리 수준을 Serializable로 높이면 일관성 문제를 DBMS가 대부분 알아서 처리해 주겠지만, 이를 기본 값으로 설정하기는 현실적으로 불가능하다. 결국 필요한 시점에 적절히 격리 수준을 높이거나 다른 동시성 제어 기법을 사용해 데이터의 일관성을 확보하는 것은 개발자의 몫이다. 하지만 개발자들이 이러한 사실을 잘 인식하지 못하고 있다는 점을 지적하고 싶다.

1.8 동시성 제어

인터넷에서 동시성 제어(Concurrency Control)를 검색해 보면 아래와 같은 정의를 쉽게 확인할 수 있다.

- 여러 개 트랜잭션이 동시에 수행될 때, 트랜잭션 간 간섭을 최소화하면서도 데이터의 일관성과 무결성이 보장되도록 **구현하는 것**
- 동시에 실행되는 트랜잭션 수를 최대화하면서 입력, 수정, 삭제, 조회 시 데이터의 무결성이 유지될 수 있도록 **노력하는 것**
- 공유 자원을 두 개 이상 트랜잭션이 동시에 액세스할 때 발생할 수 있는 부작용을 막기 위해 **노력하는 것**

---

3 다른 트랜잭션이 변경 후 아직 커밋하지 않은 데이터를 읽었는데 그 트랜잭션이 최종 롤백됨으로써 비일관성 상태에 놓이는 현상

4 한 트랜잭션 내에서 같은 행을 두 번 이상 읽을 때, 중간에 다른 트랜잭션이 해당 행을 변경함으로 인해 값이 달라지는 현상

5 한 트랜잭션 내에서 일정 범위의 데이터를 두 번 이상 읽을 때, 다른 트랜잭션이 데이터를 추가, 변경, 삭제함으로 인해 집합이 달라지는 현상

즉, 동시성 제어란 개발자가 '구현'하는 것이고 '노력'해야 하는 영역이다. 공유 자원에 동시에 접근하는 트랜잭션 간 충돌을 방지하는 것이 핵심인데, 동시성 제어의 좋은 예로 인터넷 좌석 예매 시스템을 들 수 있다.

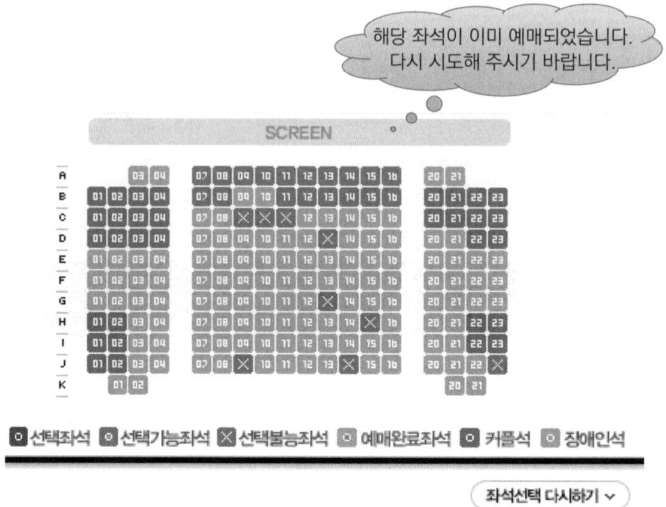

[그림 1-9]

테스트를 위해 PC 웹브라우저에서 영화관 좌석을 예매하면서 스마트 폰 모바일 애플리케이션에서도 동시에 좌석 예매를 시도해 보았다. 두 애플리케이션에서 같은 좌석을 선택하고 '결제하기' 버튼을 누르니 "해당 좌석이 이미 예매되었습니다. 다시 시도해 주시기 바랍니다."라는 메시지가 나타났다.
분명히 좌석이 있음을 확인하고 선택했는데, 결제하려고 보니 좌석이 없다는 경고창이 뜨는 것이다. 이런 현상은 Lock을 걸지 않은 상태에서 예매 가능한 좌석을 보여주었다가, 나중에 결제하려고 할 때 누군가에 의해 이미 선점됐는지 확인하도록 구현했기 때문에 나타나는 현상이다.

동시성 제어를 낙관적 동시성 제어와 비관적 동시성 제어로 나눌 수 있다. 방금 설명한 좌석 예매 시스템은 낙관적 동시성 제어에 해당하며, 데이터를 읽는 시점에 Lock을 걸지 않는다는 사실이 중요하다. 만약 예매 가능 좌석을 보여줄 때부터 모든 좌석에 Lock을 건다면 비관적 동시성 제어에 해당한다.

낙관적 방식이든 비관적 방식이든, 다중 사용자 환경에서 실행되는 트랜잭션에는 반드시 동시성 제어가 필요하다.

(동시성 제어 없는) 낙관적 프로그래밍

그런데 현실은 어떤가? 개발 현장을 다니면서 개발팀에서 작성한 프로그램들을 분석하다 보면, '동시성 제어 없는 낙관적 프로그래밍'을 자주 본다. 마이크로소프트 Access나 아주 오래 전에 사용하던 DBase Ⅲ Plus 같은 Personal DB에나 어울릴 법한 방식으로 프로그래밍하고 있다는 것이다.
예를 들어, 아래 프로그램은 동시성 제어를 하고 있을까?

```
SELECT 상태 INTO :status
FROM   좌석
WHERE  좌석번호 = 'A07' ;

IF :status = 'FREE' THEN
    UPDATE 좌석
    SET    상태 = 'RESV', 예약고객번호 = 123
    WHERE  좌석번호 = 'A07' ;
END IF;

COMMIT;
```

만약 Select 문과 Update 문 사이에 다른 트랜잭션이 아래 Update을 실행했다면?

```
UPDATE 좌석
SET    상태 = 'RESV', 예약고객번호 = 987
WHERE  좌석번호 = 'A07' ;
```

나중에 영화관에서 'A07' 좌석을 두고 123번 고객과 987번 고객이 서로 "내 자리인데 당신 누구야"라고 따지는 일이 벌어질 것이다.

동시성 제어는커녕 아래와 같이 NOLOCK이나 UR 같은 옵션을 습관적으로 사용하는 개발자도 쉽게 볼 수 있다. 그 의미를 정확히 알고 용도에 맞게 쓰면 상관 없지만, 의미를 모른 채 사용하니 문제다.

```
< SQL SERVER >
SELECT 상품코드, 상품명, 판매가
FROM   상품 WITH (NOLOCK)
WHERE  상품명 LIKE '모니터%'

< DB2 >
SELECT 상품코드, 상품명, 판매가
FROM   상품
WHERE  상품명 LIKE '모니터%'
WITH UR
```

Lock을 이용해 조회 쿼리의 동시성을 제어하는 SQL Server, DB2와 같은 DBMS에서는 Update가 진행 중일 때 해당 상품을 조회하는 쿼리가 Update 트랜잭션이 커밋할 때까지 기다려야 한다(그림 1-10).

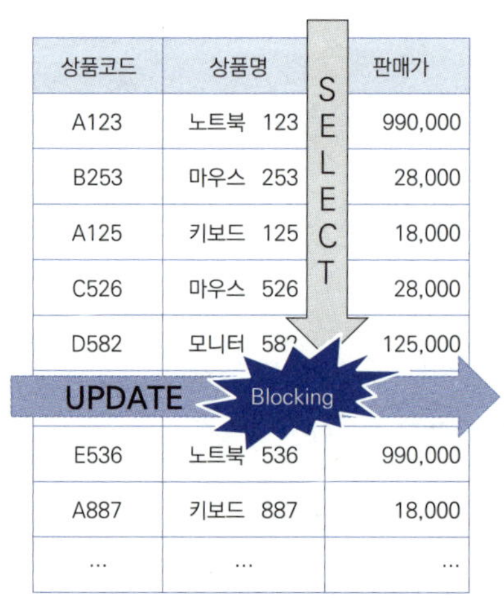

[그림 1-10]

이때 SQL Server에서 NOLOCK, DB2에서 UR 힌트를 사용하면, 그림 1-11처럼 조회 쿼리는 Update 트랜잭션을 기다리지 않고 변경 중인(아직 확정되지 않은) 값을 읽고 지나갈 수 있다. 기다리지 않아도 되니 개발자는 성능이 빨라졌다고 느끼겠지만, Update 트랜잭션이 최종 롤백할 경우, 문제가 생긴다.

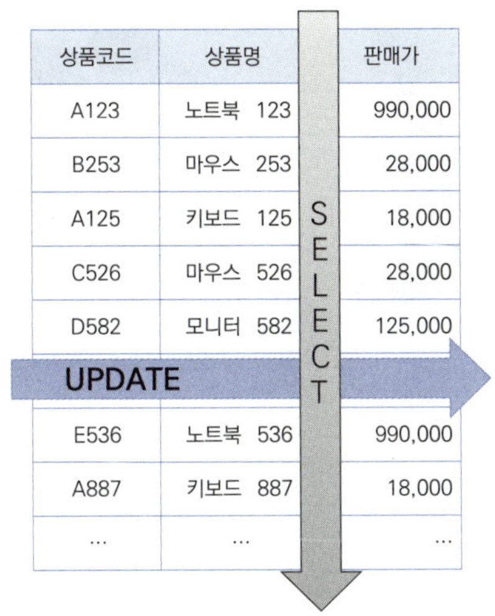

[그림 1-11]

공짜 커피 먹는 법

요즘 커피 전문점들이 우후죽순 생겨나고 있는데, 커피를 공짜로 먹을 수 있는 방법을 소개한다.

커피 10잔을 구매하면 한 잔을 공짜로 제공하는 카페 체인이 있다고 가정하자. 커피 10잔 미션을 달성한 다음 날, 부부가 같은 시각에 각자 다른 매장을 방문해서 무료 커피를 요청한다. 그러면 양쪽 매장 점원은 고객의 이용 실적을 조회해 보고 커피 한 잔씩 무료로 제공할 것이다.

설마 시스템을 그렇게 허술하게 개발할까 싶겠지만 실제 이런 동시성 제어 부재로 인해 시스템 오류 및 데이터 품질에 문제가 생기는 경우가 분명히 있다.

[그림 1-12]

회원 정보 수정

동시성 제어 없는 트랜잭션 처리의 또 다른 예를 살펴보겠다. 지금 당장 자신이 회원으로 가입한 웹사이트 중 하나를 방문해서 회원정보를 수정해 보자. 회원정보 수정 화면을 두 개 열고 하나는 이메일 주소 변경 후 저장, 다른 하나는 휴대폰 번호 변경 후 저장!

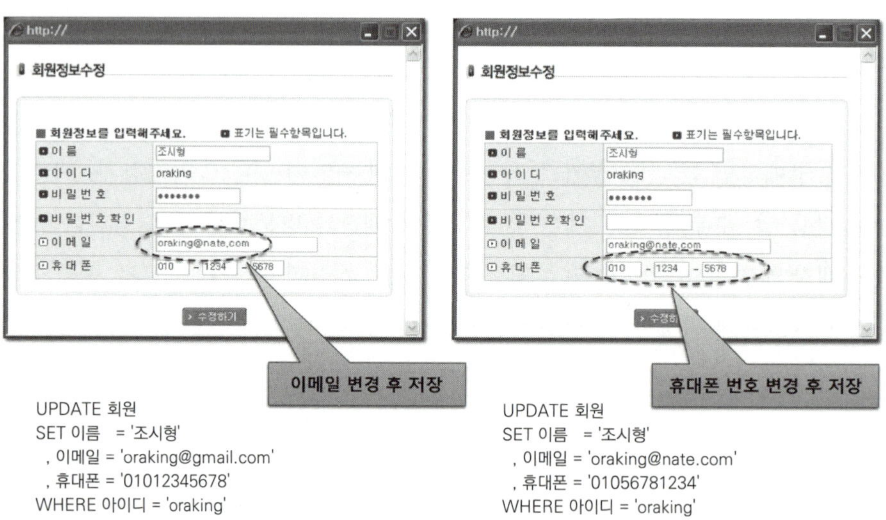

[그림 1-13]

그러면 둘 중 하나의 변경 사항은 사라지는(이전값으로 되돌아가는) 현상을 보게 된다. 갱신 손실(Lost Update)이 발생하는 것인데, 처음 조회할 때 읽었던 값으로 Update하도록 구현했기 때문에 생기는 현상이다. 그렇게 구현하면 사용자가 값을 변경하지 않은 필드는, 중간에 다른 트랜잭션이 값을 변경했더라도, 조회 시점의 값으로 다시 갱신하는 결과를 초래한다.
이는 동시성를 고려하지 않은 프로그램 개발의 대표적인 사례다. 한 회원 정보를 두 사람이 동시에 변경할 가능성이 없어서 그렇게 구현했다고 말할지 모르겠지만, 동시성 문제는 누구도 장담할 수 없다. 사용자가 회원정보를 수정하는 동안 배치(Batch) 프로그램이 돌면서 회원등급 같은 정보를 변경할 수도 있는 일이다.

주문 도중 상품 정보 수정

실제 발생할 수 있는 또다른 동시성 문제를 살펴보자.
인터넷 쇼핑몰에서 상품을 조회하고 여러 단계를 거쳐 최종 주문을 완료하기까지는, 경우에 따라 상당한 시간이 소요된다. 도중에 상품 공급업체나 MD가 상품가격을 변경할 수 있는데, 그림 1-14를 보면 그런 동시성에 대한 대비 없이 t1 시점에 읽은 상품가격을 t6 시점에 주문 입력 시 그대로 사용하고 있다.

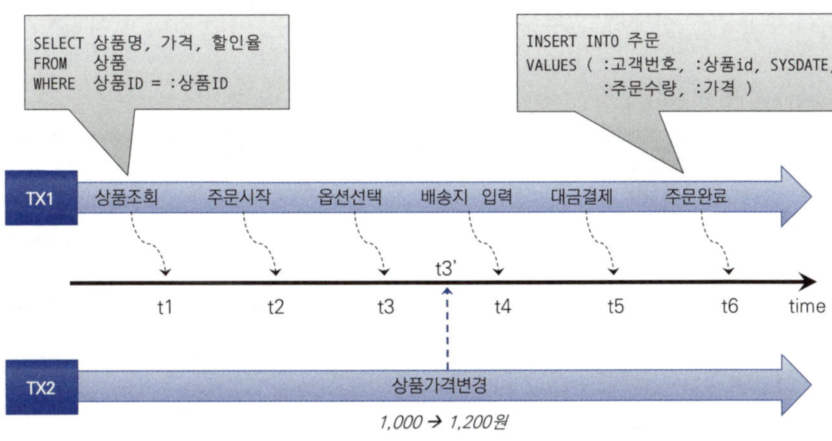

[그림 1 - 14]

중간에 상품가격이 변경되더라도 최초 조회 시점 기준으로 결제 처리하는 것이 업무적으로 맞다면 상관 없지만, 대개는 그렇지 않을 것이다. 이런 문제로 주문금액이 맞지 않으니 일일정산을 통해 데이터를 매일 보정하는 경우를 실제로 보았다.

독자가 오픈 마켓 점주로 등록돼 있다면, 상품을 주문하다가 도중에 다른 세션에서 가격을 변경해 보기를 바란다. 최종 결제 금액이 얼마로 처리되는지.

배송 시작과 동시에 주문 취소

온라인 쇼핑몰의 주문 취소를 예를 들어보겠다. 그림 1-15처럼 '배송준비중'이던 상품은 배송업체에 의해 '배송중'으로 변경될 수 있고, 고객에 의해 '주문취소'로 변경될 수도 있다.

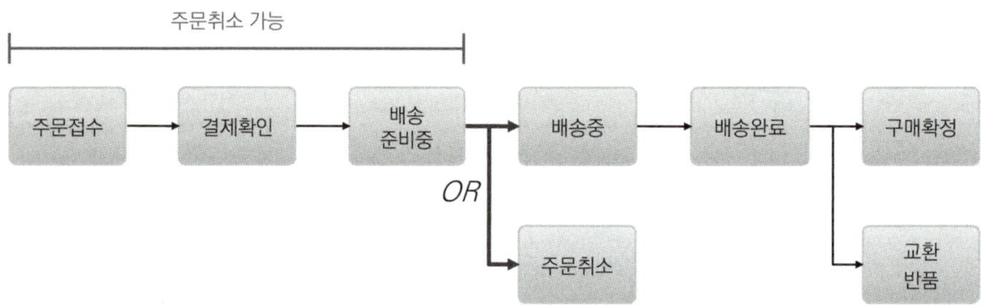

[그림 1 - 15]

그림 1-16처럼 배송업체에서 주문내역을 열어 '배송시작' 버튼을 누름과 동시에, 간발의 차로 고객도 자신의 주문건을 선택하고 '주문취소' 버튼을 눌렀다면, 어떤 일이 벌어질까?

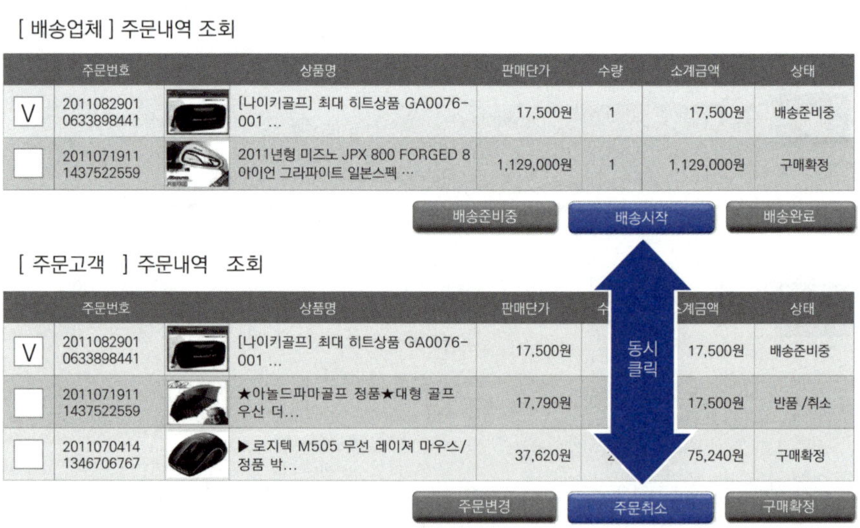

[그림 1 - 16]

고객의 주문취소 트랜잭션은 배송업체 트랜잭션이 걸어 둔 로우 Lock에 의해 일단 블로킹 된다. 곧이어 배송업체 트랜잭션이 커밋하면, 그림 1-17처럼 고객의 주문취소 Update도 정상적으로 진행하면서 주문을 취소 상태로 바꿔놓는다. 그러면 주문 취소한 고객에게 물품이 발송되는 사태가 벌어지게 될 것이다.

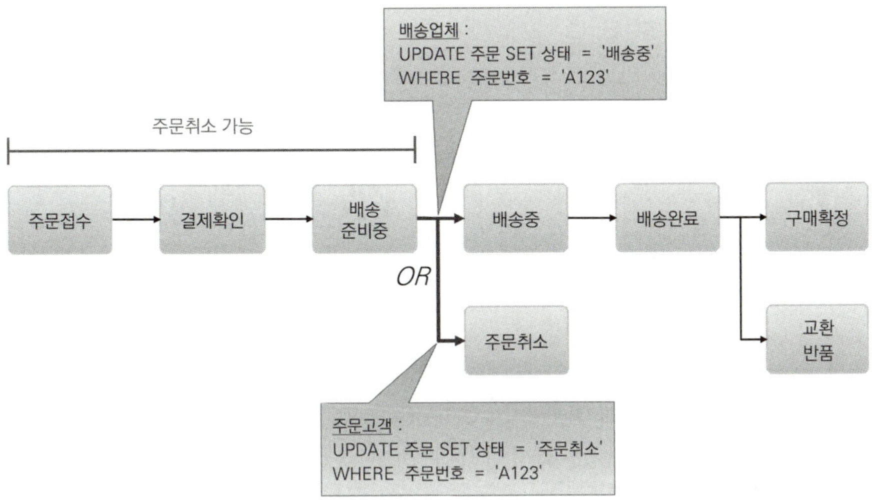

[그림 1 - 17]

페이징 처리 시 데이터 중복 및 누락

웹 화면 페이징 처리 시 동시성을 제어하지 않으면, 앞 페이지에 출력된 레코드가 뒷 페이지에 중복 출력되는 현상이 나타날 수 있다. 예를 들어, 그림 1-18은 2페이지 맨 마지막 기사와 3페이지 첫 번째 기사가 같다. 2페이지를 읽는 도중에 새로운 뉴스 기사가 추가된 것이다.

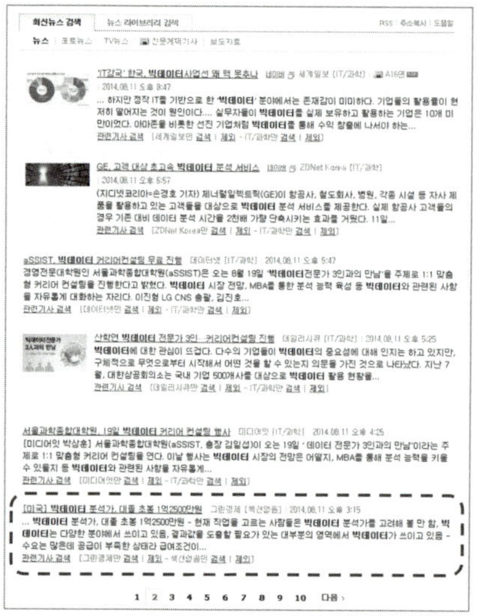

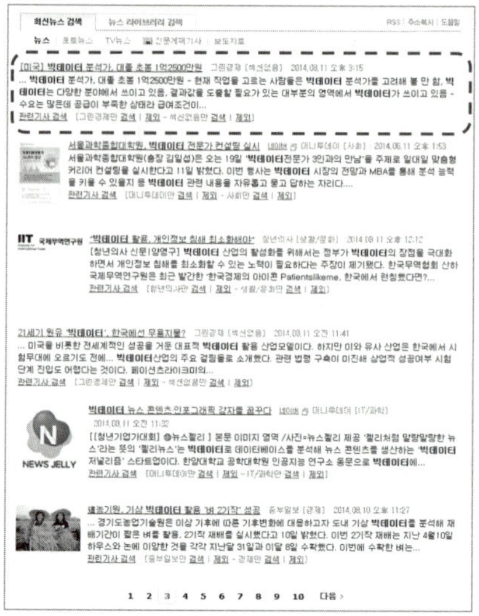

[그림 1 - 18]

반대로, 이미 읽은 범위의 데이터가 삭제되면, 다음 페이지로 이동할 때 일부 데이터가 누락되는 현상도 발생한다. 삭제로 인해 각 페이지의 첫 번째 레코드가 앞쪽으로 당겨지기 때문이다.

총 건수와 출력된 목록 건수 불일치

동시성 제어가 없으면, 총 건수와 실제 출력된 목록 수가 일치하지 않는 현상도 나타날 수 있다. 그림 1-19를 보면, 상단 우측에 출력된 조회 건수와 출력된 목록의 맨 마지막 레코드 번호가 서로 다르다.

▶ 총 1,365건

번호	매장코드	상품번호	사이즈	재고수량	판매가
1	AAGLA0409	S0013	90	12	49,700
2	AAGLA0409	S0061	95	16	23,300
3	AAGLA0409	S0089	105	8	91,800
…	…	…	…	…	…
1366	XYDEF1538	S0061	95	18	23,300

[그림 1 - 19]

아래는 조회 건수를 출력하기 위해 사용한 쿼리다.

```
SELECT COUNT(*)
FROM   상품재고
WHERE  상품분류 = :상품분류
AND    색상     = :색상
AND    재고수량 >= :재고수량
```

아래는 목록을 출력하기 위해 사용한 쿼리다.

```
SELECT ROWNUM AS 번호, A.*
FROM (
  SELECT 매장코드, 상품번호, 사이즈, 재고수량, 판매가
  FROM   상품재고
  WHERE  상품분류 = :상품분류
  AND    색상     = :색상
  AND    재고수량 >= :재고수량
  ORDER BY 매장코드, 재고수량
) A
```

건수 조회 시점과 목록 쿼리 실행 시점 사이에 새로운 상품재고 데이터가 추가되면 위와 같은 현상이 나타날 수 있다.

1.9 요약

지금까지 살펴본 사례들을 통해 필자가 강조하고자 한 사실은, 동시성 제어가 데이터 품질을 지키기 위한 필수 조건이며, 단순한 기술 옵션이 아니라 시스템 설계와 구현 과정에서 개발자가 직접 책임지고 다뤄야 할 핵심 요소라는 점이다.

DBMS가 제공하는 Lock 메커니즘과 각종 제약 기능, 트랜잭션 격리 수준 조정 등은 일정 수준의 무결성을 보장해 주지만, 성능, 운영 부담, DB 구조 등 현실적인 제약으로 인해 실무에서는 이를 충분히 활용되지 못하는 경우가 많다. 그 결과, 많은 시스템이 동시성 문제에 취약한 상태로 운영되고 있으며, 이는 곧 데이터 품질 저하로 이어진다.

좌석 예매 시스템, 회원정보 수정, 주문·배송 처리, 페이징 처리 등 일상적인 업무에서조차 모호한 트랜잭션 정의, 충돌 검사 부재, 부적절한(과도하거나 약한) Lock 사용 등으로 인해 반복적이고 구조적인 오류가 발생하고 있다.

결국 데이터 정합성은 DBMS의 기능만으로 보장되지 않으며, 개발자가 스스로 문제를 인식하고, 업무 흐름에 맞는 동시성 제어 전략을 능동적으로 설계하고 구현해야 한다.

2장

문장 수준 읽기 일관성

데이터베이스에서 여러 트랜잭션이 동시에 실행될 때 발생할 수 있는 대표적인 이상(異常) 현상으로는 Dirty Read, Non-Repeatable Read, Phantom Read가 있다. 이 중 Non-Repeatable Read와 Phantom Read 현상은 하나의 트랜잭션 내에서 동일한 조건의 쿼리를 두 번 수행했을 때, 첫 번째와 두 번째의 실행 결과가 서로 달라지는 경우를 의미하며, 이에 대한 본격적인 논의는 4장에서 다룰 예정이다.

본 장에서는 **단일 Select 문 수행 중에 발생할 수 있는 비일관성 문제**를 다루고, 그런 문장 수준의 비일관성을 어떻게 방지할 수 있는지에 대한 해법도 함께 살펴볼 예정이다.

2.1 동시 트랜잭션에 의해 나타날 수 있는 이상 현상

Dirty Read

다른 트랜잭션이 변경 후 아직 커밋하지 않은 데이터를 읽을 수 있게 허용함으로써 발생하는 이상 현상이다. 만약 데이터를 변경한 트랜잭션이 최종적으로 커밋(Commit)한다면 문제가 없을 수 있지만, 해당 트랜잭션이 변경 내용을 취소(Rollback)할 경우 데이터베이스의 논리적 일관성이 훼손될 수 있다. 이 현상의 구체적인 메커니즘과 위험성은 곧 이어질 2.2절에서 상세히 탐구할 것이다.

Non-Repeatable Read

단일 트랜잭션 내에서 같은 행을 두 번 읽을 때, 중간에 다른 트랜잭션이 해당 행을 변경함으로 인해 값이 달라지는 현상을 의미한다[1].

〈 TX1 〉		〈 TX2 〉
SELECT SUM(SAL) → 10875 FROM EMP WHERE DEPTNO = 20;	t1	

1 온라인 스크립트 script1_dbms_txN.sql 참조

	t2	UPDATE EMP SET SAL = SAL + 200 WHERE EMPNO = 7369 AND DEPTNO = 20;
	t3	COMMIT;
SELECT SUM(SAL) → 11075 FROM EMP WHERE DEPTNO = 20;	t4	
COMMIT;	t5	

두 개 이상의 SQL을 수행하는 트랜잭션 수준에서 발생하는 비일관성 이슈는 방금 본 예시처럼 비교적 쉽게 이해할 수 있는 내용이며, 4장에서 보다 상세히 다룰 예정이다.

이번 장에서 주목하고자 하는 핵심은 이러한 데이터 불일치 현상이 트랜잭션의 범위를 넘어 단일 SQL 문장 내에서도 발생할 수 있다는 점이다. 구체적인 예로, 주문 테이블을 기준으로 상품 테이블과 NL(Nested Loops) 방식으로 조인하는 상황을 들 수 있다. 조인 과정 중간에 상품 정보가 수정된다면, 쿼리의 앞부분에서 조회된 상품 정보와 뒷부분에서 조회된 상품 정보 사이에 불일치가 발생할 수 있다.

집합연산자, 인라인뷰, 서브쿼리 등을 활용하면 한 쿼리 내에서 같은 테이블을 두 번 이상 액세스할 수 있는데, 이러한 복잡한 쿼리 구조에서도 단일 SQL 문장 내에서 데이터 불일치가 발생할 수 있다.

Phantom Read

단일 트랜잭션 내에서 동일한 쿼리를 두 번 수행할 때, 중간에 다른 트랜잭션이 데이터를 추가, 변경, 삭제함으로 인해 결과 집합의 행 수가 달라지는 현상을 의미한다[2].

< TX1 >		< TX2 >
SELECT COUNT(*), SUM(SAL) FROM EMP WHERE DEPTNO = 20; → 5 / 10875	t1	
	t2	INSERT INTO EMP (EMPNO, …, DEPTNO, SAL) VALUES (9999, …, 20, 1125)

2 온라인 스크립트 script2_dbms_txN.sql 참조

6 / 12000	t3	COMMIT;
SELECT COUNT(*), SUM(SAL) FROM EMP WHERE DEPTNO = 20;	t4	
COMMIT;	t5	

이러한 현상은 트랜잭션 범위를 넘어 단일 SQL 문장 내에서도 발생할 수 있다. 예를 들어, 쿼리 수행 중에 다른 트랜잭션이 두 개의 레코드를 입력하는 경우, 하나는 이미 읽은 범위에, 다른 하나는 아직 읽지 않은 범위에 저장될 수 있다. 이로 인해 같은 트랜잭션이 동시에 입력한 레코드임에도, 하나는 쿼리 결과 집합에 포함되고 다른 하나는 누락되는 비일관성이 발생할 수 있다. 또 다른 구체적인 시나리오로, 상품 테이블을 기준으로 주문 테이블과 NL 방식으로 조인하는 상황을 들 수 있다. 쿼리 수행 도중 다른 트랜잭션들이 주문 데이터를 추가한다면, 일부 새로 추가된 주문 데이터는 결과 집합에 포함되고, 일부는 누락될 수 있다. 이는 데이터베이스의 일관성을 저해하는 심각한 문제를 야기할 수 있다.

Delete에 의한 이상 현상

다른 트랜잭션의 Delete에 의한 이상 현상은 Non-Repeatable Read일까, 아니면 Phantom Read일까? ANSI SQL은 Non-Repeatable Read 현상을 아래와 같이 정의하고 있다.

SQL-transaction *T1* reads a row. SQL-transaction *T2* then modifies or deletes that row and performs a COMMIT. If *T1* then attempts to reread the row, it may receive the modified value or discover that the row has been deleted.

이 정의에 의하면 Delete에 의한 이상 현상은 Non-Repeatable Read에 해당한다. 반면, 위키피디아는 Phantom Read 현상을 아래와 같이 정의하고 있다.

A *phantom read* occurs when a transaction retrieves a set of rows twice and new rows are inserted into or removed from that set by another transaction that is committed in between.

이 정의에 의하면 Delete에 의한 이상 현상은 Phantom Read에 해당한다.

이에 대해서는 두 가지 해석이 가능하다.

해석 1

- 특정 행을 두 번 조회했는데, 두 번째 조회 시 해당 행이 사라지는 현상은 Non-Repeatable Read로 분류
- 범위 검색 조건으로 특정 집합을 두 번 조회했는데, 두 번째 조회 시 행의 개수가 줄어드는 현상은 Phantom Read로 분류

해석 2

- ANSI SQL을 중심으로 한 전통적 정의에서는 Delete에 의한 이상 현상을 Non-Repeatable Read로 분류
- MVCC DBMS를 중심으로 한 현대적 정의에서는 결과 집합(Set)의 변동을 Phantom Read로 정의하므로 Delete에 의한 이상 현상은 여기에 해당

본서는 해석 2의 현대적 정의를 따르기로 한다.

2.2 커밋되지 않은 데이터 읽기를 허용할 때 발생하는 현상

그림 2-1은 1부터 10까지의 값이 저장된 테이블을 보여준다. 이 테이블의 모든 값을 합산하면 총합은 55가 된다.

1
2
3
4
5
6
7
8
9
10

[그림 2-1]

그림 2-2에서는 TX1 트랜잭션이 SUM 연산을 시작하는 상황을 나타낸다. TX1이 아직 5의 값을 읽기 전 단계에서, TX2가 해당 값을 5에서 50으로 변경한다.

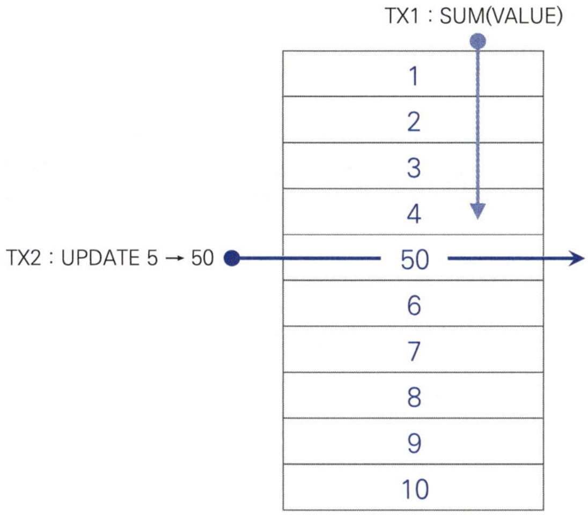

[그림 2-2]

그림 2-3은 Dirty Read 현상의 위험성을 보여준다. TX2가 아직 커밋하지 않은 상태에서 TX1이 변경된 값을 읽도록 허용하면 SUM 값은 100이 된다.

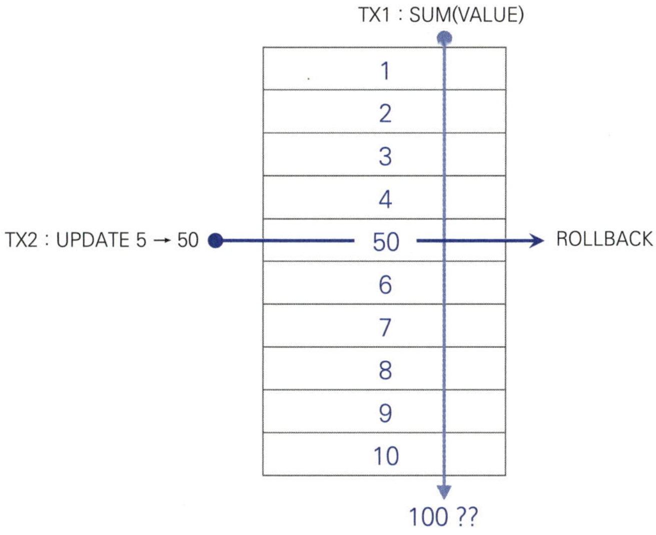

[그림 2-3]

만약 TX2가 커밋한다면 문제가 되지 않는다. 그러나 TX2가 최종적으로 롤백할 경우, TX1이 읽은 100이라는 값은 실제로 존재하지 않는 '더티 데이터(Dirty Data)'가 되어 데이터베이스의 일관성을 훼손한다.

2.3 Dirty Read의 전통적인 해법

데이터베이스 트랜잭션의 핵심 원칙 중 하나는 실행 중인 트랜잭션의 중간 결과에 대해 다른 트랜잭션의 접근을 엄격히 제한하는 것이다. 이는 트랜잭션의 근본적인 격리성(Isolation)을 보장하기 위함이다. 커밋되지 않은 데이터 읽기(Uncommitted Read)를 허용할 경우, 단일 문장 수준에서조차 심각한 데이터 불일치가 발생할 수 있다.

Dirty Read를 방지하기 위한 전통적인 접근법은 데이터 조회 시 Shared Lock을 사용하는 것이다. 데이터 변경 시에는 Exclusive Lock을 설정한다. 표 2-1에서 볼 수 있듯이, Shared Lock과 Exclusive Lock 간에는 호환성이 없어 동시 접근이 불가능하다.

Lock 모드	Shared	Exclusive
Shared	호환	비호환
Exclusive	비호환	비호환

[표 2-1]

그림 2-4는 이 메커니즘을 명확히 보여준다. TX1은 TX2가 설정한 Exclusive Lock으로 인해 블로킹된 상태에 놓이게 되며, TX2가 커밋 또는 롤백할 때까지 대기한다. TX2가 커밋하면 100을, 롤백하면 55를 반환하게 된다.

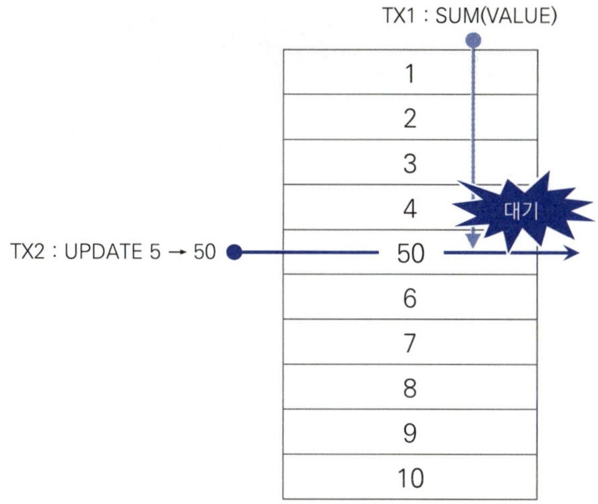

[그림 2-4]

Shared Lock을 사용하면 Dirty Read를 효과적으로 방지할 수 있지만, Lock 경합으로 인한 동시성 저하가 나타날 수 있다. 이러한 이유로 SQL Server 환경의 개발자들은 다음과 같이 NOLOCK 힌트를 종종 사용하곤 하는데, 이는 조회 시 Shared Lock을 사용하지 않음으로써 커밋되지 않은 데이터도 읽을 수 있도록 허용하는 옵션이다.

```
SELECT 상품코드, 상품명, 판매가
FROM   상품 WITH (NOLOCK)
WHERE  상품명 LIKE '모니터%'
```

이 옵션을 사용하지 않는 한, Shared Lock을 통해 Dirty Read를 방지할 수 있다. 하지만 한 트랜잭션에서 같은 쿼리를 두 번 실행할 때 결과가 달라지는 Non-Repeatable Read와 Phantom Read는 피할 수 없다. 더욱이 Dirty Read를 방지하더라도 단일 SQL 문장 수준에서 일관성 없는 데이터 집합이 생성될 수 있다. 이것이 본 장의 핵심 시사점이다.

2.4 완벽한 읽기 일관성 확보 방안

Uncommitted Read를 방지했음에도 불구하고 동시 트랜잭션에 의해 읽기 일관성(Read Consistency)이 훼손되는 이유는 다음 두 가지를 허용하기 때문이다.

1. **읽는 도중, 다른 트랜잭션의 변경/삽입을 허용**
2. **다른 트랜잭션에 의해 변경/삽입된 데이터 읽기를 허용**

이 두 조건은 논리적으로 AND 관계를 갖는다. 따라서 완벽한 읽기 일관성을 확보하려면, 이 두 조건 중 어느 하나를 차단하면 된다.

방법 1 읽은 범위에 다른 트랜잭션의 변경과 삽입을 막는다.

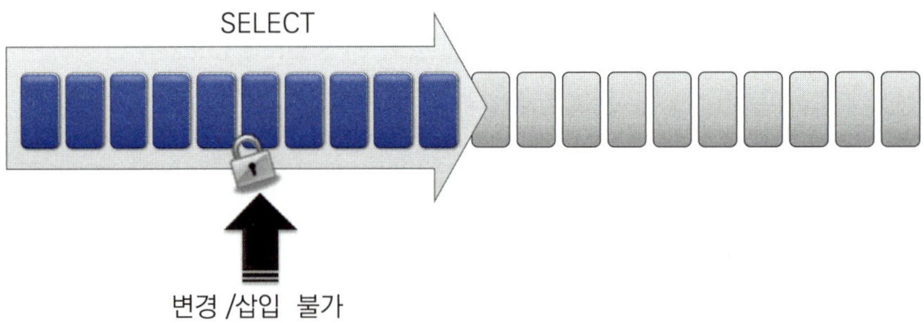

[그림 2-5]

방법 2 다른 트랜잭션에 의해 변경 또는 삽입된 데이터를 과거 상태로 되돌려서 읽는다.

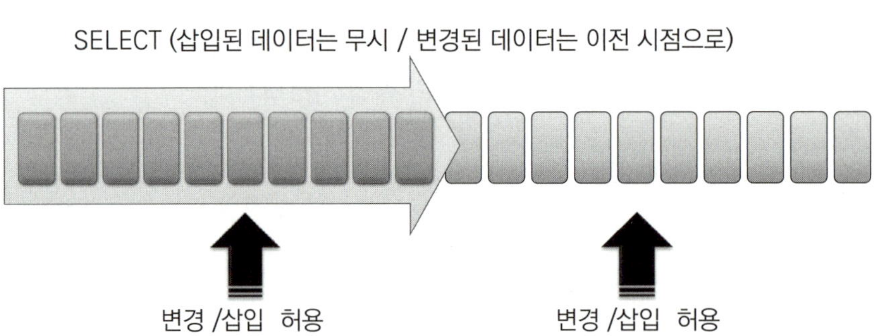

[그림 2-6]

한반도 인구조사

1443년 1월 1일, 세종대왕은 한반도의 총인구를 조사하기 위해 두 명의 조사원을 서로 다른 방향으로 파견했다. 한 명은 서울에서 출발해 충청도와 전라도 방향으로, 다른 한 명은 황해도와 평안도 방향으로 조사하도록 명령했다. 이는 데이터 검증을 위한 전략적 접근이었다.

[그림 2 - 7]

1년 후, 두 조사원의 결과가 과연 일치할 수 있을까? 불가능하다. 조사 기간 동안 신생아가 태어나고 고령자들이 사망하기 때문이다. 그렇다면 어떻게 해야 일관된 결과를 얻을 수 있을까?

정확한 인구 조사를 위한 첫 번째 방법은, 조사 완료한 지역에 출산금지령과 사망금지령을 내리는 것이다. 그러면 1년 후에 두 명의 조사원이 '1443년 12월 31일 기준 700만 명'이라는 일치된 결과를 가져온다. 이 방식의 최대 장점은 임금님의 만족도가 높다는 데 있다. 정확한 최신의 인구 정보를 얻을 수 있기 때문이다. 단점은 민심 이반이 심하다는 것이다. 출산을 막고, 심지어 사망까지 금지했으니, 인구조사에 대한 불만이 고조될 수밖에 없다.

정확한 인구 조사를 위한 두 번째 방법은, 신생아는 제외하고 사망자는 포함하는 방식으로 조사하는 것이다. 그러면 1년 후에 두 명의 조사원이 '1443년 1월 1일 기준 700만 명'이라는 일치된 결과를 가져온다. 이 방식의 최대 장점은 민심 안정이다. 출산과 사망에 대한 어떠한 제약도 가하지 않으면서 인구조사를 수행하였으므로 인구 조사에 대한 특별한 불만이 없다. 단점은 임금님의 만족도가 낮다는 데 있다. 최신 데이터가 아닌 1년이나 지난 과거 데이터를 제공받게 되어 불만족스러울 수밖에 없다.

	방법 1	방법 2
일관성 강화 조치	(조사 완료한 지역에) 출산금지령 사망금지령	신생아 제외 사망자 포함
최종 결과 기준 시점	조사 완료 (1443년 12월 31일 기준)	조사 시작 (1443년 1월 1일 기준)
장점	최신 정보 → 임금님 만족	민심 안정 → 인구 조사에 대한 불만 없음
단점	민심이반(출산금지, 사망금지) → 인구조사에 대한 불만	낡은 정보(1년 전 정보) → 임금님 불만

완벽한 읽기 일관성 구현 방법

내부 구현 방식과 기능은 다르지만, DBMS마다 동시 트랜잭션으로 인한 이상(異常) 현상을 방지하는 메커니즘을 모두 갖추고 있다. 주요 DBMS의 동시성 제어 방식은 크게 두 가지로 나눌 수 있다.

	방법 1 : Lock 기반 동시성 제어	방법 2 : 다중 버전 동시성 제어
일관성 강화 조치	• 트랜잭션 격리 수준을 Serializable로 상향 조정	• 쿼리 시작 시점을 기준으로 이후에 삽입, 변경, 삭제된 데이터는 과거 상태로 되돌려서 읽음
최종 결과 기준 시점	• 쿼리 완료 시점	• 쿼리 시작 시점
장점	• 최신 정보	• 격리 수준 조정 없이도 높은 일관성 제공 • 높은 동시성(=성능)
단점	• 낮은 동시성(=성능) • 교착상태 가능성	• 과거 정보 • Snapshot too old 가능성[3]

3 필요한 과거 정보를 확보할 수 없을 때 발생하는 에러

Lock 기반 동시성 제어 방식은 SQL Server, Sybase(ASE), IBM DB2 등이 사용한다.
다중 버전 동시성 제어 방식은 Oracle, PostgreSQL, Tibero 등이 사용한다. MySQL과 MariaDB도 기본적으로 이 방식을 사용하지만, Read Uncommitted와 Serializable 격리 수준에서는 Lock 기반 방식으로 자동 전환된다. 반대로, SQL Server는 기본적으로 Lock 기반 동시성 제어 방식을 사용하지만, Snapshot 옵션을 통해 다중 버전 방식으로 전환할 수 있다.

2.5 트랜잭션 격리 수준

방금 Lock 기반 동시성 제어의 일관성 강화 조치로서 언급한 트랜잭션 격리 수준에 대해 살펴보자.
트랜잭션 격리 수준(Transaction Isolation Level)이란, 다중 트랜잭션이 동시에 실행되는 환경에서 데이터 일관성과 동시성 사이의 균형을 어떻게 조절할지를 정의하는 설정이다. 즉, 한 트랜잭션이 다른 트랜잭션의 처리 결과를 어느 시점에 볼 수 있는지를 결정한다.
ANSI(American National Standards Institute)는 트랜잭션 격리 수준을 Read Uncommitted, Read Committed, Repeatable Read, Serializable로 정의하였는데, 각 수준에서 나타날 수 있는 이상(異常) 현상은 표 2-2와 같다.

격리 수준	나타날 수 있는 이상(異常) 현상		
	Dirty Read	Non-Repeatable Read	Phantom Read
Read Uncommitted	O	O	O
Read Committed	X	O	O
Repeatable Read	X	X	O
Serializable	X	X	X

[표 2-2]

트랜잭션 격리 수준을 변경하는 명령어는 다음과 같다.

```
SET TRANSACTION ISOLATION LEVEL READ UNCOMMITTED;
SET TRANSACTION ISOLATION LEVEL READ COMMITTED;
SET TRANSACTION ISOLATION LEVEL REPEATABLE READ;
SET TRANSACTION ISOLATION LEVEL SERIALIZABLE;
```

대부분 DBMS는 Read Commtted를 기본 격리 수준으로 채택하고 있으며, 업무 특성과 동시성 요구 수준에 따라 적절한 격리 수준을 선택해야 한다.
참고로, SQL Server는 다음과 같이 테이블 힌트를 이용해 테이블 단위로도 트랜잭션 격리 수준을 지정할 수 있다. 쿼리 레벨로 격리 수준을 설정하면 세션 레벨 설정은 무시된다.

```
SELECT * FROM T WITH(READUNCOMMITTED);
SELECT * FROM T WITH(READCOMMITTED);
SELECT * FROM T WITH(REPEATABLEREAD);
SELECT * FROM T WITH(SERIALIZABLE);
```

2.6 Lock 기반 동시성 제어

Lock 기반 시스템에서 조회 결과의 일관성을 유지하는 핵심 전략은 Shared Lock을 사용하는 것이다.

Read Committed 격리 수준

Shared Lock을 사용하면 Dirty Read를 방지할 수 있다. 그러나 Read Committed에서는 레코드를 읽는 시점에만 Lock을 설정하고 즉시 해제하므로, 그림 2-8과 같이 이미 읽은 레코드를 다른 트랜잭션이 변경할 수 있다.

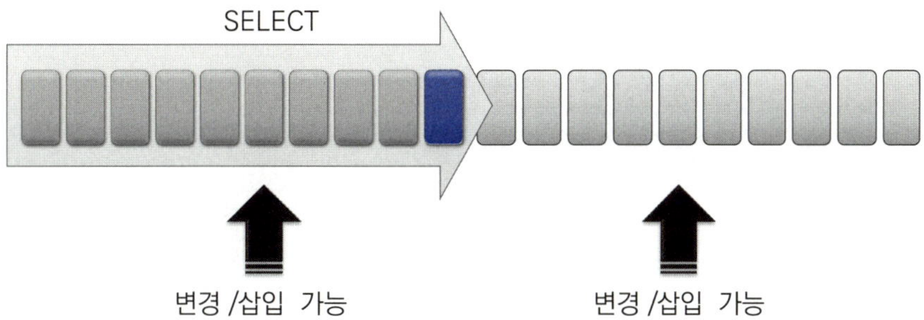

[그림 2-8]

이로 인해 하나의 SQL 문장 수준에서 여전히 일관성 없는 결과가 나타날 수 있으며, 구체적인 예시는 2.8절에서 살펴볼 예정이다.

트랜잭션 수준에서는 Non-Repeatable Read와 Phantom Read 현상이 발생할 수 있다.

IBM DB2가 정의한 트랜잭션 격리 수준

SQL Server처럼 Lock 기반 동시성 제어를 사용하는 DB2는 트랜잭션 격리 수준을 다음과 같이 명명하였다.

- Uncommitted Read : ANSI에서 정의한 Read Uncommitted와 같은 수준
- Cursor Stability : ANSI에서 정의한 Read Committed와 같은 수준
- Read Stability : ANSI에서 정의한 Repeatable Read와 같은 수준
- Repeatable Read : ANSI에서 정의한 Serializable과 같은 수준

DB2를 굳이 소개하는 이유는 'Cursor Stability'라는 이름이 Lock 기반 시스템에서 Read Committed 격리 수준의 특징을 더욱 명확하게 보여주기 때문이다. 즉, 이 수준에서는 커서가 현재 위치한 레코드에만 Lock을 설정하고, 해당 레코드를 벗어나는 순간 Lock을 해제한다. 따라서 현재 읽고 있는 레코드에 대해서만 안정성을 보장한다.

Repeatable Read 격리 수준

격리 수준을 Repeatable Read로 상향 조정하면, 그림 2-9에서 표현한 것처럼 읽은 레코드에 설정한 Lock을 트랜잭션 종료 시까지 유지함으로써 Non-Repeatable Read 현상을 방지할 수 있다.

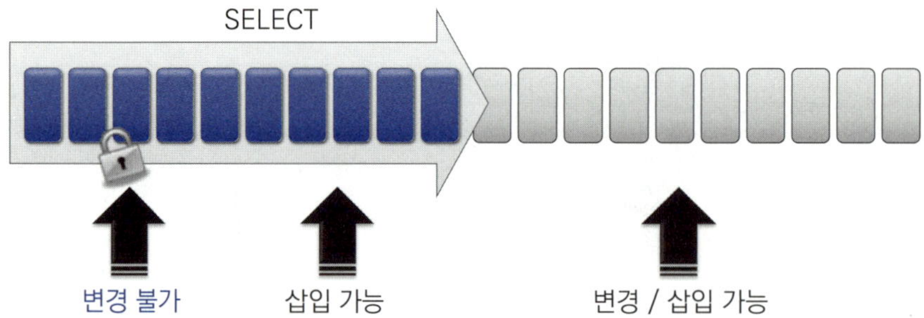

[그림 2 - 9]

이미 읽은 레코드에 대한 변경은 엄격히 제한되지만, 새로운 레코드의 삽입은 여전히 허용된다. 아직 읽지 않은 범위에는 변경과 삽입 모두 가능하다. 다른 트랜잭션이 데이터를 변경하거나 새로운 레코드를 삽입한 후 성공적으로 커밋했다면, 현재 트랜잭션은 그 변경 내용을 그대로 수용하게 된다. 따라서 트래잭션 내에서 같은 쿼리를 두 번 실행할 때 Phantom Read 현상이 발생한다.
뿐만 아니라 데이터를 읽는 도중 전후 영역에 레코드 삽입을 허용하면 문장 수준에서도 비일관성이 발생할 수 있다. 예를 들어, 조회 도중 다른 트랜잭션이 입력한 두 개의 데이터가 하나는 이미 읽은 범위에, 다른 하나는 아직 읽지 않은 범위에 삽입된다면 일관성이 결여된 결과를 얻게 된다.

Serializable 격리 수준

트랜잭션 격리 수준을 Serializable로 상향 조정하면 훨씬 더 엄격한 제어가 이루어진다. 이 수준에서는 이미 읽은 범위에 변경뿐만 아니라 삽입조차 완전히 제한된다. 트랜잭션 종료 시점까지 Lock을 유지함으로써, 지금까지 설명한 비일관성 현상을 근본적으로 방지할 수 있다.

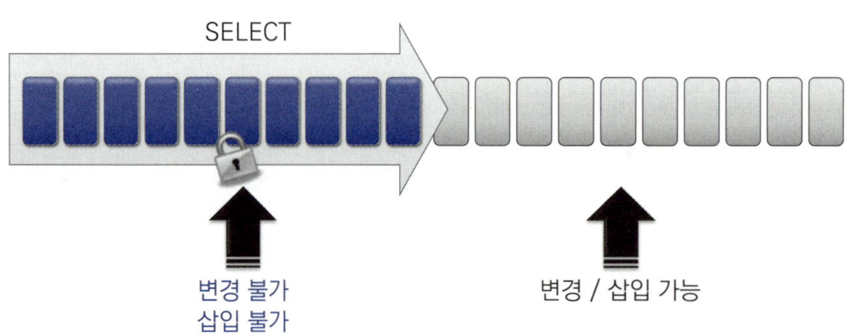

[그림 2 - 10]

아직 읽지 않은 데이터 범위에는 여전히 변경과 삽입이 가능하다. 만약 다른 트랜잭션이 해당 범위에서 데이터를 변경 또는 삽입하고 커밋한다면, 현재 트랜잭션은 그 변경 내용을 그대로 수용해서 읽는다. 쿼리 시작 시점을 기준으로 결과를 반환하는 MVCC 모델 입장에서는 일관성이 결여된 결과라고 여길 수 있다.

하지만, 이미 읽은 범위에 대해 변경과 삽입을 엄격히 차단한 상태에서 앞으로 진행하기 때문에 마지막 레코드를 읽는 순간, 즉 **쿼리 완료시점 기준의 일관성을 제공**한다. 같은 쿼리를 다시 한번 실행하면, 정확히 직전과 동일한 결과집합을 반환한다는 사실이 이를 뒷받침한다. 2.4절의 '한반도 인구조사' 비유를 상기하기 바란다.

장점과 단점

Lock 기반 동시성 제어 시스템에서는 현재 읽고 있는 데이터가 언제 추가되거나 변경되었는지를 따지지 않고, 커밋된 최종 값을 그대로 읽는다. 다른 트랜잭션이 변경 중인 데이터는 Lock이 해제되기를 기다렸다가 읽는다. 이를 **'Current 모드 읽기'**라고 한다.

이 방식의 가장 큰 장점은 쿼리 결과 집합이 최신 정보를 반영한다는 점이다. 특히 Serializable 격리 수준에서는 쿼리 완료 시점 기준의 일관된 데이터를 출력할 수 있다.

그러나 이 접근법의 명백한 단점은 동시성, 즉 성능 저하다. 모든 읽은 데이터에 Lock을 걸고 장시간 유지하기 때문이며, 교착상태(Deadlock) 발생 가능성도 커진다.

2.7 다중 버전 동시성 제어

Oracle을 선두로 PostgreSQL, MySQL[4], MariaDB, Tibero 등 많은 DBMS가 다중 버전 동시성 제어(Multiversion Concurrency Control, 줄여서 MVCC) 모델을 채택하고 있다. SQL

4 MySQL과 MariaDB는 Lock 기반 모델과 MVCC 모델을 혼용해서 사용한다. MySQL는 InnoDB 스토리지 엔진이 도입된 MySQL 3.23.15 버전(2001년 출시)부터 MVCC 모델을 지원했고, MySQL로부터 독립한 MariaDB는 최초 릴리즈인 5.1 버전(2009년 출시)부터 MVCC 모델을 지원했다. 이들 DBMS의 구체적인 작동 방식은 뒤에서 자세히 다룬다.

Server는 2005 버전부터 이 모델을 옵션으로[5] 제공하기 시작했으며, IBM DB2는 9.7 버전부터 'CURRENTLY COMMITTED' 옵션을 통해 읽기 전용 트랜잭션에 대해 MVCC 기능의 일부를 지원하기 시작했다.

Dirty Read에 대한 MVCC의 해법

MVCC 모델이 Dirty Read를 어떻게 해결하는지 Oracle의 사례를 통해 구체적으로 살펴보자. 그림 2-11은 1부터 10까지의 값이 저장된 테이블을 보여준다.

1
2
3
4
5
6
7
8
9
10

[그림 2 - 11]

그림 2-12는 TX1 트랜잭션이 SUM 연산을 시작하는 상황을 보여준다. TX1이 아직 5의 값을 읽기 전, TX2가 해당 값을 5에서 50으로 변경한다. 이때 Oracle은 이 변경 내역을 'Undo 세그먼트'라는 별도의 저장소에 Undo 레코드로 기록한다. 이 Undo 레코드는 트랜잭션 롤백을 위해 사용된다. 참고로, PostgreSQL은 Undo 레코드를 원본 데이터가 저장된 블록(=페이지)에 함께 저장하며, SQL Server의 스냅샷 모드에서는 tempdb에 저장한다.

5 기본적으로는 Lock 기반으로 작동하며, MVCC 모델을 사용하고자 할 때는 트랜잭션 격리 수준을 Snapshot으로 설정하거나 데이터베이스 수준에서 *read_committed_snapshot* 옵션을 활성화해야 한다.

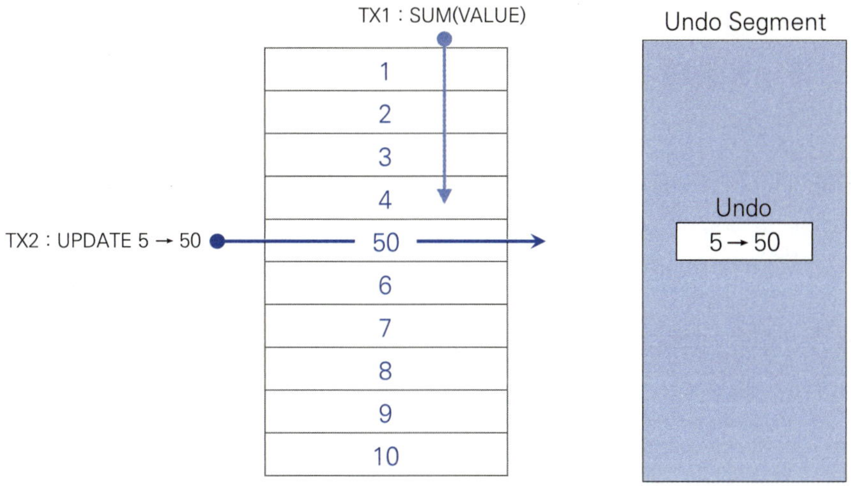

[그림 2 - 12]

그림 2-13에서 SUM을 구하는 TX1 트랜잭션은 쿼리 시작 이후 변경된 데이터를 만나는 순간, Undo에 기록된 과거 데이터를 찾아 읽는다. 이로 인해 TX2 트랜잭션이 커밋하거나 롤백하는 상황과 무관하게 TX1은 일관되게 55라는 결과를 얻게 된다.

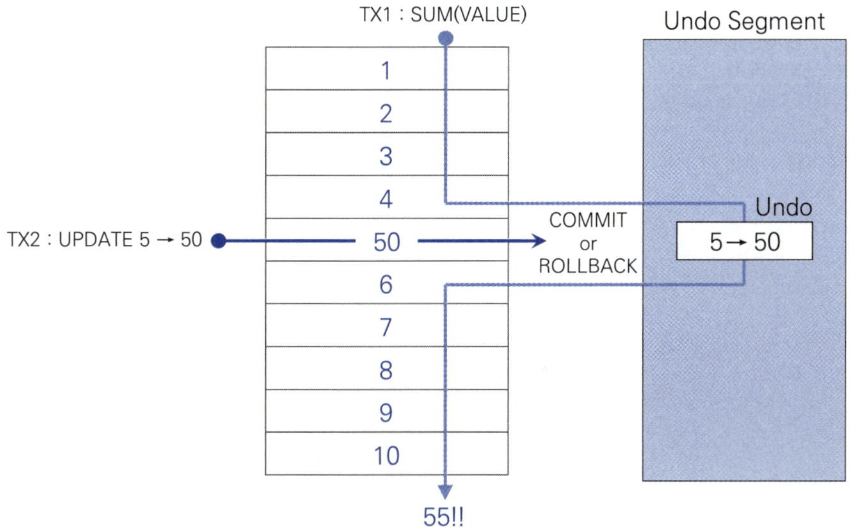

[그림 2 - 13]

Consistent 모드 읽기

이러한 방식, 즉 쿼리 시작 시점 이후에 삽입, 변경, 삭제된 데이터를 과거 상태로 되돌려 읽는 방법을 'Consistent 모드 읽기'라고 한다. 이 접근 방식은 Dirty Read를 방지할 뿐만 아니라, 문장 수준에서만큼은 쿼리 시작 시점을 기준으로 완벽한 읽기 일관성을 보장한다(High Consistency).

더욱이 Lock을 전혀 사용하지 않기 때문에 동시성도 우수하다(High Concurrency). 일반적으로 일관성과 동시성은 서로 상충(Trade-Off) 관계인데[6], MVCC는 마치 두 마리 토끼를 동시에 잡은 듯한 효과를 제공한다.

Consistent 모드 읽기를 Oracle의 관점에서 더욱 상세히 들여다보면, 이 방식은 쿼리 시작 전에 이미 커밋된 데이터만을 읽고, 쿼리 시작 이후의 변경 사항은 과거 상태로 되돌려 읽는 특징을 갖는다.

디스크에서 버퍼 캐시로 읽혀진 후 사용자의 갱신 사항이 반영된 최종 상태의 원본 블록을 'Current 블록'이라고 한다. 데이터를 읽다가 변경이 발생한 블록을 만나면, Current 블록의 복사본인 'CR(Consistent Read) 블록'을 생성하고 여기에 Undo 데이터를 적용함으로써 쿼리가 시작된 시점으로 되돌린다.

Current 블록은 오직 하나지만, 복사본인 CR 블록은 여러 버전이 존재할 수 있다. 예를 들어, 15시에 마지막으로 갱신된 Current 블록을 11시, 12시, 13시, 14시에 시작한 쿼리가 읽는다면, 그림 2-14와 같이 4개의 CR 블록을 생성하여 각 쿼리의 일관성 읽기를 위해 사용한다.

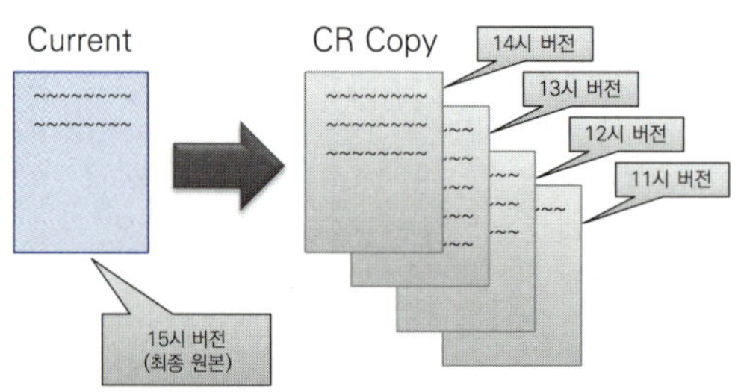

[그림 2-14]

---

6 1장 그림 1-7 참조

Oracle은 Consistent 모드 읽기를 위해 SCN(System Change Number)이라는 타임스탬프 정보를 활용한다. 각 블록에는 마지막으로 변경된 시점을 표시하기 위해 헤더에 '블록 SCN'을 관리한다. 각 쿼리는 시작 시점에 시스템으로부터 '쿼리 SCN'을 얻은 후, 읽는 블록마다 블록 SCN과 비교하여 읽을 수 있는 버전인지를 판단한다. 만약 블록 SCN이 쿼리 SCN보다 크면 CR 복사본을 생성하고 Undo 데이터를 적용한다. 그림 2-15처럼 쿼리 SCN보다 작거나 같은 블록만을 읽음으로써 쿼리 시작 시점을 기준으로 일관성 있는 결과를 얻는다.

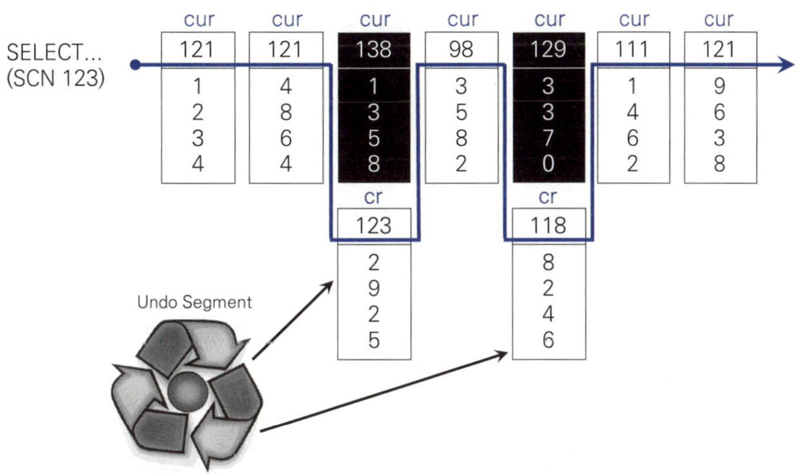

[그림 2-15]

장점과 단점

MVCC 모델의 장점은 명백하다. 첫째, 격리 수준을 조정하지 않고도 높은 일관성을 제공한다. 둘째, 조회할 때 Lock을 전혀 사용하지 않기 때문에 동시성, 즉 성능이 우수하다.

반면, 단점도 존재한다. 첫째, 과거 정보를 출력한다는 점이다. 만약 쿼리 수행에 1시간이 소요된다면, 그 결과 집합은 1시간 전 정보가 된다. 둘째, Undo 데이터를 유지하고 관리해야 하는 부담이 존재한다. Oracle의 경우, 필요한 Undo 정보를 확보하지 못해 Snapshot too old 에러가 발생할 수 있다. Undo 레코드(=Dead Tuple)를 원본 레코드(=Live Tuple)와 같은 블록에 저장하는 PostgreSQL의 경우, 불필요한 Undo 레코드를 주기적으로 정리하는 Vacuum 작업의 부담이 존재한다.

요약하자면, MVCC 모델은 **쿼리 시작 시점을 기준으로** 이후에 삽입, 변경, 삭제된 데이터를 과거 상태로 되돌려 읽음으로써, 기본 트랜잭션 격리 수준인 **Read Committed에서도 완벽한 문장 수준 읽기 일관성을 제공**한다. 뒤에서 다시 설명하겠지만, 트랜잭션 격리 수준을 Serializable로 상향 조정하면, 조회 기준 시점을 트랜잭션 시작 시점으로 설정함으로써 트랜잭션 수준의 읽기 일관성을 제공한다.

Oracle의 Undo 관리

Undo 세그먼트에 기록된 Undo 레코드는 영구 보존되지 않는다. Oracle은 커밋한 트랜잭션이 사용하던 Undo 공간을 커밋된 지 오래된 순으로 새로운 트랜잭션에 할당한다.

변경된 블록에 대한 정리(→ 커밋 시점 기록 및 Lock 해제) 작업은 나중에 해당 블록을 최초로 읽는 세션이 담당한다. 커밋 시점에는 Undo 세그먼트 헤더의 트랜잭션 테이블에만 커밋 정보를 기록하고, 블록 클린아웃은 나중에 수행하도록 하는 방식인데, 이를 'Delayed 블록 클린아웃'이라고 한다.

Consistent 모드 읽기를 진행하는 도중, 필요한 Undo 데이터가 다른 트랜잭션에 의해 재사용됨으로 인해 ①Undo 작업을 실패하거나 ②블록 클린아웃을 실패하는 경우, Snapshot too old 에러가 발생한다.

PostgreSQL의 Undo 관리

Oracle, MySQL, MariaDB는 Undo 레코드를 'Undo 세그먼트'라는 별도의 공간에 저장하는 반면, PostgreSQL은 원본 레코드가 저장된 블록에 함께 저장한다. PostgreSQL에서는 변경된 최종(현재) 레코드를 '라이브 튜플(Live Tuple)', 과거 레코드를 '데드 튜플(Dead Tuple)'이라고 한다. 같은 레코드를 여러 번 변경하면, 데드 튜플도 계속 쌓인다.

PostgreSQL은 라이브 튜플과 데드 튜플을 한 블록에 함께 저장하면서 Consistent 모드 읽기를 지원하기 위해 내부적으로 특별한 구조를 사용한다. 이 구조는 데이터 모델링에서 다루는 '선분이력'과 매우 흡사하다. 일반적인 점이력 모델이 데이터 입력 또는 수정 시점만 관리하는 반면, 선분이력 모델은 종료 시점도 함께 관리한다. 선분이력을 조회할 때는 Between 또는 부등호 조건을 사용한다. (※ 선분이력에 대한 자세한 설명은 5장 6절을 참조하기 바란다.)

PostgreSQL도 이와 유사하게, 테이블에 XMIN과 XMAX라는 두 개의 시스템 컬럼을 관리한다. 예를 들어, 주문 테이블에서 주문번호 'OZ152481'인 주문 레코드의 상태가 주문 → 결제 → 배송 순으로 변경됐다면, 다음과 같이 데이터가 쌓인다.

XMIN	XMAX	주문번호	상태	
118	127	0Z152481	주문	→ 데드 튜플
127	136	0Z152481	결제	→ 데드 튜플
136	0	0Z152481	배송	→ 라이브 튜플

XMIN은 해당 레코드가 생성된 시점의 트랜잭션 ID[7]다.

XMAX는 해당 레코드가 변경 또는 삭제된 시점의 트랜잭션 ID(이하 XID)다. 즉, 새로운 라이브 튜플이 생성되면서 해당 레코드가 데드 튜플이 된 시점 정보다. 라이브 튜플에는 0을 입력한다.

이 상태에서 120 시점에 시작한 쿼리는 아래 조건으로 데이터를 읽는다. 그러면 '주문' 상태인 첫 번째 데드 튜플을 읽게 된다.

```
XMIN <= 120 AND (XMAX > 120 OR XMAX = 0)
```

만약 라이브 튜플 XMAX에 최댓값(예를 들어, 9999999999)을 입력했다면 'OR XMAX = 0' 조건이 필요 없다. 저장 공간을 최소화하기 위해 0을 입력해 두었기 때문에 이 조건이 필요하다.

130 시점에 시작한 쿼리는 아래 조건으로 데이터를 읽는다. 그러면 '결제' 상태인 두 번째 데드 튜플을 읽게 된다.

```
XMIN <= 130 AND (XMAX > 130 OR XMAX = 0)
```

140 시점에 시작한 쿼리는 아래 조건으로 데이터를 읽는다. 그러면 '배송' 상태인 라이브 튜플을 읽게 된다.

```
XMIN <= 140 AND (XMAX > 140 OR XMAX = 0)
```

만약 라이브 튜플이 아직 커밋되지 않은 상태라면, '결제' 상태인 최종 데드 튜플(XMIN = 127)을 읽는다.

이렇게 처리하면, Oracle처럼 CR 블록을 별도로 생성해서 Undo 데이터를 일일이 적용하는 과정 없이, 쿼리 시작 시점의 레코드를 블록 내에서 바로 찾아낼 수 있다.

문제는 데드 튜플을 어떻게 정리할 것인가이다. 데드 튜플을 정리하지 않고 그대로 두면, 테이블 크기

7 트랜잭션 ID(XID)는 시스템 차원에서 전역적(Global)으로 관리하는 32비트 정수 값으로, 새로운 트랜잭션이 시작될 때마다 1씩 증가한다. 단순 Select 문은 트랜잭션 ID를 증가시키지 않으며, 시작 시점에 참조한 전역 XID 카운터 값을 이용해 Consistent 모드 읽기를 수행한다.

가 비정상적으로 커지고, 조회 과정에 읽어야 할 블록수도 늘어나 성능 저하로 이어질 수 있다. 더 이상 필요 없는 데드 튜플을 주기적으로 정리해 줘야 하는데, 이를 'Vacuum'이라고 한다. 정리된 공간은 새로운 입력을 위해 재활용된다.

Vacuum 작업은 VACUUMM 명령어를 이용해 수동으로 수행할 수 있고, Auto Vacuum 프로세스를 통해 자동으로 수행되게 할 수도 있다.

Consistent 모드 읽기를 위해 데드 튜플을 유지·관리하므로, Vacuum 실행 시점에 진행 중인 트랜잭션들이 참조할 가능성이 있는 데드 튜플은 함부로 삭제할 수 없다. 예를 들어, 현재 실행 중인 가장 오래된 트랜잭션이 XID 130 시점에 시작했다면, XMAX 값이 130 미만인 데드 튜플은 현재 활성 트랜잭션 중 어떤 것도 더 이상 참조하지 않으므로(즉, 가장 오래된 트랜잭션이 시작되기 전에 이미 무효화된 튜플이므로) 안전하게 정리할 수 있다. 반면, XMIN 값이 130 이상인 데드 튜플[8]을 삭제하면 Consistent 모드 읽기에 문제가 생길 수 있다.

따라서 매우 오래 실행 중인 트랜잭션이 존재하는 상황이라면, Vacuum 작업이 정상적으로 수행되지 않을 수 있고, 이로 인해 데이터 정리 지연, 테이블 비대화(肥大化), 성능 저하 등 여러 운영 이슈가 발생하곤 한다. 흔한 예로, 특정 DB 사용자가 수동 커밋 모드에서 Select 문을 실행한 상태로 커밋 또는 롤백하지 않고 퇴근한다면 시스템에 어떤 일이 발생할지 상상해 보라. 참고로, PostgreSQL은 수동 커밋 모드에서 첫 번째 SQL을 실행할 때 트랜잭션 ID를 할당한다. 즉, 트랜잭션 내에서 첫 번째 SQL을 실행한 시점이 트랜잭션 시작 시점이다.

2.8 완벽하지 않은 격리 수준, Read Committed

MySQL과 MariaDB를 제외한 대부분의 DBMS는 기본 격리 수준으로 Read Committed를 채택하고 있다. 말 그대로, 커밋된 데이터만 읽도록 허용하는 격리 수준이다. 앞서 표 2-2에 요약한 것처럼 Dirty Read를 방지해 주는 정도의 일관성만 보장하며, Non-Repeatable Read와 Phantom Read 현상이 나타날 수 있다.

MVCC 모델을 사용하는 DBMS는 문장 수준에서만큼은 모든 비일관성 현상을 방지해 주지만,

8 XMIN 값이 130 이상인 튜플이 결국 XMAX 값이 130 이상인 튜플이다.

트랜잭션 수준에서는 Non-Repeatable Read와 Phantom Read 현상이 나타날 수 있다.

반면, Lock 기반 동시성 제어 모델을 사용하는 DBMS는 트랜잭션 수준에서 Non-Repeatable Read와 Phantom Read를 허용할 뿐만 아니라, 심지어 하나의 SQL 문장 수준에서조차 일관성이 깨질 수 있다. 따라서 이러한 비일관성 현상을 방지하려면 격리 수준을 상향 조정할 필요가 있다.

문장 수준에서 일관성이 깨진다고?

단일 SQL 문장 수준에서조차 일관성이 완벽하지 않을 수 있다는 사실에 의문을 품는 독자가 많을 것이다. 상용 DBMS에서 어떻게 이런 일이 발생할 수 있단 말인가? 안타깝게도 Lock 기반 동시성 제어 모델에서는 이러한 비일관성 현상이 실제로 나타난다.

계좌 테이블에 잔고가 10인 레코드가 20개 있는 상황에서 잔고 합을 구하는 아래 쿼리를 예로 들어보자.

```
SELECT SUM(잔고) FROM 계좌;
```

그림 2-16은 20개 레코드 중 현재 10번째 레코드를 읽고 있는 상태를 보여준다.

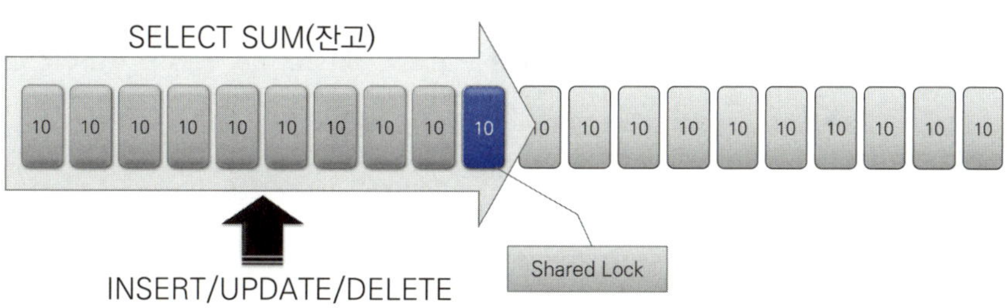

[그림 2 - 16]

많은 개발자가 Lock 기반 동시성 제어 모델에서 Select를 진행하는 동안 읽은 모든 레코드에 Shared Lock이 계속 유지된다고 잘못 생각한다. 실제로는 현재 읽고 있는 레코드에만 Lock을 유지한다. 따라서 **아직 읽지 않은 범위뿐만 아니라 이미 읽고 지나간 범위에도 데이터 삽입, 변경, 삭제가 모두 가능**하다. Read Committed 격리 수준은 현재 커서가 위치한 레코드에 대해서만 안정성(Cursor Stability)을 보장하는 것이다.

그림 2-16과 같이 이미 읽고 지나간 범위에 데이터 삽입, 변경, 삭제가 발생할 때는 Lock 기반 모델과 MVCC 모델의 결과가 동일하다. 하지만 아직 읽지 않은 범위에서 발생하면 결과가 달라진다.

그림 2-17처럼 아직 읽지 않은 범위에 10을 Insert하면 Lock 기반 모델의 SUM 결과는 210인 반면, MVCC 모델에서는 200이 된다.

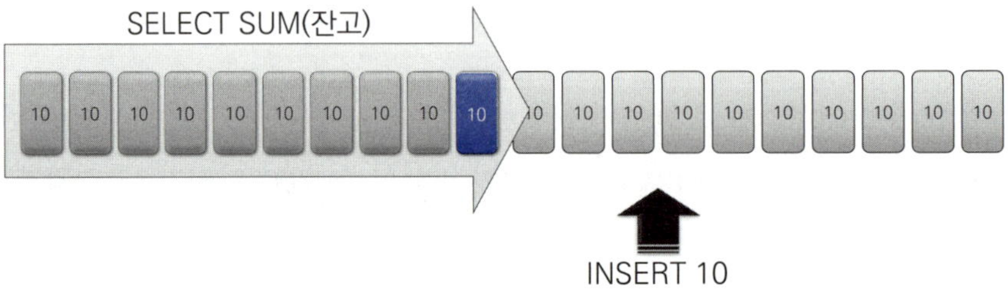

[그림 2 - 17]

그림 2-18처럼 아직 읽지 않은 범위에서 10을 20으로 갱신하면 Lock 기반 모델의 SUM 결과는 210인 반면, MVCC 모델에서는 200이 된다.

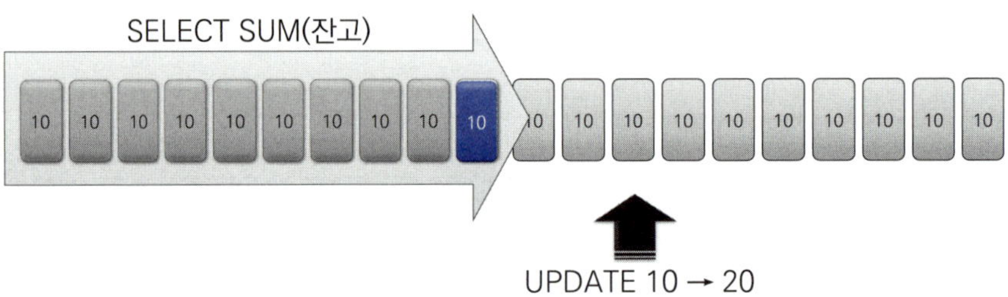

[그림 2 - 18]

Lock 기반 모델의 210과 MVCC 모델의 200 중 어느 결과가 더 일관성이 있는가? 생각하기에 따라 다를 수 있지만, 그림 2-19를 보면 명확해진다.

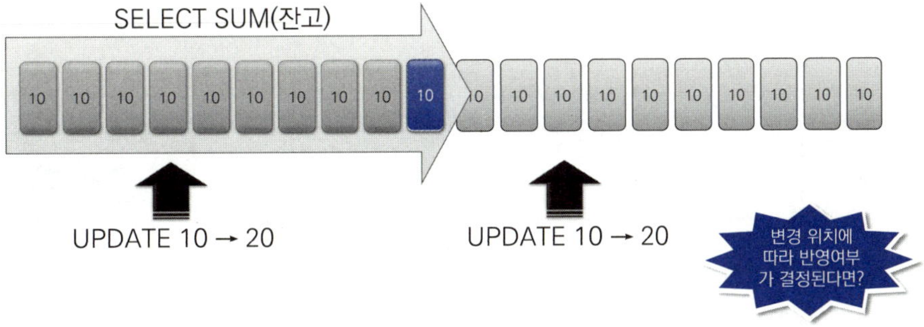

[그림 2 - 19]

SUM을 진행하는 동안 잔고가 10인 두 개 레코드를 다른 트랜잭션이 20으로 변경했는데, 하나는 이미 읽고 지나간 영역이었고 다른 하나는 아직 읽지 않은 영역이었다. 이 경우 이미 읽은 레코드의 변경은 SUM 결과에서 누락되는 반면, 아직 읽지 않은 레코드의 변경은 결과에 반영된다. 다른 트랜잭션이 두 개의 신규 레코드를 Insert 할 때도 마찬가지다.
이처럼 데이터 변경 또는 삽입 위치에 따라 반영 여부가 결정된다면 일관성 있는 결과라고 보기는 어렵다.

읽기 왜곡 – 계좌이체

계좌이체 시나리오를 통해 이 문제를 더욱 명확히 이해할 수 있다. 예를 들어, TX1 트랜잭션이 SUM 연산을 진행하는 동안 TX2 트랜잭션이 아래와 같이 계좌이체를 진행했다[9].

```
< TX1 >
SELECT SUM(잔고) FROM 계좌;

< TX2 >
UPDATE 계좌 SET 잔고 = 잔고 - 10 WHERE 계좌번호 = '02';
UPDATE 계좌 SET 잔고 = 잔고 + 10 WHERE 계좌번호 = '16';
```

그림으로 표현하면 그림 2-20과 같고, 설명의 편의를 위해 계좌번호는 나열된 순서대로 '01'부터 '20'까지로 가정했다.

9 온라인 스크립트 script3_sqlserver_txN.sql 참조

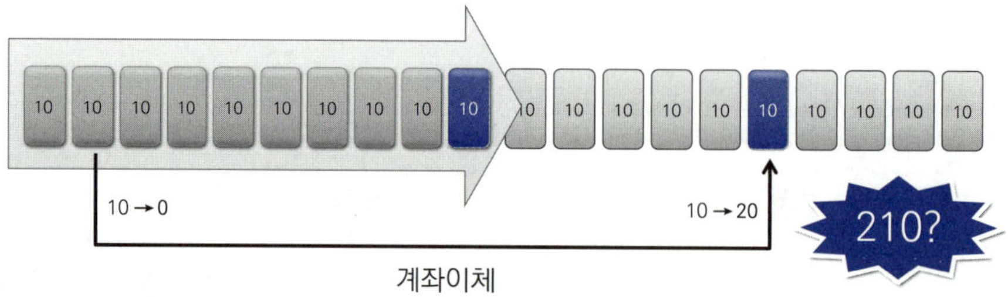

[그림 2 - 20]

그림을 보면, TX1이 이미 읽고 지나간 좌측 영역의 10(계좌번호 = '02')을 TX2가 0으로 변경하고, 아직 읽지 않은 우측 영역의 10(계좌번호 = '16')을 20으로 변경했다. 좌측 영역의 Shared Lock은 이미 해제되었고, 우측 영역에는 Lock이 설정되지 않았기 때문에 양쪽 모두 데이터 변경이 가능하다.

그 결과로 잔고 합은 210이 되었다. 이는 **쿼리가 시작되기 전과 후, 그리고 진행되는 동안 어떤 시점에도 존재하지 않았던 잔고 합**이다.

다음과 같이 계좌이체 순서를 바꾸더라도 비일관된 결과는 여전히 발생한다[10].

```
< TX1 >
SELECT SUM(잔고) FROM 계좌;

< TX2 >
UPDATE 계좌 SET 잔고 = 잔고 - 10 WHERE 계좌번호 = '16';
UPDATE 계좌 SET 잔고 = 잔고 + 10 WHERE 계좌번호 = '02';
```

그림 2-21처럼 아직 읽지 않은 우측 영역의 10을 0으로 변경하고, 이미 읽고 지나간 좌측 영역의 10을 20으로 변경하면 잔고 합은 190이 된다. 마찬가지로 이 금액 역시 쿼리가 시작되기 전과 후, 진행되는 동안 어떤 시점에도 실제로 존재하지 않았던 잔고 합이다.

---

10 온라인 스크립트 script4_sqlserver_txN.sql 참조

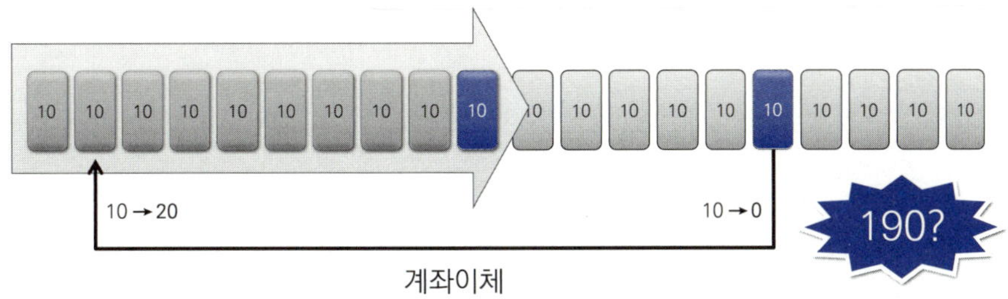

[그림 2-21]

이러한 현상은 데이터를 읽은 후 즉시 Shared Lock을 해제하기 때문에 발생하며, 이를 '읽기 왜곡(Read Skew)'이라고 한다.
이 문제를 해결하기 위해 읽은 레코드에 대해 Lock을 유지하도록 격리 수준을 Repeatable Read로 상향 조정해 보자[11].

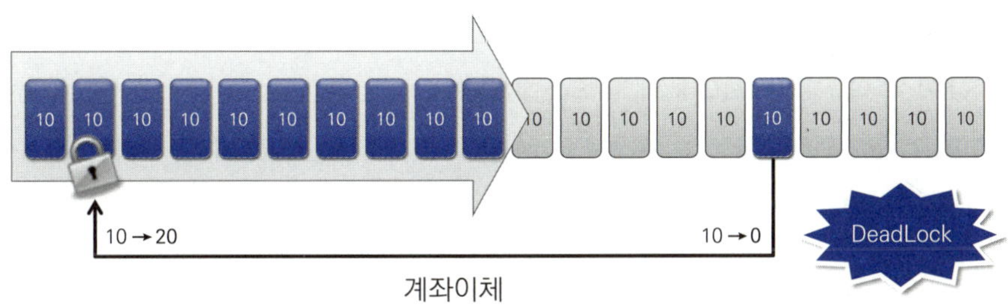

[그림 2-22]

- TX1 : 그림 2-22에서 왼쪽 영역의 10개 레코드를 읽으면서 Shared Lock 설정
- TX2 : TX1이 아직 읽지 않은 우측 영역의 10을 0으로 변경하면서 Exclusive Lock 설정
- TX2 : TX1이 이미 읽은 좌측 영역의 10을 20으로 변경하기 위해 Exclusive Lock 설정 시도 → 이미 Shared Lock이 설정되어 있어 블로킹 발생
- TX1 : 계속 데이터를 읽다가 TX2가 Exclusive Lock을 설정한 레코드에 Shared Lock을 설정하려고 할 때 블로킹 발생

11 SQL Server에서 격리 수준 조정 없이 HOLDLOCK 힌트를 사용해도 동일한 효과를 얻을 수 있다.

• 교착상태 : TX1과 TX2가 서로를 기다리는 교착상태(Deadlock) 발생

트랜잭션 격리 수준을 Repeatable Read로 상향 조정하면 이러한 교착상태 발생 가능성이 높아진다.
이를 방지하기 위해서는 두 트랜잭션의 데이터 액세스 순서를 일치시켜야 한다. 그림 2-23처럼 계좌이체 순서를 바꿔보자.

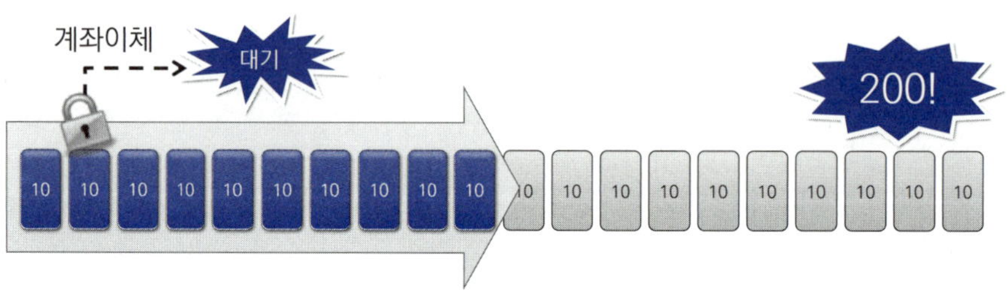

[그림 2 - 23]

트랜잭션 TX1이 왼쪽 영역의 10개 레코드를 읽으면서 Shared Lock을 설정한 상태에서 TX2가 왼쪽 영역에 Exclusive Lock을 설정하려 하면 블로킹된다. TX1이 정상적으로 200을 얻고 Lock을 해제한 후에야 TX2는 계좌이체를 진행할 수 있다.
이러한 방식으로 처리하면 교착상태를 피하면서 일관성 있는 결과를 얻을 수 있다. 트랜잭션 간 자원 접근 순서를 일치시키기 어렵다면, 테이블 전체에 Lock[12]을 걸고 잔고 합을 구하는 방법을 고려할 수 있지만, 실무적으로는 적용하기 쉽지 않은 접근이다.
반면, MVCC 모델에서는 이러한 복잡한 동시 트랜잭션 상황에서도 격리 수준이나 트랜잭션 진행 방향 조정 없이 항상 일관된 잔고 합 200을 얻을 수 있다.

읽기 왜곡 – 조인

SQL Server에서 주문과 상품을 조인하는 아래 SQL 문을 실행했다. 이 SQL 문 하단에는 FROM 절에 나열된 순서대로 NL 조인하도록 옵티마이저 힌트가 명시되어 있다.

---

12 SQL Server의 경우, TABLOCK 힌트를 사용하면 된다.

```
SELECT O.주문번호,O.고객번호,G.상품코드, G.현재가, O.주문가,O.주문수량,O.주문금액
FROM   주문 O, 상품 G
WHERE  O.주문일자 = '20251006'
AND    G.상품코드 = O.상품코드
OPTION(FORCE ORDER, LOOP JOIN)
```

힌트의 의미대로 실행하면, FROM절에 먼저 명시한 주문 테이블에서 조건절을 만족하는 데이터를 하나씩 읽으며, 각 레코드에 대해 상품 데이터를 반복적으로 조회한다. 주문과 상품은 M:1 관계이므로 조인 과정에 동일한 상품코드로 상품 데이터를 여러 번 조회하게 된다.

이와 같은 방식으로 조인을 수행하던 중, 다른 트랜잭션이 '노트북 Z'의 현재가를 99만 원에서 95만 원으로 변경했다면, Lock 기반 동시성 제어 모델에서는 그림 2-24와 같이 동일한 상품에 대해 서로 다른 현재가가 출력되는 현상이 발생할 수 있다.

주문번호	고객번호	상품코드	현재가	주문가	주문수량	주문금액
1	A123	노트북 Z	990,000	990,000	1	990,000
2	B253	마우스 G	28,000	28,000	5	140,000
3	A123	키보드 K	18,000	18,000	2	36,000
4	C526	마우스 G	28,000	25,000	1	28,000
5	D582	모니터 M	125,000	125,000	1	125,000
6	B853	모니터 M	125,000	125,000	1	125,000
7	E536	노트북 Z	950,000	950,000	2	1,900,000
8	A887	키보드 K	18,000	18,000	3	54,000

[그림 2-24]

반면, MVCC 모델을 사용하는 Oracle, PostgreSQL, MySQL에서는 다른 트랜잭션이 상품 데이터를 변경하더라도, 그림 2-25처럼 쿼리 실행 시점 기준으로 끝까지 일관된 결과를 반환한다.

주문번호	고객번호	상품코드	현재가	주문가	주문수량	주문금액
1	A123	노트북 Z	990,000	990,000	1	990,000
2	B253	마우스 G	28,000	28,000	5	140,000
3	A123	키보드 K	18,000	18,000	2	36,000
4	C526	마우스 G	28,000	25,000	1	28,000
5	D582	모니터 M	125,000	125,000	1	125,000
6	B853	모니터 M	125,000	125,000	1	125,000
7	E536	노트북 Z	990,000	950,000	2	1,900,000
8	A887	키보드 K	18,000	18,000	3	54,000

[그림 2 - 25]

SQL Server에서도 방법은 있다. 2.5절에서 설명한 것처럼 SQL Server는 다음과 같이 특정 테이블 단위로 트랜잭션 격리 수준을 지정할 수 있다[13].

```
SELECT O.주문번호,O.고객번호,G.상품코드, G.현재가, O.주문가,O.주문수량,O.주문금액
FROM   주문 O, 상품 G WITH(REPEATABLEREAD)
WHERE  O.주문일자 = '20251006'
AND    G.상품코드 = O.상품코드
OPTION(FORCE ORDER, LOOP JOIN)
```

반복해서 참조하는 테이블 레코드에 설정한 Shared Lock을 유지하도록 힌트를 지정하면 읽기 왜곡 현상을 방지할 수 있다. 단, 쿼리 수행 후에도 상품 테이블에 설정된 Lock이 계속 유지되므로 반드시 커밋 또는 롤백을 수행해야 한다.

또 다른 방법은 Read Committed 격리 수준에서 아래와 같이 해시(Hash) 방식으로 조인하는 것이다.

```
SELECT O.주문번호,O.고객번호,G.상품코드, G.현재가, O.주문가,O.주문수량,O.주문금액
FROM   상품 G, 주문 O
WHERE  O.주문일자 = '20251006'
AND    G.상품코드 = O.상품코드
OPTION(FORCE ORDER, HASH JOIN);
```

13 온라인 스크립트 script5_sqlserver_txN.sql 참조

해시 조인은 SQL 튜닝에서 다루는 주제이지만, NL 조인과의 비교를 통해 간단히 설명하면 다음과 같다.

- NL 조인 : 주문 테이블 기준으로 상품 테이블을 건건이 실시간 액세스
- 해시 조인 : SQL 실행 초기에 상품 테이블을 한 번에 읽어서 해시맵을 생성하고, 이후 주문 테이블을 읽으면서 상품 해시맵을 탐색

해시 방식으로 조인하면 해시 맵에 저장된 스냅샷 데이터를 반복 탐색하므로 일관된 결과를 얻을 수 있다.

참고로, SQL Server의 OPTION(FORCE ORDER, LOOP JOIN) 힌트와 의미가 동일한 Oracle 및 MySQL 힌트는 아래와 같다.

```
< Oracle >
SELECT /*+ ORDERED USE_NL(G) */
       O.주문번호,O.고객번호,G.상품코드, G.현재가, O.주문가,O.주문수량,O.주문금액
FROM   주문 O, 상품 G
WHERE  O.주문일자 = '20251006'
AND    G.상품코드 = O.상품코드

< MySQL >
SELECT O.주문번호,O.고객번호,G.상품코드, G.현재가, O.주문가,O.주문수량,O.주문금액
FROM   주문 O STRAIGHT_JOIN 상품 G ON G.상품코드 = O.상품코드
WHERE  O.주문일자 = '20251006'
```

읽기 왜곡 – 집합연산

이번에는 집합 연산자를 사용하는 예제를 살펴보자. 다음 쿼리는 하나의 쿼리 내에서 동일한 테이블(EMP)을 두 번 액세스한다.

```
SELECT EMPNO, ENAME, SAL FROM EMP WHERE DEPTNO = 10
UNION ALL
SELECT EMPNO, ENAME, SAL FROM EMP WHERE DEPTNO = 10
```

표 2-3을 보면, 위쪽 3개 레코드는 UNION ALL 위쪽 브랜치에서 읽은 값이고, 나머지 3개는 아래쪽 브랜치에서 읽은 값이다. 이 중 사번 7839 사원의 급여가 서로 다르다는 점에 주목하자.

EMPNO	ENAME	SAL
7782	CLARK	2450
7839	KING	**5000**
7934	MILLER	1300
7782	CLARK	2450
7839	KING	**5500**
7934	MILLER	1300

[표 2-3]

예를 들어, UNION ALL 위쪽 브랜치에서 7839번 사원의 급여(SAL)를 읽고 이어서 7934번 사원의 급여를 읽는 시점에, 다른 트랜잭션이 7839번 사원의 급여를 10% 인상(5000 → 5500)하고 커밋까지 완료했다면, 이처럼 일관성 없는 결과가 나타날 수 있다.

반면, MVCC 모델을 사용하는 Oracle, PostgreSQL, MySQL에서는 중간에 다른 트랜잭션이 급여를 변경하더라도, 처음에 읽은 값인 5000을 끝까지 일관되게 반환한다.

읽기 왜곡 – 집계

같은 이유로 다음 쿼리에서도 일관성 없는 결과가 발생할 수 있다.

```
SELECT B.EMPNO, B.ENAME, B.SAL, A.SUM_SAL
FROM  (SELECT DEPTNO, SUM(SAL) SUM_SAL
       FROM   EMP
       WHERE  DEPTNO = 10
       GROUP BY DEPTNO) A
     , EMP B
WHERE  A.DEPTNO = B.DEPTNO
AND    B.DEPTNO = 10
```

FROM 절에서 EMP 테이블을 두 번 사용했으며, 두 테이블 모두 Full Scan 방식으로 읽는다고 가정하자.

쿼리 결과 집합인 표 2-4에서 출력된 SAL 값을 더해보면 9250이지만, 인라인 뷰로 집계한 값(SUM_SAL)은 8750으로 서로 일치하지 않는다.

EMPNO	ENAME	SAL	SUM_SAL
7782	CLARK	2450	8750
7839	KING	**5500**	8750
7934	MILLER	1300	8750

[표 2-4]

인라인 뷰에서 사번(EMPNO) 7782, 7839, 7934 순으로 레코드를 읽는 도중, 마지막으로 7934번 사원의 급여(SAL)를 읽는 시점에 다른 트랜잭션이 7839번 사원의 급여를 10% 인상(5000 → 5500)한 후 커밋까지 완료했다면, 이처럼 일관성 없는 결과가 나타날 수 있다. 인라인 뷰를 처리할 때는 7839번 사원의 급여를 5000으로 읽었지만, 이후 EMP 테이블을 다시 읽을 때는 변경된 값인 5500으로 읽게 되기 때문이다.

반면, MVCC 모델을 사용하는 Oracle, PostgreSQL, MySQL에서는 중간에 다른 트랜잭션이 급여를 변경하더라도, 처음에 읽은 값인 5000을 끝까지 유지한다. 따라서 하나의 쿼리 내에서 같은 테이블을 두 번 참조해서 얻은 집계 결과가 달라지는 현상은 발생하지 않는다.

SQL Server Read Committed 스냅샷

SQL Server도 2005 버전부터 MVCC 모델을 사용하는 방법이 있다. 데이터베이스 레벨에서 *read_committed_snapshot* 옵션을 활성화하면 된다.

ALTER DATABASE ACTR_DB SET **READ_COMMITTED_SNAPSHOT** ON

그러면, Read Committed 격리 수준에서 Shared Lock을 사용하지 않고 문장 수준 읽기 일관성을 제공한다.

< TX1 >		< TX2 >
BEGIN TRAN;	t1	BEGIN TRAN;
	t2	UPDATE 계좌 SET 잔고 = 잔고 - 500 WHERE 고객번호 = 123 AND 계좌번호 = 'A007';
(블로킹 없이 변경 이전 값 반환)	t3	INSERT INTO 계좌 (계좌번호, 고객번호, 잔고, …) VALUES ('A098', 123, 2000, …);
SELECT SUM(잔고) FROM 계좌 WHERE 고객번호 = 123;	t4	
(변경 이후 값 반환)	t5	COMMIT TRAN;
SELECT SUM(잔고) FROM 계좌 WHERE 고객번호 = 123;	t6	

2.9 Repeatable Read 및 Serializable 격리 수준

Lock 기반 DBMS의 Repeatable Read와 Serializable 격리 수준에 대해 앞서 간략히 설명했으며, Read Committed 격리 수준에서 발생하는 문장 수준 비일관성이 Repeatable Read 격리 수준에서 어떻게 해소되는지도 살펴보았다. 그러나 Repeatable Read 격리 수준에서도 여전히 문장 수준 비일관성이 발생할 수 있으며, 이는 Serializable 격리 수준을 통해서만 해결할 수 있다.

이제 이 두 격리 수준에서의 문장 수준 읽기 일관성을 DBMS별로 더 자세히 살펴보자.

2.9.1 Lock 기반 동시성 제어 모델의 문장 수준 읽기 일관성

앞서 살펴본 바와 같이, Lock 기반 DBMS의 Read Committed 격리 수준에서는 단일 Select 문을 실행하는 동안 읽기 왜곡이 발생할 수 있다.
격리 수준을 Repeatable Read로 상향 조정하면, 조건을 만족하는 데이터에 대한 다른 트래잭션의 변경을 차단하면서 읽기 작업을 진행한다. 이를 통해 문장 수준 읽기 일관성이 보장되는 사례를 앞서 살펴보았으며, 이는 조회 완료 시점 기준의 일관성이었다.

Insert에 의한 집합 변화

하지만, 이 격리 수준에서도 다른 트랜잭션의 동시 Insert에 의한 비일관성은 여전히 허용한다. 아직 읽지 않은 범위뿐만 아니라 이미 읽은 범위에도 Insert가 가능하고, 이로 인해 조회 대상 집합의 변화가 발생할 수 있기 때문이다.

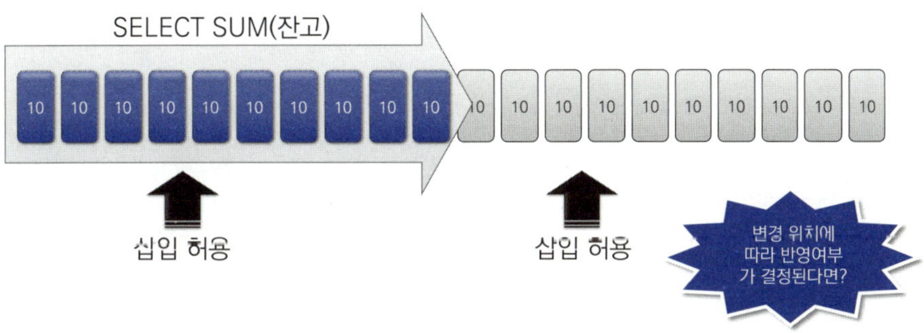

[그림 2 - 26]

예를 들어, 그림 2-26처럼 다른 트랜잭션이 두 개의 레코드를 Insert했는데, 하나는 이미 읽고 지나간 범위에, 다른 하나는 아직 읽지 않은 범위에 저장되었다. 이 경우 전자는 SUM 결과에서 누락되는 반면, 후자는 결과에 반영된다. 다른 트랜잭션에 의해 집합 변화가 발생한 상황에서 데이터 입력 위치에 따라 반영 여부가 달라진다면 일관성 있는 결과라고 보기는 어렵다[14].

---

14 둘 다 아직 읽지 않은 범위에 Insert 됐다면, Insert 트랜잭션 완료 후에 잔고 합을 구한 것과 같은 일관성 있는 결과를 얻게 된다. 반대로, 둘 다 이미 읽고 지나간 범위에 Insert 됐다면, 잔고 합을 구한 후에 Insert 트랜잭션을 시작한 것과 같은 일관성 있는 결과를 얻게 된다.

Update에 의한 집합 변화

Insert뿐만 아니라 Update에 의해서도 집합의 변화가 생길 수 있으며, 이로 인한 비일관성이 나타날 수 있다. 예를 들어, 그림 2-27을 보자. 지금까지 살펴본 계좌 테이블과 달리 잔고 10과 20인 계좌가 골고루 섞여 있다.

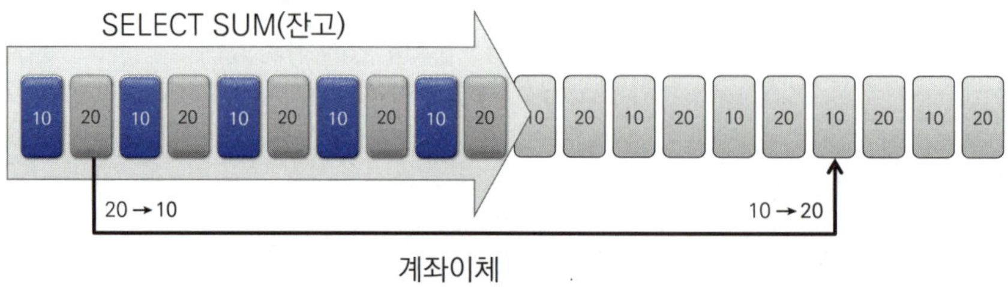

[그림 2 - 27]

두 트랜잭션에서 사용한 SQL은 다음과 같다[15].

```
< TX1 >
SELECT SUM(잔고) FROM 계좌 WHERE 잔고 = 10;

< TX2 >
UPDATE 계좌 SET 잔고 = 잔고 - 10 WHERE 계좌번호 = '02';  -- 기존 잔고 20
UPDATE 계좌 SET 잔고 = 잔고 + 10 WHERE 계좌번호 = '17';  -- 기존 잔고 10
```

설명의 편의를 위해 계좌번호는 나열된 순서대로 '01'부터 '20'까지로 가정하자. TX1이 잔고가 10인 계좌들의 잔고 합을 구하는 동안, TX2가 '02'번 계좌의 잔고를 20에서 10으로 변경하고, '17'번 계좌의 잔고를 10에서 20으로 변경했다. 두 트랜잭션이 시작되기 전과 후 모두 잔고가 10인 계좌는 10개이므로 TX1이 구한 잔고 합은 100이어야 한다.

그런데 그림 2-27처럼 동시 트랜잭션을 진행하면 잔고 합은 90이 된다. '02'번 계좌는 TX1 쿼리의 조건절을 만족하게 되었지만 이미 읽고 지나간 영역이므로 집계에서 제외되었고, '17'번 계좌는 이제 조건절을 만족하지 않게 되면서 이러한 비일관성이 발생한 것이다.

15 온라인 스크립트 script6_sqlserver_txN.sql 참조

'02'번 계좌는 TX1이 이미 읽고 지나간 영역이지만, 잔고 = 10 조건을 만족하지 않아 Shared Lock이 설정되지 않은 상태였음을 주목하기 바란다. 즉, 읽은 범위 중 조건을 만족하지 않는 데이터는 다른 트랜잭션이 변경할 수 있다.

그림 2-28과 같이 TX2가 반대 방향으로 Update를 진행하더라도 결과는 같다.

```
< TX1 >
SELECT SUM(잔고) FROM 계좌 WHERE 잔고 = 10;

< TX2 >
UPDATE 계좌 SET 잔고 = 잔고 + 10 WHERE 계좌번호 = '17';  -- 기존 잔고 10
UPDATE 계좌 SET 잔고 = 잔고 - 10 WHERE 계좌번호 = '02';  -- 기존 잔고 20
```

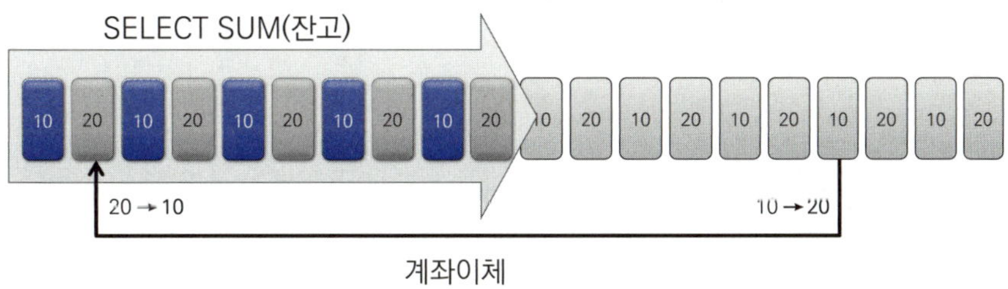

[그림 2 - 28]

Repeatable Read 격리 수준에서도 동시 Update로 인한 읽기 왜곡 현상이 발생한 이유는, 조건을 만족하지 않는 레코드에는 Lock을 설정하지 않아 집합의 변화를 허용했기 때문이다. 이로 인해 잔고 = 10인 집합과 잔고 = 20인 집합 간 교차 이동이 가능했다.

비일관성을 야기하는 집합 변화

집합 변화가 읽기 왜곡을 일으키는 이유를 좀 더 자세히 살펴보자.

그림 2-29처럼 **아직 읽지 않은 범위 내에서 집합 변화가 발생했다면, 그 변화를 일으킨 트랜잭션이 완료된 후 잔고 합을 구한 것과 같은 일관성** 있는 결과를 얻게 된다.

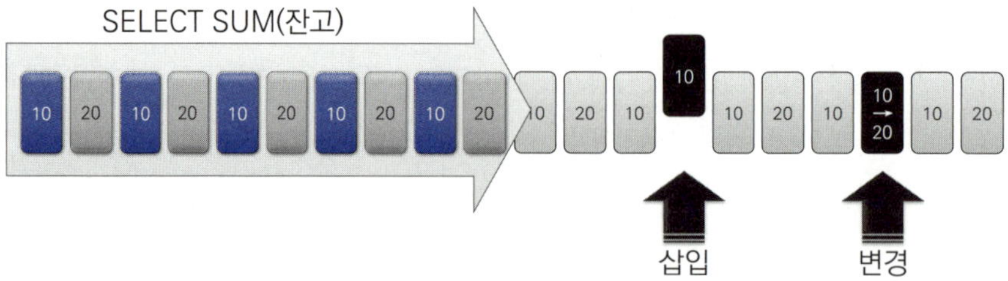

[그림 2-29]

반대로, 이미 읽고 지나간 범위에 잔고 = 10인 데이터를 삽입할 수는 있지만, 잔고 = 10인 데이터를 변경할 수는 없다. 따라서 읽은 범위에서 잔고 = 10인 데이터의 변경을 포함한 집합 변화는 불가능하다. Read Committed 격리 수준에서는 가능한데, 그렇더라도 **이미 읽고 지나간 범위 내에서의 변화이므로 잔고 합을 구한 후 집합 변화가 발생한 것과 같은 일관성** 있는 결과를 얻게 된다(그림 2-30).

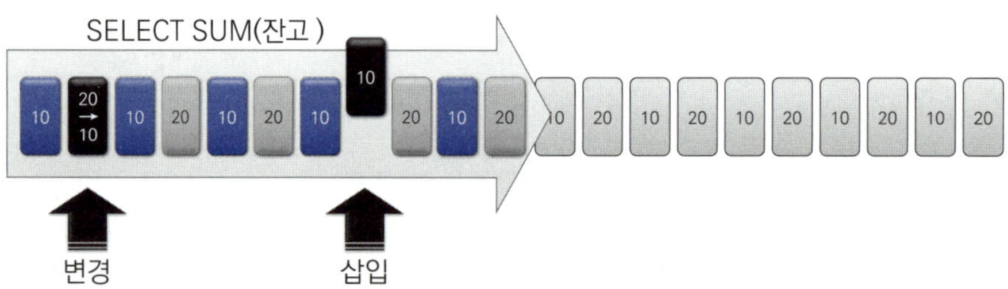

[그림 2-30]

Lock 기반 동시성 제어 모델에서 **비일관성을 야기하는 집합 변화는 양쪽 범위에 걸쳐 변경 또는 삽입이 이루어질 때 발생**한다(그림 2-31).

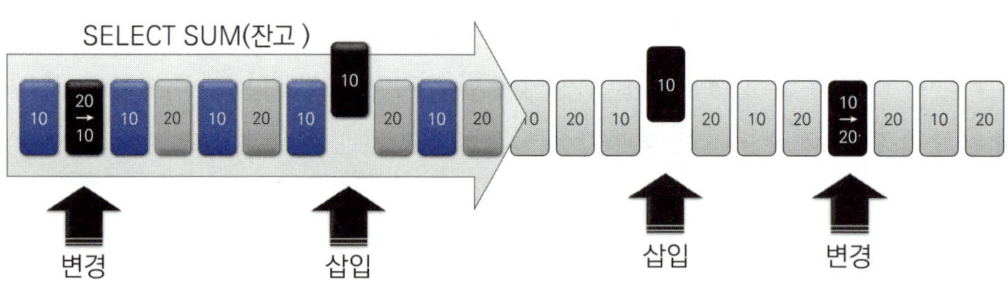

[그림 2-31]

참고로, 앞 절에서 살펴본 2-22와 2-23의 사례는 모든 데이터가 TX1 조회 쿼리의 조건절을 만족하므로 이미 읽은 범위에서 Update에 의한 집합 변화가 발생할 수 없는 상황이었음을 확인하기 바란다[16].

Serializable 격리 수준을 통한 비일관성 해소

집합 변화로 인한 문장 수준 비일관성 문제는 **Serializable 격리 수준으로 해결**할 수 있다. 이 수준에서는 **이미 읽은 범위에서 조건절을 만족하는 데이터를 다른 트랜잭션이 삽입, 변경, 삭제하지 못하도록 차단**한다. 여기서 말하는 **삽입은 Insert뿐만 아니라, 조건을 만족하지 않던 데이터가 Update를 통해 조건을 만족하게 되는 경우도 포함**한다[17].

이미 읽은 범위에서는 집합의 변화를 차단하고, 아직 읽지 않은 범위에서만 변화를 허용하면서 계속 진행하면, 다른 트랜잭션의 변경이 모두 완료된 안정된 상태에서 데이터를 읽은 것처럼 일관성 있는 집합을 얻게 된다. 결과적으로 **조회 완료 시점 기준의 읽기 일관성**을 얻을 수 있다. 조회를 완료하자마자 같은 쿼리를 다시 실행하면 정확히 동일한 결과집합을 반환한다는 의미다[18].

Update에 의한 Phantom Read

한 트랜잭션 내에서 같은 쿼리를 두 번 수행할 때, 결과 집합이 달라지는 현상을 'Phantom Read'라고 한다. 일반적으로 Phantom Read 현상은 Insert에 의해 발생한다. 하지만, Update에 의해서도 발생할 수 있다. 조금 전 "삽입은 Insert뿐만 아니라, 조건을 만족하지 않던 데이터가 Update를 통해 조건을 만족하게 되는 경우도 포함한다"고 강조한 이유다.

아래 트랜잭션을 예로 들어보자[19].

```
-- TX1
SELECT * FROM 계좌 WHERE 잔고 >= 20;  -- 10건 조회
```

16 조건절이 없는 Select 문이므로 전체 레코드가 조회 대상 집합이었다. '모든 데이터가 조건절을 만족한다'는 설명이 이해하기 어렵다면, 조회 쿼리에 '잔고 >= 0' 조건을 추가하여 생각해 보기 바란다.

17 이때 조건절에 인덱스가 있다면 인덱스 상에서의 위치 이동을 통해 실제 삽입 연산이 일어난다. 인덱스는 정렬된 자료구조이기 때문이다.

18 온라인 스크립트 script6_sqlserver_txN.sql 참조

19 온라인 스크립트 script7_sqlserver_txN.sql 참조

```
-- TX2
UPDATE 계좌 SET 잔고 = 25 WHERE 잔고 = 10;  -- 조건 범위 밖에서 안으로 이동
COMMIT;
-- TX1
SELECT * FROM 계좌 WHERE 잔고 >= 20;  -- 10건 이상
```

잔고 = 10인 집합과 잔고 = 20인 집합의 변화가 발생함으로 인해 TX1에서 수행한 두 쿼리의 결과가 달라졌다. Phantom Read는 이처럼 Insert뿐만 아니라 Update, Delete에 의한 집합 변화도 포함한다.

2.9.2 다중 버전 동시성 제어 모델의 문장 수준 읽기 일관성

다중 버전 동시성 제어 모델은 Read Committed 격리 수준에서도 완전한 문장 수준 읽기 일관성을 제공한다. 격리 수준을 Repeatable Read 또는 Serializable 격리 수준으로 상향 조정하면, 일관성 기준 시점이 조회 시작 시점에서 트랜잭션 시작 시점으로 변경되는 점만 다르다. 즉, **트랜잭션 시작 시점 기준 일관성을 제공**한다[20].

정리하면 표 2-5와 같다.

격리 수준	Lock 기반 동시성 제어	다중 버전 동시성 제어
Repeatable Read	집합 변화를 일으키지 않는 동시 Update에 대해서는 일관성을 유지하지만, 집합 변화를 일으키는 동시 Insert, Update, Delete에 대해서는 비일관성 허용	트랜잭션 시작 시점 기준 일관성 제공
Serializable	이미 읽은 범위에 대해 다른 트랜잭션의 동시 Insert, Update, Delete를 모두 차단하므로 조회 완료 시점 기준 일관성 제공	

[표 2-5]

20 Oracle은 Set Transaction 문을 실행한 시점, PostgreSQL은 트랜잭션 내에서 첫 번째 SQL을 실행한 시점이 일관성 기준 시점이다. 만약 Oracle에서 다음 명령어로 세션 레벨에서 격리 수준을 설정했다면, PostgreSQL과 마찬가지로 첫 번째 SQL을 실행한 시점이 일관성 기준 시점이 된다.

```
ALTER SESSION SET ISOLATION_LEVEL = SERIALIZABLE;
```

2.9.3 MySQL과 MariaDB의 트랜잭션 격리 수준

Lock 기반 동시성 제어와 MVCC를 혼용해서 사용하는 MySQL과 MariaDB의 격리 수준에 대해서는 좀 더 자세한 설명이 필요하다.

> **MySQL Lock과 MariaDB Lock의 정확한 의미**
>
> MySQL과 MariaDB의 Lock과 격리 수준을 설명하기에 앞서 짚고 넘어가야 할 사항이 있다.
>
> MySQL과 MariaDB의 아키텍처는 크게 데이터베이스 서버 엔진과 스토리지 엔진으로 구성되며, Lock 메커니즘도 이 두 계층에 각각 존재한다. 즉, 데이터베이스 서버 엔진 차원의 Lock과 스토리지 엔진 차원의 Lock으로 구분되는 것이다.
>
> 본서에서는 이 중 스토리지 엔진 차원의 Lock, 특히 MySQL과 MariaDB에서 가장 널리 사용되는 'InnoDB 스토리지 엔진 Lock'을 중심으로 설명한다.
>
> 'MySQL Lock' 또는 'MariaDB Lock'이라는 표현은 본래 데이터베이스 서버 엔진 수준의 Lock을 의미하지만, 본서에서는 편의상 InnoDB 스토리지 엔진 Lock을 지칭하는 용어로 사용하고자 한다. 따라서 이후 등장하는 'MySQL Lock' 또는 'MariaDB Lock'이라는 용어는 InnoDB 스토리지 엔진 Lock을 의미하는 것으로 이해하고 읽어주기 바란다.

MySQL은 원래 Lock 기반 동시성 제어 모델로 설계되었으나 InnoDB 스토리지 엔진이 도입된 3.23.15 버전(2001년 출시)부터 MVCC 모델을 지원하기 시작했다. MySQL로부터 독립한 MariaDB는 최초 릴리즈인 5.1 버전(2009년 출시)부터 MVCC 모델을 지원했다.
이들 DBMS는 이제 기본적으로 MVCC 기반으로 동작하지만, 과거의 Lock 기반 구현을 계승하고 있어 Lock 기반 방식으로 전환할 수 있는 옵션도 제공한다.

- Consistent Nonlocking Read : Undo를 이용한 Consistent 모드 읽기로 작동(→ MVCC)
- Locking Read : Lock을 이용한 Current 모드 읽기로 작동(→ Lock 기반)

Update/Delete는 기본적으로 Locking Read 방식으로 작동한다. 조회할 때 Locking Read 방식을 사용하려면, 다음과 같이 For Share 또는 For Update 옵션을 명시하면 된다.

```
SELECT * FROM EMP WHERE EMPNO = 7788 FOR SHARE;   -- Shared Lock
SELECT * FROM EMP WHERE EMPNO = 7788 FOR UPDATE;  -- Exclusve Lock
```

MySQL과 MariaDB의 Read Commtted 격리 수준에서 Consistent Nonlocking Read 방식을 사용하면 Oracle의 Read Commtted와 유사한 격리성을 제공하고, Locking Read 방식을 사용하면 SQL Server의 Repeatable Read[21]와 유사한 격리성을 제공한다.

주목할 점은 이들 DBMS가 **Repeatable Read를 기본 격리 수준으로 채택**하였다는 사실이다. 이 격리 수준에서 Consistent Nonlocking Read 방식을 사용하면 트랜잭션 시작 시점 기준으로 데이터를 읽는다. 따라서 이들 DBMS는 **기본 격리 수준에서 트랜잭션 수준의 일관성을 제공**한다. 같은 MVCC 기반의 Oracle과 비교하면, **사실상 Serializable 수준의 격리성**에 해당한다.

또한 Serializable 격리 수준을 선택하면, For Share 또는 For Update 옵션을 명시하지 않아도 자동으로 Locking Read 방식으로 전환된다. 이 경우, 이미 읽은 범위의 변경 및 삽입을 차단하므로 **SQL Server의 Serializable과 유사한 격리성**을 제공한다.

마지막으로 하나 더 주목할 점은, **Repeatable Read 격리 수준의 Locking Read[22]는 Serializable 격리 수준과 같다**는 사실이다.

요약하면 표 2-6과 같다.

<table>
<tr><th>격리 수준</th><th>Consistent Nonlocking Read</th><th>Locking Read</th></tr>
<tr><td>Read Uncommitted</td><td>N/A</td><td>SQL Server의 Read Uncommitted 격리성
• Current 모드 읽기
• Dirty Read 허용
• 어느 범위이든 변경, 삽입 허용</td></tr>
<tr><td>Read Committed</td><td>Oracle의 Read Committed 격리성
• 조회 시작시점 기준으로 읽기 일관성 제공
• 조회할 때 Lock을 사용하지 않으므로 다른 트랜잭션의 변경, 삽입 허용</td><td>SQL Server의 Repeatable Read 격리성
• 어느 범위이든 삽입 가능(Gap Lock 미사용)
• 아직 읽지 않은 범위는 변경 허용
• 이미 읽은 범위는 변경 차단</td></tr>
<tr><td>Repeatable Read
(기본)</td><td>Oracle의 Serializable 격리성
• 트랜잭션 시작시점 기준으로 읽기 일관성 제공
• 조회할 때 Lock을 사용하지 않으므로 다른 트랜잭션의 변경, 삽입 허용</td><td rowspan="2">SQL Server의 Serializable 격리성
• 아직 읽지 않은 범위는 변경, 삽입 허용
• Gap Lock 사용하므로 이미 읽은 범위는 변경, 삽입 차단
• Lock을 트랜잭션 종료 시까지 유지</td></tr>
<tr><td>Serializable</td><td>N/A</td></tr>
</table>

[표 2-6]

21 Select For Share/Update는 읽은 범위에 설정한 Lock을 유지하기 때문이다.

22 Update, Delete, Select For Share, Select For Update

MySQL, MariaDB 기본 격리 수준에서 개발자를 당황시키는 현상

MySQL과 MariaDB의 기본 트랜잭션 격리 수준이 Repeatable Read로 설정돼 있어, 이들 DBMS를 처음 사용하는 개발자들은 종종 혼란을 겪게 된다. 아래 트랜잭션 예시를 통해 그 이유를 살펴보겠다.

TX1이 t2 시점에 7788 사원의 SAL 값으로 3,000을 읽었다. 이어서 t3 시점에 TX2가 7788 사원의 SAL 값을 3,100으로 변경했다.

< TX1 >		< TX2 >
SET AUTOCOMMIT = OFF;	t1	SET AUTOCOMMIT = OFF;
[3000] SELECT SAL FROM EMP WHERE EMPNO = 7788;	t2	
	t3	[3100] UPDATE EMP SET SAL = SAL + 100 WHERE EMPNO = 7788;
	t4	COMMIT;
[3000] SELECT SAL FROM EMP WHERE EMPNO = 7788;	t5	
COMMIT;	t6	
[3100] SELECT SAL FROM EMP WHERE EMPNO = 7788;	t7	

TX2가 바로 이어서 커밋을 실행했는데도 불구하고, TX1이 t5 시점에 다시 SAL 값을 조회하면 여전히 이전 값인 3,000이 출력된다. TX1 트랜잭션을 커밋한 후에야 비로소 변경된 3,100이 출력된다.

이는 TX2가 변경사항을 커밋했더라도 TX1 트랜잭션 내에서는 시작 시점 기준으로 계속 같은 값을 출력하기 때문에 발생하는 현상이다. Oracle과 PostgreSQL에서도 격리 수준을 Repeatable Read 또는 Serializable로 설정하면 이런 현상이 나타난다.

트랜잭션 격리 수준에 대한 이해가 부족한 개발자라면 다른 DBMS와 결과가 다르게 나타나 혼란스러울 수 있다. 심지어 트랜잭션 격리 수준에 대해 어느 정도 알고 있는 개발자라도 MySQL과 MariaDB의 기본 격리 수준이 Repeatable Read라는 사실을 모른다면 당황할 수밖에 없다. Oracle과 PostgreSQL에서 격리 수준을 상향 조정할 때만 나타나는 현상이 이들 DBMS에서는 기본 격리 수준에서 나타나기 때문이다.

2.10 Predicate Lock

MVCC 기반 DBMS는 Consistent 모드 읽기 방식을 사용하므로 SQL 수행 도중 다른 트랜잭션의 삽입을 허용하더라도 데이터 일관성을 보장한다.

반면, Lock 기반 DBMS는 Current 모드 읽기 방식을 사용하므로 SQL 수행 도중 다른 트랜잭션의 삽입을 허용하면 해당 데이터가 결과에 반영된다. 앞서 지적한 것처럼 이미 지나간 범위에 삽입된 데이터는 무시하고, 아직 읽지 않은 범위에 삽입된 데이터만 결과에 포함한다면 일관성을 보장할 수 없다.

이러한 비일관성을 차단하기 위해 SQL Server에서 트랜잭션 격리 수준을 Serializable로 상향 조정하면, 그림 2-32처럼 이미 읽은 범위에 대한 변경뿐만 아니라 삽입도 완전히 차단한다. Consistent Nonlocking Read 방식을 사용하는 MySQL도 Serializable 격리 수준에서는 Locking Read 방식으로 전환함으로써 레코드 삽입을 차단한다.

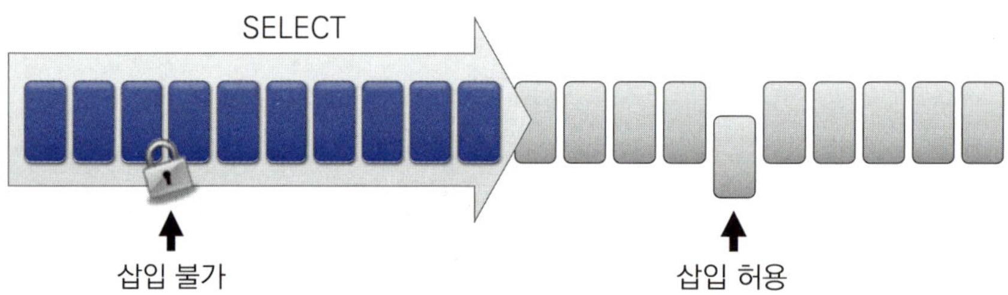

[그림 2 - 32]

여기서 말하는 삽입은 Insert뿐만 아니라, 조건을 만족하지 않던 데이터가 Update를 통해 조건을 만족하게 되는 경우도 포함한다[23]. 이를 구현하기 위해 이들 DBMS는 Predicate Lock[24]을 사용하며, 구체적으로 SQL Server는 Key-Range Lock을, MySQL은 Gap Lock을 사용한다.

---

23 이때 조건절에 인덱스가 있다면 인덱스 상에서의 위치 이동을 통해 실제 삽입 연산이 일어난다. 인덱스는 정렬된 자료구조이기 때문이다.

24 PostgreSQL도 Serializable 격리 수준에서 Predicate Lock을 사용하지만, 그 용도는 다르다. 읽은 범위에 삽입을 차단하기 위한 것이 아니라, 트랜잭션 간 직렬성을 모니터링하기 위해 사용한다. 자세한 내용은 4.5.2항(PostgreSQL 직렬화 가능 스냅샷 격리)을 참조하기 바랍니다.

Predicate Lock에 대한 이해를 돕기 위해 MySQL의 Gap Lock을 좀 더 자세히 설명하고자 한다. 개념 수준으로만 이해해도 이 책의 내용을 이해하는 데 큰 어려움은 없지만, 세부적인 작동 원리를 알고 싶어하는 독자를 위해 소개한다. 사실 이 메커니즘을 정확히 설명한 문서를 찾기가 어려워 본서에서라도 자세히 다루려는 것이다. 다소 어렵게 느껴진다면 다음 절로 건너뛰어도 무방하다. 지면 관계 상 MySQL만 설명하므로 SQL Server의 Key-Range Lock에 대한 내용은 공식 메뉴얼을 참조하기 바란다.

클러스터형 인덱스(Clustered Index)

MySQL의 Lock을 이해하려면, 우선 클러스터형 인덱스에 대한 이해가 필요하다.

MySQL(InnoDB 스토리지 엔진 기준)은 모든 테이블을 클러스터형 인덱스 구조로 생성한다. '클러스터형 인덱스'란 클러스터 키인 PK 컬럼 기준으로[25] 정렬된 상태를 유지 관리하는 테이블을 말한다. 클러스터형 인덱스 자체가 테이블이며, PK 인덱스 역할까지 한다.

클러스터형 인덱스 리프 블록(=페이지)에는 PK 컬럼뿐만 아니라 나머지 모든 컬럼 값을 함께 저장한다. 검색을 위해 사용하는 보소(Secondary) 인덱스는 해당 레코드의 PK 값을 포함하는 간접 참조 구조다.

예를 들어, 다음과 같이 테이블을 만들면, ID 컬럼을 정렬 기준으로 클러스터형 인덱스를 생성한다.

```
CREATE TABLE T ( ID NUMBER PRIMARY KEY, NO NUMBER );
```

여기에 다음과 같이 보조 인덱스를 생성하면, NO 컬럼 순으로 정렬하고 PK 인덱스를 탐색하기 위해 ID 컬럼 값을 함께 저장한다.

```
CREATE INDEX T_NO_IDX ON T (NO);
```

25 PK 제약을 설정하지 않았고 Not Null 제약을 가진 Unique 인덱스도 존재하지 않으면, InnoDB 스토리지 엔진이 내부적으로 생성한 Unique한 일련번호를 이용해서 클러스터형 인덱스를 구성한다.

보조 인덱스에 함께 저장한 ID 값은 일반 힙 구조 테이블에 생성한 인덱스의 ROWID와 같은 역할을 한다(그림 2-33).

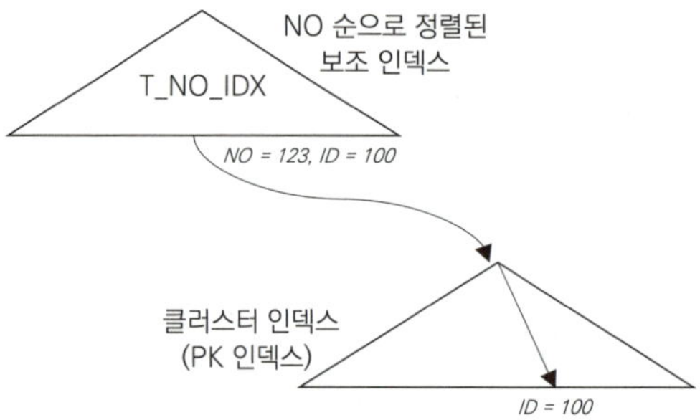

[그림 2 - 33]

레코드 Lock

MySQL(InnoDB 스토리지 엔진 기준)에서 레코드 Lock(=로우 Lock)은 항상 인덱스를 통해서만 설정된다. 만약 조건절 검색에 보조 인덱스를 사용하면, 해당 인덱스와 PK 인덱스(클러스터형 인덱스) 양쪽에 모두 레코드 Lock을 설정한다. 보조 인덱스를 사용하지 않으면, PK 인덱스에만 레코드 Lock을 설정한다.

구체적으로, Read Committed 격리 수준에서 Locking Read 방식(Select For Share, Select For Update)으로 조회하면, 다음과 같이 Lock을 설정한다.

① Where 조건 검색에 PK 인덱스를 사용하면, 조건절을 만족하는 범위를 스캔하면서 PK 인덱스 레코드에 Lock을 설정한다.

② Where 조건 검색에 보조 인덱스를 사용하면, 조건절을 만족하는 범위를 스캔하면서 레코드 Lock을 설정하고, 거기서 얻은 PK 인덱스 값으로 PK 인덱스 레코드를 찾아서 Lock을 설정한다.

③ Where 조건 검색에 인덱스를 사용하지 않으면, PK 인덱스의 모든 레코드를 스캔하면서 조건에 맞는 레코드에 Lock을 설정한다.

Gap Lock

Read Committed 격리 수준에서 Locking Read 방식으로 조회하면 Gap Lock을 사용하지 않고 조건절을 만족하는 레코드에만 Lock을 설정하므로 삽입을 차단하지 않는다. 반면, Repeatable Read 격리 수준에서 Locking Read 방식으로 조회하거나[26] Serializable 격리 수준에서 조회하면 Gap Lock을 사용함으로써 레코드 삽입을 차단한다.

Gap Lock은 레코드 삽입을 막기 위해 인덱스 레코드 사이 구간 또는 첫 번째 인덱스 레코드 앞쪽 구간 또는 마지막 레코드 뒤쪽 구간에 설정하는 Lock이다. 다시 말하지만, 여기서 말하는 삽입은 Insert뿐만 아니라, 조건을 만족하지 않던 데이터가 Update를 통해 조건을 만족하게 되는 경우도 포함한다.

데이터 변경을 막기 위한 레코드 Lock은 PK 인덱스에 설정하지만, 읽은 범위에 레코드 삽입을 방지하는 Gap Lock은 Where 조건 검색을 위해 사용된 인덱스에 설정한다. 구체적으로, Repeatable Read 격리 수준에서 Locking Read 방식으로 조회하거나 Serializable 격리 수준에서 조회하면, 다음과 같이 Lock을 설정한다.

① Where 조건 검색에 PK 인덱스를 Unique Scan하면, 조건절을 만족하는 PK 인덱스 레코드에 Lock을 설정한다. 즉, Gap Lock을 설정하지 않는다.

② Where 조건 검색에 PK 인덱스를 Range Scan하면, 조건절을 만족하는 범위를 스캔하면서 Gap Lock과 레코드 Lock을 설정한다.

③ Where 조건 검색에 보조 인덱스를 사용하면, 조건절을 만족하는 범위를 스캔하면서 Gap Lock을 설정하고, 거기서 얻은 PK 인덱스 값으로 PK 인덱스 레코드를 찾아서 레코드 Lock을 설정한다.

④ Where 조건 검색에 인덱스를 사용하지 않으면, 모든 PK 인덱스 레코드에 Gap Lock과 레코드 Lock을 설정한다.

②~④번은 Gap Lock과 레코드 Lock을 설정한다고 표현했지만, 정확히 말하면 이 둘을 조합한 Next-Key Lock을 설정한다.

---

26 Repeatable Read는 Phantom Read를 허용하는 격리 수준이다. 따라서 이 격리 수준에서 Gap Lock이 작동하는 것은 MySQL만의 특징이다. SQL Server는 Serializable 격리 수준에서만 Key-Range Lock이 작동한다.

Next-Key Lock

일반적으로 Gap Lock보다는 그 확장 형태인 Next-Key Lock이 주로 사용된다. Next-Key Lock은 ①인덱스 레코드 Lock과 ②그 인덱스 레코드 바로 앞 구간에 대한 Gap Lock의 조합이다. 여기서 인덱스 레코드 Lock은 수정·삭제 방지용이고, Gap Lock은 삽입 방지용이다. 만약 한 트랜잭션이 10번 레코드에 Next-Key Lock을 설정하면, 다른 트랜잭션은 10번 레코드를 수정하거나 삭제할 수 없을 뿐만 아니라 10번 레코드 바로 앞 구간에 새로운 인덱스 레코드를 삽입할 수도 없다.

Next-Key Lock이 설정되면, **내부적으로 인덱스 레코드 Lock과 Gap Lock이 별도로 적용**되지만, MySQL은 이를 **하나의 묶음으로 처리하기 위해 'Next-Key Lock'이라는 용어를 도입**했다고 이해하면 된다.

조건절 유형에 따른 예시

조건절 유형에 따라 Next-Key Lock만 사용되기도 하고, Next-Key Lock과 Gap Lock이 동시에 사용되기도 한다. Gap Lock만 사용되는 경우는 흔치 않다.

이해를 돕기 위해 몇 가지 조건절 유형만 살펴보자. 다음과 같이 SAL 컬럼 기준으로 정렬한 EMP_SAL_IDX 인덱스가 있다고 하자.

SAL	800	950	1100	…	1300	1500	1600	…	3000	5000
EMPNO	7369	7900	7876	…	7934	7844	7499	…	7902	7839

SAL은 인덱스 키(정렬 기준)이고, EMPNO는 PK 인덱스 키(테이블 레코드를 찾아가기 위한 정보)다.

```
① SELECT * FROM EMP WHERE SAL = 1500
```

이 인덱스를 이용해 위 SQL을 실행하면, 다음과 같이 Lock이 설정된다.

- SAL = 1500인 인덱스 레코드에 Next-Key Lock 설정 : 1300 < SAL <= 1500 구간에 대한 삽입과 변경 방지(Gap Lock을 이용해 1300 < SAL < 1500 구간에 삽입을 방지하고, SAL = 1500인 레코드가 가리키는 PK 인덱스 레코드에 Lock을 걸어 7844 사원에 대한 수정 또는 삭제 방지)
- SAL = 1600인 인덱스 레코드에 Gap Lock 설정 : 1500 < SAL < 1600 구간에 삽입 방지

종합하면, 1300 < SAL < 1600 구간에 삽입을 방지하고, SAL = 1500인 7844 사원 레코드의 수정 또는 삭제를 방지한 것이다.

레코드 Lock을 PK 인덱스에 설정하는 이유

방금 설명한 1300 < SAL <= 1500 구간에 Next-Key Lock을 설정하면, 삽입과 변경을 방지하기 위해 두 가지 Lock이 적용된다. 즉, 삽입을 방지하는 Gap Lock은 보조 인덱스(조건절 검색을 위해 사용한 인덱스)에, 변경을 방지하는 레코드 Lock은 PK 인덱스에 설정된다.

둘 다 보조 인덱스에 설정할 수도 있는데, 굳이 분리해서 설정하는 이유는 무엇일까? 다른 트랜잭션이 다른 보조 인덱스를 통해 동일한 PK 인덱스 레코드에 접근할 수 있기 때문이다.

예를 들어, EMPNO = 7788 사원의 DEPTNO는 20이고, SAL은 3000이라고 하자. TX1 트랜잭션은 DEPTNO 순으로 정렬된 보조 인덱스(EMP_X1)를 이용해 DEPTNO = 20인 사원 레코드를 수정하고, TX2 트랜잭션은 SAL 순으로 정렬된 보조 인덱스(EMP_X2)를 이용해 SAL = 3000인 사원 레코드를 수정한다. 그림으로 표현하면 그림 2-34와 같다.

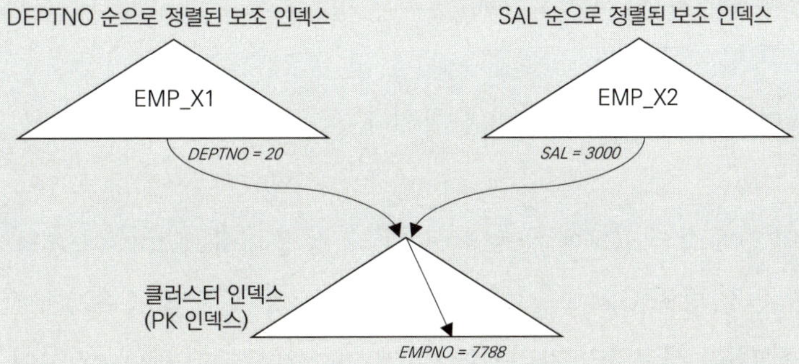

[그림 2-34]

만약 TX1이 레코드 Lock을 자신이 이용한 EMP_X1 인덱스에 설정하면, 같은 인덱스를 이용해서 7788 사원을 조회하거나 변경하는 동시 트랜잭션은 막을 수 있지만, TX2처럼 EMP_X2 인덱스를 이용해서 7788 사원을 조회하거나 변경하는 동시 트랜잭션은 막을 수 없다. 이를 방지하기 위해 실제 데이터가 저장된 PK 인덱스에 레코드 Lock을 설정하는 것이다.

참고로, Where 조건 검색에 보조 인덱스를 이용하지 않고 PK 인덱스를 직접 스캔하는 경우에는 모든 PK 인덱스 레코드에 Next-Key Lock을 설정하며, 이때는 Gap Lock과 레코드 Lock을 별도로 설정하지 않고 하나의 묶음으로서 Next-Key Lock만 설정한다.

```
② SELECT * FROM EMP WHERE SAL = 1400
```

조건절을 만족하는 레코드가 하나도 없는 위 SQL을 실행하면, 다음과 같이 Lock이 설정된다.

- SAL = 1500인 인덱스 레코드에 Gap Lock 설정 : 1300 < SAL < 1500 구간에 삽입 방지

조건절을 만족하는 레코드가 존재하지 않는 경우, 수정·삭제 방지용 레코드 Lock은 불필요하다. 따라서 이때는 인덱스에 Gap Lock만 설정하여 해당 조건절 범위에 다른 트랜잭션이 레코드를 삽입하지 못하도록 차단한다.

```
③ SELECT * FROM EMP WHERE SAL < 1000
```

위 SQL을 실행하면, 다음과 같이 Lock이 설정된다.

- SAL = 800인 인덱스 레코드에 Next-Key Lock 설정 : infimum[27] < SAL <= 800 구간에 대한 삽입과 변경 방지(Gap Lock을 이용해 infimum < SAL < 800 구간에 삽입을 방지하고, SAL = 800인 레코드가 가리키는 PK 인덱스 레코드에 Lock을 걸어 7369 사원에 대

27 하한값

한 수정 또는 삭제 방지)

- SAL = 950인 인덱스 레코드에 Next-Key Lock 설정 : 800 < SAL <= 950 구간에 대한 삽입과 변경 방지(Gap Lock을 이용해 800 < SAL < 950 구간에 삽입을 방지하고, SAL = 950인 레코드가 가리키는 PK 인덱스 레코드에 Lock을 걸어 7900 사원에 대한 수정 또는 삭제 방지)
- SAL = 1100인 레코드에 Next-Key Lock 설정 : 950 < SAL <= 1100 구간에 대한 삽입과 변경 방지(Gap Lock을 이용해 950 < SAL < 1100 구간에 삽입을 방지하고, SAL = 1100인 레코드가 가리키는 PK 인덱스 레코드에 Lock을 걸어 7876 사원의 삭제 또는 SAL 값 수정 방지)

종합하면, SAL < 1100 구간에 삽입을 방지하고, SAL <= 1100 구간에 존재하는 사원 레코드의 수정 또는 삭제를 방지한 것이다.

```
④ SELECT * FROM EMP WHERE SAL > 4000
```

위 SQL을 실행하면, 다음과 같이 Lock이 설정된다.

- SAL = 5000인 인덱스 레코드에 Next-Key Lock 설정 : 3000 < SAL <= 5000 구간에 대한 삽입과 변경 방지(Gap Lock을 이용해 3000 < SAL < 5000 구간에 삽입을 방지하고, SAL = 5000인 레코드가 가리키는 PK 인덱스 레코드에 Lock을 걸어 7839 사원에 대한 수정 또는 삭제 방지)
- 가상의 supremum[28] 레코드에 Next-Key Lock 설정 : 5000 < SAL <= supremum 구간에 대한 삽입과 변경 방지(Gap Lock을 이용해 SAL > 5000인 구간에 삽입을 방지하고, supremum 레코드 삭제 방지)

종합하면, SAL > 3000 구간에 삽입을 방지하고, 그 구간에 존재하는 사원 레코드의 수정 또는 삭제를 방지한 것이다.

---

28 상한값

```
⑤ SELECT * FROM EMP WHERE SAL BETWEEN 1500 AND 3000
```

위 SQL을 실행하면, 다음과 같이 Lock이 설정된다.

- SAL = 1500인 인덱스 레코드에 Next-Key Lock 설정 : 1300 < SAL <= 1500 구간에 대한 삽입과 변경 방지(상세 설명 생략)
- SAL = 1600인 인덱스 레코드에 Next-Key Lock 설정 : (설명 생략)
- 중간에 속한 모든 인덱스 레코드에 Next-Key Lock 설정 : (설명 생략)
- SAL = 5000인 인덱스 레코드에 Next-Key Lock 설정 : 3000 < SAL <= 5000 구간에 대한 삽입과 변경 방지(Gap Lock을 이용해 3000 < SAL < 5000 구간에 삽입을 방지하고, SAL = 5000인 레코드가 가리키는 PK 인덱스 레코드에 Lock을 걸어 7839 사원의 삭제 또는 SAL 값 수정 방지)

종합하면, 1300 < SAL < 5000 구간에 삽입을 방지하고, 1300 < SAL <= 5000 구간에 존재하는 사원 레코드의 수정 또는 삭제를 방지한 것이다.

지금까지 Gap Lock, Next-Key Lock을 Select 위주로 설명했지만, Update, Delete 시에도 같은 메커니즘이 작동한다. 차이점은 Select는 Shared Lock(S 모드)을 사용하는 반면, Update와 Delete는 Exclusive Lock(X 모드)을 설정한다는 것이다(표 2-7).

구분	Read Committed	Repeatabe Read	Serializable
SELECT	Consistent Nonlocking Read		레코드 Lock(S) + Gap Lock(S)
SELECT FOR SHARE	레코드 Lock(S)	레코드 Lock(S) + Gap Lock(S)	
SELECT FOR UPDATE	레코드 Lock(X)	레코드 Lock(X) + Gap Lock(X)	
UPDATE			
DELETE			

[표 2-7]

SQL Server Key-Range Lock

SQL Server Key-Range Lock의 세부 작동 방식은 여기서 다루지 않지만, 언제 이 Lock 기능이 작동하는지는 알아둘 필요가 있다. 왜냐하면, 이 Lock은 다른 트랜잭션의 레코드 삽입을 차단하므로 잘못 사용하면 동시성 저하를 일으킬 수 있기 때문이다.

이 Lock은 다음과 같은 경우에 작동한다.

- Select 문에 HOLDLOCK 또는 SERIALIZABLE 테이블 힌트 지정
- Serializable 격리 수준에서 Select, Update, Delete문을 수행

표 2-8은 Select 문에 지정한 테이블 힌트에 따라 Lock 모드가 어떻게 달라지는지를 보여준다.

```
SELECT * FROM T WITH( Table Hint ) WHERE … ;
```

Table Hint	Lock 모드
REPEATABLEREAD	S
SERIALIZABLE	RangeS-S
HOLDLOCK	RangeS-S
UPDLOCK	U
HOLDLOCK, UPDLOCK	RangeS-U
SERIALIZABLE, UPDLOCK	RangeS-U

[표 2-8]

표에서 알 수 있는 것처럼 HOLDLOCK과 SERIALIZABLE은 사실상 같은 힌트다.
Lock 모드에 'Range'가 표시된 경우, 해당 인덱스 범위에 다른 트랜잭션의 레코드 삽입을 차단한다.

- RangeS-S : 인덱스에 Shared 모드 Key-Range Lock, 테이블 레코드에 Shared Lock 설정
- RangeS-U : 인덱스에 Shared 모드 Key-Range Lock, 테이블 레코드에 Update Lock 설정

Serializable 격리 수준에서 Update 또는 Delete를 수행하면 Lock 모드가 'RanageX-X'로 표시된다.

- RanageX-X : 인덱스에 Exclusive 모드 Key-Range Lock, 테이블 레코드에 Exclusive Lock 설정

참고로, Read Committed 또는 Repeatable Read 격리 수준에서 Update 또는 Delete를 수행하면 Lock 모드가 'X'로만 표시된다. 즉, 삽입을 차단하지 않는다.

2.11 MVCC 모델에서 읽기 일관성이 보장되지 않는 사례

Lock 기반 동시성 제어에서는 문장 수준에서조차 완벽한 일관성을 보장하지 않는다. 일관성이 요구되는 상황이라면, 격리 수준을 Serializable로 상향 조정해야 한다.

MVCC 모델은 Read Committed 격리 수준에서도 문장 수준 읽기 일관성을 보장한다. 그런데 MVCC에서도 DB 저장형 함수를 사용할 땐 문장 수준에서 일관성을 보장할 수 없게 되므로 주의가 필요하다.

예를 들어, 다음과 같이 종목별시세 테이블을 읽어서 종목별 현재가와 시가총액을 반환하는 함수가 있다.

```
CREATE OR REPLACE FUNCTION SF_현재가(p_종목코드 VARCHAR2) RETURN NUMBER
AS
  rValue NUMBER;
BEGIN
  SELECT 현재가 INTO rValue FROM 종목별시세 WHERE 종목코드 = p_종목코드;
  RETURN rValue;
END;

CREATE OR REPLACE FUNCTION SF_시가총액(p_종목코드 varchar2) RETURN NUMBER
AS
  rValue NUMBER;
BEGIN
  SELECT 현재가 * 발행주식수 INTO rValue
  FROM   종목별시세
  WHERE  종목코드 = p_종목코드;
  RETURN rValue;
END;
```

아래는 위 두 함수를 이용해서 특정 지수업종에 속한 주식 종목들의 평균주식가격과 시가총액을 구하는 쿼리다.

```
SELECT A.지수업종코드
     , MIN(A.지수업종명) 지수업종명
     , AVG(SF_현재가(B.종목코드)) 평균주식가격
     , SUM(SF_시가총액(B.종목코드)) 시가총액
FROM   지수업종 A, 지수업종구성종목 B
WHERE  A.지수업종유형코드 = '001'
AND    B.지수업종코드 = A.지수업종코드
GROUP BY A.지수업종코드 ;
```

'지수업종구성종목' 테이블의 PK는 '지수업종코드+종목코드'다. 즉, 한 종목이 여러 지수업종에 속할 수 있다. 예를 들어, '코스피 대형주' 지수업종에 속한 삼성전자가 '전기전자' 지수업종에도 속할 수 있다. 두 지수업종의 지수업종유형코드가 모두 '001'이라면, 위 쿼리를 수행하는 동안 삼성전자 데이터를 두 번 읽게 된다.

DB 저장형 함수를 사용할 경우 MVCC 모델에서도 문장 수준 일관성을 보장할 수 없는 이유는, 메인 쿼리와 함수에 내장된 쿼리의 일관성 기준 시점이 서로 다르기 때문이다.
위 쿼리에서 조건절을 만족하는 레코드 수만큼 함수를 반복 호출하게 되면, 함수에 내장된 쿼리는 각각 호출 시점 기준으로 데이터를 읽는다. 주식 종목별 현재가와 시가총액(=현재가×발행주식수)이 실시간으로 변하는 상황에서, 같은 종목을 서로 다른 시점으로 여러 번 읽는다면, 위 쿼리의 결과를 신뢰할 수 있을까?

Lock 기반 동시성 제어에서는 함수를 사용할 때뿐만 아니라 일반 조인문에서도 이런 현상이 생길 수 있다. 2.8절('완벽하지 않은 격리 수준, Read Committed')에서 이미 살펴본 내용이다. 반면, MVCC 모델에서는 아래처럼 일반 조인문 또는 스칼라 서브쿼리를 사용하면 완벽한 문장 수준 읽기 일관성을 보장하는데, 저장형 함수를 사용하는 순간, 일관성을 보장하지 못하게 되는 것이다.

< 일반 조인문 >

```
SELECT A.지수업종코드
     , MIN(A.지수업종명) 지수업종명
     , AVG(C.현재가) 평균주식가격
     , SUM(C.현재가 * C.발행주식수) 시가총액
FROM   지수업종 A, 지수업종구성종목 B, 종목별시세 C
WHERE  A.지수업종유형코드 = '001'
AND    B.지수업종코드 = A.지수업종코드
AND    C.종목코드 = B.종목코드
GROUP BY A.지수업종코드
```

< 스칼라 서브쿼리 >

```
SELECT A.지수업종코드
     , MIN(A.지수업종명) 지수업종명
     , AVG(SELECT 현재가 FROM 종목별시세
           WHERE 종목코드 = B.종목코드) 평균주식가격
     , SUM(SELECT C.현재가 * C.발행주식수 FROM 종목별시세
           WHERE 종목코드 = B.종목코드) 시가총액
FROM   지수업종 A, 지수업종구성종목 B
WHERE  A.지수업종유형코드 = '001'
AND    B.지수업종코드 = A.지수업종코드
GROUP BY A.지수업종코드
```

이런 읽기 일관성 문제는 함수뿐만 아니라 프로시저, 패키지, 트리거를 사용할 때도 공통으로 나타나는 현상이므로 각별한 주의가 필요하다.

2.12 요약

Read Committed 격리 수준에서 동시성 제어 모델별 특징을 간단히 비교 요약하면, 표 2-9와 같다.

구분	Lock 기반 동시성 제어	다중 버전 동시성 제어
Concurrency (동시성)	Low	High
Consistency (일관성)	Low	High

[표 2 - 9]

'문장 수준 읽기 일관성'을 유지한다는 것은, 단일 Select 문이 실행되는 도중에 다른 트랜잭션에 의해 데이터의 추가, 변경, 삭제가 이루어지더라도 일관된 결과집합을 반환하는 것을 의미한다.

- 다중 버전 동시성 제어 모델은 **Select 문이 시작된 시점을 기준으로 문장 수준 읽기 일관성을 제공**한다.
- Lock 기반 동시성 제어 모델은 Select 문이 시작된 이후 Lock이 설정되기까지의 시간 차이로 인해 **비일관성이 발생할 수 있다.**

SQL Server와 마찬가지로 Lock 기반 모델을 사용하는 DB2는 Read Committed 격리 수준을 'Cursor Stability'라고 명명했다. 이름에서 알 수 있듯이, 이 격리 수준은 커서가 현재 위치한 레코드에 대해서만 일관성을 보장한다.

트랜잭션 격리 수준을 Repeatable Read 또는 Serializable로 상향 조정하면 읽기 일관성이 강화된다. 문장 수준 읽기 일관성을 격리 수준별로 비교 요약하면, 표 2-10과 같다.

<table>
<tr><th>격리 수준</th><th>Lock 기반 동시성 제어</th><th>다중 버전 동시성 제어</th></tr>
<tr><td>Read Committed</td><td>비일관성 허용</td><td>조회 시작 시점의 일관성</td></tr>
<tr><td>Repeatable Read</td><td>집합 변화에 의한 비일관성 허용</td><td rowspan="2">트랜잭션 시작 시점의 일관성</td></tr>
<tr><td>Serializable</td><td>조회 완료 시점의 일관성</td></tr>
</table>

[표 2 - 10]

트랜잭션 격리 수준을 상향 조정하면 읽기 일관성이 강화되지만, 이로 인한 동시성 저하 및 교착상태 대응 조치가 필요하다.

각 격리 수준에서 DBMS별 읽기 일관성 구현 방식을 요약하면, 표 2-11과 같다.

<table>
<tr><th>격리 수준</th><th>SQL Server</th><th>MySQL</th><th>PostgreSQL</th><th>Oracle</th></tr>
<tr><td>Read Uncommitted</td><td>No Lock</td><td>No Lock</td><td>문법적 지원[29]</td><td>미지원</td></tr>
<tr><td>Read Committed</td><td>읽는 순간
Shared Lock</td><td colspan="3">쿼리 시작 시점 기준
Consistent 모드 읽기</td></tr>
<tr><td>Repeatable Read</td><td>커밋 시까지
Shared Lock</td><td colspan="2">트랜잭션 시작 시점 기준
Consistent 모드 읽기[30]</td><td>미지원</td></tr>
<tr><td>Serializable</td><td colspan="2">커밋 시까지 Shared Lock
(읽은 범위에 삽입 차단)</td><td colspan="2">트랜잭션 시작 시점 기준
Consistent 모드 읽기</td></tr>
</table>

(MySQL의 기본 격리 수준은 Repeatable Read, 다른 DBMS의 기본 격리 수준은 Read Committed)

[표 2 - 11]

29 격리 수준을 Read Uncommitted로 설정할 수 있지만, 실제로 Dirty Read 현상이 발생하지는 않는다.

30 다른 트랜잭션의 동시 Insert를 허용하지만, 읽을 때 무시한다. 따라서 Repeatable Read 격리 수준에서도 Phantom Read 현상은 발생하지 않는다.

3장

문장 수준 쓰기 일관성

2장에서는 데이터를 읽는 도중에 다른 트랜잭션이 데이터를 추가, 변경, 삭제할 때 발생할 수 있는 비일관성 이슈에 대해 살펴보았다. 이제 우리는 그 개념을 쓰기 작업의 관점으로 한 단계 더 확장해볼 필요가 있다.

데이터베이스에서는 읽기뿐 아니라 데이터를 변경하거나 삭제하는 중에도 다른 트랜잭션이 동일한 데이터 구간에 접근하여 추가, 변경, 삭제를 시도할 수 있다. 이러한 동시 접근 상황은 데이터의 일관성에 심각한 영향을 미칠 수 있으며, 이번 장에서는 이와 관련된 문제점들을 자세히 살펴보고자 한다.

3.1 문장 수준 쓰기 일관성

'문장 수준 쓰기 일관성[1]'을 유지한다는 것은, 다른 트랜잭션에 의한 동시 추가, 변경, 삭제가 발생하는 상황에서 단일 Update 또는 Delete 문을 일관성 있게 처리하는 것을 의미한다.

예를 들어, 아래와 같이 Unique Key 조건으로 특정 레코드에 접근하는 단순 트랜잭션의 경우, 기본적인 격리 수준에서도 비교적 쉽게 일관성을 유지할 수 있다. 이는 단일 레코드에 대한 Lock 설정이 원자적(atomic)으로 명확하게 이루어지기 때문이다. 데이터베이스 시스템은 해당 키를 가진 레코드에 대해 한 번에 하나의 트랜잭션만 변경할 수 있도록 제어하므로, 일관성 문제가 발생하지 않는다(→ Cursor Stability).

〈 TX1 〉		〈 TX2 〉
UPDATE 계좌 SET 잔고 = 잔고 + 100 WHERE 계좌번호 = 12345;	t1	
	t2	UPDATE 계좌 SET 잔고 = 잔고 + 100 WHERE 계좌번호 = 54321;
	t3	UPDATE 계좌 SET 잔고 = 잔고 - 100 WHERE 계좌번호 = 12345;

1 '읽기 일관성(Read Consistency)'과 구분해서 설명하기 위해 토마스 카이트(Thomas Kyte)는 자신의 저서 'Expert Oracle Database Architecture'에서 '쓰기 일관성(Write Consistency)'이라는 새로운 용어를 도입했다.

COMMIT;	t4	
	t5	COMMIT;

반면, 다수의 데이터를 변경하는 경우, 동시에 같은 데이터 영역에 접근하여 변경을 시도하는 다른 트랜잭션들에 의해 복잡한 일관성 문제가 발생할 수 있다.
예를 들어, 아래처럼 TX1이 먼저 Update 작업을 시작했지만 처리 범위가 넓어 시간이 오래 걸리는 상황을 생각해보자.

< TX1 >		< TX2 >
UPDATE 계좌 SET 잔고 = 잔고 + 100 WHERE **잔고 <= 1000** ;	t1	
	t2	1000 UPDATE 계좌 SET 잔고 = 잔고 + 100 WHERE 계좌번호 = 12345;
	t3	잔고 800 DELETE FROM 계좌 WHERE 계좌번호 = 34512;
	t4	INSERT INTO 계좌(계좌번호, …, 잔고, …) VALUES (54321, …, **500**, …);
	t5	COMMIT;
COMMIT;	t6	

이때 나중에 시작한 TX2가 더 빠르게 처리를 완료하여 커밋하는 경우가 발생할 수 있다. 이런 상황에서 우리는 다음과 같은 중요한 질문에 직면하게 된다. "TX1의 Update 결과는 과연 일관성을 보장할 수 있을까?"
TX1이 '잔고 <= 1000' 조건을 만족하는 **모든 레코드에 한 번에 Lock을 설정함으로써 Update를 원자적(atomic)으로 처리할 수 있다면 가장 이상적**이다. 그러나 현실적으로 이는 불가능하다. Update 작업이 시작된 후 **모든 대상 레코드에 Lock이 설정되기까지는 불가피한 시간 차가 존재**하며, 그 사이에 다른 트랜잭션들이 데이터를 추가, 변경, 삭제할 수 있다. 이러한 Lock 획득의 시간적 비동기성은 트랜잭션 데이터의 일관성을 유지하는 데 있어 큰 도전 과제가 된다.

이제, 하나의 Update나 Delete 문을 실행하는 동안 발생할 수 있는 다양한 비일관성 문제들과 이를 해결하기 위해 각 DBMS들이 어떤 전략을 채택하고 있는지 살펴보도록 하자.

실직자 민생쿠폰 지급 방안(1)

2장에서 문장 수준 읽기 일관성을 설명하기 위해 한반도 인구조사(Read)를 예로 들었다. 이번 장의 주제인 문장 수준 쓰기 일관성도 같은 방식으로 접근해 보자.

정부가 실직자에게 민생쿠폰을 지급(Write)하는 정책을 시행하기로 했다. 구직활동이 이루어지지 않는 새벽 시간에 전자쿠폰으로 일괄 지급하면 가장 효율적이지만, 여러 행정적 제약으로 인해 종이 쿠폰을 직접 배포하는 방식으로 제도가 시행되었다.

정부 관계자들이 전국을 순회하며 쿠폰을 지급하는 동안에도 실직자가 생기고 취업자도 생긴다. 정책 취지(실직자 구제)에 부합하면서도 형평성(일관성)에 어긋나지 않게 쿠폰을 지급하려면 어떤 방식이 가장 효과적일까?

- 현재 기준으로 출력한 실직자 명단에 속한 대상자에게만 지급하는 방식
- 별도의 대상 목록 없이 전국을 순회하면서 현재 상태를 기준으로 지급하는 방식(즉, 이미 취업에 성공한 사람에게는 쿠폰을 지급하지 않고, 새롭게 실직한 사람에게는 즉시 지급)

어떤 방식이 더 효과적인지는 본 장의 마지막 부분에서 다시 다루기로 하자.

본격적인 설명에 들어가기에 앞서 반드시 기억해야 할 네 가지 사항이 있다.

첫째, 이 장에서 설명하는 내용을 직접 테스트하려면, 트랜잭션 격리 수준은 별도로 언급하지 않는 한 Read Committed로 설정해야 한다. 특히, MySQL과 MariaDB는 기본 격리 수준이 Repeatable Read이므로 반드시 아래 명령어부터 실행해야 한다.

```
-- 현재 세션 전체(이후 시작되는 모든 트랜잭션)에 적용
SET SESSION TRANSACTION ISOLATION LEVEL READ COMMITTED;

또는

-- 바로 이어지는 트랜잭션에만 적용
SET TRANSACTION ISOLATION LEVEL READ COMMITTED;
```

둘째, Auto Commit을 비활성화해야 한다.

```
-- Oracle은 기본적으로 비활성화 상태

-- SQL Server
SET IMPLICIT_TRANSACTIONS ON 2;

-- MySQL, MariaDB
SET AUTOCOMMIT = OFF;  -- 또는 0

-- PostgreSQL
₩SET AUTOCOMMIT = OFF로 설정하고 명시적으로 BEGIN 문 실행
(※ SET AUTOCOMMIT은 psql 명령어다. 일반 쿼리툴에서 실행할 때는 옵션창에서 자동 커
밋을 수동 커밋으로 변경하면 된다. 가장 많이 사용하는 DBeaver에서 수동 커밋으로 설정
할 경우, BEGIN 문은 내부적으로 자동 실행된다. 명시적으로 실행하면 에러가 발생하므로
주의하기 바란다.)
```

셋째, **SQL Server, MySQL, MariaDB에서는 인덱스를 사용하도록 아래와 같이 힌트를 명시해야 하는 경우**가 있다. 인덱스 사용 여부에 따라 Locking 메커니즘이 다르게 작동하기 때문이다. 자세한 이유는 3.10절에서 설명한다.

```
< SQL Server >
SELECT *
FROM   EMP WITH (INDEX(DEPT_DEPTNO_IDX))
WHERE  DEPTNO = 20;

UPDATE E
SET    SAL = SAL * 1.1
FROM   EMP E WITH (INDEX(DEPT_DEPTNO_IDX))
WHERE  DEPTNO = 20;

※ Full Scan으로 유도하고 싶으면, WITH(INDEX(0)) 또는 OPTION(FORCESCAN) 힌트를 사용
  하면 됨
```

2 Begin Tran 문으로 트랜잭션을 명시적으로 시작해도 된다. 다만, IMPLICIT_TRANSACTIONS 옵션을 활성화한 상태에서 Begin Tran을 실행하면 트랜잭션이 중첩된다. 커밋을 두 번 실행해야 다른 트랜잭션의 블로킹 상태가 해제되므로 테스트할 때 주의하기 바란다.

```
< MySQL, MariaDB >
SELECT *
FROM   EMP FORCE INDEX(DEPT_DEPTNO_IDX)3
WHERE  DEPTNO = 20;

UPDATE EMP FORCE INDEX(DEPT_DEPTNO_IDX)
SET    SAL = SAL * 1.1
WHERE  DEPTNO = 20;

※ Full Scan으로 유도하고 싶으면, IGNORE INDEX 힌트를 사용하면 됨
```

힌트가 필요한 경우, 제공한 스크립트에 힌트를 명시했으므로 그대로 실행하면 된다.

넷째, 스크립트 내에 테이블 생성문이나 초기화 명령문이 없는 경우, 별도로 제공한 테이블 생성 스크립트 또는 초기화 스크립트를 실행한 후 테스트해야 한다. 해당 스크립트는 '테이블 생성' 폴더, '초기화' 폴더에 있다.

3.2 읽기 모드에 따른 갱신 연산 차이

바구니 안에 당구공 4개가 있다. 2개는 빨간색이고, 2개는 노란색이다. 만약 두 명의 직원이 동시에 아래 작업을 수행한다면, 최종 결과는 어떻게 될까?[4]

- 직원 A : 빨간공을 노란공으로 교체
- 직원 B : 노란공을 빨간공으로 교체

이 상황을 데이터베이스에서 테스트해 보면 흥미로운 현상을 관찰할 수 있다. 그림 3-1처럼 '당구공'이라고 명명한 테이블에 데이터를 입력하고 테스트해 보면, DBMS에 따라 서로 다른 결과가 나타난다[5].

---

3 USE INDEX 힌트는 '가급적 해당 인덱스를 사용하라'는 의미이므로 인덱스가 사용되지 않을 수도 있다.

4 온라인 스크립트 script1_dbms_txN.sql 참조

5 MySQL은 인덱스를 사용하도록 힌트를 명시해야 한다.

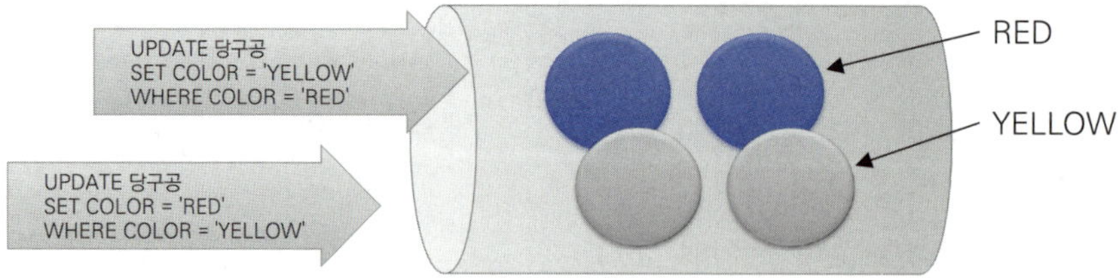

[그림 3-1]

DBMS별 차이를 설명하기에 앞서 우선 알아야 할 사항이 있다. **MySQL은 데이터 조회 시에는 MVCC 모델(Consistent 모드 Nonlocking Read)을 기본으로 사용**하지만, **데이터 변경 시에는 Lock 기반 모델(Current 모드 Locking Read)을 사용**한다는 점이다.

그림 3-1처럼 Update를 동시에 진행할 경우, Lock 기반 동시성 제어 모델을 사용하는 SQL Server, DB2, MySQL에서는 그림 3-2처럼 모든 공이 빨간색으로 변환된다.

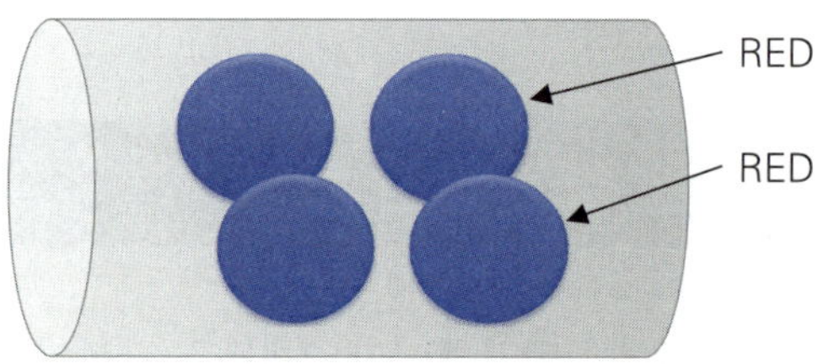

[그림 3-2]

반면, MVCC 모델을 사용하는 Oracle과 PostgreSQL에서는 그림 3-3과 같이 빨간공은 노란공으로 교체되고 노란공은 빨간공으로 교체되어 색상이 서로 뒤바뀐다.

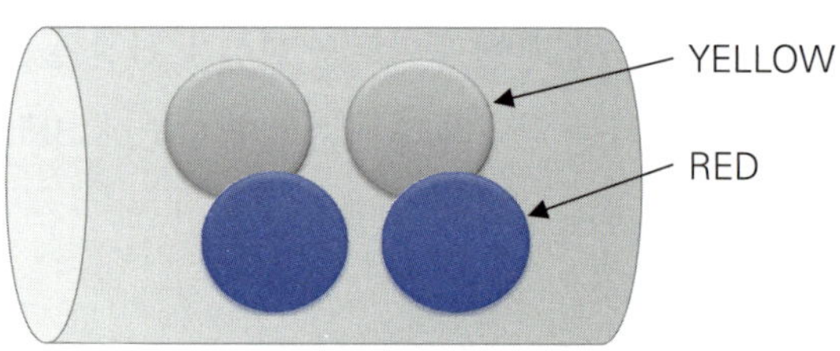

[그림 3-3]

예를 하나 더 들어보자. 부서(DEPT) 테이블의 기본 키(PK) 컬럼인 부서번호(DEPTNO)에 10, 20, 30, 40이 등록되어 있는 상태에서 아래 두 트랜잭션이 동시에 Merge 문을 실행했다. Merge문은 Using 절에 입력한 부서번호가 기존에 존재하면 Update를 수행하고, 존재하지 않으면 Insert하도록 작성돼 있다[6].

< TX1 >		< TX2 >
MERGE INTO DEPT A USING (SELECT 50 DEPTNO , 'MARKETING' DNAME , '**SEOUL**' LOC) B ON (B.DEPTNO = A.DEPTNO) WHEN MATCHED THEN UPDATE SET DNAME = B.DNAME , LOC = B.LOC WHEN NOT MATCHED THEN INSERT (DEPTNO, DNAME, LOC) VALUES (B.DEPTNO, B.DNAME, B.LOC);	t1	
	t2	MERGE INTO DEPT A USING (SELECT 50 DEPTNO , 'MARKETING' DNAME , '**PUSAN**' LOC) B ON (B.DEPTNO = A.DEPTNO) WHEN MATCHED THEN UPDATE SET DNAME = B.DNAME , LOC = B.LOC WHEN NOT MATCHED THEN INSERT (DEPTNO, DNAME, LOC) VALUES (B.DEPTNO, B.DNAME, B.LOC);
COMMIT;	t3	
	t4	COMMIT;

두 트랜잭션 모두 기존에 등록돼 있지 않은 50번 부서를 새로 입력하려고 시도하는 상황이며, 입력하려는 지역(LOC)이 TX1은 'SEOUL'이고 TX2는 'PUSAN'인 점만 다르다. 이 상황에서 새로 입력된 50번 부서의 지역은 최종적으로 'SEOUL'일까, 'PUSAN'일까?

---

6 온라인 스크립트 script2_dbms_txN.sql 참조

Lock 기반 동시성 제어 모델을 사용하는 SQL Server에서의 최종 결과는 'PUSAN'이다. TX1이 Insert한 50번 부서 정보를 TX2가 이어서 Update하기 때문이다. 아래는 위 Merge문을 MySQL 문법으로 변환한 것이며, 결과는 SQL Sever와 동일하다.

< TX1 >		< TX2 >

INSERT INTO DEPT (DEPTNO, DNAME, LOC)
VALUES (50, 'MARKETING', **'SEOUL'**) AS N
ON DUPLICATE KEY UPDATE
    DNAME = N.DNAME,
    LOC = N.LOC;
	t1	

	t2	INSERT INTO DEPT (DEPTNO, DNAME, LOC)
		VALUES (50, 'MARKETING', **'PUSAN'**) AS N
		ON DUPLICATE KEY UPDATE
		    DNAME = N.DNAME,
		    LOC = N.LOC;

COMMIT;	t3	
	t4	COMMIT;

반면, MVCC 모델을 사용하는 Oracle과 PostgreSQL에서의 최종 결과는 'SEOUL'이다. TX2에서 아래 오류가 발생하기 때문이다.

- Oracle : "ORA-00001: 무결성 제약 조건(DEPT_PK)에 위배됩니다"
- PostgreSQL : "SQL Error [23505]: ERROR: duplicate key value violates unique constraint pk_dept"

참고로, Oracle 23i 이상 버전에서는 위 Merge문을 그대로 사용해도 되지만, 21c 이하 버전에서는 Using절 인라인 뷰에 아래와 같이 from dual을 명시해야 한다.

```
MERGE INTO DEPT A
USING (SELECT 50 DEPTNO, 'MARKETING' DNAME, 'SEOUL' LOC FROM DUAL) B
ON …
```

동일한 트랜잭션 시나리오에서 DBMS마다 이렇게 결과가 달라질 수 있다는 사실이 매우 흥미

롭지 않은가? 이제 이러한 차이가 발생하는 근본적인 원리와 각 동시성 제어 모델의 작동 방식을 자세히 살펴보자.

3.3 Consistent 모드로 갱신할 때 생기는 현상

EMP 테이블의 7788번 사원의 SAL 값이 현재 3,000인 상황에서 아래 두 개의 트랜잭션 TX1과 TX2가 동시에 수행되었다고 가정해 보자. 이 두 트랜잭션이 모두 완료된 후에 7788번 사원의 최종 SAL 값은 얼마가 될까[7]?

상황 1

< TX1 >		< TX2 >
`UPDATE EMP SET SAL = SAL + 100` `WHERE EMPNO = 7788;`	t1	
	t2	`UPDATE EMP SET SAL = SAL + 200` `WHERE EMPNO = 7788;`
`COMMIT;`	t3	
	t4	`COMMIT;`

Lock 기반 동시성 제어 모델을 사용하는 DBMS에서는 최종 SAL 값이 당연히 3,300이 된다. 이는 다음과 같은 처리 과정을 통해 발생한다.

1. TX2는 t2 시점에 Update를 시작하지만, TX1이 이미 해당 레코드에 Lock을 설정했기 때문에 대기 상태에 들어간다.
2. t3 시점에 TX1이 커밋하면 SAL 값은 3,100으로 확정되고 Lock이 해제된다.
3. 이후 TX2는 대기 상태에서 벗어나 갱신된 값인 3,100을 읽고, 여기에 200을 더해 최종적으로 3,300으로 변경한다.

7 온라인 스크립트 script3_dbms_txN.sql 참조

이렇게 단순해 보이는 문제를 Oracle과 PostgreSQL 사용자들에게 질문하면 선뜻 대답을 못한다. 3,200? 3,300? 이러한 혼란은 이들 DBMS가 다중 버전 동시성 제어 모델을 사용한다는 특성에서 기인한다.

만약 양쪽 트랜잭션의 Update 문을 2장에서 설명한 Consistent 모드로 값을 읽어서 갱신한다면 어떤 결과가 나타날까?

1. TX1과 TX2가 각각 t1, t2 시점에 Consistent 모드로 SAL 값을 읽으면, 두 트랜잭션 모두 동일하게 3,000이라는 값을 얻게 된다.
2. TX1이 먼저 Update를 시작했으므로 TX2는 TX1이 커밋할 때까지 대기한다.
3. TX1이 커밋하면 SAL 값은 3,100이 된다.
4. 그러나 TX2는 이미 읽은 3,000을 기준으로 값을 계산하므로, 여기에 200을 더해 3,200으로 최종 갱신한다.

TX1과 TX2가 각각 100과 200을 더했지만, TX1에서 이루어진 변경(3,000 → 3,100)이 TX2에 의해 덮어쓰여져 최종적으로 3,200이 되었다. 이러한 현상을 데이터베이스 용어로 '갱신 손실(Lost Update)'이라고 한다. 아래 대입문으로 좀 더 쉽게 설명하면, 좌측 SAL의 현재(최종) 값이 변경됐는데 우측에서 변경 이전의 SAL 값을 읽어서 덮어쓰면 갱신 손실이 발생한다.

SAL = SAL + 200

MVCC 기반의 Oracle과 PostgreSQL은 이러한 갱신 손실 문제를 방지하기 위해 두 가지 읽기 모드를 함께 사용한다. 첫째, **갱신 대상은 Consistent 모드로 읽어서 식별**하고, 둘째, **실제 갱신은 Current 모드로 읽은 값을 기준으로 수행**한다. 여기서 Current 모드 읽기란 커밋된 현재의 최종 값을 읽는 방식을 의미한다.

따라서 Oracle과 PostgreSQL에서도 TX2는 TX1이 변경한 값 3,100을 읽어서 200을 더하므로 최종 결과는 3,300이 된다.

Lock 기반 DBMS와 다른 점은 갱신 대상을 Consistent 모드로 식별한다는 데 있다. 이는 일관성 기준 시점을 Update 시작 시점으로 정확하게 맞추기 위함이다. 보다 구체적인 내용은 3.6절에서 설명한다.

3.4 Current 모드로 갱신할 때 생기는 현상

Lock 기반 DBMS는 갱신 대상을 Current 모드로 식별하고, 실제 갱신도 Current 모드를 기준으로 수행한다. 다른 트랜잭션에 의해 데이터의 추가, 변경, 삭제가 동시에 발생하는 상황에서 이처럼 Update를 Current 모드로만 처리하면 어떤 현상이 발생할까? 구체적인 예시를 통해 살펴보자.

아래 상황 2에서 두 트랜잭션이 모두 완료된 후 7788번 사원의 SAL 값은 얼마가 될까? 7788번 사원의 최초 SAL 값은 3,000이었다[8].

상황 2

< TX1 >		< TX2 >
UPDATE EMP SET SAL = 4000 WHERE EMPNO = 7788 AND SAL = 3000 ;	t1	
	t2	UPDATE EMP SET SAL = 5000 WHERE EMPNO = 7788 AND SAL = 4000 ;
COMMIT;	t3	
	t4	COMMIT;

Lock 기반 동시성 제어 모델을 사용하는 SQL Server, MySQL에서는 최종 SAL 값이 5,000이 된다. 이는 다음과 같은 처리 과정을 통해 발생한다.

1. TX2의 Update 작업은 TX1이 설정한 Lock으로 인해 대기 상태에 놓인다.
2. TX1이 커밋하면 SAL 값은 4,000으로 확정된다.
3. TX2는 대기 상태에서 벗어나 최신 값인 4,000을 읽는다.
4. 이 값은 TX2의 조건절(SAL = 4000)을 만족하므로 SAL 값을 5,000으로 갱신한다.

---

8 온라인 스크립트 script4_dbms_txN.sql 참조

이 결과는 Lock 기반 DBMS들이 갱신 작업을 Current 모드로만 처리한다는 사실을 확인시켜 준다. 즉, 이들 시스템은 최신의 커밋된 값을 읽어 갱신(Set 절)할 뿐만 아니라, **갱신 대상 여부(Where절)도 레코드에 접근하는 시점의 최신 값을 기준으로 판단**한다.
해당 레코드가 조건에 부합하는지를 최신 값 기준으로 판단하므로 다른 트랜잭션이 추가, 변경, 삭제 중인 레코드를 만나면, 커밋이 완료될 때까지 기다려야 한다. 따라서 대상 레코드를 식별하는 단계에서부터 Lock을 설정한다.

- Lock을 걸어 Current 모드로(최신 값 기준으로) 대상을 식별
- Current 모드로(최신 값을 읽어) 갱신

흥미롭게도, 갱신 대상을 식별할 때 Consistent 모드 읽기를 사용하는 Oracle과 PostgreSQL에서는 상황 2의 최종 SAL 값이 Lock 기반 DBMS와 다르게 나타난다. Consistent 모드 기준으로 볼 때, SAL 값이 3,000인 7788번 사원은 Update 조건을 만족하지 않으므로 TX2는 대기 없이 즉시 트랜잭션을 종료한다. 그 결과, TX1의 Update만 반영되어 SAL 값은 4,000이 된다. 이는 Lock 기반 시스템과 MVCC 기반 시스템의 근본적인 차이를 보여주는데, **어느 쪽이 더 나은 데이터 일관성을 제공한다고 생각**하는가?

상황 3

일관성 수준을 평가하기에 앞서, 사례를 하나 더 살펴보자. 그림 3-4와 같이, 10개의 레코드를 가진 테이블이 있으며, 이 테이블에는 ID(=PK)와 NO 두 개의 컬럼이 존재한다. 두 컬럼 모두 1부터 10까지 고유한 값이 입력돼 있다.

[그림 3-4]

아래와 같이 TX2의 Update 직후 TX1의 Update가 시작됐다[9].

< TX1 >		< TX2 >
	t1	UPDATE T SET NO = NO + 3 WHERE ID = 4 ;
UPDATE T SET NO = NO + 1 WHERE NO > 5 ;	t2	
	t3	COMMIT;
COMMIT;	t4	

TX2의 Update에 의해 4번째(ID = 4) 레코드의 NO 값은 그림 3-5처럼 7로 변경되었지만, 아직 커밋은 하지 않은 상태다.

[그림 3 - 5]

이 상황에서 TX1 트랜잭션이 "NO > 5" 조건에 해당하는 레코드를 갱신한다. 갱신 작업을 Current 모드로 처리하는 SQL Server, MySQL에서 TX1의 Update는 아래와 같이 진행된다[10].

1. TX1의 Update 작업은 TX2가 설정한 Lock으로 인해 대기 상태에 놓인다.
2. TX2가 커밋하면 TX1은 대기 상태에서 벗어나 4번째(ID=4) 레코드의 NO 값을 7로 읽는데, 이 값은 TX1의 조건절(NO > 5)을 만족하므로 이어서 다시 8로 덮어쓴다.
3. 6번째(ID=6)부터 10번째(ID=10) 레코드의 NO 값도 1씩 증가시켜 최종적으로 그림 3-6과 같은 결과가 만들어진다.

9 온라인 스크립트 script5_dbms_txN.sql 참조

10 MySQL은 인덱스를 사용하도록 힌트를 명시해야 한다.

[그림 3-6]

Oracle과 PostgreSQL은 Consistent 모드로 갱신 대상을 식별하므로 TX1 트랜잭션은 **Update 시작 시점에 'NO > 5' 조건을 만족하는 커밋된 레코드만 대상으로 갱신을 수행**한다. 이 기준으로 보면, 네 번째(ID=4) 레코드는 'NO > 5' 조건을 만족하지 않으므로 변경 대상에서 제외되며, Lock에 의한 블로킹도 발생하지 않는다. 결과적으로, Consistent 모드 기준으로 'NO > 5' 조건을 만족하는 6번째(ID=6)부터 10번째(ID=10)까지의 레코드만 변경되므로 그림 3-7과 같은 결과가 만들어진다.

[그림 3-7]

여기서 중요한 의문이 생긴다. 상황 2와 상황 3처럼 **Update 조건절을 만족하는 대상 집합이 다른 트랜잭션에 의해 변경되는 상황에서, 변경 시점을 고려하지 않고 Current 모드로만 읽어서 갱신해도 과연 일관성을 보장할 수 있을까?**

Update를 Current 모드로 처리할 때 동시 트랜잭션에 의해 발생할 수 있는 비일관성 문제를 자세히 알아보자.

MySQL 테스트 주의!!

그림 3-6과 3-7은 TX1이 Update를 Full Scan 방식으로 처리하는 상황을 기준으로 설명한 것이다. T 테이블에 데이터가 많다는 전제를 바탕으로 한 것이기도 하지만, 그림을 단순하게 표현하기 위한 목적도 있다. 만약 인덱스를 사용할 때 TX1이 TX2에 의해 블로킹되는 상황을 그림으로 표현하면, 그림 3-8처럼 복잡해진다.

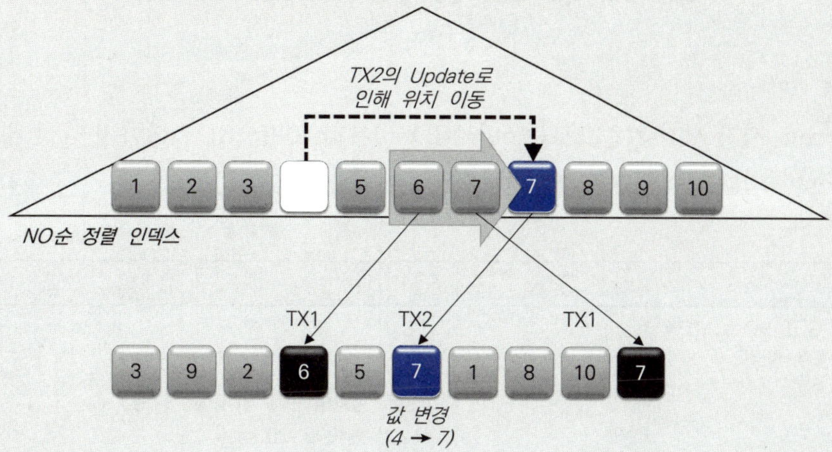

[그림 3-8]

SQL Server는 T1 Update가 테이블을 Full Scan 하든, 인덱스를 이용해 NO > 5인 첫 번째 레코드부터 변경을 시작하든, 최종 결과에는 차이가 없다. 즉, 4에서 7로 변경된 레코드에 접근하는 순간 TX1은 블로킹되며, TX2가 커밋한 이후에 Update 처리를 계속 진행한다. 그림 3-7로 설명한 Oracle과 PostgreSQL도 인덱스 사용 여부가 결과에 영향을 미치지 않는다.

그러나 MySQL의 Read Committed 격리 수준에서는 Update를 Full Scan으로 처리할 때와 인덱스를 이용할 때 결과가 달라진다. 상황 3의 경우, 인덱스를 사용하면 그림 3-6과 같은 결과가 나타나고, Full Scan 하면 그림 3-7과 같은 결과가 나타난다.

Full Scan 할 때 이런 결과가 나타나는 이유는, 4에서 7로 변경된 레코드에 접근할 때 대기하지 않고, 직전 값인 4로 되돌린 뒤 그것을 기준으로 Update 대상 여부를 판단하기 때문이다. MySQL에서는 이를 'Semi-Consistent Read'라고 부르며, 이 메커니즘에 대해서는 3.10절에서 자세히 설명한다.

결론적으로, 도입부에서 강조한 것처럼 일관성 있는 테스트를 위해 **MySQL에서는 인덱스를 사용하도록 힌트를 명시해야** 한다.

상황 4

그림 3-9와 같이, 10개의 레코드를 가진 테이블이 있으며, 이 테이블에는 ID(=PK)와 NO 두 개의 컬럼이 존재한다. 두 컬럼 모두 1부터 10까지 고유한 값이 입력된 상태에서 TX1 트랜잭션이 "NO > 5" 조건을 만족하는 레코드를 갱신한다고 하자.

[그림 3 - 9]

TX1의 Update 시작 시점 기준으로는 6번째(ID=6)부터 10번째(ID=10)까지 다섯 개 레코드가 변경 대상임을 주목하고, 실제 아래 두 트랜잭션의 처리 결과가 어떻게 나타나는지 살펴보자[11].

< TX1 >		< TX2 >
UPDATE T SET NO = NO + 1 WHERE NO > 5 ;	t1	
	t2	UPDATE T SET NO = NO + 3 WHERE ID = 4 ;
	t3	UPDATE T SET NO = NO - 3 WHERE ID = 8 ;
	t4	COMMIT;
COMMIT;	t5	

TX1 트랜잭션이 Update를 시작하여 첫 번째 레코드부터 순차적으로 읽다가 그림 3-10처럼 여섯 번째(ID = 6) 레코드의 NO 값을 6에서 7로 변경했다.

[그림 3 - 10]

이때 TX2 트랜잭션이 다음 두 가지 변경을 수행한다.

1. 네 번째(ID=4) 레코드의 NO 값을 7로 변경[12] → 원래 5 이하였으므로 TX1 Update의 조건을 새롭게 만족하게 됨

---

11 온라인 스크립트 script6_dbms_txN.sql 참조

12 TX1 Update의 변경 대상이 아니므로 Lock이 설정되지 않아 변경 가능

2. 여덟 번째(ID=8) 레코드의 NO 값을 5로 변경[13] → 원래 TX1 Update의 조건을 만족했으나 이제 만족하지 않게 됨

결과는 그림 3-11과 같다. TX1이 **이미 읽은 범위와 아직 읽지 않은 범위, 양쪽 모두에 걸쳐 집합 변화**가 일어난 것이다.

[그림 3 - 11]

이 상태에서 TX1이 일곱 번째(ID=7) 레코드를 지나 여덟 번째(ID=8) 레코드로 이동하려는 순간, TX1은 TX2가 설정한 Lock에 의해 블로킹 된다. t4 시점에 TX2가 커밋하고 Lock이 해제되면 TX1은 Update 작업을 재개한다. 최종 결과는 그림 3-12처럼 된다.

[그림 3 - 12]

TX1의 Update 시작 시점 기준으로는 여덟 번째(ID=8) 레코드가 변경 대상이었으나(NO > 5 조건 만족), TX2의 변경으로 이 레코드는 더 이상 조건을 만족하지 않게 되어 **TX1의 변경대상에서 제외**되었다. 네 번째(ID=4) 레코드가 새롭게 조건을 만족하게 되었지만, TX1 Update가 **이미 지나간 범위이므로 변경 대상에 포함되지 않았다.**

TX1의 Update 시작 시점의 T 테이블 NO 합계(SUM)는 55다. 여기에 NO > 5 조건을 만족하는 5개 레코드에 1씩 더하는 Update를 원자적(atomic)으로 처리했다면, 완료 시점의 NO 합계는 60(=55+5)이어야 한다. 그런데 실제 결과는 59(=55+4)가 되었다. TX1의 Update 전후, 네

13 TX1 Update가 도달하기 전이므로 Lock이 설정되지 않아 변경 가능

번째(ID=4) 레코드와 여덟 번째(ID=8) 레코드 둘 중 하나는 변경 대상이었는데[14], 둘 다 변경되지 않아서 생긴 현상이다.

심지어 MVCC 모델을 따르는 PostgreSQL에서도 이러한 결과가 나타난다. Consistent 모드로 갱신 대상을 식별하지만, 실제 갱신은 Current 모드로 처리하기 때문이다. 구체적으로 말하면, 네 번째(ID=4) 레코드는 TX1의 Update 시작 시점에 변경 대상이 아니었으므로(NO = 4) 제외되고, 여덟 번째(ID=8) 레코드는 원래 대상이었으나 Current 모드로 다시 읽는 시점에는 NO 값이 5로 변경돼 있어서 제외된다.

요약하면, 이들 DBMS는 Update 시작 이후 TX2에 의해 대상 집합이 변했는데, TX1이 이를 무시하고 Update를 진행함으로 인해 일관성이 결여된 결과를 얻었다.

Oracle은 상황 4에서 그림 3-13과 같은 결과를 보여주는데, 이는 뒤에서 설명할 '재시작(Restart) 메커니즘'이 작동하기 때문이다.

[그림 3 - 13]

TX1 Update의 조건절 컬럼인 NO 값이 다른 트랜잭션에 의해 변경되었음을 감지하는 순간, Oracle은 해당 Update를 롤백하고 처음부터 다시 시작한다. Update가 다시 시작되면 NO 값이 8에서 5로 변경된 **여덟 번째(ID=8) 레코드는 갱신 대상에서 제외**되지만, 4에서 7로 변경된 **네 번째(ID=4) 레코드는 "NO > 5" 조건을 만족하게 되어 새롭게 갱신 대상에 포함**된다. 따라서 T 테이블의 NO 합계는 60(=55+5)이 된다. 이는 TX2 완료 후, 즉 집합 변화가 완료된 상태에서 TX1을 시작한 것과 동일한 일관성 있는 결과이며, Update 재시작 시점 기준의 일관성이다. 재시작 메커니즘에 대해서는 3.7절에서 상세히 설명하겠지만, 지금 주목해야 할 점은 Oracle이 이러한 메커니즘을 도입한 근본적인 이유다. 이는 Update 중에 대상 집합이 변경되는 상황

14 TX2의 Update 전에는 여덟 번째(ID=8) 레코드가 TX1의 변경 대상이었고, Update 후에는 네 번째(ID=4) 레코드가 변경 대상이었다.

에서 쓰기 일관성(Write Consistency)을 더욱 엄격하게 유지하려는 Oracle의 독특한 접근 방식이다.

상황 5

다른 트랜잭션에 의해 Update 대상 집합이 변하는 더 일반적인 상황은 Insert로 인해 발생한다. 다음 사례를 통해 살펴보자.

ID(=PK)와 NO 두 개의 컬럼을 가진 테이블이 있고, 각각의 컬럼에는 1부터 100,000까지 고유한 값이 동일하게(ID=NO) 입력돼 있다. 이때 TX1 트랜잭션이 "NO > 50000" 조건을 만족하는 레코드를 갱신한다고 가정해보자[15].

< TX1 >		< TX2 >
	t1	INSERT INTO T VALUES(100002, 100002);
	t2	INSERT INTO T VALUES(100003, 100003);
UPDATE T SET NO = NO + 1 WHERE NO > 50000 ;	t3	
	t4	COMMIT;
COMMIT;	t5	

TX1 시작 전에 TX2가 NO 값이 100,002, 100,003인 두 개 레코드를 추가했으나 아직 커밋은 하지 않은 상태다.

SQL Server, MySQL처럼 Current 모드로 Update를 수행하는 DBMS에서 테스트 해 보면, TX1은 TX2가 설정한 Lock에 의해 일시적으로 블로킹 되었다가, t4 시점에 Lock이 해제되면 Update를 계속 진행한다[16].

그렇다면 TX1에 의해 최종적으로 갱신되는 레코드 수는 50,000개일까? 아니면 50,002개일까? 실제 결과는 50,002개이다. 이는 TX2가 삽입한 데이터가 TX1의 Update 대상에 포함된 결과다.

15 온라인 스크립트 script7_dbms_txN.sql 참조

16 MySQL은 인덱스를 사용하도록 힌트를 명시해야 한다.

아래의 경우는 어떨까? TX1이 Update를 먼저 시작했는데, 나중에 시작한 TX2가 Insert를 완료하고 커밋까지 마친 경우다.

< TX1 >		< TX2 >
UPDATE T SET NO = NO + 1 WHERE NO > 50000 ;	t1	
	t2	INSERT INTO T VALUES(100002, 100002);
	t3	INSERT INTO T VALUES(100003, 100003);
	t4	COMMIT;
COMMIT;	t5	

이 경우에는 50,000개, 50,001개, 50,002개 모두 가능하다.

- TX1이 NO 순으로 정렬된 Index를 이용해 Update하는 경우 → 50,002(※ TX2가 Insert한 데이터가 정렬 순서상 맨 마지막 위치에 저장되므로)
- TX1이 클러스터형 인덱스(PK 순으로 정렬 상태를 유지하는 테이블) 또는 ID(=PK) 순으로 정렬된 Index를 이용해 Update하는 경우 → 50,002 (※ ID와 NO에 같은 값을 입력해 둔 상태라고 전제하였으므로)
- TX1이 힙 구조 테이블[17]을 Full Scan 방식으로 Update하는 과정에, 그림 3-14의 ①번처럼 이미 지나간 범위에 TX2가 두 개 레코드를 Insert하는 경우 → 50,000
- TX1이 힙 구조 테이블을 Full Scan 방식으로 Update하는 과정에, 그림 3-14의 ②번처럼 아직 읽지 않은 범위에 TX2가 두 개 레코드를 Insert하는 경우 → 50,002
- TX1이 힙 구조 테이블을 Full Scan 방식으로 Update하는 과정에, 그림 3-14의 ③번처럼 하나는 이미 지나간 범위에, 하나는 아직 지나가지 않은 범위에 Insert하는 경우 → 50,001

17 정렬 상태를 유지하지 않는 일반 테이블을 '힙(Heap) 구조 테이블'이라고 한다. 반면, 클러스터형 인덱스처럼 정렬 상태를 유지하는 테이블을 '인덱스 구조 테이블(Index-Organized Table)'이라고 한다.

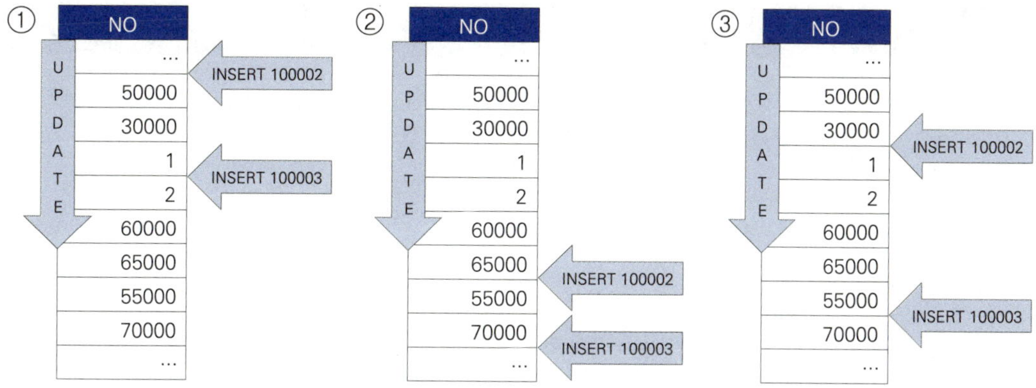

[그림 3 - 14]

동일한 트랜잭션(TX2)이 입력한 데이터이므로 원자적(atomic)으로 처리해야 하는데, 저장되는 물리적 위치에 따라 반영 여부가 달라지는 지금과 같은 상황은 데이터베이스 일관성에 중대한 문제를 초래할 수 있다.

지금은 Read Committed 격리 수준에서 일관성을 다루고 있지만, 4장에서 다룰 직렬화[18] 관점까지 고려하면 특히 ③번이 문제다. ①번과 ②번은 직렬화된 결과를 얻지만, ③번은 직렬화되지 않은 결과를 얻기 때문이다.

- ①번 : Update 완료 후에 Insert를 진행한 것과 같은 결과
- ②번 : Insert 완료 후에 Update를 진행한 것과 같은 결과
- ③번 : 어떤 순서와도 결과가 일치하지 않음

18 '직렬화(Serializable)'란 두 트랜잭션을 동시에 실행했을 때의 결과와 어떤 순서로든 하나씩 순차 실행한 결과가 동일해야 함을 의미한다.

문장 수준 Update 비일관성 테스트

Update 도중 Insert된 레코드가 물리적 위치에 따라 갱신 여부가 달라지는 비일관성을 재현해보자. 먼저 아래와 같이 테이블을 생성하고, 10개 레코드를 입력한다[19].

```
-- SQL Server 또는 MySQL에서 ID 컬럼 기준 클러스터형 인덱스 생성
CREATE TABLE T ( ID INT PRIMARY KEY, NO INT );

INSERT INTO T VALUES ( 1, 1 );
INSERT INTO T VALUES ( 2, 2 );
-- ID 3번 레코드가 삽입될 자리는 비워둠
INSERT INTO T VALUES ( 4, 4 );
INSERT INTO T VALUES ( 5, 5 );
INSERT INTO T VALUES ( 6, 6 );
INSERT INTO T VALUES ( 7, 7 );
INSERT INTO T VALUES ( 8, 8 );
INSERT INTO T VALUES ( 9, 9 );
INSERT INTO T VALUES ( 10, 10 );

COMMIT;
```

ID 컬럼 기준 클러스터형 인덱스로 생성했으므로 테이블은 ID 컬럼 기준으로 정렬된 상태를 유지한다. NO 컬럼에 별도 인덱스가 없기 때문에, 아래 Update 문은 테이블을 Full Scan 한다. 즉, ID 1번부터 마지막 레코드까지 클러스터형 인덱스를 순차적으로 스캔한다.

```
UPDATE T
SET    NO = NO + 1
WHERE  NO > 5 ;
```

아래와 같이 TX1 트랜잭션이 Update를 수행하는 동안, TX2가 먼저 수행을 마치는 상황을 테스트하고 싶은데, 문제는 TX1의 Update가 순식간에 완료되어 이를 재현하기가 어렵다는 데 있다.

〈 TX1 〉		〈 TX2 〉
SET TRANSACTION ISOLATION LEVEL **READ COMMITTED;**	t1	
UPDATE T SET NO = NO + 1 WHERE NO > 5 ;	t2	

19 온라인 스크립트 script8_dbms_txN.sql 참조

	t3	INSERT INTO T VALUES(3, 100);
	t4	INSERT INTO T VALUES(11, 100);
	t5	COMMIT;
COMMIT;	t6	

재현을 위해 제3의 트랜잭션이 필요하다. TX3 트랜잭션에서 아래 Select For Update 문을 실행하여 TX1의 진행을 중단시키면 된다.

```
-- Auto Commit 비활성화
SELECT * FROM T WHERE ID = 7 FOR UPDATE;        -- MySQL
SELECT * FROM T WITH(UPDLOCK) WHERE ID = 7 ;  -- SQL Server
```

이후 다음 순서로 트랜잭션을 진행한다.

- TX1 : Update 실행 → ID 6번 레코드를 갱신하고, 이어서 7번 레코드로 이동하려는 순간, 블로킹
- TX2 : ID 3번과 11번 레코드 Insert 및 Commit
- TX3 : 커밋 또는 롤백 → TX1의 블로킹 해제
- TX1 : ID 7번 이후 레코드 Update 계속 진행

이때 TX2가 Insert한 레코드의 위치에 따라 TX1의 Update 대상 포함 여부가 달라진다.

- ID 3번 레코드 : T 테이블의 정렬 순서상 TX1이 이미 지나온 범위에 입력되므로 NO > 5 조건을 만족해도 Update 대상에서 누락된다.
- ID 11번 레코드 : T 테이블 정렬 순서상 TX1이 아직 도달하지 않은 범위에 입력되므로 Update 대상에 포함된다.

참고로, MySQL에서는 제3의 세션(TX3) 없이도 쉽게 재현 가능하다. 아래와 같이 SLEEP 함수를 활용해 레코드마다 대기 시간을 줄 수 있기 때문이다.

```
UPDATE T
SET    NO = NO + 1 + SLEEP(2) -- 레코드마다 2초씩 대기
WHERE  NO > 5 ;
```

TX1의 Lock 현황은 아래 명령어로 모니터링할 수 있다. 위 Update문이 실행된 상태에서 TX1이 ID 6번 레코드를 통과하는 순간(아래 쿼리 결과에서 LOCK_DATA = 6인 레코드가 나타난 직후), TX2 트랜잭션을 실행하면 된다.

```
SELECT ENGINE_TRANSACTION_ID, LOCK_TYPE, LOCK_MODE, LOCK_DATA, LOCK_STATUS
FROM   PERFORMANCE_SCHEMA.DATA_LOCKS;
```

상황 6

또 다른 예를 살펴보자. 아래 TX1에서 "DELETE FROM 로그" 문장이 실행되는 동안 다른 트랜잭션이 새로운 로그 데이터를 추가했을 때, 해당 데이터의 저장 위치에 따라 삭제될 수도 있고 삭제되지 않을 수도 있다.

〈 TX1 〉		〈 TX2 〉
DELETE FROM 로그;	t1	
	t2	INSERT INTO 로그 (일시, ID, …) VALUES (SYSDATE, 'A0001', …);
	t3	COMMIT;
COMMIT;	t4	

지금까지 살펴본 바와 같이, 조건절을 만족하는 대상 집합이 다른 트랜잭션에 의해 추가되거나 변경되는 상황에서 Update를 Current 모드로 처리하면, 일관성이 결여된 결과를 낳을 수 있다.

3.5 Consistent 모드로 읽고, Current 모드로 갱신할 때 생기는 현상

MVCC 기반의 Oracle과 PostgreSQL은 Update 시작 시점을 기준으로 대상 집합을 확정하기 위해 Consistent 모드 읽기를 사용한다. 2장에서 설명했듯이 Consistent 모드 읽기는, (Oracle 기준으로 설명하면) CR Copy를 생성하고 변경된 레코드에 Undo를 적용함으로써 과거 시점으로 되돌려 읽는 방식이다.

읽는 작업은 Consistent 모드로 수행해도 문제가 없지만, 변경 작업을 CR Copy 블록에 수행할 수는 없다. 변경은 반드시 최종 원본 블록인 Current 블록에 수행해야 한다. 즉, Consistent 모드로 읽고 Current 모드로 갱신한다.

상황 7

그런데 이 개념을 단순하게 이해하면 오해의 소지가 있다. Consistent 모드로 읽고 Current 모드로 갱신한다는 사실에 주목한 상태에서 아래 두 트랜잭션이 완료된 시점의 SAL 값이 어떻게 될지 예측해 보자. 현재 EMP 테이블 7788번 사원의 SAL 값은 3,000이다[20].

< TX1 >		< TX2 >
UPDATE EMP SET SAL = SAL + 100 WHERE EMPNO = 7788 **AND SAL = 3000 ;**	t1	
	t2	UPDATE EMP SET SAL = SAL + 200 WHERE EMPNO = 7788 **AND SAL = 3000 ;**
COMMIT;	t3	
	t4	COMMIT;

SQL Server와 MySQL에서 TX2는 블로킹됐다가 TX1이 커밋하면 계속 진행한다. 이때 7788번 사원의 SAL 값은 3,100으로 바뀐 상태이므로 TX2의 Update는 실패(갱신 건수 = 0)하게 된다. 이처럼 Current 모드로만 생각하면 혼란의 여지가 없다. 하지만 Consistent 모드로 읽고 Current 모드로 갱신하는 Oracle과 PostgreSQL에서는 혼란이 생길 수 있다. TX2의 Update 문을 아래 문장처럼 표현할 수 있는데, 'Consistent 모드로 읽고 Current 모드로 갱신한다'는 개념을 직역하면, 아래 Update 문에서 굵은 글씨체로 표시된 부분은 Consistent 모드로 읽고, 나머지 부분은 Current 모드로 읽는다고 오해할 수 있다[21].

```
UPDATE
(
  SELECT SAL FROM EMP
  WHERE  EMPNO = 7788
  AND    SAL = 3000
) E
SET SAL = E.SAL + 200 ;
```

20 온라인 스크립트 script9_dbms_txN.sql 참조

21 예시한 Update 문에서 '나머지 부분'은 Set 절의 왼쪽 SAL 컬럼인데, 사실 Set 절의 왼쪽 컬럼을 읽는다는 개념 자체는 없다. 논리적으로 볼 때, 대입문의 왼쪽 항목은 읽기 대상이 아니라 쓰기 대상이기 때문이다. 그러나 갱신을 수행하기 위해서는 물리적으로 해당 레코드의 현재(최종) 버전을 읽어야 하며, 이 동작이 바로 Current 모드 읽기에 해당한다.

Set 절의 왼쪽 SAL 값이 다른 트랜잭션에 의해 변경된 상태에서 Consistent 모드로 읽은 값(E.SAL)으로 Update하면 갱신 손실(Lost Update)이 발생할 수 있다. TX1에 의해 이미 3,100으로 변경된 레코드를 3,200(=3,000+200)으로 갱신하기 때문이다.

하지만 다른 DBMS와 마찬가지로 Oracle과 PostgreSQL에서도 TX2의 갱신은 실패한다(갱신 건수 = 0).

3.6 Consistent 모드로 대상을 식별하고, Current 모드로 확인 후 갱신

그렇다면 Oracle과 PostgreSQL은 Consistent 모드와 Current 모드라는 두 가지 읽기 방식을 함께 활용해 어떻게 Update를 처리할까? 그 구체적인 동작 방식을 좀 더 자세히 살펴보기 위해 의사(pseudo) 코드로 표현하면 다음과 같다.

```
FOR c IN
  (
      SELECT ROWID RID FROM EMP
      WHERE EMPNO = 7788 AND SAL = 3000     } Consistent 모드로 대상 식별
  )
LOOP
      UPDATE EMP SET SAL = SAL + 200
      WHERE  EMPNO = 7788                   } Current 모드로 확인 후 갱신
      AND    SAL   = 3000
      AND    ROWID = c.RID ;
END LOOP;
```

의사(pseudo) 코드의 내용을 두 단계로 나누어 살펴보자.

(단계 1) Where절에 명시된 조건에 따라 수정 또는 삭제할 **대상 레코드의 rowid를 Consistent 모드로 조회**한다. DML 문이 시작된 시각으로 일관성 기준시점을 고정함으로써 갱신 대상을 명확하게 확정하는 단계다. 이 과정에서 Lock을 전혀 사용하지 않는다.

단계 2 앞에서 읽은 rowid가 가리키는 원본(=최종) 레코드를 찾아가 로우 Lock을 설정한 뒤, **Current 모드로 값을 다시 읽어** 조건절을 여전히 만족하는지 확인한다. 조건절 값을 만족한다면, 해당 레코드에 Update를 수행한다.

단계 1에서 Update 대상 건을 '모두' 추출한 후에 단계 2를 수행한다고 생각하면 안 된다. 위 의사(pseudo) 코드에서 보여주듯이, 단계 1에서 커서를 열어 한 건씩 Fetch하면서 단계 2를 건별로 반복 수행한다.

단계 1은 Update가 시작된 시점을 기준으로 갱신 대상을 식별하기 위해 Consistent 모드 읽기를 사용할 뿐이며, 이 단계에서 읽은 값을 단계 2에서 갱신하는 데 사용하지는 않는다. 단계 1이 필요한 이유는 **갱신 작업이 진행되는 동안 다른 트랜잭션에 의해 추가되거나 변경되어 범위 안에 새로 들어오는 레코드를 제외하기 위함**이다. 갱신 작업이 진행되는 동안 다른 트랜잭션에 의해 삭제되거나 변경되어 범위를 벗어나는 레코드는 단계 2의 조건절에 의해 걸러진다.

지금까지 설명한 내용을 정리해 보자.

- Lock 기반 동시성 제어를 사용하는 SQL Server와 MySQL은 ① 레코드에 처음 접근하는 시점부터 Lock을 설정하여 Current 모드로(=최신 값 기준으로) 대상을 식별하고, ② Current 모드로(=최신 값을 읽어서) 갱신한다.
- MVCC를 사용하는 Oracle과 PostgreSQL은 ① Lock을 설정하지 않은 상태에서 Consistent 모드로 대상을 식별한 뒤, ② Lock을 설정하고 Current 모드로 대상 변경 여부를 확인한 후 갱신을 수행한다. 이를 통해 **일관성 기준 시점을 Update 시작 시점으로** 정확하게 맞추게 된다.

3.7 Oracle 재시작 메커니즘

Oracle과 PostgreSQL은 단계 2에서 Current 모드로 다시 한번 조건절 값을 비교함으로써 기준시점 이후 대상이 변경됐는지 여부를 확인한다. 직전에 살펴본 상황 7에서 TX2의 Update가 실패하는 이유가 바로 여기에 있다. Current 모드로 Update하는 시점에 7788번 사원의 SAL 값은 이미 3,100으로 바뀐 상태이기 때문이다.

결과는 동일하지만, Oracle과 PostgreSQL의 내부 구현 방식에는 차이가 있다는 사실을 알 필요가 있다. 상황 7은 두 DBMS 간 결과 차이가 없지만, **상황에 따라서는 결과에도 차이가 발생**한다.

두 DBMS 간 구현 차이의 핵심은 '재시작(Restart) 메커니즘' 작동 여부다. Update 시작 시점에 갱신 대상이던 레코드가 다른 트랜잭션의 변경 또는 삭제로 인해 대상에서 제외되는 경우, 단계 2의 Current 모드 Update는 실패한다. 이때 PostgreSQL은 다음 레코드로 계속 Update를 진행하는 반면, Oracle은 그때까지 진행하던 **Update를 롤백하고 처음부터 다시 시작**한다.

상황 7은 PK 컬럼인 EMPNO 조건으로 Update를 수행하므로 다음 레코드로 계속 진행한다는 설명을 이해하기 어려울 수 있다. 따라서 아래 트랜잭션을 예로 들어 다시 살펴보자. 최초 7566번 사원의 SAL 값은 2,975이다.

상황 8

< TX1 >		< TX2 >
`UPDATE EMP SET SAL = SAL + 200` `WHERE EMPNO = 7566 ;`	t1	

	t2	`UPDATE EMP SET SAL = SAL + 100`
		`WHERE  DEPTNO = 20`
		`AND    SAL <= 3000 ;`

`COMMIT;`	t3	
	t4	`COMMIT;`

TX2의 Update가 7566번 사원 레코드에 도달하는 순간, SAL 값이 3,175(=2,975+200)로 변경되어 더 이상 Update 조건을 만족하지 않는다. 이때, PostgreSQL은 7566번 사원에 대해 Update를 실패하더라도 다음 레코드로 계속 진행한다. 반면, Oracle은 Update를 롤백하고 처음부터 다시 시작한다.

상황별로 구분하여 두 DBMS를 비교한 결과는 표 3-1과 같다.

<table>
<tr><th>상황</th><th>PostgreSQL</th><th>Oracle</th></tr>
<tr><td>조건절을 만족하지 않는 레코드</td><td colspan="2">Consistent 모드로 대상을 식별하는 단계에서 제외
(값이 변경되어 조건절을 만족하게 되더라도 제외)</td></tr>
<tr><td rowspan="2">조건절을 만족하던 레코드가 변경되어 더는 조건절을 만족하지 않게 된 경우</td><td colspan="2">Consistent 모드로 대상을 식별하는 단계에서 포함</td></tr>
<tr><td>Current 모드로 다시 읽는 시점에 Update 대상에서 제외</td><td>Current 모드로 다시 읽는 시점에 재시작함으로써 Update 대상에서 제외</td></tr>
<tr><td rowspan="2">조건절을 만족하던 레코드가 변경되었지만, 여전히 조건절을 만족하는 경우[22]</td><td colspan="2">Consistent 모드로 대상을 식별하는 단계에서 포함</td></tr>
<tr><td>Current 모드로 다시 읽는 시점에 Update 대상에 포함</td><td>Current 모드로 다시 읽는 시점에 재시작함으로써 Update 대상에 포함</td></tr>
</table>

[표 3-1]

2~3번 행에서 알 수 있듯이, Update 문의 조건절 값이 다른 트랜잭션에 의해 변경되면, 변경된 값이 범위를 벗어나든 남아 있든 상관없이 Oracle은 재시작 메커니즘이 작동한다. 그리고 재시작 메커니즘은 Update 뿐만 아니라 Delete 문에서도 동일하게 작동한다.

상당히 많은 갱신 작업이 이루어진 이후에 재시작 기능이 작동하면서 발생하는 성능상 불이익은 사용자가 감내해야 할 몫이다. 예를 들어, 10,000,000건 중 9,999,999건을 30분 동안 Update 하고 마지막 1건을 Update 하려는 순간, 해당 레코드가 다른 트랜잭션에 의해 변경된 사실을 감지하여 롤백 후 Update를 처음부터 다시 시작하는 경우를 생각해 볼 수 있다.

Update를 다시 시작할 때는 연이은 재시작을 방지하기 위해 조건절을 만족하는 전체 레코드에 Select For Update 모드로 Lock을 설정한다. 이를 통해 **다시 시작하는 시점 기준으로 쓰기 일관성(Write Consistency)을 확보**하게 된다.

처음부터 Select For Update 모드로 Lock을 설정하고 진행하면, 일관성은 확보되지만(→ 비관적 동시성 제어) 대상 범위를 두 번 액세스하는 성능 저하가 발생한다. 따라서 Oracle은 일단 Update를 진행해 보고(→ 낙관적 동시성 제어) 일관성을 해칠만한 사유가 발생(→ 조건절 컬럼 값이 변경됐음을 발견)한 경우에만, 그때까지의 처리를 롤백하고 다시 시작한다고 이해하면 쉽다.

조건절 이외의 값이 변경된 경우에는 재시작하지 않는다. 예를 들어, <상황 8>에서 TX1의 Update가 아래 SQL인 경우가 이에 해당한다.

22 부등호, Between, Like 조건일 때 여기에 해당할 수 있다.

```
UPDATE EMP SET COMM = NVL(COMM, 0) + 200
WHERE EMPNO = 7566 ;
```

Oracle은 재시작을 통해 Update의 일관성 기준 시점이 바뀐다는 사실에 주목할 필요가 있다[23]. 기준 시점이 바뀌었으므로 처음 Update 시작 시점과 재시작 시점 사이에 다른 트랜잭션이 레코드를 추가, 변경, 삭제했다면 그것도 최종 Update 결과에 반영된다. 이로 인해 재시작 메커니즘이 없는 PostgreSQL과 결과가 다를 수 있다.

3.8 Oracle이 재시작 메커니즘을 사용하는 이유

PostgreSQL도 Oracle처럼 MVCC 모델을 사용하지만, 자동 재시작 메커니즘은 제공하지 않는다. 표 3-1을 보면 결과에도 차이가 없다. 그렇다면 Oracle은 왜 재시작 메커니즘을 사용하는 것일까? 그리고 이로 인해 트랜잭션 일관성 측면에서 어떤 차이가 발생할까? 지금부터 그 이유와 영향을 살펴보자.

상황 9

그림 3-15와 같이, 10개의 레코드를 가진 테이블이 있으며, 이 테이블에는 ID(=PK)와 NO 두 개의 컬럼이 존재한다. 두 컬럼 모두 1부터 10까지 고유한 값이 입력된 상태에서 TX2 트랜잭션이 "NO > 5" 조건을 만족하는 레코드를 갱신한다고 가정해 보자[24].

---

23 참고로, Update를 재시작하더라도 SYSDATE는 최초 Update를 시작한 시점의 값으로 고정된다. 예를 들어, 아래 Update 문에서 Set절과 Where 조건절의 SYSDATE를 최초 실행 시점의 일시로 치환해서 처리한다고 이해하면 된다.

```
UPDATE T
SET    C1 = :V1, C2 = :V2, UPD_DTM = SYSDATE
WHERE  ID = 100
AND    UPD_DTM <= SYSDATE;
```

24 온라인 스크립트 script10_dbms_txN.sql 참조

[그림 3-15]

< TX1 >		< TX2 >
UPDATE T SET NO = 0 WHERE ID = 10 ;	t1	
	t2	UPDATE T SET NO = NO + 1 WHERE NO > 5 ;
COMMIT;	t3	

그림 3-16과 같이, TX1 트랜잭션이 열 번째(ID = 10) 레코드의 NO 값을 0으로 변경하고 아직 커밋하지 않았으므로 TX2는 블로킹 된다.

[그림 3-16]

TX1이 커밋하고 TX2가 작업을 재개할 때, TX2에 의해 Update되는 최종 결과건수는 SQL Server, MySQL, Oracle, PostgreSQL 모두 4개다. 두 트랜잭션이 동시에 진행했지만, TX1 Update 완료 후에 TX2 Update가 시작된 것과 동일한 일관성 있는 결과다.
모든 DBMS가 같은 결과를 보여주지만, 내부 구현 방식은 전혀 다르다.

- Update를 Current 모드로 처리하는 SQL Server와 MySQL : TX1이 갱신한 레코드(ID=10)의 NO 값이 현재 0이므로 갱신 대상이 아님
- Consistent 모드로 대상을 식별하는 PostgreSQL : TX1이 갱신한 레코드가 Update 시작 시점 기준으로는 갱신 대상이었지만, Current 모드로 다시 읽는 시점에 조건을 만족하지 않으므로 제외
- Consistent 모드로 대상을 식별하는 Oracle : TX1이 갱신한 레코드가 Update 시작 시점 기준으로는 갱신 대상이었지만, Current 모드로 다시 읽는 시점에 재시작함으로써 제외

여기서 주목할 것은, 동일하게 MVCC 모델을 사용하는 Oracle과 PostgreSQL 간에도 구현 방식이 서로 다르다는 사실이다.

상황 10

내부 구현 방식은 서로 다르지만 결과는 같은 사례를 하나 더 살펴보자.

그림 3-17과 같이, ID(=PK)와 NO 두 컬럼 모두 1부터 10까지 고유한 값이 입력된 상태에서 TX2 트랜잭션이 "NO > 5" 조건을 만족하는 레코드를 갱신한다고 하자[25].

[그림 3 - 17]

〈 TX1 〉		〈 TX2 〉
UPDATE T SET NO = NO - 1 WHERE ID = 6 ;	t1	
UPDATE T SET NO = NO + 1 WHERE ID = 7 ;	t2	
	t3	UPDATE T SET NO = NO + 1 WHERE NO > 5 ;
COMMIT;	t4	
	t5	COMMIT;

그림 3-18처럼 TX1 트랜잭션은 여섯 번째(ID=6) 레코드의 값을 5(=6-1)로, 일곱 번째(ID=7) 레코드의 값을 8(=7+1)로 변경했지만 아직 커밋하지 않은 상태다. 이때 TX2는 TX1이 설정한 Lock으로 인해 일시적으로 블로킹 된다.

[그림 3 - 18]

25 온라인 스크립트 script11_dbms_txN.sql 참조

이후 t4 시점에 Lock이 해제되면 TX2는 Update를 재개하며, Current 모드로만 Update를 수행하는 DBMS에서는 그림 3-19와 같은 최종 결과가 나타난다.

[그림 3 - 19]

TX2의 Update 시작 시점 기준을 기준으로 보면, TX1이 변경한 두 레코드(ID=6, ID=7) 모두 변경 대상이었다. 하지만, TX1이 커밋하는 순간 6번(ID=6) 레코드는 조건을 만족하지 않아 갱신 대상에서 제외되고, 조건을 만족하는 **7번(ID=7) 레코드만 갱신**된다.

Oracle은 Update 시작 이후에 대상이 변경되는 상황을 허용하지 않는다. 실제로 쓰기 일관성에 문제가 발생하는지 여부와는 관계없이, 그럴 가능성이 있다고 판단하면 Update를 다시 시작한다. TX1 트랜잭션에 의해 그림 3-18과 같이 값이 변경된 상태에서 TX2가 Update를 다시 진행하면, 6번(ID=6) 레코드는 더 이상 조건을 만족하지 않으므로, 일곱 번째(ID=7)부터 열 번째(ID=10)까지 총 4개의 레코드만 변경된다.
결과적으로는 Current 모드로 Update하는 DBMS와 재시작 메커니즘을 적용한 Oracle의 처리 결과는 동일하다.
재시작 메커니즘이 없는 PostgreSQL도 결과는 동일하다. Update 시작 시점 기준으로 대상에 포함된 6번(ID=6) 레코드가 Current 모드로 다시 읽는 시점에 제외되며, 재시작 없이 Update를 그대로 진행한 결과, 일곱 번째(ID=7)부터 열 번째(ID=10)까지 네 개의 레코드만 변경된다.

여기서도 모든 DBMS가 TX1 완료 후 TX2를 시작한 것과 같은 일관성 있는 결과를 보여주지만, 내부 구현 방식은 서로 다르다. 동시성 제어 모델이 상이한 SQL Server, MySQL과의 구현 차이는 제쳐두더라도, 동일하게 MVCC 모델을 사용하는 Oracle과 PostgreSQL 간에도 구현 방식에 차이가 있는 이유는 무엇일까? 방금 살펴본 두 사례에서는 PostgreSQL처럼 재시작 없이 Current 값을 그대로 읽어서 처리해도 결과는 같은데, **Oracle은 왜 굳이 Update를 재시작할까?**

상황 11

그림 3-20과 같이, ID(=PK)와 NO 두 컬럼 모두 1부터 10까지 고유한 값이 입력된 상태에서 TX2 트랜잭션이 "NO > 5" 조건을 만족하는 레코드를 갱신하려고 한다[26].

[그림 3-20]

< TX1 >		< TX2 >
UPDATE T SET NO = NO + 3 WHERE ID = 4 ;	t1	
UPDATE T SET NO = NO - 3 WHERE ID = 8 ;	t2	
	t3	UPDATE T SET NO = NO + 1 WHERE NO > 5 ;
COMMIT;	t4	
	t5	COMMIT;

그에 앞서 TX1 트랜잭션이 두 가지 변경을 수행했다.

- 네 번째(ID=4) 레코드의 NO 값을 7로 변경(원래 5 이하였으므로 TX2 Update의 조건을 새롭게 만족하게 됨)
- 여덟 번째(ID=8) 레코드의 NO 값을 5로 변경(원래 TX2 Update의 조건을 만족했으나 이제 만족하지 않게 됨)

그림 3-21과 같이 값이 변경됐지만, TX1은 아직 커밋하지 않은 상태다.

[그림 3-21]

26 온라인 스크립트 script12_dbms_txN.sql 참조

TX2 트랜잭션은 TX1이 설정한 Lock에 의해 블로킹 된다. t4 시점에 TX1이 커밋하고 Lock이 해제되면, TX2는 Update 작업을 재개하며, Current 모드로만 Update를 수행하는 DBMS에서는 그림 3-22와 같은 최종 결과가 나타난다.

[그림 3 - 22]

Update 시작 시점 기준으로는 여덟 번째(ID=8) 레코드가 변경 대상이었으나(NO > 5 조건 만족), TX1의 변경으로 인해 이 레코드는 더 이상 조건을 만족하지 않게 되었다. 대신 **네 번째(ID=4) 레코드가 새롭게 조건을 만족하게 되어 변경 대상**이 되었다.

Oracle은 이처럼 **Update 시작 이후로 대상 집합이 변하는 상황**을 허용하지 않는다. 실제로 문제가 발생했는지 여부와는 관계없이, 대상 집합의 변화를 감지하면 Update를 다시 시작한다. Update를 다시 시작하면, NO 값이 8에서 5로 변경된 레코드(ID=8)는 변경 대상에서 제외되고, 4에서 7로 변경된 레코드(ID=4)는 변경 대상에 포함된다.
결과적으로는 Current 모드로만 Update하는 DBMS와 재시작 메커니즘을 적용한 Oracle의 처리 결과가 동일하게 나타난다. 이는 TX1 완료 후, 즉 집합 변화가 완료된 상태에서 TX2를 시작한 것과 동일한 일관성 있는 결과다.

반면, PostgreSQL은 그림 3-23처럼 Oracle과 상이한 결과를 보이며, 이는 재시작 메커니즘을 사용하지 않기 때문에 발생하는 차이이다.

[그림 3 - 23]

TX2의 Update 시작 시점에 T 테이블의 NO 컬럼 총합은 55다. 여기에 NO > 5 조건을 만족하는 5개 레코드에 NO 값을 1씩 증가시키는 Update를 원자적(atomic)으로 처리했다면, 최종 합계는 60(=55+5)이 되어야 한다. 그러나 실제 결과는 59(=55+4)가 되었다.

PostgreSQL의 처리 과정을 살펴보면, 네 번째(ID=4) 레코드는 TX2의 Update 시작 시점에 변경 대상이 아니었으므로(NO = 4) 제외된다. 여덟 번째(ID=8) 레코드는 원래 대상이었으나, Current 모드로 다시 읽는 시점에는 NO 값이 5로 변경돼 있어서 제외된다. **트랜잭션 전후, ID 4번 또는 ID 8번 중 하나는 TX2의 갱신 대상이었으나 결과적으로 어떤 레코드도 갱신되지 않았다.**

3.7절의 표 3-1에서 정리한 바와 같이, Oracle이 Update를 다시 시작하더라도 기존에 조건절을 만족하던 레코드만 변경되거나 삭제된 경우에는 PostgreSQL과 결과 차이가 발생하지 않는다. 그러나 지금은 결과 차이가 발생했다. 차이가 발생하는 경우는 다음과 같다.

- 다른 트랜잭션이 조건절을 만족하는 신규 레코드를 삽입한 경우
- 조건절을 만족하지 않던 레코드가 조건절을 만족하게 된 경우

조건절을 만족하는 데이터가 변경된 상황에서 Oracle은 Update를 다시 시작함으로써 이러한 데이터들을 Update 대상에 포함한다. 반면 PostgreSQL은 재시작하지 않으므로 이들을 포함하지 않는다.

이러한 차이로 인해, 상황 11에서는 PostgreSQL만이 다른 DBMS들과 상이한 결과를 보이게 된다. 3.11절에서 다시 설명하겠지만, PostgreSQL에서 이런 비일관성 문제를 해결하려면, 트랜잭션 격리 수준을 Repeatable Read로 설정해야 한다. 그러면 아래와 같은 에러가 발생한다.

```
"could not serialize access due to concurrent update"
```

애플리케이션이 이 에러 메시지를 받으면 트랜잭션을 중단하고 처음부터 다시 시도해야 한다.

상황 12

MVCC 모델을 사용하면서도 자동 재시작 메커니즘을 사용하지 않을 경우, 어떤 비일관성이 발생할 수 있는지 사례를 하나 더 살펴보자.

방문로그 테이블에 방문횟수 9인 레코드와 10인 레코드가 각각 하나씩 있는 상황에서 아래와 같이 TX1 Update 직후 TX2 Delete를 실행했을 때 삭제 건수는 몇 건일까?[27]

< TX1 >		< TX2 >
UPDATE 방문로그 SET 방문횟수 = 방문횟수 + 1 WHERE 방문횟수 > 0 ;	t1	
	t2	DELETE FROM 방문로그 WHERE 방문횟수 = 10 ;
COMMIT ;	t3	
	t4	COMMIT ;

TX2의 Delete는 TX1의 Update에 의해 블로킹 되었다가, TX1이 커밋된 직후 작업을 재개한다. 이때 MVCC 관점에서 보면, TX1에 의해 방문횟수가 9에서 10으로 변경된 방문로그는 애초부터 TX2의 삭제 대상이 아니었다. 반면, 방문횟수가 10에서 11로 변경된 방문로그는 원래 삭제 대상이었지만, TX2의 Delete가 해당 레코드에 도달한 시점에는 이미 삭제 대상에서 제외된 상태다. 즉, **Delete 대상 집합에 변화가 발생**했다.

Update 전과 후 모두 TX2의 삭제 조건을 만족하는 레코드(방문횟수가 10인 레코드)가 존재했음에도 불구하고, 실제 PostgreSQL에서 테스트해 보면 어떤 레코드도 삭제되지 않는다.

Delete 시작 시점 기준으로 대상을 식별하는 MVCC 모델의 관점에서, 이러한 결과는 일관성이 결여된 결과가 아닐 수 없다. Oracle은 이 문제를 Delete 재시작을 통해 해결한다. Delete를 다시 시작하면, 새로운 스냅샷을 기반으로 방문횟수가 9에서 10으로 변경된 레코드를 삭제 대상에 포함시킬 수 있다.

지금 예시한 상황 12의 경우에도 Oracle, SQL Server, MySQL의 결과는 모두 동일하며, Oracle처럼 MVCC 모델을 사용하면서도 자동 재시작 메커니즘이 없는 PostgreSQL만 다른 결

27 온라인 스크립트 script13_dbms_txN.sql 참조

과를 보인다.

PostgreSQL에서 이 문제를 해결하려면, 트랜잭션 격리 수준을 Repeatable Read로 설정해야 한다. 에러 메시지를 받고 Delete를 다시 시작하면 다른 DBMS와 같은 결과를 얻을 수 있다.

Insert에 의한 집합 변화는 무시해도 괜찮은가?

Oracle은 조회 시 Consistent 모드만 사용하므로, 쿼리 실행 중 다른 트랜잭션에 의해 Insert, Update, Delete된 데이터를 모두 무시하고 이전 상태로 되돌려 읽는다. 이를 통해 쿼리 시작 시점 기준의 일관성을 확보할 수 있다.

Update 할 때는 Consistent 모드로만 처리하면 3.3절에서 살펴본 '갱신 손실(Lost Update)' 문제가 발생한다. 그렇다고 Current 모드로만 처리하면 3.4절에서 본 것처럼 중간에 다른 트랜잭션에 의한 집합 변화로 인해 비일관성이 발생한다.

그래서 Oracle은 Update 시 Consistent 모드와 Current 모드를 동시에 사용한다는 것이 지금까지의 설명이다. 두 가지 모드를 함께 사용함에 따른 비일관성 문제는 Update 재시작을 통해 해결한다. 재시작 메커니즘이 없는 PostgreSQL에서 쓰기 일관성이 훼손된 사례를 상기하기 바란다. 중간에 대상 집합이 변했는데도 이를 무시하고 덮어써서 발생한 비일관성이었다.

여기서 이런 의문이 생길 수 있다. "다른 트랜잭션의 Update와 Delete로 인한 집합 변화는 재시작을 통해 해결하면서, Insert에 의한 집합 변화는 무시해도 괜찮을까?"

Update 시작 이후에 Insert된 데이터나 아직 커밋되지 않은 데이터를 무시함으로써 Update 시작 시점의 일관성을 유지한다는 측면에서는 문제가 없어 보인다. 그러나 이는 Read Committed가 직렬화를 요구하지 않는 격리 수준이기 때문에 가능한 설명이다. 직렬화 관점까지 고려하면 일관성에 문제가 생길 수 있다. **지금까지 설명한 일관성은 직렬화 관점을 배제한 일관성인 것이다.**

'직렬화(Serializable)'란 두 트랜잭션을 동시에 실행했을 때의 결과와 어떤 순서로든 하나씩 순차 실행한 결과가 동일해야 함을 의미한다. '강한 직렬화(Strong Serializable)'에서는 실행 순서까지 보장해야 한다. 이는 4장 5절에서 다루는 개념이지만, 논리 흐름상 여기서 먼저 언급하고자 한다. 이하 내용을 지금 바로 이해하기 어렵다면 4장 5절까지 학습한 후 다시 읽어보기 바란다.

Update 일관성을 유지할 수 없는 상황이 발생했을 때, Oracle처럼 Update를 재시작하면 일관성은 보장되지만 직렬화되지 않은 결과를 가져올 수 있다. 그래서 Serializable 격리 수준에서는 Update 재시작 메커니즘을 작동시키지 않고 에러를 발생시켜서 직렬화 이상을 차단한다.

문제는 재시작 메커니즘이 애초에 작동하지 않는 다음 두 경우다. 이때는 Serializable 격리 수준에서도 별다른 조치 없이 Update가 진행된다.

① 다른 트랜잭션의 Insert로 인해 Update 대상 집합이 변하는 경우
② 대상이 아니던 데이터가 다른 트랜잭션의 Update로 인해 대상에 포함되는 경우

Oracle은 Update와 Insert가 동시에 진행할 때 항상 Update 완료 후 Insert를 진행한 것과 동일한 결과를 보장하므로 ①번은 직렬성을 만족한다. Insert가 먼저 시작한 경우 실행 순서가 뒤바뀐 결과가 나오지만, ANSI SQL이 정의한 일반 직렬화는 실행 순서의 보장을 요구하지 않으므로 직렬화 위반으로 보지 않는다. 다만 '강한 직렬화', 즉 순서의 보장이 요구되는 업무 상황에서는 문제가 될 수 있다.

②번의 경우는 일반 직렬화 관점에서도 문제가 될 수 있다. 3.2절의 당구공 사례가 대표적이다. Oracle은 Serializable 격리 수준에서 실행해도 색깔만 뒤바뀐 결과가 나타나는데, 이는 직렬화되지 않은 결과이며 문장 수준의 쓰기 왜곡 현상에 해당한다.

조건절 범위가 서로 겹치면 Read Committed 격리 수준에서는 Update를 재시작하고, Serializable에서는 Update 충돌 에러가 발생한다. 하지만 ②번의 경우는 조건절 범위가 겹치지 않기 때문에 Oracle에서 해결이 불가능한 상황이다. PostgreSQL도 MVCC 기반이므로 서로 조건절 범위가 겹치지 않을 때 같은 문제가 발생할 것 같지만, 9.1 버전에서 직렬화 가능 스냅샷 격리(Serializable Snapshot Isolation, SSI)를 도입함으로써 이 문제를 해결하였다.

3.9 Oracle은 왜 Update 조건절 값이 변경됐을 때만 재시작할까?

상황 13

아래 상황에서 TX2의 첫 번째 Update는 TX1의 Update 조건절 컬럼(SAL) 값을 변경하지 않고 있다. 따라서 TX1이 Update 작업 중에 7521번 사원의 COMM 값이 다른 트랜잭션에 의해 변경된 사실을 감지하더라도 재시작하지 않는다.

< TX1 >		< TX2 >
UPDATE EMP SET SAL = (SAL - NVL(COMM, 0)) * 1.2 WHERE SAL BETWEEN 1000 AND 1250;	t1	
	t2	UPDATE EMP SET COMM = NVL(COMM, 0) + 10 WHERE EMPNO = 7521;
	t3	UPDATE EMP SET SAL = SAL * 1.3 WHERE EMPNO = 7900;
	t4	COMMIT;

반면, TX2의 두 번째 Update는 TX1의 Update 조건절 컬럼(SAL) 값을 변경한다. 따라서 TX1이 Update 작업 중에 7900번 사원의 SAL 값이 변경된 사실을 감지하는 순간, Update를 재시작한다. Oracle은 왜 Update 조건절 값이 변경됐을 때만 재시작할까?

조건절 이외의 값이 변경된 경우는 집합의 변화가 없기 때문이다. 집합의 변화가 없다면 다시 읽어도 결국 동일한 결과를 얻는다. 재시작이 무의미하다.

반면, 조건절 값이 변경된 경우는 다시 읽으면 갱신 대상집합 자체가 달라지므로 재시작이 유의미하다. 예를 들어, 7900번 사원의 SAL 값이 1,000이었다면 원래 TX1의 갱신 대상이었는데, TX2가 이 값에 1.3을 곱해서 1,300으로 변경하면 재시작 시점에는 갱신 대상에서 제외된다. 반대로, 7900번 사원의 SAL 값이 950이었다면 원래 대상이 아니었는데, TX2가 이 값에 1.3을 곱해서 1,235로 변경하면 재시작 시점에는 갱신 대상에 포함된다.

조건절 이외의 값이 변경된 경우에는 덮어써도 괜찮은가?

예를 들어, 7521 사원의 SAL은 1250이고, COMM은 500이다. 상황 13처럼 TX1이 먼저 Update를 시작한 상태에서 TX2가 7521 사원의 COMM을 먼저 갱신하면, 최종 SAL 값은 888이 된다. 이는 시작 순서에 따라 TX1부터 실행했을 때와 결과가 다르다.

- TX1 → TX2 순으로 실행 : SAL = (1250 - 500) × 1.2 = 900
- TX2 → TX1 순으로 실행 : SAL = (1250 - 510) × 1.2 = 888

TX1 Update의 대상 집합이 변하지 않았으므로 Oracle은 Update를 재시작하지 않는다. 설령 재시작하더라도 결과는 동일하다.

이처럼 실행 순서에 따라 결과가 달라지는 것이 일관성 위반일까?

앞선 보충 설명에서 언급했듯이, Serializable 격리 수준에서조차 실행 순서의 보장을 요구하지 않는다. 더욱이 우리는 현재 Read Committed 격리 수준에서의 문장 수준 쓰기 일관성을 다루고 있다. 따라서 위와 같은 결과 차이는 이상 현상으로 보지 않는다. 다만 '강한 직렬화', 즉 순서의 보장이 요구되는 업무 상황에서는 문제가 될 수 있다.

3.10 Full Scan Update

앞에서 정리한 내용을 다시 상기해 보자.

- Lock 기반 동시성 제어를 사용하는 SQL Server와 MySQL은 ① **레코드에 처음 접근하는 시점부터 Lock을 설정**하여 Current 모드로(=최신 값 기준으로) 대상을 식별하고, ② Current 모드로(=최신 값을 읽어서) 갱신한다.
- MVCC를 사용하는 Oracle과 PostgreSQL은 ① **Lock을 설정하지 않은 상태에서 Consistent 모드로 대상을 식별**한 뒤, ② Lock을 설정하고 Current 모드로 대상 변경 여부를 확인한 후 갱신을 수행한다. 이를 통해 일관성 기준 시점을 Update 시작 시점으로 정확하게 맞추는 것이다.

MVCC는 Update 시 인덱스 사용 여부에 따라 Lock 설정 범위가 다를 이유가 없다. Lock 설정 없이 Consistent 모드 읽기로 대상을 식별한 후에, 대상 레코드에만 Lock을 설정하면 된다. 반면, Lock 기반 DBMS는 사정이 다르다. 대상 여부를 확인하기 위해 레코드에 **처음 접근하는 시점부터 Lock을 설정**해야 하며, 이때 인덱스 사용 여부에 따라 Lock 설정 범위가 달라질 수 있다.

(1) SQL Server

예를 들어, SQL Server에서 아래와 같이 두 트랜잭션이 동시에 수행된다고 가정하자[28].

< TX1 >		< TX2 >
UPDATE T SET NO = 0 WHERE NO = 3 ;	t1	
	t2	UPDATE T SET NO = NO + 1 FROM T **WITH (INDEX(T_NO_IDX))** WHERE NO > 5 ;

TX1이 NO = 3인 레코드를 먼저 변경한다. 이어서 TX2가 NO 순으로 정렬된 인덱스(T_NO_IDX)를 이용해 Update를 수행하면, NO > 5 조건에 해당하는 레코드 구간만 스캔하면서 Exclusive Lock을 설정하므로 TX1과의 충돌 없이 실행된다.

반면, TX2가 아래와 같이 Full Scan 방식으로 Update를 수행하면 상황이 달라진다.

< TX1 >		< TX2 >
UPDATE T SET NO = 0 WHERE NO = 3 ;	t1	
	t2	UPDATE T SET NO = NO + 1 FROM T **WITH (INDEX(0))** WHERE NO > 5 ;

Full Scan 할 때는 조건절 만족 여부를 일일이 확인해야 하므로 해당 레코드에 접근하는 순간부터 Lock을 설정해야 한다. 조건 평가 중에 다른 트랜잭션이 값을 변경하면 결과가 달라질 수 있기 때문이다.

결국 Full Scan Update는 **테이블의 모든 레코드를 순차적으로 검사하면서, 각 레코드마다 Lock**

---

28 온라인 스크립트 script14_sqlserver_txN.sql 참조

을 설정하고 조건을 평가한 후, 조건을 만족하지 않으면 Lock을 해제하는 과정을 반복한다. 처음부터 Exclusive Lock을 설정하면 Shared Lock과 호환되지 않아 동시성에 큰 부담을 준다. 그래서 SQL Server는 조건절 평가 시점에는 보다 가벼운 Update Lock을 먼저 설정한 후, 조건을 만족할 경우에만 Exclusive Lock으로 업그레이드하는 방식을 사용한다. Update Lock은 Share Lock과는 호환되지만, Update Lock 및 Exclusive Lock과는 호환되지 않으므로 전체 레코드를 스캔하는 과정에서 변경 작업을 수행하는 다른 트랜잭션과의 Lock 경합은 피할 수 없다.

따라서 TX1과 TX2가 Update하는 대상이 서로 겹치지 않음에도 불구하고, TX2가 Full Scan으로 Update를 수행하면, TX1이 설정한 Exclusive Lock에 의해 블로킹 된다.

(2) MySQL

Update Lock이 없는 MySQL은 Full Scan 방식으로 Update 조건절을 평가할 때, 레코드에 접근하는 순간부터 Exclusive Lock을 설정해야 하는 부담이 있다.

이는 동시성에 나쁜 영향을 줄 수 있으므로 MySQL은 **Semi-Consistent Read** 방식을 도입하였다. 이 방식의 핵심은 "Read Committed 격리 수준에서 Full Scan 방식으로 Update 조건을 평가할 때는 **레코드에 도달한 시점의 최종 커밋 버전을 사용**한다"는 것이다.

- 이미 커밋된 상태의 레코드를 만나면, 현재의 최종 값(최종 커밋 버전)으로 Update 조건을 만족하는지 확인한다.
- 변경 또는 삽입 중인 레코드를 만나면, 커밋을 기다리지 않고 해당 레코드의 변경 직전 값(최종 커밋 버전)을 읽어서[29] Update 조건을 만족하는지 확인한다.

위 기준으로 조건을 만족하는 경우에만 Lock을 설정하고 값을 변경한다. 조건을 만족하지 않으면, Lock을 설정하지 않고 다음 레코드로 넘어간다. 즉, **조건절 평가 단계에서 Lock 설정을 생략**함으로써 불필요한 Lock 경합을 줄이는 전략이다.

29 조건 만족 여부를 평가할 때 '문장을 시작한 시점의 커밋된 버전'이 아닌, 그 시점에 '가장 마지막으로 커밋된 버전'을 사용한다는 사실에 주목하기 바란다. 완전한 Consistent Read는 문장 시작 시점의 커밋된 버전을 기준으로 조건 만족 여부를 평가한다.

반면, 인덱스를 이용해 Update를 수행할 때는 인덱스를 통해 대상을 식별하므로 곧바로 Exclusive Lock을 설정한다. 이때 중간에 다른 트랜잭션이 변경 중인 데이터를 만나면, 해당 트랜잭션이 커밋될 때까지 대기한 후 최신 값을 기준으로 조건 만족 여부를 판단한다.

동작 방식이 이처럼 다르기 때문에 MySQL의 Read Committed 격리 수준에서는 Update 조건 검색 시 **인덱스 사용 여부에 따라 성능뿐만 아니라 결과도 달라질 수 있다.**

MySQL Semi-Consistent Read의 문제점

Update는 읽은 레코드에 Exclusive Lock을 설정하고 이를 커밋 시점까지 유지하므로, Read Committed에서도 Repeatable Read 수준의 격리성을 보인다. 그런데 Semi-Consistent Read 기능이 작동하면, Full Scan Update 시 일관성이 약화된다.
예를 들어, 아래와 같이 TX2 트랜잭션이 같은 조건절로 Update를 두 번 수행할 때, 두 Update의 대상 집합이 달라진다[30].

< TX1 >		< TX2 >
UPDATE EMP SET DEPTNO = 10 -- 직전 값은 20 WHERE EMPNO = 7788;	t1	
	t2	UPDATE EMP SET COMM = IFNULL(COMM, 0) * 1.1 WHERE DEPTNO = 10;
COMMIT;	t3	
	t4	UPDATE EMP SET SAL = SAL * 1.1 WHERE DEPTNO = 10;
	t5	COMMIT;

이는 조건절 만족 여부를 판단하는 기준이 서로 다르기 때문이다. 즉, 첫 번째 Update에서는 변경 직전의 DEPTNO 값 20을 기준으로 대상에서 제외하지만, 두 번째 Update에서는 커밋된

30 온라인 스크립트 script15_mysql_txN.sql 참조

최종 값 10을 기준으로 대상에 포함시킨다.
Phantom Read 현상이 발생한 것이다. Read Committed는 트랜잭션 내 SQL 간 비일관성을 허용하는 격리 수준이므로 이러한 상황에서 MySQL은 동시성 향상을 위해 Semi-Consistent Read 기능을 작동시킨다.
그러나 Repeatable Read 격리 수준에서는 이 기능을 작동시킬 수 없다. 다음 절에서 설명하겠지만, MySQL의 Repeatable Read 격리 수준에서는 (조건절 값을 스스로 변경하지 않는 한) 첫 번째 Update의 대상 집합과 두 번째 Update의 대상 집합이 동일해야 하기 때문이다.

요약하자면, MySQL의 Semi-Consistent Read 전략은 동시성 향상을 도모하는 대신, 일관성을 다소 저하시키는 결과를 가져왔다.
첫째, Update 시 인덱스를 사용하는 경우와 Full Scan하는 경우의 결과가 서로 다를 수 있다.
둘째, 트랜잭션 내에서 같은 Update를 두 번 실행할 때 Phantom Read 발생 가능성이 높아진다. 즉, 인덱스를 이용했다면 나타나지 않았을 Phantom Read 현상이 발생한다.

결론적으로, **MySQL의 Read Committed 격리 수준에서 Update 할 때는 인덱스를 이용해야** 일관성을 유지할 수 있다.

3.11 Repeatable Read 및 Serializable 격리 수준

지금까지는 Read Committed 격리 수준에서의 문장 수준 쓰기 일관성을 살펴봤다. 이제 Repeatable Read와 Serializable 격리 수준에서 문장 수준 쓰기 일관성이 어떻게 달라지는지 알아보자.

Lock 기반 동시성 제어 모델의 문장 수준 쓰기 일관성

DBMS 종류와 관계없이, Update와 Delete 문은 기본적으로 Exclusive Lock을 사용하며, 해당 Lock을 트랜잭션 종료 시까지 유지한다. 이러한 특성으로 인해 Read Committed 격리 수준에서도 Repeatable Read와 같은 격리성을 얻을 수 있다. 따라서 Update와 Delete에 관한

한 두 격리 수준에 차이가 없다[31].

Read Committed와 Repeatable Read 모두, **집합의 변화를 일으키지 않는 다른 트랜잭션의 동시 Update에 대해서는 일관성을 제공**한다. Update 조건절을 만족하는 대상 중 이미 변경한 데이터의 변경을 차단하면서 앞으로 진행하면, 아직 읽지 않은 범위를 다른 트랜잭션이 변경하더라도 일관성을 확보할 수 있다. 말하자면, 자신의 **Update 완료 시점 기준의 일관성**이다.

하지만, **집합의 변화를 일으키는 동시 Insert, Update, Delete에 의한 비일관성은 허용**한다. 아직 읽지 않은 범위뿐만 아니라 이미 읽은 범위에도 Insert, Update, Delete를 허용하기 때문에 동시 트랜잭션에 의한 집합 변화가 일어날 수 있고[32], 이로 인해 비일관성이 생기는 사례를 앞서 살펴보았다.

비일관성을 야기하는 집합 변화는 이미 읽은 범위와 아직 읽지 않은 범위 양쪽 모두에서 변경 또는 삽입이 이루어질 때 발생한다. 이들 DBMS는 Current 모드 방식을 사용하므로 트랜잭션 수행 중 다른 트랜잭션이 Insert 또는 Update한 데이터를 덮어쓴다. 이미 지나간 범위의 변경 사항은 무시하고, 아직 처리하지 않은 범위의 변경 사항만 덮어쓴다면 이는 일관성 있는 결과라고 할 수 없다.

이 문제는 **Serializable 격리 수준으로 해결**할 수 있다. 이 수준에서는 **이미 읽은 범위에 대한 다른 트랜잭션의 동시 삽입을 차단**한다. **여기서 말하는 삽입은 Insert뿐만 아니라, 조건을 만족하지 않던 데이터가 Update를 통해 조건을 만족하게 되는 경우도 포함**한다[33].

이미 읽은 범위에서는 집합의 변화를 차단하고, 아직 읽지 않은 범위에서만 변화를 허용하면서 계속 진행하면, 다른 트랜잭션의 변경이 모두 완료된 안정된 상태에서 Update를 진행한 것과 같은 일관성을 보장할 수 있다. 결과적으로 자신의 **Update 완료 시점 기준의 일관성**을 얻을 수 있다. 이는 Update를 완료하자마자 같은 Update 문을 다시 실행했을 때, (조건절 값을 스스로 변경하지 않는 한) 갱신 대상이 변하지 않고 고정됨을 의미한다.

---

31 Repeatable Read에서도 Gap Lock을 사용하는 MySQL과 MariaDB는 예외다.

32 물론, 읽은 범위 중 조건을 만족해서 Exclusive Lock을 설정한 레코드에는 Update와 Delete를 허용하지 않는다.

33 이때 조건절에 인덱스가 있다면 인덱스 상에서의 위치 이동을 통해 실제 삽입 연산이 일어난다. 인덱스는 정렬된 자료구조이기 때문이다.

주목할 점은 MySQL이 기본 격리 수준으로 Repeatable Read를 채택하고 있다는 사실이다.

이들 DBMS는 조회 시 MVCC 기반의 Nonlocking Read 방식을 기본으로 사용하되, 필요에 따라 Current 모드의 Locking Read 방식을 사용할 수 있도록 For Share, For Update 옵션을 제공한다.

변경 작업은 기본적으로 Current 모드의 Locking Read 방식을 사용한다. 그로 인해 Read Committed 격리 수준에서 문장 수준 쓰기 일관성이 훼손될 수 있다.

이를 방지하기 위해 MySQL은 Repeatable Read를 기본 격리 수준으로 채택했을 뿐만 아니라, SQL Server와 달리 이 격리 수준에서 Update 할 때도 Gap Lock을 사용한다. Gap Lock은 읽은 범위에 대한 삽입을 차단한다. 따라서 MySQL은 Repeatable Read 격리 수준에서 문장 수준 쓰기 일관성을 보장한다. For Share 또는 For Update 옵션으로 조회할 때도 Gap Lock을 사용한다.

이런 특징으로 인해 MySQL은 기본 격리 수준에서도 가장 높은 문장 수준 읽기 일관성과 쓰기 일관성을 제공한다.

- Select : 트랜잭션 시작 시점 기준 Consistent Nonlocking Read 방식으로 읽기 때문에 **Oracle의 Serializable 수준 격리성** 제공
- Update, Delete, Select For Share, Select For Update, : 이미 읽은 범위의 변경과 삽입을 차단하므로 **SQL Server의 Serializable 수준 격리성** 제공

반대 급부는 다음과 같다.

- 트랜잭션 수준에서 비일관성이 나타날 수 있다. 구체적으로는, Locking Read와 Nonlocking Read를 혼용함으로 인해 Repeatable Read 격리 수준에서도 Non-Repeatable Read 현상이 나타날 수 있다. 이에 대해서는 4장에서 자세히 다룬다.
- Update 작업 시, 필요 이상으로 동시 Insert의 성능을 제한할 수 있다.

다중 버전 동시성 제어 모델의 문장 수준 쓰기 일관성

PostgreSQL은 Read Committed 격리 수준에서 문장 수준 쓰기 일관성을 보장하지 않지만, Oracle은 중간에 변경된 데이터를 발견하면 Update를 다시 시작함으로써 문장 수준 쓰기 일관성을 유지한다.

두 시스템 모두 전체 조건절 범위에 삽입을 허용하지만, Update 시작 이후에 삽입된 데이터는 대상에서 제외한다. 따라서 별도의 Predicate Lock 없이도 동시 삽입에 대한 일관성을 보장한다.

격리 수준을 Repeatable Read 또는 Serializable 격리 수준으로 상향 조정하면, Read Committed 격리 수준과 비교해 다음과 같은 두 가지 중요한 차이점이 생긴다.

- (문장 시작 시점이 아닌) 트랜잭션 시작 시점[34]을 기준으로 일관성을 제공한다. 전체 조건절 범위에 동시 삽입을 허용하지만, 트랜잭션 시작 이후에 추가된 데이터는 대상에서 제외함으로써 일관성을 유지하는 전략이다[35].
- **다른 트랜잭션이 중간에 변경한 데이터를 발견하면, 직렬성을 보장할 수 없는 상황으로 간주해 Update 충돌 에러를 발생**시킨다. PostgreSQL도 이를 통해 Repeatable Read에서는 문장 수준 쓰기 일관성 보장할 수 있게 된다.

Repeatable Read와 Serializable 격리 수준의 문장 수준 쓰기 일관성을 정리하면 표 3-2와 같다.

격리 수준	Lock 기반 동시성 제어	다중 버전 동시성 제어
Repeatable Read	집합 변화를 일으키지 않는 동시 Update에 대해서는 일관성을 유지하지만, 집합 변화를 일으키는 동시 Insert, Update, Delete에 대해서는 비일관성 허용	트랜잭션 시작 시점 기준 일관성 제공 (※ Predicate Lock 미사용)
Serializable	이미 읽은 범위에 대해 다른 트랜잭션의 동시 Insert, Update, Delete를 모두 차단하므로 변경 완료 시점 기준 일관성 제공 (※ Predicate Lock 사용)	트랜잭션 시작 시점 기준 일관성 제공 (※ Predicate Lock 미사용)

[표 3-2]

34 Oracle은 Set Transaction 문을 실행하는 시점, PostgreSQL은 첫 번째 SQL을 실행한 시점

35 Oracle은 "경우에 따라" 동시 Insert에 대해서도 Update 충돌 에러가 발생할 수 있다. Oracle의 내부 구현 이슈로 생기는 예외 상황이라고 이해하면 되고, 자세한 이유는 4.4.2항에서 설명한다.

Serializable 격리 수준에서의 Full Scan Update

3.10절에서 Read Committed 격리 수준의 Full Scan Update를 다루었다. Repeatable Read 또는 Serializable 격리 수준에서 Update를 Full Scan으로 처리하면 어떤 차이가 생길까?

MVCC 기반 DBMS에서는 Consistent 모드 읽기의 기준 시점이 트랜잭션 시작 시점으로 변경된다는 점을 제외하면, 특별한 차이가 없다. Lock 설정 없이 Consistent 모드 읽기로 대상 레코드를 식별한 후에, 해당 레코드에만 Lock을 설정하면 된다. 인덱스 사용 여부와도 상관이 없다.

Lock 기반 DBMS도 일반적으로 Read Committed와 Repeatable Read 격리 수준 간에는 차이가 없다. 다만, Serializable 격리 수준에서는 중요한 차이가 생긴다. Phantom Read 방지를 위해 조건절 범위로의 삽입을 차단하기 때문이다[36].
인덱스를 사용할 경우, 조건절 범위만큼만 Predicate Lock을 설정하면 된다. 문제는 인덱스를 사용하지 않을 때다. 예를 들어, 아래 Update 문을 Full Scan으로 처리한다고 가정해 보자.

```
UPDATE EMP
SET    SAL = SAL * 1.1
WHERE  DEPTNO = 20
```

DEPTNO = 20인 레코드가 특정 구간에 모여 있지 않고 테이블 전반에 흩어져 있는데, 조건절에 해당하는 일부 구간만 Insert를 차단하는 방법은 없다.
MySQL은 그래서 모든 레코드에 Lock을 설정하고, 각 레코드 사이에 Gap Lock을 설정한다. 정확히는 Next-Key Lock을 설정하며, 자세한 설명은 2장 10절을 참조하기 바란다.
SQL Server도 마찬가지다. Key-Range Lock을 설정할 수 없으므로 전방위적으로 Insert를 차단하기 위해 테이블 Lock을 설정한다.

이처럼 **Lock 기반 DBMS의 Serializable 수준에서 Update를 수행할 때는, 대다수 레코드를 갱**

36 여기서 말하는 삽입은 Insert뿐만 아니라, 조건을 만족하지 않던 데이터가 Update를 통해 조건을 만족하게 되는 경우도 포함한다

신하는 경우가 아니라면, 반드시 인덱스를 이용해서 처리해야 한다. Delete를 수행할 때도 마찬가지다.

특히, MySQL은 기본 격리 수준인 Repeatable Read에서도 반드시 인덱스를 이용해서 Update 해야 한다. 이 격리 수준에서 Update 할 때는 Serializable 격리 수준과 같은 방식으로 작동하기 때문이다. 인덱스를 이용할 수 없다면, 격리 수준을 Read Committed로 낮추는 방법을 고려할 수 있다. 앞서 설명한 것처럼 Read Committed 격리 수준에서는 Semi-Consistent Read 메커니즘이 작동해 동시성을 높여주는 효과를 얻을 수 있기 때문이다. 다만, 이로 인해 쓰기 일관성이 약해질 수 있다는 사실을 명심하기 바란다.

MySQL과 SQL Server에서 인덱스 설계 시 주의 사항

앞서 Update에 인덱스를 사용할 경우, 조건절 범위만큼만 Predicate Lock을 설정한다고 설명했지만, 사실 그렇지가 않다. 삽입을 차단해야 하는 Serializable 격리 수준에서는 조건절에 인덱스를 사용하더라도 예상보다 넓은 범위에 Lock이 설정될 수 있다.

다음 Update문을 예로 들어보자.

```
UPDATE EMP
SET    SAL = SAL * 1.1
WHERE  DEPTNO = 20
AND    JOB = 'ANALYST'
AND    SAL >= 2500
```

이 Update 조건절을 위해 인덱스를 어떻게 구성하느냐에 따라 인덱스 액세스 조건과 필터 조건이 달라지고, 이에 따라 Predicate Lock 범위도 달라진다.

① DEPTNO + JOB + SAL

- 세 조건이 모두 인덱스 액세스 조건[37]
- 세 조건을 모두 만족하는 범위, 그리고 그 전후 구간에만 Lock 설정

---

37 인덱스 스캔 범위를 결정하는 조건절을 말한다. 인덱스 컬럼 순서상, 첫 번째로 나타나는 범위 검색 조건(부등호, Between, Like 등)까지가 액세스 조건이다.

② DEPTNO + SAL + JOB

- DEPTNO와 SAL 조건은 인덱스 액세스 조건
- JOB은 인덱스 필터 조건[38]
- DEPTNO와 SAL 조건을 만족하는 범위와 그 전후 구간에 Lock 설정

③ DEPTNO + ENAME + SAL

- DEPTNO만 인덱스 액세스 조건
- SAL은 인덱스 필터 조건
- JOB은 테이블 필터 조건[39]
- DEPTNO 조건을 만족하는 전체 범위와 그 전후 구간에 Lock 설정

인덱스를 ①번처럼 구성하면, 불필요한 구간에 Lock을 설정하지 않는다.
인덱스를 ②번처럼 DEPTNO + SAL + JOB 순으로 구성한 상태에서 위 Update 문을 실행하면, 예를 들어 DEPTNO = 20, SAL = 3000, JOB = 'CLERK'인 레코드를 (위 Update의 JOB 조건절을 만족하지 않음에도 불구하고) 다른 트랜잭션이 Insert 할 수 없다.
만약 인덱스를 ③번처럼 DEPTNO + ENAME + SAL 순으로 구성하면, SAL이나 JOB 값과 관계없이 DEPTNO = 20인 레코드는 Insert 할 수 없다.
정리하면, 인덱스 필터 또는 테이블 필터 조건의 충족 여부와 관계 없이, 인덱스 액세스 조건을 만족하는 범위 전체에 대해 동시 Insert를 차단한다.

이처럼 MySQL과 SQL Server에서 인덱스를 잘못 설계하면, 소수의 레코드만 갱신하는데도 조건절과 무관한 다수 레코드에 Lock이 설정될 수 있다. SQL Server는 Serializable 격리 수준에서만 주의하면 되지만, **MySQL은 기본 격리 수준인 Repeatable Read에서도 이런 현상이 나타날 수 있어서 문제**다. 불필요하게 많은 레코드에 Lock이 설정되면 동시성이 심각하게 저하될 수 있으므로 인덱스 설계 시 각별히 주의가 필요하다.

---

38 인덱스 스캔 범위를 결정하지 못하지만, 테이블 액세스 여부를 결정하는 조건절을 말한다. 인덱스 컬럼 순서상, 첫 번째로 나타나는 범위 검색 조건 이후의 컬럼 조건은 모두 필터 조건이다.

39 인덱스에 포함되지 않은 컬럼에 대한 조건절을 말한다.

참고로, MySQL에서 Gap Lock에 의한 성능 문제를 해결하기 위해, 동시 사용자가 많은 대규모 시스템에서는 기본 격리 수준을 Read Committed로 설정하는 경우가 종종 있다. 또한 읽기 전용 DB와 거래 DB를 구분하여 격리 수준을 다르게 설정하기도 한다. 예를 들어, 읽기 위주의 상품 DB는 기본 격리 수준을 Repeatable Read를 유지하여 MVCC 모델의 장점을 최대한 활용하는 반면, 거래 및 주문 처리용 DB는 기본 격리 수준을 Read Committed로 설정하여 Lock 경합을 최소화한다. 경우에 따라서는 단일 인스턴스 내에서 트랜잭션 단위로 격리 수준을 조정하기도 한다.

다만, 이러한 실무 패턴들은 성능을 위해 Phantom Read 현상을 감수하는 결정사항임을 명확히 이해하고, 데이터 품질에 문제가 되지 않는 수준에서 활용하기 바란다.

비효율적으로 구성된 인덱스로 Update를 실행해야 한다면?

만약 인덱스가 ② 또는 ③처럼 구성된 상태에서 위 Update를 실행해야 한다면 어떻게 해야 할까?

Update 조건절 범위에 대한 동시 Insert를 반드시 차단해야 하는 경우에는 별다른 선택지가 없다. 그러나 동시 Insert를 허용할 수 있는 경우라면 두 가지 대안을 고려할 수 있다.

첫째, 트랜잭션 격리 수준을 Read Committed로 설정하고 Update를 실행하는 방법이다. 2장 10절에서 설명한 것처럼 Read Committed 격리 수준에서는 Gap Lock을 사용하지 않기 때문이다. 다만, 이 방법을 사용하면, Update 도중에 Insert된 데이터도 변경 대상에 포함될 수 있다는 사실을 반드시 유념해야 한다.

둘째, 아래와 같이 Select 커서를 열고, Loop 안에서 PK 컬럼(EMPNO) 조건으로 Update하는 방법이다. PK 인덱스로 Unique Scan 할 때는 Gap Lock을 설정하지 않는다는 사실을 상기하기 바란다. (아래 프로그램을 MySQL 구문으로 전환하려면 매우 복잡하고 길어진다. 따라서 여기서는 단순화된 Oracle PL/SQL 형태로 제시했으며, 의사(pseudo) 코드로 이해하면 된다.)

```
BEGIN
  FOR c IN (SELECT EMPNO, SAL
            FROM   EMP
            WHERE  DEPTNO = 20
            AND    JOB = 'ANALYST'
            AND    SAL >= 2500)
```

```
  LOOP
    UPDATE EMP
    SET    SAL = SAL * 1.1
    WHERE  EMPNO  = c.EMPNO → PK 컬럼 조건으로 Unique 액세스
    AND    DEPTNO = 20
    AND    JOB    = 'ANALYST'
    AND    SAL    = c.SAL;

    IF SQL%ROWCOUNT = 0 THEN
      DBMS_OUTPUT.PUT_LINE('다른 트랜잭션에 의해 데이터가 변경되었습니다.');
      RAISE PROGRAM_ERROR;
    END IF;
  END LOOP;

  COMMIT;

EXCEPTION
  WHEN OTHERS THEN
    ROLLBACK;
END;
```

MySQL은 Repeatable Read 격리 수준에서 Consistent Nonlocking Read 방식으로 조회한다. 따라서 위와 같이 처리하면 Select 도중에 Insert를 허용하더라도 결과 집합에 포함되지 않으므로 Update 대상에서도 제외된다. 조회 시작 이후에 변경된 데이터를 발견하면 에러 메시지와 함께 트랜잭션을 종료하도록 처리했다. 결과적으로 Oracle과 PostgreSQL의 Serializable 격리 수준에서 Update를 수행한 것과 동일한 결과를 얻는다.

Update문을 반복 실행하므로 대상 레코드가 많을 때 성능 저하가 발생할 수 있지만, 다른 트랜잭션의 Insert를 차단하는 문제는 확실히 해소할 수 있다. 참고로, 성능 문제는 배열 처리(Array Processing)로 해결할 수 있다. 구체적인 구현 방법은 개발 언어별로 다르므로 매뉴얼을 참고하기 바란다.

3.12 MVCC 모델에서 일관성 없게 갱신하는 사례

PostgreSQL에서 문장 수준 쓰기 일관성이 보장되지 않는 사례를 앞서 소개했다. 그런데 MVCC 모델의 특성을 정확히 이해하지 못한 채 프로그램을 작성하면 Oracle에서조차 의도치 않게 일관성 없는 상태로 값이 갱신되는 오류가 발생할 수 있다.

Oracle 시스템에서 필자가 실제로 경험한 갱신 오류 사례를 소개한다.

```
UPDATE 당월미입금 A
SET    누적미입금액 =
       A.미입금액 + (SELECT 미입금액 FROM 전월미입금 WHERE 고객번호 = A.고객번호);

UPDATE 당월미입금 A
SET    누적미입금액 =
      (SELECT A.미입금액 + 미입금액 FROM 전월미입금 WHERE 고객번호 = A.고객번호) ;
```

스칼라 서브쿼리는 특별한 이유가 없는 한 항상 Consistent 모드로 데이터를 읽는다. 따라서 위 첫 번째 Update 문에서 당월미입금 테이블의 미입금액(A.미입금액)은 Current 모드로 읽히는 반면, 전월미입금 테이블의 미입금액은 Consistent 모드로 읽힌다. Update 문 실행 도중 전월미입금에 변경이 발생하더라도, 스칼라 서브쿼리는 Update 시작 시점의 값을 찾아 읽으며, 전월미입금 레코드가 삭제되었더라도 삭제 이전 값을 찾아서 읽는다.

반면, 두 번째 Update 문장처럼 Current 모드로 읽어야 할 당월미입금의 미입금액 값을 스칼라 서브쿼리 내에서 참조하면, 그 값이 다른 트랜잭션에 의해 변경되었을 때 재시작 메커니즘이 작동한다[40]. 따라서 Update 문 실행 도중 전월미입금에 변경이 발생하면 변경된 값이 읽히며, 전월미입금 레코드가 삭제된 경우에는 조인이 실패하여 NULL 값으로 Update 된다.

이처럼 Update 문 실행 중에도 두 테이블에서 미입금액을 변경하는 트랜잭션이 동시에 진행될 수 있는 환경이라면, 반드시 업무 특성에 맞게 SQL을 신중하게 작성해야 한다. 코딩 스타일의 차이로 인해 실제로 미묘한 결과 차이가 발생할 수 있다는 점을 테스트를 통해 확인해 보자[41].

---

40 조건절 값이 변경되지 않았음에도 재시작 메커니즘이 작동하는 예외 사례다.

41 온라인 스크립트 script16_oracle_txN.sql 참조

```
TX1> CREATE TABLE 전월미입금
  2  AS
  3  SELECT EMPNO 고객번호, ENAME 계좌명, 1000 미입금액 FROM EMP;

TX1> CREATE TABLE 당월미입금
  2  AS
  3  SELECT EMPNO 고객번호, ENAME 계좌명, 1000 미입금액, 2000 누적미입금액 FROM EMP;

TX1> ALTER TABLE 전월미입금 ADD CONSTRAINT 전월미입금_PK PRIMARY KEY(고객번호);

TX1> ALTER TABLE 당월미입금 ADD CONSTRAINT 당월미입금_PK PRIMARY KEY(고객번호);

TX1> SELECT A.미입금액 AS 당월미입금액, B.미입금액 AS 전월미입금액
  2       , A.누적미입금액 AS 저장_누적미입금액
  3       , A.미입금액 + B.미입금액 AS 실시간_누적미입금액
  4  FROM   당월미입금 A, 전월미입금 B
  5  WHERE  A.고객번호 = 7788
  6  AND    B.고객번호 = A.고객번호 ;

당월미입금액 전월미입금액 저장_누적미입금액 실시간_누적미입금액
------------ ------------ ----------------- -------------------
        1000         1000              2000                2000
```

테스트용 데이터를 생성하고, 당월미입금 테이블에 미리 계산하여 저장한 누적미입금액과 실시간 쿼리로 얻은 누적미입금액이 일치함을 확인하였다.

이제 TX1 트랜잭션에서 아래 두 Update를 실행하였다. 7788번 고객의 전월 미입금액 1,000원을 모두 입금하고, 당월 미입금액은 1,000원 중 500원만 입금하는 트랜잭션이다.

```
TX1> UPDATE 전월미입금 SET 미입금액 = 미입금액 - 1000 WHERE 고객번호 = 7788;

1 행이 갱신되었습니다.

TX1> UPDATE 당월미입금 SET 미입금액 = 미입금액 - 500 WHERE 고객번호 = 7788;

1 행이 갱신되었습니다.
```

그런데 TX1이 두 테이블의 미입금액을 변경하는 도중, TX2 트랜잭션이 아래 Update 문을 실행했다. 전체 미입금 고객을 대상으로 전월 미입금액과 당월 미입금액을 합산하여 당월미입금

테이블의 누적미입금액 컬럼을 갱신하는 Update 문이다. 일시적으로 Lock이 걸려 TX2는 대기하지만, TX1이 곧 커밋되면서 Lock은 해제된다.

```
TX2> UPDATE 당월미입금 A
       SET 누적미입금액 = A.미입금액
               + (SELECT 미입금액 FROM 전월미입금 WHERE 고객번호 = A.고객번호);
```

```
TX1> COMMIT;

커밋이 완료되었습니다.
```

```
TX2> COMMIT;

커밋이 완료되었습니다.
```

```
TX1> SELECT A.미입금액 AS 당월미입금액, B.미입금액 AS 전월미입금액
          , A.누적미입금액 AS 저장_누적미입금액
          , A.미입금액 + B.미입금액 AS 실시간_누적미입금액
     FROM   당월미입금 A, 전월미입금 B
     WHERE  A.고객번호 = 7788
     AND    B.고객번호 = A.고객번호 ;

당월미입금액 전월미입금액 저장_누적미입금액 실시간_누적미입금액
------------ ------------ ----------------- -------------------
         500            0              1500                 500

1 개의 행이 선택되었습니다.
```

어떤 일이 발생했는지 살펴보자. TX1 트랜잭션이 시작되기 전, 7788번 계좌의 누적미입금액은 2,000원이었으며, 트랜잭션이 끝난 시점에는 500원이 되어야 정상이다. 그러나 Update를 통해 누적미입금액 컬럼에 저장된 값은 엉뚱하게도 1,500원이 되었다. 왜 이런 일이 발생했을까?

그 이유는 당월 미입금액은 Current 모드로 변경 이후 값을 읽은 반면, 전월 미입금액은 Consistent 모드로 변경 이전 값을 읽었기 때문이다.

이제 전월미입금과 당월미입금 테이블을 다시 초기화한 후, 동일한 테스트를 진행해 보자. 단, 이번에는 TX2 트랜잭션의 Update문을 아래와 같이 수정하여 실행하였다.

```
TX2> UPDATE 당월미입금 A
       SET 누적미입금액 =
     (SELECT A.미입금액 + 미입금액 FROM 전월미입금 WHERE 고객번호 = A.고객번호);
```

Update 결과를 확인해 보자.

```
TX1> SELECT A.미입금액 AS 당월미입금액, B.미입금액 AS 전월미입금액
          , A.누적미입금액 AS 저장_누적미입금액
          , A.미입금액 + B.미입금액 AS 실시간_누적미입금액
     FROM   당월미입금 A, 전월미입금 B
     WHERE  A.고객번호 = 7788
     AND    B.고객번호 = A.고객번호 ;

당월미입금액 전월미입금액 저장_누적미입금액 실시간_누적미입금액
------------ ------------ ----------------- -------------------
         500            0               500                 500

1 개의 행이 선택되었습니다.
```

당월 미입금액이 중간에 변경된 사실을 확인하는 순간 재시작 메커니즘이 작동하였고, 이를 통해 값이 일관성 있게 갱신되었다.

Merge문

TX2가 Update 대신 Merge 문을 실행하는 경우도 살펴보자.

```
TX2> MERGE INTO 당월미입금 A
     USING 전월미입금 B
     ON    (A.고객번호 = B.고객번호)
     WHEN MATCHED THEN UPDATE SET 누적미입금액 = A.미입금액 + B.미입금액;
```

아래는 위 Merge 문을 수행한 후 7788번 고객의 미입금액을 조회한 결과다.

```
TX1> SELECT A.미입금액 AS 당월미입금액, B.미입금액 AS 전월미입금액
  2       , A.누적미입금액 AS 저장_누적미입금액
  3       , A.미입금액 + B.미입금액 AS 실시간_누적미입금액
  4  FROM   당월미입금 A, 전월미입금 B
  5  WHERE  A.고객번호 = 7788
  6  AND    B.고객번호 = A.고객번호 ;

당월미입금액 전월미입금액 저장_누적미입금액 실시간_누적미입금액
------------ ------------ ----------------- -------------------
         500            0              2000                 500

1 개의 행이 선택되었습니다.
```

누적미입금액을 구할 때 양쪽 모두 Consistent 모드로 읽었음을 알 수 있다. 우리가 기대했던 결과와는 다르지만, 양쪽 모두 변경 전 값을 읽어서 얻은 결과이므로 일관성은 유지되었다. Oracle Merge문은 기본적으로 양쪽 테이블 모두 Consistent 모드로 조회하지만, Set 절의 변경 대상('=' 좌측) 컬럼 또는 Where 조건절 컬럼이 다른 트랜잭션에 의해 변경되면 재시작 메커니즘이 작동한다[42]. 재시작 메커니즘이 작동하도록 Merge 문에 아래와 같이 Where 조건절을 추가해 보자. 참고로, 미입금액 조건을 On절에 기술하면 재시작 메커니즘이 작동하지 않는다.

```
TX2> MERGE INTO 당월미입금 A
  2  USING 전월미입금 B
  3  ON   (A.고객번호 = B.고객번호)
  4  WHEN MATCHED THEN
  5  UPDATE SET A.누적미입금액 = A.미입금액 + B.미입금액
  6  WHERE A.미입금액 >= 0;
```

42 Merge 문의 Update Set 절을 처리할 때, 변경 대상 테이블의 컬럼은 Current 모드로, 참조 테이블의 컬럼은 Consistent 모드로 읽으면 비일관성이 발생한다. 이 때문에 Oracle은 두 테이블 모두 Consistent 모드로 읽는다. 그러나 다른 트랜잭션에 의해 값이 이미 변경된 상태에서도 Consistent 모드로 읽은 값을 그대로 갱신하면 갱신 손실(Lost Update)이 발생한다. 이를 방지하기 위해 Oracle은 변경 대상('=' 좌측) 컬럼이 다른 트랜잭션에 의해 변경된 사실을 감지하면 재시작 메커니즘을 작동시킨다. 이 과정을 통해 참조 테이블의 최신 변경사항까지 반영한 일관된 결과를 얻는다.

아래와 같이 Set 절에 당월 미입금액을 추가하는 방법도 있다.

```
TX2> MERGE INTO 당월미입금 A
     USING 전월미입금 B
     ON    (A.고객번호 = B.고객번호)
     WHEN MATCHED THEN
     UPDATE SET A.누적미입금액 = A.미입금액 + B.미입금액
              , A.미입금액 = A.미입금액;
```

그러면 아래와 같이 변경 후의 일관성 있는 결과를 얻을 수 있다.

```
TX1> SELECT A.미입금액 AS 당월미입금액, B.미입금액 AS 전월미입금액
          , A.누적미입금액 AS 저장_누적미입금액
          , A.미입금액 + B.미입금액 AS 실시간_누적미입금액
     FROM   당월미입금 A, 전월미입금 B
     WHERE  A.고객번호 = 7788
     AND    B.고객번호 = A.고객번호 ;

당월미입금액 전월미입금액 저장_누적미입금액 실시간_누적미입금액
------------ ------------ ----------------- -------------------
         500            0               500                 500

1 개의 행이 선택되었습니다.
```

Oracle에서도 문장 수준에서 일관성 없는 갱신이 발생할 가능성은 존재한다. 하지만 Oracle의 특성을 정확히 이해하고, 이를 고려하여 SQL을 주의 깊게 작성한다면 충분히 방지할 수 있는 문제다.

PostgreSQL

안타깝게도 재시작 메커니즘이 없는 PostgreSQL은 본 절의 테스트 사례에서 어떤 경우에도 일관성 있는 Update가 불가능하다. Update 문을 사용하든 Merge문을 사용하든, 갱신 대상인 당월 미입금액은 Current 모드로, 참조 데이터인 전월 미입금액은 Consistent 모드로 읽기 때문에 아래와 같은 결과를 얻게 된다.

```
TX1> SELECT A.미입금액 AS 당월미입금액, B.미입금액 AS 전월미입금액
  2         , A.누적미입금액 AS 저장_누적미입금액
  3         , A.미입금액 + B.미입금액 AS 실시간_누적미입금액
  4  FROM   당월미입금 A, 전월미입금 B
  5  WHERE  A.고객번호 = 7788
  6  AND    B.고객번호 = A.고객번호 ;

당월미입금액 전월미입금액 저장_누적미입금액 실시간_누적미입금액
------------ ------------ ---------------- ------------------
         500            0             1500                500

1 개의 행이 선택되었습니다.
```

두 가지 읽기 모드가 공존하는 상황에서 일관성 문제가 발생하는 것은 당연한 결과이므로 동시 트랜잭션이 진행되는 동안 다른 테이블을 참조하여 값을 갱신할 때 주의가 필요하다. Oracle도 마찬가지지만, PostgreSQL은 특히 더 세심한 주의가 요구된다. 앞서 살펴본 사례처럼, 동시 트랜잭션 환경에서 반정규화 컬럼을 현행화해야 하는 경우에는 반드시 일관성 확보 방안을 함께 고려해야 한다. 예를 들어, TX2 트랜잭션의 Update 수행 전에 전월미입금 테이블에 대해 Select For Update 문을 먼저 수행하면 일관성을 유지할 수 있다.

이 장에서 다룬 내용은, DBMS마다 상이한 Lock 메커니즘, Consistency 모드와 Current 모드 읽기에 대한 이해가 부족한 독자에게는 다소 생소하고 어렵게 느껴질 수 있다. 그러나 향후 고급 데이터베이스 프로그래머로 성장하기 위해서는, Lock과 이를 지원하는 내부 메커니즘, 그리고 트랜잭션이 동시에 수행되는 상황에서 발생할 수 있는 미묘한 차이들을 정확히 이해하는 것이 필수적이다.
따라서 앞으로 이러한 개념들에 대해 지속적으로 고민하고 학습해 나가려는 노력이 반드시 뒤따라야 할 것이다.

3.13 요약

Lock 기반 동시성 제어 vs. 다중 버전 동시성 제어

구분	Lock 기반 동시성 제어	다중 버전 동시성 제어
SELECT	• Current 모드	• Consistent 모드
UPDATE DELETE	• Current 모드	• Consistent 모드로 대상 식별 • Current 모드로 확인 후 갱신

[표 3-3]

Read Committed 격리 수준의 문장 수준 쓰기 일관성

1. Lock 기반 동시성 제어
   - Lock을 설정한 상태에서 Current 모드로 읽고 Current 모드로 갱신
   - 이미 변경한 데이터는 변경 차단
   - 아직 변경하지 않은 데이터는 변경 허용 : 다른 트랜잭션이 중간에 변경한 현재(최종) 값을 읽어서 덮어 씀
   - 레코드 삽입은 전체 범위에 허용
   - 문장 수준 쓰기 일관성 : 집합 변화를 일으키지 않는 동시 Update에 대해서는 Update 완료 시점 기준 일관성을 제공하지만, **집합 변화를 일으키는 동시 Insert, Update, Delete에 대해서는 비일관성 허용**

2. 다중 버전 동시성 제어
   - Lock 설정 없이 Consistent 모드로 갱신 대상을 식별하고, Lock 설정 후 Current 모드로 변경여부 확인 후 갱신
   - 변경 도중 다른 트랜잭션에 의해 변경된 데이터를 발견하면
     - 조건절 이외의 값이 변경된 경우, 현재(최종) 값을 읽어서 덮어 씀
     - 조건절 값이 변경된 경우, PostgreSQL은 현재(최종) 값을 읽어서 변경하지만, Oracle은 Update를 처음부터 다시 시작
   - 전체 범위에 레코드 삽입을 허용하지만, 변경 대상에서 제외

- 문장 수준 쓰기 일관성
  - 다른 트랜잭션의 동시 Insert에 대한 쓰기 일관성 제공
  - Oracle은 다른 트랜잭션의 동시 Update에 대해 Update 시작 시점 기준 쓰기 일관성 제공(재시작 메커니즘이 작동하면 쓰기 일관성 기준 시점이 변경되는 효과)
  - **PostgreSQL은 다른 트랜잭션의 동시 Update에 대해 문장 수준 쓰기 일관성을 보장하지 않음**

격리 수준별 문장 수준 쓰기 일관성

트랜잭션 격리 수준을 Repeatable Read 또는 Serializable로 상향 조정하면 쓰기 일관성이 강화된다. 문장 수준에서 Oracle은 기준 시점이 변경되는 것 외에 큰 변화가 없지만, SQL Server와 PostgreSQL은 눈에 띄는 변화를 보인다.

- SQL Sever는 Read Committed와 Repeatable Read에서 집합 변화에 의한 비일관성을 허용하지만, Serializable로 상향 조정하면 변경 완료 시점 기준의 일관성을 제공한다.
- PostgreSQL은 MVCC 기반의 DBMS임에도 불구하고, 기본 격리 수준인 Read Committed에서 문장 수준 쓰기 일관성을 보장하지 않는다. 하지만, 같은 상황에서 Repeatable Read 또는 Serializable 격리 수준을 사용하면, Update 충돌(직렬화 실패) 에러를 발생시킴으로써 문장 수준 쓰기 일관성을 지켜준다.

문장 수준 쓰기 일관성을 격리 수준별로 비교 요약하면, 표 3-4와 같다. (※ 격리 수준별 '문장 수준 읽기 일관성'을 요약한 표 2-8과 대비해서 보기 바란다.)

<table>
<tr><th>격리 수준</th><th>Lock 기반 동시성 제어</th><th>다중 버전 동시성 제어</th></tr>
<tr><td>Read Committed</td><td>집합 변화에 의한 비일관성 허용</td><td>• Oracle은 Update 시작 시점의 일관성
(일관성 확보하기 어려울 때 재시작)
• PostgreSQL은 동시 Update에 따른 집합 변화에 의한 비일관성 허용</td></tr>
<tr><td>Repeatable Read</td><td>집합 변화에 의한 비일관성 허용</td><td rowspan="2">트랜잭션 시작 시점의 일관성
(동시 Update 시 에러 발생)</td></tr>
<tr><td>Serializable</td><td>Update 완료 시점의 일관성</td></tr>
</table>

[표 3-4]

Lock 설정 범위

MVCC 기반 DBMS는 Update 시 인덱스 사용 여부에 따라 Lock 설정 범위가 달라지지 않는다. 반면, Lock 기반 DBMS는 대상 여부를 확인하기 위해 레코드에 처음 접근하는 시점부터 Lock을 설정해야 하므로 인덱스 사용 여부에 따라 Lock 설정 범위가 달라진다.

따라서 Lock 기반 DBMS에서 Update를 수행할 때는, 대다수 레코드를 갱신하는 경우가 아니라면, 반드시 인덱스를 이용해서 처리해야 한다. 특히, MySQL의 Read Committed 격리 수준에서 Update를 Full Scan으로 처리하면 일관성이 약화되므로 주의해야 한다.

또한, Lock 기반 DBMS에서는 인덱스를 사용하더라도 예상보다 넓은 범위에 Lock이 설정될 수 있다. 특히, MySQL은 기본 격리 수준인 Repeatable Read에서도 이런 현상이 나타날 수 있으므로 인덱스 설계 시 각별한 주의가 필요하다.

실직자 민생쿠폰 지급 방안(2)

모두에 언급했던 실직자 민생쿠폰 지급 방안에 대한 논의를 마무리해 보자. 정책 취지(실직자 구제)에 부합하면서도 형평성(일관성)에 어긋나지 않게 쿠폰을 지급하는 가장 효과적인 방안은 무엇일까?

1. Consistent 모드로 지급

현재 기준으로 출력한 실직자 명단에 속한 대상자를 직접 찾아가 쿠폰을 지급하는 방식이다. 지급 시작 시점을 기준으로 일관된 대상을 정하므로 형평성(일관성) 측면에서는 유리하다.

그러나 지급 기간 중 새롭게 실직한 국민에게는 쿠폰을 지급하지 않으면서, 지급 시작 시점에는 실직자였지만 중간에 취업에 성공한 대상자에게는 여전히 쿠폰을 지급하는 문제가 있다. 이는 정책의 실질적 취지에 어긋나는 정책 실패(DB 용어로는 Lost Update)라 할 수 있다.

2. Current 모드로 지급

별도의 대상 목록 없이 전국을 순회하면서 현재 상태를 실시간으로 판단하여 지급한다. 즉, 이미 취업에 성공한 사람에게는 쿠폰을 지급하지 않고, 새롭게 실직한 사람에게는 즉시 지급한다.

하지만 이미 지급이 완료된 지역에서 새롭게 실직한 국민에게는 쿠폰을 지급할 수 없다는 문제가 있다. 결과적으로 시점에 따라 지급 여부가 달라지므로 형평성(일관성)에 위배된다.

3. Consistent 모드로 대상을 출력하고, Current 모드로 지급

대상자 목록을 특정 시점 기준으로 추출하되, 지급 과정에서는 현재 상태를 반영한다. 즉, 지급 기간 중 취업에 성공한 대상자에게는 쿠폰을 지급하지 않는다.

그러나 이미 지급이 완료된 지역에서 취업에 성공한 대상자는 쿠폰을 받은 상태로 남게 되므로, 전체적으로는 여전히 형평성(일관성)에 어긋난다.

4. Consistent 모드로 대상을 출력하고, Current 모드로 지급하되, 필요 시 재시작

3번 방식의 형평성(일관성) 문제를 해결하려면 쿠폰 지급을 처음부터 다시 시작하는 재시작 메커니즘이 필요하다. 즉, 이미 지급한 쿠폰을 회수하고 대상자를 다시 추출하여 새로운 목록으로 지급을 진행한다. 다시 시작할 때는 지급 기간 동안 대상자의 구직 활동을 일시적으로 제한하여 상태 변화를 방지한다.

5. 직렬화

4번 방식도 완전하지 않다. 대상 목록에 포함되지 않았던 국민이 새롭게 실직하는 경우, 이를 어떻게 구제할 것인지에 대한 과제가 남는다.

이미 지급한 쿠폰을 회수하는 행정적 부담을 피하면서, 대상 목록에 없던 국민이 새로 실직 상태에 빠지는 문제까지 해결하려면, 대상자 추출 시점부터 쿠폰 지급 완료 시까지 구직, 이직, 해고 등 상태 변화를 전면 제한해야 한다. 즉, 모든 변동 요인을 봉쇄한 상태에서 지급을 시작하는 것이다. 이것이 바로 직렬화(Serialization)이며, 완전한 일관성을 보장하는 유일한 방식이다. 직렬화는 4장 5절에서 자세히 다룬다.

4장

트랜잭션 수준 일관성

지금까지 개별 SQL 문장 단위에서 발생할 수 있는 읽기 일관성과 쓰기 일관성 문제를 2장과 3장에서 각각 살펴보았다. 이번 장에서는 한 트랜잭션에서 두 개 이상의 SQL 문을 실행하는 과정에 나타날 수 있는 비일관성 문제를 다룬다.
트랜잭션 수준에서 발생하는 대표적인 비일관성으로는 Non-Repeatable Read, Phantom Read가 있다. 이러한 문제를 어떻게 해결할 수 있는지, 다음 두 가지 상황을 기준으로 DBMS별 대응 방안을 비교해 보자.

- 조회만 하는 경우
- 조회한 값을 변경하는 경우

이번 장에서는 여러 SQL 문을 실행하는 트랜잭션 수준의 일관성 문제를 다루므로 지금까지 살펴본 내용보다 훨씬 더 복잡하고 다양한 시나리오를 접하게 될 것이다. 중간중간 요약 정보를 제공하겠지만, Lock이라는 주제 자체가 워낙 까다롭기 때문에 이마저도 헷갈릴 수 있다. 따라서 독자가 길을 잃고 헤매지 않도록 미리 나침반 역할을 할 방향성을 제시하고자 한다. 이 장에서 강조하고자 하는 핵심 시사점은 다음과 같다.

- MySQL은 **기본 격리 수준인 Repeatable Read에서도 Non-Repeatable Read 현상이 발생할 수 있다.**
- Oracle은 문장 수준에서는 가장 완벽한 일관성을 제공하지만, 트랜잭션 수준에서 **직렬화 위반으로 인한 쓰기 왜곡(Write Skew) 현상에 취약하다.**

2장과 3장에서 설명한 핵심 시사점은 다음과 같다.

- SQL Server는 **기본 격리 수준인 Read Committed에서 문장 수준 일관성을 보장하지 않는다**(2~3장).
- PostgreSQL은 **기본 격리 수준인 Read Committed에서 문장 수준 쓰기 일관성을 보장하지 않는다**(3장).

종합하면, 어떤 DBMS도 완벽하지 않다는 결론이다. 따라서 DB 개발자는 트랜잭션 격리 수준과 각 DBMS의 특성에 대한 깊은 이해를 바탕으로 프로그램을 설계하고 구현해야 한다.

4.1 트랜잭션 이상 현상

데이터베이스에서 여러 트랜잭션이 동시에 실행될 때 발생할 수 있는 대표적인 이상 현상으로는 Dirty Read, Non-Repeatable Read, Phantom Read가 있다. 이 중 Dirty Read는 2장에서 자세히 다루었으므로 여기서는 생략한다. Non-Repeatable Read와 Phantom Read 현상도 2장에서 설명하였으나, 핵심 주제가 아니었기에 간략히만 다루었다. 이번 장에서는 이 두 현상이 핵심 주제이므로 추가 사례를 통해 좀 더 깊이 있게 살펴보고자 한다.

4.1.1 Non-Repeatable Read

Non-Repeatable Read란 한 트랜잭션 내에서 같은 행을 두 번 읽을 때, 중간에 다른 트랜잭션이 해당 행을 변경함으로 인해 값이 달라지는 현상을 말한다.

사례 1

< TX1 >		< TX2 >
SELECT 등급, 당월주문금액 INTO[1] :GRD, :AMT FROM 고객 WHERE 고객번호 = 123;	t1	
	t2	UPDATE 고객 SET 당월주문금액 = 60000 , **등급 = 'A'** WHERE 고객번호 = 123;
	t3	COMMIT;

1 조회 결과를 변수에 대입(할당)하기 위해 Oracle PL/SQL에서 사용하는 키워드

IF :AMT >= 50000 THEN
  UPDATE 고객
  SET   등급 = 'A'
  WHERE 고객번호 = 123;
ELSE
  UPDATE 고객
  SET   등급 = 'B'
  WHERE 고객번호 = 123
END IF;
	t4	

COMMIT;	t5	

t1 시점에 123번 고객의 당월주문금액은 40,000원이었다고 가정하자. 바로 직후, TX2 트랜잭션이 해당 고객의 당월주문금액을 60,000원으로 변경했고, 등급을 'A'로 변경했다. 이 사실을 모른 채, TX1 트랜잭션은 t1 시점에 읽은 값(:AMT = 40000)을 기준으로 등급을 'B'로 변경하였다. TX2의 갱신이 사라지는 갱신 손실(Lost Update)이 발생하였고, 업무 규칙에 맞지 않게 당월주문금액이 50,000원 이상인 고객이 'B' 등급을 갖는 상태가 되어 버렸다.

사례 2

Non-Repeatable Read 두 번째 사례다.

< TX1 >		< TX2 >
SELECT 잔고 FROM 계좌 WHERE 계좌번호 = 'A001';	t1	
	t2	UPDATE 계좌 SET 잔고 = 잔고 - 50000 WHERE 계좌번호 = 'A001';
	t3	COMMIT;
UPDATE 계좌 SET 잔고 = 잔고 - 10000 WHERE 계좌번호 = 'A001' AND 잔고 >= 10000;	t4	

IF SQL%ROWCOUNT = 0 THEN
  DBMS_OUTPUT.PUT_LINE('잔고가 부족합니다');
END IF;
	t5	

COMMIT;	t6	

t1 시점에 'A001' 계좌의 잔고가 55,000원이었다고 가정하자. TX1 트랜잭션이 첫 번째 쿼리를 통해 자신의 계좌에 잔고가 충분함을 확인하고, t4 시점에 10,000원을 인출하려고 시도했으나 잔고가 부족하다는 메시지를 받게 된다. 중간에 TX2 트랜잭션이 잔고를 5,000원으로 변경했기 때문이다.

TX1 트랜잭션이 t1 시점에 읽은 값으로 t4 시점에 값을 갱신하는 데 사용하지는 않았으므로 갱신 손실은 발생하지 않았지만, 예금 인출을 시도한 고객 입장에서는 잔고가 충분한 것으로 보였는데도 인출이 거부되어 당황할 수 있다.

4.1.2 Phantom Read

Phantom Read란 한 트랜잭션 내에서 동일한 쿼리를 두 번 수행할 때, 중간에 다른 트랜잭션이 데이터를 추가, 변경, 삭제함으로 인해 결과 집합의 행 수가 달라지는 현상을 말한다. 즉, 집합의 변화로 인한 이상 현상이다.

사례 1

< TX1 >		< TX2 >
INSERT INTO 로그백업 SELECT * FROM 로그;	t1	
	t2	INSERT INTO 로그(일시, ID, …) VALUES (SYSDATE, 'A0001', …);
	t3	COMMIT;
DELETE FROM 로그;	t4	
COMMIT;	t5	

TX1은 로그 테이블을 로그백업 테이블로 백업하고, 전체 로그 데이터를 지우는 트랜잭션이다. TX1의 Insert와 Delete를 하나의 트랜잭션으로 일관성 있게 처리하려면, t1 시점에 존재했던 로그 데이터만 백업하고 지워야 한다. 하지만 Read Committed 또는 Repeatable Read 격리 수준에서는 TX2 트랜잭션이 t2~t3 시점에 추가한 로그 데이터까지 TX1 트랜잭션에 의해 지워진다.

Phantom Read를 "한 트랜잭션 내에서 동일한 쿼리를 두 번 수행했는데 결과 집합의 행 수가 달라지는 현상"이라고 정의했는데, 지금 살펴본 사례에서 TX1 트랜잭션이 t1 시점과 t4 시점에 수행한 쿼리가 동일하지는 않다. 하지만, 트랜잭션 내에서 비일관성이 생긴 근본 원인은 같다. 즉, 다른 트랜잭션이 발생시킨 집합 변화에 기인한다는 사실에 주목하며 이하 사례들을 이해하기 바란다.

사례 2

< TX1 >		< TX2 >
SELECT COUNT(*) AS 총건수 FROM 상품 WHERE 분류코드 = 'ABC';	t1	
	t2	INSERT INTO 상품(상품코드, 분류코드, …) VALUES ('S0087', 'ABC', …);
	t3	COMMIT;

SELECT ROWNUM AS NO, A.*
FROM (
  SELECT 상품코드, 상품명, 판매가
  FROM 상품
  WHERE 분류코드 = 'ABC'
  ORDER BY 상품명
) A;
	t4	

TX1 트랜잭션이 총 건수를 조회하고, 이어서 상품 목록을 출력하기 위한 쿼리를 수행하였는데, 도중에 TX2가 새로운 상품을 등록하였다. 그러면 출력된 목록의 맨 마지막 레코드 번호(NO)와 총 건수가 서로 불일치하는 현상이 발생한다.

사례 3

Phantom Read에 의해 데이터가 불일치 상태에 놓이게 되는 세 번째 사례다.

< TX1 >		< TX2 >
INSERT INTO 주문@DW SELECT * FROM 주문 WHERE UPD_TM >= TRUNC(SYSDATE);	2025/12/25 12:00:00	

	2025/12/25 12:00:01	INSERT INTO 주문(…) VALUES (…) ;
	2025/12/25 12:00:02	INSERT INTO 주문상세(…) VALUES (…) ;
	2025/12/25 12:00:03	COMMIT ;
INSERT INTO 주문상세@DW SELECT * FROM 주문상세 WHERE UPD_TM >= TRUNC(SYSDATE);	2025/12/25 12:00:04	
COMMIT ;	2025/12/25 12:00:05	

TX1은 운영계 DB에서 2025년 12월 25일 주문과 주문상세를 읽어서 DW에 적재하는 트랜잭션이다. 12월 25일 정오에 주문 데이터를 읽고 아직 주문상세를 읽지 않았는데, TX2에서 새로운 주문 및 주문상세를 입력한다고 가정하자. 그러면 TX1에 의해 DW로 옮겨진 데이터에는 '주문 없는 주문상세'가 존재하게 된다.

TX1의 두 SQL은 서로 다른 테이블을 읽지만, TX1 트랜잭션의 시작 시점에 없던 데이터가 중간에 추가되면서 생기는 비일관성이므로 같은 테이블을 두 번 읽을 때 발생하는 Phantom Read와 본질적으로 같다.

사례 4

일반적으로 Phantom Read는 현상은 Insert에 의해 발생하지만, Update에 의해서도 발생할 수 있다. 예를 들어, EMPNO = 7782 사원의 SAL 값이 2450인 상황에서 아래 두 트랜잭션이 동시에 진행하면, **조건 범위 밖에 있던 데이터가 안으로 이동**하여 TX1에서 수행한 두 쿼리의 결과가 달라진다[2].

---

2 SQL Server에서는 TX1을 Repeatable Read 격리 수준에서 실행해도 이런 결과가 나타난다. 이는 TX1이 EMPNO = 7782 사원 레코드에 Shared Lock을 설정하지 않고, SAL >= 3000 조건 범위에 대한 삽입도 방지하지 않기 때문이다.

< TX1 >		< TX2 >
SELECT * FROM EMP WHERE SAL >= 3000; -- 3건 조회	t1	
	t2	UPDATE EMP SET SAL = 4000 WHERE EMPNO = 7782;
	t3	COMMIT;
SELECT * FROM EMP WHERE SAL >= 3000; -- 4건 조회	t4	

이처럼 집합 변화에 의한 이상 현상을 'Phantom Read'라고 한다. Insert와 Update 뿐만 아니라 다른 트랜잭션의 Delete에 의한 집합 변화도 Phantom Read 현상으로 분류된다.

4.2 트랜잭션 격리 수준

2~3장에서 이미 트랜잭션 격리 수준을 다룬 바 있지만, 격리 수준에 따라 문장 수준 일관성이 어떻게 달라지는지 설명하는 데 중점을 두었다.

본 장에서는 트랜잭션 수준에서 발생할 수 있는 비일관성 문제에 초점을 맞춘다. 구체적으로 Non-Repeatable Read, Phantom Read, Write Skew 현상을 해결하기 위한 방안으로서 트랜잭션 격리 수준을 살펴본다. 3~5절에서 자세한 내용을 다루기에 앞서, 본 절에서 트랜잭션 격리 수준의 개념을 간략히 정리하고자 한다.

트랜잭션 수준 일관성(Transaction-Level Consistency)은 하나의 트랜잭션이 진행되는 동안 다른 트랜잭션이 데이터를 추가, 변경, 삭제하더라도 일관된 상태를 유지하는 것을 말한다.

ANSI SQL 표준은 트랜잭션 격리 수준을 Read Uncommitted, Read Committed, Repeatable Read, Serializable로 정의하였는데, 각 수준에서 나타날 수 있는 이상(anomaly) 현상은 표 4-1과 같다.

격리 수준	나타날 수 있는 이상 현상		
	Dirty Read	Non-Repeatable Read	Phantom Read
Read Uncommitted	O	O	O
Read Committed	X	O	O
Repeatable Read	X	X	O
Serializable	X	X	X

[표 4-1]

Read Uncommitted 격리 수준

트랜잭션에서 변경 후 아직 커밋되지 않은 데이터를 다른 트랜잭션이 읽도록 허용하는 격리 수준이다. Dirty Read, Non-Repeatable Read, Phantom Read 세 가지 이상 현상이 모두 나타날 수 있다.

SQL Server와 MySQL에서 격리 수준을 Read Uncommitted로 설정하면, Shared Lock 없이 데이터를 읽어 실제로 Dirty Read가 발생한다. PostgreSQL은 문법적으로 이 격리 수준을 지원하지만, MVCC 모델 특성상 실제로는 Dirty Read 현상은 발생하지 않는다. Oracle은 이 격리 수준을 지원하지 않으며, 커밋되지 않은 데이터를 읽는 옵션 자체를 제공하지 않는다.

SQL Server와 MySQL도 기본 트랜잭션 격리 수준을 Read Committed 이상으로 설정하고 있어, 일반적인 상황에서 Dirty Read가 발생하지 않는다. 그런데 SQL Server는 Dirty Read 방지를 위해 사용하는 Shared Lock으로 인해 동시성이 저하되는 문제가 있다.

MySQL은 Read Committed와 Repeatable Read 격리 수준에서 기본적으로 Consistent 모드 읽기를 사용하므로 이러한 동시성 문제가 발생하지 않는다. 반면 SQL Server는 기본 격리 수준에서 이 문제가 자주 발생한다. 이 때문에 조회 시 Shared Lock을 사용하지 않도록 다음과 같은 옵션을 적용하는 개발팀을 종종 볼 수 있다.

```
SELECT 상품코드, 상품명, 판매가
FROM   상품 WITH (NOLOCK)
WHERE  상품명 LIKE '모니터%'
```

이는 트랜잭션 격리 수준을 Read Uncommitted로 설정하지 않고도 Dirty Read를 허용하게 하는 옵션이므로, 데이터 일관성 측면에서 주의가 필요하다.

Read Committed 격리 수준

커밋된 데이터만 읽을 수 있도록 하여 Dirty Read를 방지해 주는 격리 수준이다. Non-Repeatable Read, Phantom Read 현상은 여전히 나타날 수 있다.

MySQL과 MariaDB를 제외한 대부분 DBMS가 이를 기본 격리 수준으로 채택하고 있으며, 각 DBMS가 이를 어떻게 구현했는지는 2~3장에서 이미 충분히 설명하였다. 여기서는 핵심만 요약하기로 한다.

- SQL Server(Lock 기반) : 데이터 조회 시 Shared Lock을 설정하고 Current 모드로 읽는다. 데이터 변경 시에는 Exclusive Lock을 설정하고 Current 모드로 읽어서 변경한다. Shared Lock은 Exclusive Lock과 호환되지 않으므로, 레코드를 읽는 순간 다른 트랜잭션은 해당 레코드를 변경할 수 없다. 반대로 다른 트랜잭션이 변경 중인 레코드를 읽을 수도 없다. 따라서 Dirty Read 현상은 발생하지 않는다. Shared Lock은 읽기를 마치고 다음 레코드로 이동하기 전에 해제된다.
- Oracle, PostgreSQL(MVCC) : 데이터 조회 시 쿼리 시작 시점 기준의 Consistent 모드 읽기를 사용한다. 변경 중인 데이터는 Undo 정보를 이용해 변경 전 상태로 되돌려 읽고, 삽입 중인 데이터는 무시하고 지나간다. 따라서 Dirty Read는 원천적으로 발생하지 않는다. 데이터 변경 시에는 Consistent 모드로 읽어서 대상을 식별하고, Exclusive Lock을 설정한 후 Current 모드로 변경한다.
- MySQL과 MariaDB : 조회 시에는 기본적으로 MVCC 기반의 Consistent 모드 읽기를 사용하고, 변경 시에는 Lock 기반의 Current 모드 읽기를 사용한다.

Repeatable Read 격리 수준

한 트랜잭션 내에서 **같은 레코드를 두 번 이상 읽을 때 항상 일관된 결과를 반환**하는 격리 수준이다. 이 수준에서는 Dirty Read와 Non-Repeatable Read는 방지되지만, Phantom Read는 여전히 발생할 수 있다. 다만, MVCC 기반 DBMS는 모델 특성상 이 격리 수준에서도 Phantom

Read 현상이 발생하지 않는다. 각 DBMS가 이 격리성을 어떻게 구현했는지, 그리고 개발자가 주의해야 할 점은 무엇인지 4.3절에서 자세히 설명한다.

Serializable 격리 수준

Repeatable Read 격리성에 더해, 트랜잭션 내에서 **같은 COUNT 쿼리를 두 번 이상 수행했을 때 항상 같은 결과를 반환**하는 가장 강력한 격리 수준이다[3]. 이 수준에서는 Dirty Read, Non-Repeatable Read, Phantom Read 현상을 DBMS가 모두 방지해 준다. 각 DBMS가 이 격리성을 어떻게 구현했는지, 그리고 개발자가 주의해야 할 점은 무엇인지 4.4절에서 자세히 설명한다.

지금부터 Non-Repeatable Read와 Phantom Read 현상을 방지하기 위한 Repeatable Read 및 Serializable 격리성 구현 방법을 DBMS별로 자세히 설명하고자 한다.
우선, 지금부터 다루는 모든 예시는 자동 커밋(Auto Commit)을 비활성화한 상태에서 테스트해야 함을 밝힌다. DBMS별 설정 방법은 3장 1절에서 설명하였으니 참고하기 바란다.
또한, SQL Server, MySQL, MariaDB는 일관성 있는 테스트를 위해 인덱스를 사용하도록 힌트를 명시해야 하는 경우가 있다. 3장 10절에서 설명한 것처럼, 이들 DBMS는 인덱스 사용 여부에 따라 Lock 설정 범위가 달라지며, 특히 MySQL은 'Semi-Consistent Read' 메커니즘의 영향으로 인해 Update 결과 자체도 달라질 수 있기 때문이다.

4.3 Repeatable Read 격리성

모든 DBMS가 기본적으로 Dirty Read는 방지하므로, 여기에 Non-Repeatable Read만 추가로 방지하면 Repeatable Read 격리성을 확보할 수 있다. 이를 위해 트랜잭션 격리 수준을 Repeatable Read로 설정하는 것이 일반적이지만, Read Committed 격리 수준에서 조회 시

3 이는 Serializable 격리 수준에 대한 조회 작업 위주의 정의다. 직렬성 보장을 위해 쓰기(Write) 작업 간 충돌까지 방지하는 Serializable의 본질적인 정의는 4.5절에서 설명한다.

For Share(SQL Server는 HOLDLOCK 힌트[4]) 또는 For Update(SQL Server는 UPDLOCK 힌트)를 사용해도 같은 격리성을 얻을 수 있다. Update와 Delete는 커밋할 때까지 Lock을 유지하므로 Read Committed 격리 수준에서도 Repeatable Read 격리성을 보인다.

Non-Repeatable Read를 방지하는 좀 더 구체적인 방법을 아래 두 가지 상황으로 나눠서 DBMS별로 살펴보자.

- 조회만 하는 경우
- 조회한 값을 변경하는 경우

4.3.1 조회만 하는 경우

(1) SQL Server

아래는 Non-Repeatable Read 현상이 발생하는 사례다. t1 시점에 'A001' 계좌의 잔고가 1,000원이라고 가정하자[5].

〈 TX1 〉		〈 TX2 〉
SELECT 잔고 ← 1000 FROM 계좌 WHERE 계좌번호 = 'A001';	t1	
	t2	UPDATE 계좌 SET 잔고 = 잔고 + 100 WHERE 계좌번호 = 'A001';
	t3	COMMIT;
SELECT 잔고 ← 1100 FROM 계좌 WHERE 계좌번호 = 'A001';	t4	

TX1은 t1 시점에 잔고가 1,000원임을 확인했는데, 바로 이어서 다시 조회하니 1,100원으로 바

4 정확히 얘기하면, HOLDLOCK 힌트를 지정한 테이블은 Serializable 격리성을 갖게 된다. 즉, 읽은 데이터의 수정뿐 아니라 읽은 범위에 대한 삽입도 방지한다.

5 온라인 스크립트 script1_sqlserver_txN.sql 참조

꿔었다.

SQL Server의 기본 격리 수준인 Read Committed에서 HOLDLOCK 힌트를 사용해 보자.

< TX1 >		< TX2 >
SELECT 잔고 (1000) FROM 계좌 **WITH (HOLDLOCK)** WHERE 계좌번호 = 'A001';	t1	
	t2	UPDATE 계좌 SET 잔고 = 잔고 + 100 WHERE 계좌번호 = 'A001';
SELECT 잔고 (1000) FROM 계좌 WHERE 계좌번호 = 'A001';	t3	
COMMIT;	t4	
	t5	COMMIT;

그러면 t2 시점에 TX2 트랜잭션은 블로킹된다. TX1이 t1 시점에 'A001' 계좌에 설정한 Shared Lock이 계속 유지되기 때문이다. TX1은 t3 시점에도 t1 시점과 동일한 값을 얻는다. 블로킹되었던 TX2 트랜잭션은 t4 시점에 작업을 재개한다.

SQL Server에서 트랜잭션 격리 수준을 Repeatable Read로 상향 조정해도 같은 효과를 얻을 수 있다.

< TX1 >		< TX2 >
SET TRANSACTION ISOLATION LEVEL **REPEATABLE READ;**	t1	
SELECT 잔고 (1000) FROM 계좌 WHERE 계좌번호 = 'A001';	t2	
	t3	UPDATE 계좌 SET 잔고 = 잔고 + 100 WHERE 계좌번호 = 'A001';
SELECT 잔고 (1000) FROM 계좌 WHERE 계좌번호 = 'A001';	t4	

```
COMMIT;                                        t5
                                               t6   COMMIT;
```

SQL Server는 읽은 데이터에 설정된 **Shared Lock을 트랜잭션 종료 시점까지 유지**하는 방식으로 Repeatable Read 격리성을 구현하였음을 알 수 있다.

이미 읽은 범위에서 조건을 만족하는 데이터를 다른 트랜잭션이 변경하지 못하도록 막음으로써 Non-Repeatable Read 현상은 방지할 수 있지만, Phantom Read는 여전히 발생할 수 있다. 그림 4-1에서 볼 수 있듯이, 이미 읽은 범위 내에서도 다른 트랜잭션이 새로운 레코드를 삽입할 수 있기 때문이다.

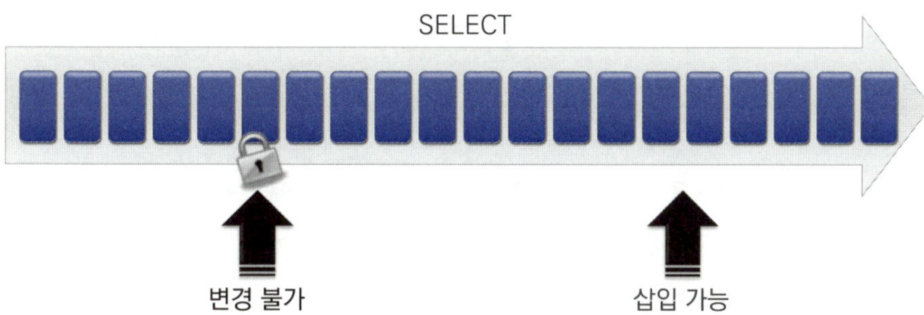

[그림 4 - 1]

여기서 말하는 삽입은 Insert 만을 의미하지 않는다. 기존에 조건을 만족하지 않던 데이터가 Update를 통해 조건을 만족하게 되는 경우도 포함한다[6]. 조건을 만족하는 레코드가 첫 번째 쿼리 완료 이후뿐만 아니라 쿼리 수행 중에도 Insert 또는 Update를 통해 어느 영역에든 삽입될 수 있다. 따라서 동일한 쿼리를 재실행했을 때 첫 번째 실행과 다른 결과가 나타날 수 있다. 직전 사례는 계좌 테이블을 PK 컬럼인 계좌번호로 조회하는 경우이므로 Phantom Read를 고려할 필요가 없다. 하지만 한 고객이 여러 계좌를 개설할 수 있다고 가정할 때, 다음과 같이 다중 레코드를 조회하는 경우에는 Phantom Read에 대한 고려가 필요하다.

---

6 이때 조건절에 인덱스가 있다면 인덱스 상에서의 위치 이동을 통해 실제 삽입 연산이 일어난다. 인덱스는 정렬된 자료구조이기 때문이다.

〈 TX1 〉		〈 TX2 〉
SELECT SUM(잔고) FROM 계좌 WHERE 고객번호 = 123;	t1	
	t2	INSERT INTO 계좌 (계좌번호, 고객번호, 잔고, …) VALUES ('A098', 123, 2000, …);
	t3	COMMIT;
SELECT SUM(잔고) FROM 계좌 WHERE 고객번호 = 123;	t4	
COMMIT;	t5	

정리하면, SQL Server의 Repeatable Read 격리 수준은 **한 트랜잭션 내에서 조회된 각 레코드의 값을 일관되게 유지**하기 위한 수단이다. 즉, 첫 번째 조회에서 읽힌 레코드들은 트랜잭션이 종료될 때까지 Shared Lock이 유지되므로 수정되거나 삭제될 수 없다.

그러나 Repeatable Read는 **조회 범위 자체를 보호하지 않기 때문에, 조건을 만족하는 새로운 레코드가 범위 안에 삽입되는 것을 허용**한다. 따라서 다중 레코드를 조회하는 경우, SQL 문장 수준에서 비일관성을 허용하고 트랜잭션 수준에서는 Phantom Read가 발생할 수 있다. 다중 레코드 조회 시 문장 수준과 트랜잭션 수준의 일관성을 모두 보장하는 것은 Serializable 격리 수준뿐이다.

다중 레코드 조회 시 기본 격리 수준인 **Read Committed에서도 일관성을 확보하는 방법**이 있긴 하다. 바로 **HOLDLOCK 힌트를 사용**하는 것이다. 이 힌트를 적용하면 Shared Lock을 커밋 시점까지 유지하고, 조회 범위에 대한 레코드 삽입을 차단하므로 문장 수준과 트랜잭션 수준 읽기 일관성을 모두 보장한다. 결국 격리 수준을 Serializable로 설정한 것과 같다.

(2) MySQL과 PostgreSQL

MySQL과 PostgreSQL도 트랜잭션 격리 수준을 Repeatable Read로 설정하면 Non-Repeatable Read 현상을 방지할 수 있다. 특히 MySQL은 Repeatable Read가 기본 격리 수준

이다[7].

이들 DBMS는 조회할 때 Shared Lock을 사용하지 않고 MVCC 기반의 Consistent 모드로 데이터를 읽는다. Repeatable Read 격리 수준이 Read Committed와 다른 점은 **각 SQL의 시작 시점이 아니라 트랜잭션 내에서 첫 번째 SQL을 실행한 시점을 기준으로 Consistent 모드 읽기**를 진행한다는 것이다.

이미 읽은 범위에 대해 다른 트랜잭션의 변경뿐 아니라 삽입도 허용하지만, 중간에 변경·삽입된 데이터를 트랜잭션 시작 시점으로 되돌려 읽기 때문에 Non-Repeatable Read는 물론 Phantom Read 현상까지도 피할 수 있다. Repeatable Read 수준에서 사실상 Serializable 수준의 격리성을 제공하는 셈이다[8].

Read Committed 격리 수준에서 For Share 옵션을 사용하면[9], Lock을 통해 Non-Repeatable Read 현상을 방지할 수 있다. 하지만, 단순히 조회만 하는 트랜잭션이라면, Repeatable Read 격리 수준에서 MVCC 기반 읽기를 사용하는 편이 동시성(성능) 측면에서 낫다[10].

(3) Oracle

Oracle은 Repeatable Read 격리 수준을 지원하지 않지만, Serializable로 설정하면 MySQL과 PostgreSQL의 Repeatable Read와 같은 격리성을 얻을 수 있다[11].

Read Committed 격리 수준에서 For Update 옵션을 사용하면, SQL Server의 Repeatable Read와 같은 격리성을 구현할 수 있다. 하지만, 단순히 조회만 하는 트랜잭션이라면, Serializable 격리 수준에서 MVCC 기반 읽기를 사용하는 편이 동시성(성능) 측면에서 낫다.

---

7 온라인 스크립트 script1_mysql_txNsql, script1_postgresql_txN.sql 참조

8 정확히 말하면, Snapshot 수준의 격리성이다.

9 For Update 옵션을 사용해도 되며, Exclusive Lock을 사용하는 점이 다르다.

10 심지어 MySQL은 이 격리 수준에서 For Share 또는 For Update 옵션을 사용하면 다른 트랜잭션의 레코드 삽입까지 차단하므로 동시성(성능)이 더 나빠질 수 있다.

11 온라인 스크립트 script1_oracle_txN.sql 참조

4.3.2 조회한 값을 변경하는 경우

조회한 값을 기준으로 데이터를 변경했는데, Non-Repeatable Read로 인해 이상 현상이 나타나는 경우를 살펴보자.

(1) SQL Server

< TX1 >		< TX2 >
SELECT 잔고 (1000) FROM 계좌 WHERE 계좌번호 = 'A001';	t1	
	t2	UPDATE 계좌 SET 잔고 = 잔고 + 100 WHERE 계좌번호 = 'A001';
	t3	COMMIT;
UPDATE 계좌 SET 잔고 = 잔고 + 100 WHERE 계좌번호 = 'A001';	t4	
SELECT 잔고 (1200) FROM 계좌 WHERE 계좌번호 = 'A001';	t5	
COMMIT;	t6	

t1 시점에 'A001' 계좌의 잔고가 1,000원이었다고 가정하자. TX1 트랜잭션은 첫 번째 쿼리를 통해 자신의 계좌 잔고가 1,000원임을 확인하고 t4 시점에 100원을 입금했다. 그런데 결과를 확인해 보니 최종 잔고는 1,200원으로 나타난다. 1000 +100=1200? 이는 t1 시점에 읽은 데이터가 중간에 변경돼서 생긴 현상이므로 Non-Repeatable Read에 해당한다[12].

t1 시점에 읽은 값을 기준으로 t4 시점에 Update 수행 여부를 결정했는데, t4 시점에는 해당 데이터가 이미 다른 값으로 변경된 상태여서 업무 규칙을 위반하는 Update를 수행하는 사례도 나타날 수 있다.

SQL Server에서 아래와 같이 트랜잭션 격리 수준을 Repeatable Read로 설정하면 그런 이상 현상을 방지할 수 있다.

---

12 온라인 스크립트 script2_sqlserver_txN.sql 참조

< TX1 >		< TX2 >
SET TRANSACTION ISOLATION LEVEL **REPEATABLE READ;**	t1	
SELECT 잔고 (1000) FROM 계좌 WHERE 계좌번호 = 'A001';	t2	
	t3	UPDATE 계좌 SET 잔고 = 잔고 + 100 WHERE 계좌번호 = 'A001'; (블로킹)
UPDATE 계좌 SET 잔고 = 잔고 + 100 WHERE 계좌번호 = 'A001';	t4	
SELECT 잔고 (1100) FROM 계좌 WHERE 계좌번호 = 'A001';	t5	
COMMIT;	t6	
	t7	COMMIT;

- TX1은 t2 시점에 'A001' 계좌에 Shared Lock을 설정하고 기존 잔고 1,000원을 확인한다.
- TX2는 t3 시점에 'A001' 계좌에 Exclusive Lock을 설정하려고 하지만, TX1이 설정한 Shared Lock에 의해 블로킹 된다.
- TX1은 t4 시점에 Shared Lock을 Exclusive Lock으로 업그레이드하고 기존 잔고 1,000원에 100원을 더한다.
- TX1은 t5 시점에 최종 잔고 1,100원을 확인한다.

이때 주의할 점이 있다. 3장 10절에서 설명한 것처럼 SQL Server에서 Full Scan Update는 조건절 만족 여부를 확인하는 단계에서 Update Lock을 설정하며, 조건절을 만족할 경우 해당 Lock을 Exclusive 모드로 업그레이드한 후 레코드를 수정한다. 따라서 위 트랜잭션에서 Update를 Full Scan 방식으로 수행하면 교착상태가 발생한다.

- TX1은 t2 시점에 'A001' 계좌에 Shared Lock을 설정한다.
- TX2는 t3 시점에 'A001' 계좌에 최초 Update Lock을 설정했다가 **Exclusive Lock으로 업**

그레이드하는 과정에 TX1이 설정한 Shared Lock에 의해 블로킹 된다. Update Lock은 Shared Lock과는 호환되지만, 다른 Update Lock이나 Exclusive Lock과는 호환되지 않기 때문이다.

- TX1은 T4 시점에 **Update Lock을 설정하려다가, TX2가 먼저 설정한 Update Lock에 의해 블로킹** 된다. Update Lock은 한 번에 한 트랜잭션만 설정할 수 있기 때문이다.
- TX1과 TX2가 서로를 기다리는 상황, 즉 교착상태가 발생하였다. 교착상태가 감지되면 SQL Server는 둘 중 하나(실행된 작업량이 적은 트랜잭션)를 강제 종료한다.

만약 아래와 같이 TX2도 '조회한 값을 변경'하는 패턴으로 진행한다면, Update에 인덱스를 사용하더라도 교착상태가 발생한다.

< TX1 >		< TX2 >
SET TRANSACTION ISOLATION LEVEL **REPEATABLE READ;**	t1	SET TRANSACTION ISOLATION LEVEL **REPEATABLE READ;**
SELECT 잔고 FROM 계좌 WHERE 계좌번호 = 'A001'; *Shared Lock*	t2	
	t3	SELECT 잔고 FROM 계좌 WHERE 계좌번호 = 'A001'; *Shared Lock*
UPDATE 계좌 SET 잔고 = 잔고 + 100 WHERE 계좌번호 = 'A001'; *Exclusive Lock으로 전환 시도*	t4	
	t5	UPDATE 계좌 SET 잔고 = 잔고 + 100 WHERE 계좌번호 = 'A001'; *Exclusive Lock으로 전환 시도*

- TX1은 t2 시점에 'A001' 계좌에 Shared Lock을 설정한다.
- TX2도 t3 시점에 'A001' 계좌에 Shared Lock을 설정한다.
- TX1은 t4 시점에 **Shared Lock을 Exclusive Lock으로 업그레이드**하는 과정에 TX2가 설정한 Shared Lock에 의해 블로킹 된다.
- TX2도 t5 시점에 **Shared Lock을 Exclusive Lock으로 업그레이드**하는 과정에 TX1이 설정

한 Shared Lock에 의해 블로킹 된다.

- TX1과 TX2가 서로를 기다리는 상황, 즉 교착상태가 발생하였다.

교착상태를 방지하려면, 데이터를 조회하는 시점에 아래와 같이 UPDLOCK 힌트를 이용해 Update Lock을 설정하면 된다. Update Lock은 Shared Lock과는 호환되지만, 다른 Update Lock이나 Exclusive Lock과는 호환되지 않는다. 따라서 동일한 리소스에 대해 한 번에 하나의 트랜잭션만 Update Lock을 설정할 수 있다.

< TX1 >		< TX2 >
SET TRANSACTION ISOLATION LEVEL **REPEATABLE READ;**	t1	SET TRANSACTION ISOLATION LEVEL **REPEATABLE READ;**
SELECT 잔고 (1000) FROM 계좌 **WITH (UPDLOCK)** WHERE 계좌번호 = 'A001';	t2	
	t3	SELECT 잔고 (블로킹) FROM 계좌 **WITH (UPDLOCK)** WHERE 계좌번호 = 'A001';
UPDATE 계좌 SET 잔고 = 잔고 + 100 WHERE 계좌번호 = 'A001';	t4	
SELECT 잔고 (1100) FROM 계좌 WHERE 계좌번호 = 'A001';	t5	
COMMIT;	t6	
	t7	UPDATE 계좌 SET 잔고 = 잔고 + 100 WHERE 계좌번호 = 'A001';
	t8	COMMIT;

이처럼 **SQL Server에서 변경할 목적으로 조회할 때는 Update Lock을 설정**하는 것이 좋다. 조회할 때 Update Lock을 사용하면, 트랜잭션 격리 수준을 굳이 Repeatable Read로 조정할 필요도 없다.

(2) MySQL

MySQL의 기본 격리 수준은 Repeatable Read이다.

< TX1 >		< TX2 >
SET TRANSACTION ISOLATION LEVEL **REPEATABLE READ;**	t1	
SELECT 잔고 [1000] FROM 계좌 WHERE 계좌번호 = 'A001';	t2	
	t3	UPDATE 계좌 SET 잔고 = 잔고 + 100 WHERE 계좌번호 = 'A001';
	t4	COMMIT;
UPDATE 계좌 SET 잔고 = 잔고 + 100 WHERE 계좌번호 = 'A001';	t5	
SELECT 잔고 [1200] FROM 계좌 WHERE 계좌번호 = 'A001';	t6	
COMMIT;	t7	

T2 시점에 'A001' 계좌의 잔고가 1,000이라고 가정하자. TX1은 t2 시점에 잔고 1,000을 확인하고 t5 시점에 100을 더했는데, 이어서 그 결과를 확인해 보니 1,200이 되었다. 1,000 + 100 = 1,200? SQL Server의 Read Committed 수준에서 나타났던 바로 그 현상이다[13].

MySQL은 조회할 때 기본적으로 MVCC 모델을 사용한다. Locking Read(Current 모드 읽기) 방식을 사용하면 SQL Server처럼 TX2가 t3 시점에 블로킹 되었을 텐데, Consistent Nonlocking Read(Consistent 모드 읽기) 방식을 사용하기 때문에 TX2의 Update가 정상적으로 진행된 것이다.

반면, Update는 Locking Read 방식(Current 모드 읽기)을 사용하므로 t5 시점에는 TX2가 변경한 값 1,100을 그대로 읽어 들이고 거기에 100을 더한다. 따라서 t6 시점에 읽은 값이 1,200

13 온라인 스크립트 script2_mysql_txN.sql 참조

으로 나타난 것이다. 이는 t1 시점에 읽은 데이터가 중간에 변경돼서 생긴 현상이므로 Non-Repeatable Read에 해당한다.

이처럼 **MySQL은 Repeatable Read 수준에서도 Non-Repeatable Read 현상이 발생할 수 있다.** 이는 Select는 Consistent 모드 Nonlocking Read 방식으로 읽고, Update는 Current 모드 Locking Read 방식으로 읽기 때문에 나타나는 비일관성이다.

격리 수준을 Serializable로 설정하면 조회할 때 Locking Read 방식을 사용하므로 이런 비일관성을 방지할 수 있다. t3 시점에 TX2 Update가 블로킹되고, 인덱스에는 Gap Lock이 설정되어 다른 트랜잭션의 Insert도 차단된다. Oracle의 Serializable과 사실상 같은 격리성을 보이는 Repeatable Read를 기본 격리 수준으로 채택했음에도 불구하고 MySQL에 여전히 Serializable 격리 수준이 필요한 이유다.

다만 주의할 점이 있다. SQL Server에서 설명한 바와 같이, TX2도 TX1처럼 '조회한 값을 변경'하는 패턴으로 진행한다면 교착상태가 발생할 수 있다. 이를 방지하려면 격리 수준을 Serializable로 설정하는 것보다는, 조회 시점에 아래와 같이 Select For Update를 이용해 Exclusive Lock을 설정하는 것이 바람직하다.

< TX1 >		< TX2 >
SET TRANSACTION ISOLATION LEVEL **REPEATABLE READ;**	t1	SET TRANSACTION ISOLATION LEVEL **REPEATABLE READ;**
SELECT 잔고 ← 1000 FROM 계좌 WHERE 계좌번호 = 'A001' **FOR UPDATE;**	t2	
	t3	SELECT 잔고 ← 블로킹 FROM 계좌 WHERE 계좌번호 = 'A001' **FOR UPDATE;**
UPDATE 계좌 SET 잔고 = 잔고 + 100 WHERE 계좌번호 = 'A001';	t4	
SELECT 잔고 ← 1100 FROM 계좌 WHERE 계좌번호 = 'A001';	t5	
COMMIT;	t6	

	t7	UPDATE 계좌 SET 잔고 = 잔고 + 100 WHERE 계좌번호 = 'A001';
	t8	SELECT 잔고 FROM 계좌 WHERE 계좌번호 = 'A001';
	t9	COMMIT;

정리하면, MySQL에서는 **한 트랜잭션 내에 Consistent Nonlocking Read와 Locking Read 방식을 혼용하지 않는 것이 좋다. 변경할 목적으로 조회할 때는 반드시 For Update를 사용**하기 바란다. 교착상태 방지를 위해서도 필요하다.

(3) PostgreSQL과 Oracle

조회한 값을 기준으로 데이터를 변경했는데 Non-Repeatable Read에 의한 이상 현상이 나타나는 경우를 살펴보고 있다. 이 문제를 해결하기 위해 PostgreSQL에서 트랜잭션 격리 수준을 Repeatable Read로 설정해 보자. Oracle은 Repeatable Read를 지원하지 않으므로 Serializable로 설정하면 된다.

〈 TX1 〉		〈 TX2 〉
SET TRANSACTION ISOLATION LEVEL **REPEATABLE READ; -- 또는 SERIALIZABLE**	t1	
SELECT 잔고 FROM 계좌 WHERE 계좌번호 = 'A001';	t2	
	t3	UPDATE 계좌 SET 잔고 = 잔고 + 100 WHERE 계좌번호 = 'A001';
	t4	COMMIT;
UPDATE 계좌 ← 에러 SET 잔고 = 잔고 + 100 WHERE 계좌번호 = 'A001';	t5	

TX1 트랜잭션이 t5 시점에 Update를 실행하면, 트랜잭션을 시작한 이후에 레코드가 변경된 사

실을 감지하고 PostgreSQL은 아래와 같은 에러를 발생시킨다[14].

```
" could not serialize access due to concurrent update "
```

Oracle Serializable 격리 수준에선 아래 에러를 발생시킨다[15].

```
" can't serialize access for this transaction (ORA-08177) "
```

참고로, Oracle에서 V$SQL을 serializable_aborts > 0 조건으로 검색하면 이 에러가 발생했던 SQL들을 확인할 수 있다.

PostgreSQL과 Oracle을 논하고 있지만 잠시 SQL Server를 언급하자면, SQL Server의 Snapshot 격리 수준은 Oracle의 Serializable과 같은 격리성을 제공한다. 이 격리 수준에서 테스트해 보면, 아래와 같은 에러를 발생한다.

```
" Snapshot isolation transaction aborted due to update conflict "
```

이처럼 MVCC 모델을 사용하는 DBMS는 Repeatable Read 또는 Serializable 격리 수준에서 Update를 진행하다가 트랜잭션 시작 시점[16] 이후로 다른 트랜잭션이 변경한 데이터를 만나면, 트랜잭션 직렬성[17]을 보장할 수 없는 상황으로 간주해 Update 충돌(직렬화 실패) 에러를 발생시킨다. (※ 3장에서 설명한 바와 같이 Oracle은 Read Committed 격리 수준에서 Update 도중 다른 트랜잭션이 변경한 데이터를 만나면 Update를 재시작한다.)

---

14 온라인 스크립트 script2_postgresql_txN.sql 참조

15 온라인 스크립트 script2_oracle_txN.sql 참조

16 Oracle은 Set Transaction 문을 실행한 시점, PostgreSQL은 트랜잭션 내에서 첫 번째 SQL을 실행한 시점이 일관성 기준 시점이다. 만약 Oracle에서 다음 명령어로 세션 레벨에서 격리 수준을 설정했다면, PostgreSQL과 마찬가지로 첫 번째 SQL을 실행한 시점이 일관성 기준 시점이 된다.

```
ALTER SESSION SET ISOLATION_LEVEL = SERIALIZABLE;
```

17 직렬성이란, 한 트랜잭션을 완료한 후에 다른 트랜잭션을 실행했을 때와 동일한 결과를 반환함을 의미함

Update 충돌에 대한 해결방안으로는 첫째, 예외 처리를 통해 TX1 트랜잭션을 다시 시작하면 된다.

둘째, Read Committed 격리 수준에서 아래와 같이 조회 시점에 For Update를 사용하면 된다. PostgreSQL과 Oracle에서도 변경할 목적으로 조회할 때는 For Update 사용이 권장된다.

〈 TX1 〉		〈 TX2 〉
SET TRANSACTION ISOLATION LEVEL **READ COMMITTED;**	t1	
SELECT 잔고 (1000) FROM 계좌 WHERE 계좌번호 = 'A001' **FOR UPDATE;**	t2	
	t3	UPDATE 계좌 SET 잔고 = 잔고 + 100 WHERE 계좌번호 = 'A001';
UPDATE 계좌 SET 잔고 = 잔고 + 100 WHERE 계좌번호 = 'A001';	t4	
SELECT 잔고 (1100) FROM 계좌 WHERE 계좌번호 = 'A001';	t5	
COMMIT;	t6	
	t7	SELECT 잔고 (1200) FROM 계좌 WHERE 계좌번호 = 'A001';
	t8	COMMIT;

(4) 다른 트랜잭션이 중간에 Insert하는 경우

조회하고 이어서 값을 변경하는 중간에 다른 트랜잭션이 Update하는 경우를 DBMS별로 살펴봤는데, 다른 트랜잭션이 Insert하는 경우에는 어떻게 처리되는지도 확인할 필요가 있다.

지금까지 살펴본 사례는 계좌 테이블을 PK 컬럼인 계좌번호로 액세스하는 경우이므로, 다음과 같이 다중 레코드를 조회하는 경우를 기준으로 요약해서 설명하겠다.

< TX1 >		< TX2 >
SET TRANSACTION ISOLATION LEVEL **REPEATABLE READ;**	t1	
SELECT SUM(잔고) FROM 계좌 WHERE 고객번호 = 123;	t2	
	t3	INSERT INTO 계좌 (계좌번호, 고객번호, 잔고, …) VALUES ('A098', 123, 2000, …);
	t4	COMMIT;
UPDATE 계좌 SET 잔고 = 잔고 + 100 WHERE 고객번호 = 123;	t5	
COMMIT;	t6	

- SQL Server : 다른 트랜잭션의 Insert를 차단하지 않으므로 중간에 Insert한 레코드가 Update 대상에 포함된다(→ Phantom Read).

- MySQL : 조회할 때 Consistent Nonlocking Read 방식을 사용하므로 다른 트랜잭션의 Insert를 차단하지 않는다. Update 할 때는 Current 모드로 처리하므로 다른 트랜잭션이 중간에 Insert한 레코드가 Update 대상에 포함된다(→ Phantom Read).

- PostgreSQL : 조회할 때 뿐만 아니라 변경할 때도 다른 트랜잭션이 Insert한 데이터를 무시하므로, 다른 트랜잭션이 중간에 Insert한 레코드는 Update 대상에 포함되지 않는다.

- Oracle : Repeatable Read 격리 수준을 지원하지 않으므로 Serializable 기준으로 설명하면, Oracle도 기본적으로 Insert를 무시하는 전략을 사용한다. 다만 Oracle은 변경 여부를 블록 단위로 확인하므로, 다른 트랜잭션이 Insert한 레코드가 변경 대상 레코드와 같은 블록에 입력되어 있으면 에러가 발생할 수 있다.

Oracle과 PostgreSQL이 트랜잭션 격리 수준별로 Update 충돌을 어떻게 처리하는지를 정리하면 표 4-2와 같다. Serializable 격리 수준은 4.4절에서 다루며, PostgreSQL의 SSI 충돌 감지[18] 기능은 4.5.2항에서 자세히 다룬다.

격리 수준	Oracle		PostgreSQL	
	Update된 레코드 발견	Insert된 레코드 발견	Update된 레코드 발견	Insert된 레코드 발견
Read Committed	Restart	무시	Overwrite	무시
Repeatable Read	해당 없음		에러 발생	무시
Serializable	에러 발생	무시 (에러 가능성[19])	Repeatable Read + SSI 충돌 감지	Repeatable Read + SSI 충돌 감지

[표 4-2]

4.3.3 Repeatable Read 격리성 요약

(※ NRR = Non-Repeatable Read, PR = Phantom Read)

구분	Lock 기반 동시성	다중 버전 동시성
Select(읽기 일관성)		
문장수준	집합 변화에 의한 비일관성 허용 • 조건절을 만족하는 데이터에 설정한 Shared Lock을 트랜잭션 종료 시까지 유지 → 변경 차단 • 조건절을 만족하지 않거나 아직 읽지 않은 범위는 변경 가능 → 집합 변화 발생 가능	트랜잭션 시작 시점의 일관성 • Lock을 사용하지 않고 조회 기준 시점을 트랜잭션 시작 시점으로 고정
트랜잭션 수준	NRR 방지, PR 허용 • Select 완료 순간부터 전체 조건절 범위 변경 차단 • 전체 범위에 삽입 허용	NRR 방지, PR 방지 • 중간에 변경된 데이터는 트랜잭션 시작 시점으로 롤백 • 전체 범위에 삽입 허용하지만, 트랜잭션 시작 이후에 삽입된 데이터 무시

18 SSI 충돌 감지란, 트랜잭션 간 직렬화 이상으로 인해 논리적 모순이 생기는지 여부를 모니터링하는 것을 말한다. 기존처럼 변경된 레코드 접근 시 에러가 발생할 뿐만 아니라, 직접 접근하지 않더라도 직렬성 위반(순환 관계 형성) 가능성이 있다고 판단하면 에러를 발생시킨다.

19 변경 여부를 블록 단위로 확인하므로 경우에 따라 에러 발생

Update(쓰기 일관성)		
문장수준	집합 변화에 의한 비일관성 허용 • 변경한 데이터에 설정한 Exclusive Lock을 트랜잭션 종료 시까지 유지 • 조건절을 만족하지 않거나 아직 변경하지 않은 범위는 변경 가능 → 집합 변화 발생 가능	트랜잭션 시작 시점의 일관성 • 변경한 데이터에 설정한 Exclusive Lock을 트랜잭션 종료 시까지 유지 • 아직 변경하지 않은 범위는 변경 허용 → **Update 충돌 에러 발생** • 전체 범위에 삽입 허용하지만, 트랜잭션 시작 이후에 삽입된 데이터 무시
트랜잭션 수준	NRR 방지, PR 허용 • Update 완료 순간부터 전체 조건절 범위 변경 차단 • Update 완료하더라도 전체 범위에 삽입 허용	NRR 방지, PR 방지 • Update 완료 순간부터 전체 조건절 범위 변경 차단 • 전체 범위에 삽입 허용하지만, 트랜잭션 시작 이후에 삽입된 데이터 무시

[표 4-3]

지금까지 설명한 내용을 바탕으로 Repeatable Read 격리 수준에 대한 시사점을 정리하면 다음과 같다.

- PK 인덱스로 **단일 레코드를 액세스하는 경우**, 트랜잭션 격리 수준을 Repeatable Read로 설정하면 완벽한 데이터 일관성을 유지할 수 있다. Read Committed 수준에서 최초 Update/Delete를 실행하거나, 조회 시 For Share(SQL Server는 HOLDLOCK 힌트) 또는 For Update(SQL Server는 UPDLOCK 힌트)를 사용해도 같은 효과를 얻을 수 있다.
- **다중 레코드를 액세스하는 경우**, 조회된 각 레코드의 값을 트랜잭션 종료 시점까지 일관되게 유지하지만, Lock 기반 DBMS는 집합 변화에 의한 이상 현상은 허용한다.
- **조회 전용 트랜잭션인 경우**, 격리 수준 설정만으로도 Non-Repeatable Read 현상을 방지할 수 있고, MVCC 기반 DBMS는 Phantom Read 현상도 방지해 준다.
- **변경이 목적인 트랜잭션의 경우**, 격리 수준 설정만으로는 비일관성, 교착상태, Update 충돌 에러 같은 문제가 발생할 수 있다. 따라서 최초 조회 시점에 For Update(SQL Server는 UPDLOCK 힌트)로 Lock을 설정하는 것이 권장된다.
- Lock 기반 DBMS에서 **집합 변화에 의한 이상 현상, 즉 Phantom Read까지 방지하려면**, 격리 수준을 Serializable로 설정해야 한다.

4.4 Serializable 격리성

Dirty Read와 Non-Repeatable Read 뿐만 아니라 Phantom Read 현상까지 막아주면 Serializable 격리성을 얻을 수 있다. Phantom Read는 집합의 변화를 의미한다. 비일관성을 야기하는 집합의 변화를 방지하려면 트랜잭션 격리 수준을 Serializable로 설정하면 된다. Phantom Read를 방지하는 좀 더 구체적인 방법을 아래 두 가지 상황으로 나눠서 DBMS별로 살펴보자.

- 조회만 하는 경우
- 조회한 값을 변경하는 경우

4.4.1 조회만 하는 경우

조회만 하는 상황에서 Phantom Read를 방지하려면 트랜잭션 격리 수준을 Serializable로 상향 조정하면 된다.

(1) Oracle과 PostgreSQL의 Serializable 격리성

Oracle과 PostgreSQL은 Serializable 격리 수준에서 조회할 때도 로우 Lock을 사용하지 않으며, Insert 차단을 위한 Predicate Lock도 사용하지 않는다. 대신, "트랜잭션 시작 이후에" 변경되거나 삭제된 데이터는 이전 상태로 되돌리고, 삽입된 데이터는 무시하는 방식으로 Serializable[20]를 구현하였다. 다른 트랜잭션의 동시 삽입을 허용하지만, 모델 특성상 Phantom Read 현상은 발생하지 않는다.

---

20 ANSI 표준에서 Snapshot 격리 수준을 별도로 정의하지는 않았으나, MVCC 모델을 사용한 Serializable 구현은 사실상 Snapshot 격리 수준에 해당한다. 왜냐면, Serializable 격리 수준이란 동시에 실행되는 트랜잭션들이 마치 순차적으로 실행된 것처럼 동작하도록 보장하는 것을 의미하는데, 조회할 때 Lock을 사용하지 않는 MVCC 모델에선 트랜잭션 간 실행 순서를 직렬화할 수단이 없기 때문이다.

따라서 아래 예시에서 TX1은 t2와 t5 시점에 동일한 값을 얻는다[21].

< TX1 >		< TX2 >
SET TRANSACTION ISOLATION LEVEL **SERIALIZABLE;**	t1	
SELECT SUM(잔고) FROM 계좌 WHERE 고객번호 = 123;	t2	
	t3	INSERT INTO 계좌 (계좌번호, 고객번호, 잔고, …) VALUES ('A098', 123, 2000, …);
	t4	COMMIT;
SELECT SUM(잔고) FROM 계좌 WHERE 고객번호 = 123;	t5	
COMMIT;	t7	

(2) SQL Server와 MySQL의 Serializable 격리성

3절에서는 주로 PK 컬럼인 계좌번호로 단 한 건을 조회하는 경우를 예로 들어 Repeatable Read 격리성을 설명하였다. 단일 레코드에 대한 Lock 설정은 원자적(atomic)으로 이루어지기 때문에 동시 트랜잭션에 의한 비일관성이 발생할 수 없다. 반면 두 개 이상의 레코드를 읽거나 변경할 때는 모든 대상 레코드에 Lock이 설정되기까지 불가피한 시간 차가 존재하며, 그로 인해 중간에 집합 변화가 발생할 수 있다.

따라서 Lock 기반 DBMS는 Repeatable Read 격리 수준에서조차 문장 수준 일관성을 보장하지 않는다. 그러면 쿼리 완료 후 같은 쿼리를 다시 수행했을 때 결과가 일치하지 않을 수 있다. 설령 첫 번째 쿼리 결과에 일관성이 있더라도 같은 쿼리를 다시 실행하기 직전에 다른 트랜잭션의 Insert로 인한 집합 변화가 발생하면 결과가 일치하지 않는다. 이 문제는 Serializable 격리 수준을 통해 해결할 수 있다.

SQL Server와 MySQL에서 격리 수준을 Serializable로 설정하면, 그림 4-2에서 표현한 것처럼 아직 읽지 않은 범위에는 변경과 삽입이 모두 가능하지만, 이미 읽은 범위에는 변경뿐 아니라

21 온라인 스크립트 script3_oracle_txN.sql, script3_postgresql_txN.sql 참조

삽입도 허용되지 않는다. 인덱스에 Predicate Lock을 설정하기 때문이다. Lock은 트랜잭션이 커밋할 때까지 유지된다. Predicate Lock에 대한 자세한 설명은 2장 10절을 참조하기 바란다.

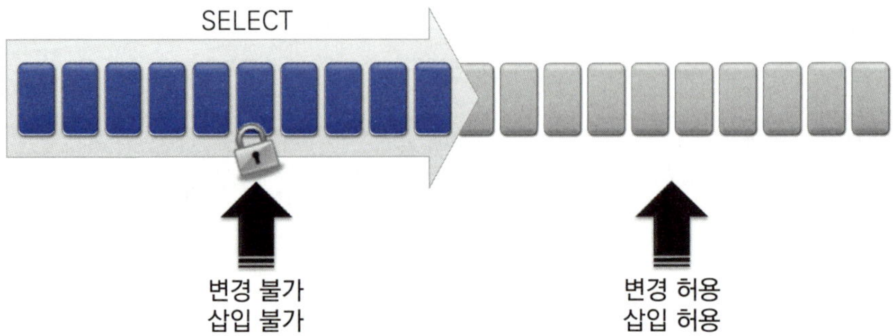

[그림 4-2]

이미 읽은 범위에서는 집합의 변화를 차단하고 아직 읽지 않은 범위에서만 변화를 허용하면서 진행하면, 다른 트랜잭션의 변경이 모두 완료된 안정된 상태에서 데이터를 읽은 것처럼 일관성 있는 집합을 얻게 된다. 결과적으로 조회 완료 시점 기준의 읽기 일관성을 얻을 수 있다.
조회를 완료한 순간부터는 그림 4-3에 표현한 것처럼 해당 조건절 범위 전체에 대한 변경과 삽입이 원천적으로 차단된다. 따라서 쿼리를 다시 실행하면 첫 번째 쿼리와 결과가 정확히 일치한다.

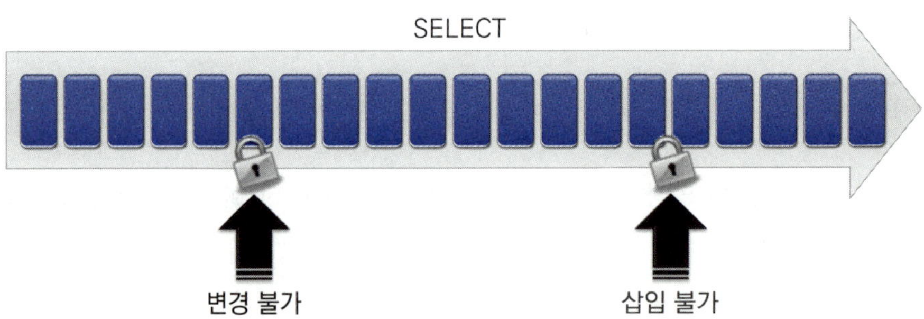

[그림 4-3]

구체적으로 아래 트랜잭션에서 TX1이 조회한 잔고 합은 문장 수준의 일관성을 보장하고, 이후 TX2의 Insert를 차단하므로 트랜잭션 수준의 일관성도 보장한다. 즉, TX1은 t2와 t4 시점에 동일한 값을 얻는다[22].

< TX1 >		< TX2 >
SET TRANSACTION ISOLATION LEVEL **SERIALIZABLE;**	t1	
SELECT SUM(잔고) FROM 계좌 WHERE 고객번호 = 123;	t2	
	t3	INSERT INTO 계좌 (계좌번호, 고객번호, 잔고, …) VALUES ('A098', 123, 2000, …);
SELECT SUM(잔고) FROM 계좌 WHERE 고객번호 = 123;	t4	
COMMIT;	t5	
	t6	COMMIT;

SQL Server는 기본 격리 수준인 **Read Committed에서 HOLDLOCK 힌트를 사용**하면, 레코드의 변경뿐 아니라 삽입도 차단하므로 Serializable 수준의 격리성을 얻는다.

MySQL은 기본 격리 수준인 **Repeatable Read에서 Locking Read 옵션, 즉 For Share(→ Shared Lock) 또는 For Update(→ Exclusive Lock) 옵션을 사용**하면, 레코드의 변경뿐 아니라 삽입도 차단하므로 사실상 Serializable 수준의 격리성을 얻는다[23].

(3) PostgreSQL과 MySQL의 Repeatable Read 격리성

PostgreSQL의 Repeatable Read 격리 수준은 Oracle의 Serializable과 사실상 차이가 없다. MySQL도 기본 격리 수준인 Repeatable Read에서 Consistent Nonlocking Read 방식을 사용하므로 Oracle의 Serializable과 사실상 차이가 없다.

---

22 온라인 스크립트 script3_sqlserver_txN.sql 참조

23 온라인 스크립트 script3_mysql_txN.sql 참조

(4) SQL Server의 Snapshot 격리성

SQL Server에서 트랜잭션 격리 수준을 Snapshot으로 설정하면, MVCC 기반의 Consistent 모드로 작동한다. 따라서 Oracle의 Serializable과 유사한 격리성을 제공한다.

Snapshot 격리 수준을 사용하려면, 먼저 데이터베이스 레벨에서 다음과 같이 옵션을 설정해야 한다.

```
ALTER DATABASE ACTR_DB SET ALLOW_SNAPSHOT_ISOLATION ON
```

그리고 트랜잭션 수준 일관성이 필요한 세션마다 격리 수준을 Snapshot으로 설정해 주면 된다. 아래 예시를 참고하길 바라며, TX1은 t2와 t5 시점에 동일한 값을 얻게 되는 것이 핵심이다.

< TX1 >		< TX2 >
SET TRANSACTION ISOLATION LEVEL **SNAPSHOT;**	t1	
SELECT SUM(잔고) FROM 계좌 WHERE 고객번호 = 123;	t2	
	t3	INSERT INTO 계좌 (계좌번호, 고객번호, 잔고, …) VALUES ('A098', 123, 2000, …);
	t4	COMMIT;
SELECT SUM(잔고) FROM 계좌 WHERE 고객번호 = 123;	t5	
COMMIT;	t6	

4.4.2 조회한 값을 변경하는 경우

(1) SQL Server와 MySQL의 Serializable 격리성

아래와 같이 TX1이 다중 레코드를 조회하고 변경하는 경우, t2 시점에 존재하지 않던 레코드(즉, TX2가 Insert한 레코드)가 t5 시점에 Update 될 수 있다.

< TX1 >		< TX2 >
SET TRANSACTION ISOLATION LEVEL **REPEATABLE READ;**	t1	
SELECT SUM(잔고) FROM 계좌 WHERE 고객번호 = 123;	t2	
	t3	INSERT INTO 계좌 (계좌번호, 고객번호, 잔고, …) VALUES ('A098', 123, 2000, …);
	t4	COMMIT;
UPDATE 계좌 SET 잔고 = 잔고 + 100 WHERE 고객번호 = 123;	t5	
COMMIT;	t6	

특히 **t2 시점에 조회한 결과를 조건으로 데이터 변경 여부를 결정할 때**, t5 시점에 이미 조회 결과가 달라진 상태라면 업무 규칙에 맞지 않는 데이터가 발생할 수 있다. Update 직전뿐만 아니라 t2 시점 이후 조회를 진행하는 동안에도 Insert 또는 Update로 인해 집합 변화가 일어날 수 있음을 상기하기 바란다.

SQL Server와 MySQL에서 아래와 같이 격리 수준을 Serializable로 설정하면, 이미 읽은 범위에는 변경과 삽입이 모두 차단된다. 따라서 TX1이 조회한 잔고 합은 문장 수준의 일관성을 보장하고, 이후 TX2의 Insert를 차단하므로 트랜잭션 수준의 일관성도 보장한다[24].

< TX1 >		< TX2 >
SET TRANSACTION ISOLATION LEVEL **SERIALIZABLE;**	t1	
SELECT SUM(잔고) FROM 계좌 WHERE 고객번호 = 123;	t2	
	t3	INSERT INTO 계좌 (계좌번호, 고객번호, 잔고, …) VALUES ('A098', 123, 2000, …);

24 온라인 스크립트 script4_sqlserver_txN.sql, script4_mysql_txN.sql 참조

```
UPDATE 계좌                                t4
SET    잔고 = 잔고 + 100
WHERE  고객번호 = 123;

COMMIT;                                    t5

                                           t6   COMMIT;
```

MySQL의 동시성 전략

Lock 기반 동시성 제어 모델로 출발한 MySQL은 3.23.15 버전부터 MVCC 모델을 지원하기 시작했다. 조회할 때 기본적으로 Consistent Nonlocking Read 방식을 사용하므로 문장 수준 읽기 일관성을 보장한다.

데이터를 변경할 때는 기존처럼 Locking Read 방식을 사용하기 때문에 Read Committed 격리 수준에서 문장 수준 쓰기 일관성이 훼손될 수 있다. 이를 방지하기 위해 MySQL은 Repeatable Read를 기본 격리 수준으로 채택하였다. SQL Server와 달리 MySQL은 Repeatable Read 격리 수준에서 Update 할 때도 Gap Lock을 사용하므로 문장 수준 쓰기 일관성을 보장한다. Gap Lock은 읽은 범위에 대한 삽입을 차단하기 때문이다. 이는 사실상 SQL Server의 Serializable 격리 수준에 해당한다.

트랜잭션 수준 일관성도 살펴보자. Consistent 모드로 조회한 결과를 조건으로 데이터를 변경할 때, 변경 시점에 이미 조회 결과가 달라진 상태라면 이상 현상이 발생할 수 있다. 이를 방지하기 위해 Oracle과 PostgreSQL은 Serializable 격리 수준에서 Update 도중 변경된 데이터를 발견하면 에러를 발생시킨다. 반면 MySQL은 Serializable 격리 수준에서 조회 시 Current 모드 Locking Read 방식으로 전환하고 추가로 Gap Lock을 사용함으로써, 조회한 결과가 변경 시점에 달라질 가능성을 차단한다.

여기까지만 보면 MySQL의 동시성 전략이 가장 완벽해 보인다. 하지만 그에 따른 부작용도 함께 살펴봐야 한다.

첫째, 4.3.2항에서 설명한 것처럼 트랜잭션 내에서 조회한 데이터를 변경할 때, 기본 격리 수준인 Repeatable Read에서도 Non-Repeatable Read 현상이 발생할 수 있다.

둘째, 기본 격리 수준인 Repeatable Read에서 Update 시 다른 트랜잭션의 삽입을 차단함으로써 동시성을 저하시킬 수 있다. Update 범위에 대한 다른 트랜잭션의 삽입을 차단하는 것만으로도 다른 DBMS에 비해 동시성 저하를 불러오지만, 3장에서 설명한 것처럼 Full Scan 방식으로 Update를 수행하거나 비효율적인 인덱스로 Update할 때 동시성이 더욱 심각하게 저하될 수 있다. 소수의 레코드만 갱신하는데도 조건절과 무관한 다수 레코드에 Lock이 설정되기 때문이다. 이로 인해 동시 사용자가 많은 대규모 시스템에서는 기본 격리 수준을 Read Committed로 설정하는 경우가 종종 있다.

여기에 한 가지 더 덧붙이자면, 기본 격리 수준의 작동 방식이 다른 DBMS와 다르고 두 가지 동시성 제어 모델이 공존하는 특성으로 인해 개발 난이도가 자연스럽게 높아질 수밖에 없다. 즉, 개발자가 MySQL의 내부 동작 방식을 충분히 숙지하지 못한 상태에서 코드를 작성하면 의도치 않은 결과를 초래하기 쉽고, 이는 곧 데이터 품질 저하로 이어진다.

이제 와서 하는 얘기지만, 필자도 본서를 집필하는 과정에서 다른 DBMS보다 MySQL의 동작 원리를 정리하는 데 훨씬 더 많은 시행착오를 겪었다. 특히 3장에서 다룬 'Semi-Consistent Read' 메커니즘을 완전히 이해하기 전까지는 그로 인해 나타나는 여러 이상 현상을 추적하며 수없이 테스트를 반복해야 했다.

결론적으로, MySQL 개발자는 다른 DBMS 환경의 개발자보다 Lock 메커니즘을 더 많이 공부해야 한다. 그래야만 MySQL이 가진 장점을 최대한 끌어올릴 수 있다.

(2) Oracle과 PostgreSQL의 Serializable 격리성

Serializable 격리 수준에서 조회한 값을 변경할 때도 Oracle과 PostgreSQL은 다른 트랜잭션이 삽입한 데이터를 무시한다. 아래 예시에서 TX2가 입력한 계좌는 TX1 Update의 고객번호 = 123 조건을 만족하지만, Update 대상에서 제외된다[25].

< TX1 >		< TX2 >
SET TRANSACTION ISOLATION LEVEL **SERIALIZABLE;**	t1	
SELECT SUM(잔고) FROM 계좌 WHERE 고객번호 = 123;	t2	
	t3	INSERT INTO 계좌 (계좌번호, 고객번호, 잔고, …) VALUES ('A098', 123, 2000, …);
	t4	COMMIT;
UPDATE 계좌 SET 잔고 = 잔고 + 100 WHERE 고객번호 = 123;	t5	
COMMIT;	t6	

25 온라인 스크립트 script4_oracle_txN.sql, script4_postgresql_txN.sql 참조

TX2가 고객번호 = 123 조건을 만족하는 계좌를 Update 하는 경우에는 4.3.2항에서[26] 살펴본 것처럼 TX1의 Update는 Update 충돌(직렬화 실패) 에러가 발생한다.

여기서 주의할 점이 있다. Oracle의 경우 방금 살펴본 Insert 상황에서도 "경우에 따라" 같은 에러(ORA-08177)가 발생할 수 있다. Oracle의 Serializable도 기본적으로 PostgreSQL처럼 다른 트랜잭션이 삽입한 데이터를 무시하고 지나가는 격리성이지만, 내부 구현 이슈로 생기는 예외 상황이라고 이해하면 된다.

에러 발생 여부와 상관 없이, Oracle Serializable 격리 수준에서는 Phantom Read 현상이 발생하지 않는다는 사실이 중요하다.

Insert 시, ORA-08177 에러가 발생할 수 있는 이유

Oracle은 Serializable 격리 수준에서 Update 할 때 트랜잭션 시작 이후에 삽입된 레코드는 무시한다. 그럼에도 불구하고 상황에 따라 ORA-08177 에러가 발생할 수 있는 이유는 무엇일까?

결론부터 말하면, Oracle이 **변경 여부를 블록 단위로 확인하기 때문**이다. **다른 트랜잭션이 Insert한 레코드가 변경 대상 레코드와 같은 블록에 입력돼 있으면** ORA-08177 에러가 발생한다.

1. 언제 에러가 발생하고, 언제 발생하지 않는가?

방금 본 예시의 TX1에서 실행한 Update는 트랜잭션을 시작한 t1 시점 기준으로 고객번호 = 123인 레코드만 대상으로 삼는다. 이때 TX2가 Insert한 신규 레코드가 t1 시점 기준으로 고객번호 = 123인 레코드가 하나도 없는 블록에 입력됐다면, TX1 Update는 에러 없이 정상적으로 처리된다. Consistent 모드로 대상을 식별할 때 해당 블록은 아예 접근 대상에서 제외되기 때문이다.

반면, 신규 레코드가 t1 시점에 고객번호 = 123인 레코드가 존재하는 블록에 입력됐다면, TX1 Update는 에러가 발생한다. 해당 블록에는 t1 시점에 고객번호 = 123인 레코드가 존재하므로 Consistent 모드 기준 변경 대상이고, 변경을 위해 Current 모드로 접근하는 순간 "t1 시점 이후에 커밋된 블록"이라는 사실(Update 충돌)을 감지하고 ORA-08177 에러를 발생시키는 것이다.

2. Insert에도 에러가 발생하는 이유

이처럼 신규 레코드가 Update 대상 레코드와 같은 블록에 있을 때 에러가 발생하는 이유는, Oracle

---

26 4.3 Repeatable Read 격리성 ▶ 4.3.2 조회한 값을 변경하는 경우 ▶ (3) PostgreSQL과 Oracle

이 트랜잭션 시작 이후의 변경 여부를 **레코드가 아닌 블록 단위로 판단하기 때문**이다. 즉, Update 대상 블록이 트랜잭션 시작 이후 변경된 사실이 감지되면, 변경 유형(Insert, Update, Delete)과 상관없이 충돌로 간주한다. 트랜잭션 시작 이후에 해당 블록이 변경됐는지 여부는 블록 헤더에 기록된 SCN[27] 값을 통해 판별한다.
(※ 테이블 레코드는 고객번호 = 123인 레코드가 없는 블록에 저장되었지만, 인덱스 레코드는 고객번호 = 123인 레코드가 있는 블록에 저장됨으로 인해 ORA-08177 에러가 발생할 수도 있다. 따라서 인덱스 유무에 따라 에러 발생 여부가 달라지기도 한다.)

3. 같은 블록에 있으면 무조건 ORA-08177 에러 발생하는가?

DEPT 테이블의 4개 레코드가 모두 하나의 블록에 저장돼 있더라도, 다음과 같이 두 트랜잭션이 '=' 조건으로 서로 명확히 배타적인 레코드를 갱신하는 경우에는 에러가 발생하지 않는다. 동시 실행하더라도 직렬화 위반으로 인해 문제가 발생할 가능성이 전혀 없기 때문이다.

```
TX1> UPDATE DEPT SET LOC = 'SEOUL' WHERE DEPTNO = 10;
TX2> UPDATE DEPT SET LOC = 'PUSAN' WHERE DEPTNO = 40;
```

반면, Update 조건절이 ① 범위 검색 기반이거나, ② '=' 조건이더라도 배타적인 레코드로 판정할 수 없는 경우, Oracle은 "잠재적" 충돌 가능성이 있다고 판단하여 에러를 발생시킨다.
아래는 서로 다른 범위를 갱신함에도 불구하고 범위 조건이어서 에러가 발생하는 경우다.

```
TX1> UPDATE DEPT SET LOC = 'SEOUL' WHERE DEPTNO = 10;
TX2> UPDATE DEPT SET LOC = 'PUSAN' WHERE DEPTNO BETWEEN 20 AND 40;
```

아래는 '=' 조건이지만 배타적인 레코드로 판정할 수 없어서 에러가 발생하는 경우다.

```
TX1> UPDATE DEPT SET LOC = 'SEOUL' WHERE DEPTNO = 10;
TX2> UPDATE DEPT SET LOC = 'PUSAN' WHERE DNAME = 'SALES';
```

---

27 SCN(System Change Number)은 Oracle이 데이터베이스의 일관성 기준 시점을 관리하기 위해 사용하는 논리적 타임스탬프(Timestamp)다. 트랜잭션이 커밋될 때마다 순차적으로 증가하며, 데이터 일관성 유지, 장애 복구, MVCC 구현의 핵심 기준으로 활용된다.

한 가지 더 주의할 점이 있다. Oracle과 PostgreSQL에서 아래 동시 트랜잭션을 진행해 보자[28].

< TX1 >		< TX2 >
SET TRANSACTION ISOLATION LEVEL **SERIALIZABLE;**	t1	
10875 SELECT SUM(SAL) INTO :SUM_SAL FROM EMP WHERE DEPTNO = 20;	t2	
	t3	INSERT INTO EMP (EMPNO, DEPTNO, SAL, …) VALUES (9999, 20, **1000**, …);
	t4	COMMIT;

IF :SUM_SAL <= 11000 THEN
UPDATE EMP SET SAL = SAL + 125
WHERE EMPNO = 7788 ;
END IF;
	t5	

11000 SELECT SUM(SAL) FROM EMP WHERE DEPTNO = 20;	t6	
COMMIT;	t7	

TX1은 20번 부서(DEPTNO = 20)의 급여(SAL) 합이 11,000 이하임을 확인하고 7788번 사원(EMPNO = 7788)의 급여를 125 증액했다. Update 후 20번 부서의 급여 합이 11,000임을 확인하고 커밋했다. 그런데 두 트랜잭션 완료 후 20번 부서의 최종 급여 합은 12,000이 된다. 조건 만족 여부를 아래와 같이 서브쿼리로 확인해도 결과는 같다.

< TX1 >		< TX2 >
SET TRANSACTION ISOLATION LEVEL **SERIALIZABLE;**	t1	
10875 SELECT SUM(SAL) FROM EMP WHERE DEPTNO = 20;	t2	

28 온라인 스크립트 script5_oracle_txN.sql, script5_postgresql_txN.sql 참조

```
                                                 t3  | INSERT INTO EMP
                                                     | (EMPNO, DEPTNO, SAL, … )
                                                     | VALUES (9999, 20, 1000, … );
                                                     |
                                                 t4  | COMMIT;
                                                     |
UPDATE EMP A SET SAL = SAL + 125                 t5  |
WHERE  EMPNO = 7788                                  |
AND    (SELECT SUM(SAL)                              |
        FROM   EMP                                   |
        WHERE  DEPTNO = A.DEPTNO) <= 11000;          |
                                                     |
                 [11000]                             |
                                                     |
SELECT SUM(SAL) FROM EMP                         t6  |
WHERE  DEPTNO = 20;                                  |
                                                     |
COMMIT;                                          t7  |
```

우리가 원하던 결과가 아니지만, TX1 트랜잭션을 완료한 후에 TX2를 실행했을 때와 결과가 같으므로 이를 직렬화 이상(anomaly)으로 보지 않는다[29].

5절에서 다시 정확히 설명하겠지만, '직렬화(Serializable)'란 두 트랜잭션을 동시 실행했을 때의 결과와 "어떤 순서로든" 하나씩 순차 실행한 결과가 동일해야 함을 의미한다. 즉, ANSI SQL이 규정한 Serializable 격리 수준은 실행 순서까지 보장할 것을 요구하지 않는다.

방금 살펴본 사례가 직렬화 이상은 아니더라도, 원하는 결과가 아니라면 4.5.5항에서 설명할 '강한 직렬화 방안'을 고려해야 한다.

29 4.5.1항에서 설명할 대표적인 직렬화 이상 현상인 '쓰기 왜곡'과는 다르다. 하지만 원인은 같다. 즉, 조회 결과를 바탕으로 데이터를 변경했는데, 변경 시점에 이미 조회 결과가 달라진 상태이기 때문에 발생하는 현상이다.

4.4.3 Serializable 격리성 요약

(※ NRR = Non-Repeatable Read, PR = Phantom Read)

구분	Lock 기반 동시성	다중 버전 동시성
Select(읽기 일관성)		
문장수준	조회 완료 시점의 일관성 • 읽은 데이터에 Shared 모드로 설정한 레코드 Lock과 Predicate Lock을 트랜잭션 종료 시까지 유지 • 읽은 범위에는 변경 및 삽입 차단 • 읽지 않은 범위는 변경 및 삽입 허용	트랜잭션 시작 시점의 일관성 • Lock을 사용하지 않고 조회 기준 시점을 트랜잭션 시작 시점으로 고정
트랜잭션 수준	NRR 방지, PR 방지 • Select 완료 순간부터 전체 조건절 범위에 변경 및 삽입 차단	NRR 방지, PR 방지 • 중간에 변경된 데이터는 트랜잭션 시작 시점으로 롤백 • 전체 범위에 삽입 허용하지만, 트랜잭션 시작 이후에 삽입된 데이터 무시
Update(쓰기 일관성)		
문장수준	Update 완료 시점의 일관성 • 변경한 데이터에 Exclusive 모드로 설정한 레코드 Lock과 Predicate Lock을 트랜잭션 종료 시까지 유지 • 변경한 범위에는 변경 및 삽입 차단 • 변경하지 않은 범위에는 변경 및 삽입 허용	트랜잭션 시작 시점의 일관성 • 변경한 데이터에 설정한 Exclusive Lock을 트랜잭션 종료 시까지 유지 • 아직 변경하지 않은 범위에는 변경 허용 → **Update 충돌 에러 발생** • 전체 범위에 삽입 허용하지만, 트랜잭션 시작 이후에 삽입된 데이터 무시 (※ Oracle은 상황에 따라 Update 충돌 에러 발생하기도 함)
트랜잭션 수준	NRR 방지, PR 방지 • Update 완료 순간부터 전체 조건절 범위에 변경 및 삽입 차단	NRR 방지, PR 방지 • Update 완료 순간부터 전체 조건절 범위 변경 불가 • 전체 범위에 삽입 허용하지만, 트랜잭션 시작 이후에 삽입된 데이터 무시

[표 4-4]

지금까지 설명한 내용을 바탕으로 Serializable 격리 수준에 대한 시사점을 정리하면 다음과 같다.

- **PK 인덱스로 단일 레코드를 액세스하는 경우**, 트랜잭션 격리 수준을 Repeatable Read로 설정하면 완벽한 데이터 일관성을 유지할 수 있다. Read Committed 수준에서 최초

Update/Delete를 실행하거나, 조회 시 For Share(SQL Server는 HOLDLOCK 힌트) 또는 For Update(SQL Server는 UPDLOCK 힌트)를 사용해도 같은 효과를 얻을 수 있다.

- **다중 레코드를 액세스하는 경우, 집합 변화에 의한 이상 현상, 즉 Phantom Read까지 방지하려면** 격리 수준을 Serializable로 설정해야 한다.
- **조회 전용 트랜잭션인 경우**, 격리 수준을 Serializable(MySQL과 PostgreSQL은 Repeatable Read)로 설정하는 것만으로도 Non-Repeatable Read와 Phantom Read 현상을 효과적으로 방지할 수 있다.
- **변경이 목적인 트랜잭션의 경우에도** 격리 수준을 Serializable(MySQL과 PostgreSQL은 Repeatable Read)로 설정하면 Non-Repeatable Read와 Phantom Read 현상을 효과적으로 방지할 수 있다. 다만, PostgreSQL과 Oracle은 트랜잭션을 직렬화하기 어려울 때 Update 충돌(직렬화 실패) 에러가 발생할 수 있으므로 반드시 예외 처리가 필요하다.
- **Serializable 격리 수준은** 이론적으로 트랜잭션의 직렬성을 보장해야 하지만, 직렬화 이상 현상이 나타날 수 있다. 이에 대한 내용을 바로 이어서 다룬다.

4.5 직렬화 이상

지금까지는 Serializable을 Non-Repeatable Read 뿐만 아니라 Phantom Read까지 방지해 주는 격리 수준으로 정의했다. 그러나 ANSI/ISO SQL 표준이 정의한 Serializable은 다음과 같다.

The execution of concurrent SQL-transactions at isolation level SERIALIZABLE is guaranteed to be serializable. A serializable execution is defined to be an execution of the operations of concurrently executing SQL-transactions that produces the same effect as some serial execution of those same SQL-transactions. A serial execution is one in which each SQL-transaction executes to completion before the next SQL-transaction begins.

이를 번역하면 다음과 같다.

- Serializable 격리 수준에서 SQL 트랜잭션을 동시에 실행하면 직렬화 가능해야 한다.
- 직렬화 가능한 실행이란, 여러 SQL 트랜잭션을 "동시에" 실행했을 때의 결과가 "어떤 순서로 하나씩" 실행했을 때의 결과와 일치하도록 처리하는 것이다.
- 순차적 실행이란, 각 SQL 트랜잭션이 실행을 완료한 후 다음 SQL 트랜잭션이 시작되는 방식이다.

이는 **여러 트랜잭션을 동시에 실행하더라도, 그 결과가 어떤 순서로든 하나씩 순차 실행한 결과 중 하나와 동일해야** 한다는 의미다.

Read Committed나 Repeatable Read 격리 수준에서는 직렬성 보장이 요구되지 않지만, Serializable 격리 수준에서 실행된 트랜잭션은 "직렬화 가능해야" 한다. 그런데 DBMS 구현의 한계로 직렬성을 보장하지 못하는 상황이 발생할 수 있으며, 이를 묵인하고 트랜잭션을 정상 커밋하면 직렬화 이상(Serialization Anomaly) 현상이 나타날 수 있다.

특히, Oracle은 트랜잭션 직렬화에 취약하다. 직렬성을 보장하려면 Lock이 필요한데, Oracle은 Serializable 격리 수준에서도 조회 시 Lock을 사용하지 않기 때문이다. ANSI 표준에서 Snapshot 격리 수준을 별도로 정의하지는 않았으나, Oracle Serializable은 사실상 Snapshot 격리 수준에 해당한다.

PostgreSQL도 Oracle과 기본 메커니즘이 유사하지만, 직렬화 가능 스냅샷 격리(Serializable Snapshot Isolation, SSI)를 구현함으로써 Serializable 격리성을 강화했다.

MySQL은 Repeatable Read 격리 수준까지는 Oracle처럼 MVCC 방식을 기본으로 사용하지만, Serializable 격리 수준에서는 SQL Server처럼 조회 시 Lock을 사용하고 삽입 방지를 위한 Gap Lock도 작동시켜 직렬화를 보장한다.

ANSI SQL이 정의한 직렬화는 실행 순서까지 보장할 것을 요구하지 않지만, 순서 보장이 필요한 경우도 있다. 더 강한 직렬화를 위해서는 모든 DBMS에서 추가 조치가 필요하다.

일반 직렬화 및 강한 직렬화를 설명하기 위해 지금부터 다음의 주제들을 다룬다.

- 쓰기 왜곡
- PostgreSQL 직렬화 가능 스냅샷 격리
- Select For Update를 활용한 쓰기 왜곡 방지
- 강한 직렬화
- 강한 직렬화 방안

4.5.1 쓰기 왜곡

쓰기 왜곡(Write Skew)은 동시에 실행 중인 두 트랜잭션이 동일한 조건을 독립적으로 검사한 뒤, 그 조건을 만족한다는 판단 하에 각자 데이터를 변경하거나 새로운 레코드를 삽입할 때 발생하는 이상 현상이다. 서로의 변경 내용을 고려하지 않고 작업을 수행한 결과, 최종 상태가 기대와 다르게 나타나는 것이 문제의 핵심이다.

예를 들어, 현재 10번 부서의 급여 총합은 8,750이다. 증액된 급여 예산 9,000에 맞추기 위해 두 담당 사원이 아래와 같이 급여 변경 작업을 동시에 진행했을 때 최종 결과는 얼마일까?

〈 TX1 〉		〈 TX2 〉
`SELECT SUM(SAL) FROM EMP` `WHERE DEPTNO = 10;` (8750)	t1	
	t2	`SELECT SUM(SAL) FROM EMP` `WHERE DEPTNO = 10;` (8750)
`UPDATE EMP SET SAL = `**`SAL + 250`** `WHERE EMPNO = 7934; -- MILLER`	t3	
	t4	`UPDATE EMP SET SAL = `**`SAL + 250`** `WHERE EMPNO = 7782; -- CLARK`
`COMMIT;`	t5	
	t6	`COMMIT;`

TX1과 TX2 모두 10번 부서의 급여 총합이 8,750임을 확인하고, 조건을 만족한다고 판단하여 서로 다른 사원의 급여를 250씩 증액했다. 그러나 나중에 다시 확인해 보고는 급여 총합이 9,250(=8750+250+250)으로 예산을 초과한 사실에 놀라지 않을까?

이는 **서로 다른 레코드를 변경했기 때문에 트랜잭션 간 Lock 충돌이 발생하지 않았고, 서로의**

변경을 전혀 인지하지 못한 채 트랜잭션이 정상적으로 커밋되었기 때문에 나타난 현상이다.

만약 두 트랜잭션을 순차적으로 실행했다면, 이런 문제는 발생하지 않는다. TX1이 진행을 마친 후에 TX2가 시작됐다면, TX2는 급여 합이 이미 9,000으로 변경된 사실을 확인하고 트랜잭션을 종료했을 것이기 때문이다.

지금 본 사례처럼, 두 트랜잭션 모두 조회한 값을 기준으로 변경 작업을 수행하는데, TX1의 변경은 TX2의 조회 결과에 영향을 주고, TX2의 변경은 TX1의 조회 결과에 영향을 주면 **동시 실행 결과가 순차 실행 결과와 일치하지 않을 가능성**이 있다. 직렬화 불가능한 이런 상황에서 두 트랜잭션이 정상적으로 커밋되면 그 결과에 논리적 모순이 생긴다.

쓰기 왜곡 해소

쓰기 왜곡을 방지하려면 트랜잭션을 직렬화해야 한다. 즉, 어느 한 트랜잭션을 완료한 후에 다음 트랜잭션이 진행하도록 구현해야 한다.

(1) SQL Server와 MySQL에서 쓰기 왜곡 방지

다행히, SQL Server와 MySQL의 Serializable 격리 수준은 조회할 때 Shared Lock을 사용하므로 쓰기 왜곡을 방지할 수 있다.

아래와 같이 TX1과 TX2 두 트랜잭션이 동시에 진행하면, TX1은 t5 시점에 TX2 Select에 의해 블로킹 된다. TX2는 t6 시점에 TX1 Select에 의해 블로킹 된다[30].

< TX1 >		< TX2 >
SET TRANSACTION ISOLATION LEVEL **SERIALIZABLE;**	t1	
	t2	SET TRANSACTION ISOLATION LEVEL **SERIALIZABLE;**
SELECT SUM(SAL) FROM EMP WHERE DEPTNO = 10;	t3	

30 온라인 스크립트 script6_sqlserver_txN.sql, script6_mysql_txN.sql 참조

	t4	SELECT SUM(SAL) FROM EMP WHERE DEPTNO = 10;
블로킹 UPDATE EMP SET SAL = **SAL + 250** WHERE EMPNO = 7934; -- MILLER	t5	
	t6	블로킹 UPDATE EMP SET SAL = **SAL + 250** WHERE EMPNO = 7782; -- CLARK

교착상태가 발생해 둘 중 하나는 트랜잭션 실패로 끝나겠지만, 이러한 실패는 쓰기 왜곡을 방지하기 위한 결과적 보호 장치가 된다. 중지된 트랜잭션은 다시 시도하는 시점에 SUM(SAL) 값이 9,000인 것을 확인하고 조건 불일치로 트랜잭션을 종료하게 된다.
이처럼 이들 DBMS는 쓰기 왜곡을 직접적으로 제어하는 기능은 없지만, 교착상태가 발생함으로써 결과적으로 쓰기 왜곡으로 인한 비일관성을 방지할 수 있다.

아래 순서로 진행하면, TX2는 t5 시점에 TX1에 의해 블로킹 된다. TX1이 커밋하기를 기다렸다가 교착상태 없이 SUM(SAL) 값이 9,000인 것을 확인하고 트랜잭션을 종료하게 된다.

< TX1 >		< TX2 >
SET TRANSACTION ISOLATION LEVEL **SERIALIZABLE;**	t1	
	t2	SET TRANSACTION ISOLATION LEVEL **SERIALIZABLE;**
8750 SELECT SUM(SAL) FROM EMP WHERE DEPTNO = 10;	t3	
UPDATE EMP SET SAL = **SAL + 250** WHERE EMPNO = 7934; -- MILLER	t4	
	t5	SELECT SUM(SAL) FROM EMP WHERE DEPTNO = 10;
COMMIT;	t6	

(2) Oracle에서 쓰기 왜곡 방지

MVCC 모델을 사용하는 **Oracle은 Serializable 격리성을 통해 트랜잭션 내 일관성을 유지하지만 트랜잭션 간 직렬화에는 한계**가 있다. 조회 시점에 Lock을 설정하지 않기 때문이다.

트랜잭션 간 직렬화가 불가능한 상황을 감지하면 에러(ORA-08177)를 발생시킴으로써 문제를 해결(?)한다. 그런데 지금과 같은 쓰기 왜곡 시나리오에선 에러가 발생하지 않고 트랜잭션이 그대로 커밋된다. 두 트랜잭션이 '=' 조건으로 서로 명확히 배타적인 레코드를 갱신하기 때문이다.

아래와 같이 커밋 직전에 한번 더 확인해도 왜곡을 방지할 수 없다. MVCC 특성상, 다른 트랜잭션의 변경사항을 볼 수 없기 때문이다[31].

< TX1 >		< TX2 >
SET TRANSACTION ISOLATION LEVEL **SERIALIZABLE;**	t1	
	t2	SET TRANSACTION ISOLATION LEVEL **SERIALIZABLE;**
8750 SELECT SUM(SAL) FROM EMP WHERE DEPTNO = 10;	t3	
	t4	8750 SELECT SUM(SAL) FROM EMP WHERE DEPTNO = 10;
UPDATE EMP SET SAL = **SAL + 250** WHERE EMPNO = 7934; -- MILLER	t5	
	t6	UPDATE EMP SET SAL = **SAL + 250** WHERE EMPNO = 7782; -- CLARK
9000 SELECT SUM(SAL) FROM EMP WHERE DEPTNO = 10;	t7	
	t8	9000 SELECT SUM(SAL) FROM EMP WHERE DEPTNO = 10;
COMMIT;	t9	
	t10	COMMIT;

Oracle Serializable 격리성으로 막지 못하는 또다른 쓰기 왜곡 사례를 살펴보자. Insert에 의한 쓰기 왜곡 사례다. 회사 규정 상 부서 내 휴가는 하루에 2명까지만 가능한 상황에서 10번 부서에 속한 1234번 사원과 2345번 사원이 아래와 같이 트랜잭션을 동시에 진행하면 어떻

31 온라인 스크립트 script6_oracle_txN.sql 참조

게 될까[32]?

< TX1 >		< TX2 >
SET TRANSACTION ISOLATION LEVEL **SERIALIZABLE;**	t1	
	t2	SET TRANSACTION ISOLATION LEVEL **SERIALIZABLE;**
1 SELECT COUNT(*) FROM 휴가신청 WHERE 부서번호 = 10 AND 일자 = TO_CHAR(SYSDATE+1, 'YYYYMMDD');	t3	
	t4	1 SELECT COUNT(*) FROM 휴가신청 WHERE 부서번호 = 10 AND 일자 = TO_CHAR(SYSDATE+1, 'YYYYMMDD');
INSERT INTO 휴가신청 (사원번호, 부서번호, 일자) VALUES(1234, 10 , TO_CHAR(SYSDATE+1, 'YYYYMMDD'));	t5	
	t6	INSERT INTO 휴가신청 (사원번호, 부서번호, 일자) VALUES(2345, 10 , TO_CHAR(SYSDATE+1, 'YYYYMMDD'));
2 SELECT COUNT(*) FROM 휴가신청 WHERE 부서번호 = 10 AND 일자 = TO_CHAR(SYSDATE+1, 'YYYYMMDD');	t7	
	t8	2 SELECT COUNT(*) FROM 휴가신청 WHERE 부서번호 = 10 AND 일자 = TO_CHAR(SYSDATE+1, 'YYYYMMDD');
COMMIT;	t9	
	t10	COMMIT;

32 온라인 스크립트 script7_oracle_txN.sql 참조

휴가신청 건수가 최초 1이었으므로 둘 다 Insert를 진행한다. Insert 결과로 부서의 휴가신청 건수가 2가 된 것을 확인하고 다음 날 휴가를 갔는데, 나중에 보니 그날 3명이 휴가를 간 상황이 되어 버린다[33].

위 경우도 두 트랜잭션을 어떤 순서로든 순차적으로 실행했다면, 문제가 발생하지 않는다. 예를 들어, TX1이 진행을 마친 후에 TX2가 시작했다면, 휴가신청 건수가 이미 2인 것을 확인하고 트랜잭션을 종료했을 것이기 때문이다.

SQL Server와 MySQL의 Serializable 격리 수준은 지금과 같은 Insert에 의한 쓰기 왜곡도 막을 수 있다. 물론, 이 경우도 교착상태를 통해 제어가 이루어진다. 반면 Oracle은 Update이든 Insert이든, Serializable 격리 수준만으로는 쓰기 왜곡을 막을 수 없다.

Oracle도 방법은 있다. 부모 테이블에 Lock을 걸면 된다. 자세한 내용은 4.5.3항에서 소개한다. 또한, 해당 프로그램의 실행을 직렬화하는 방법도 있다. 프로그램 시작 시점에 아래 함수를 호출하는 방식이며, 자세한 내용은 5장 12절 '프로그램 병행 실행 제어'에서 확인할 수 있다.

```
DBMS_LOCK.REQUEST(
   id       => DBMS_UTILITY.GET_HASH_VALUE('휴가신청_10', 0, 1024)
  , lockmode => DBMS_LOCK.X_MODE
  , timeout  => 10
  , release_on_commit => true
  );
```

이마저도 적용하기 어렵다면, 아래와 같이 테이블 Lock(Exclusive TM Lock)을 사용하는 수밖에 없다.

33 두 트랜잭션이 동시에 Insert를 수행할 때, Oracle은 각 프로세스에 독립적인 Freelist를 할당하여 서로 다른 테이블 블록에 데이터를 입력하도록 한다. 따라서 지금처럼 Serializable 격리 수준에서도 ORA-08177 에러가 발생하지 않는다. 하지만 인덱스를 생성한 상태라면 t6 시점에 TX2 트랜잭션에서 ORA-08177 에러가 발생할 수 있다. 데이터 양이 적어 두 레코드가 같은 인덱스 블록에 저장되기 때문이다. 따라서 인덱스를 생성하지 않은 상태에서 테스트하거나, 두 사원번호(1234, 2345) 사이에 많은 데이터를 사전에 입력한 상태에서 테스트해야 한다.

< TX1 >		< TX2 >
LOCK TABLE 휴가신청 **IN EXCLUSIVE MODE;**	t1	
	t2	LOCK TABLE 휴가신청 **IN EXCLUSIVE MODE;**
[1] SELECT COUNT(*) FROM 휴가신청 WHERE 부서번호 = 10 AND 일자 = TO_CHAR(SYSDATE+1, 'YYYYMMDD');	t3	
INSERT INTO 휴가신청(사원번호, 부서번호, 일자) VALUES(1234, 10 , TO_CHAR(SYSDATE+1, 'YYYYMMDD'));	t4	
[2] SELECT COUNT(*) FROM 휴가신청 WHERE 부서번호 = 10 AND 일자 = TO_CHAR(SYSDATE+1, 'YYYYMMDD');	t5	
COMMIT;	t6	휴가신청 건수가 2인 사실을 확인하고 트랜잭션 종료
	t7	SELECT COUNT(*) FROM 휴가신청 WHERE 부서번호 = 10 AND 일자 = TO_CHAR(SYSDATE+1, 'YYYYMMDD');

(3) PostgreSQL에서 쓰기 왜곡 방지

PostgreSQL은 9.1 버전에서 직렬화 가능 스냅샷 격리(Serializable Snapshot Isolation, SSI)를 도입함으로써 이전 버전보다 트랜잭션 간 논리적 충돌을 더 정교하게 감지하고 제어할 수 있게 되었다. 이 기능의 핵심은, SSI 충돌 감지를 통해 쓰기 왜곡 현상을 원천적으로 방지해 준다는 점이다.

지금까지 설명한 쓰기 왜곡 사례를 PostgreSQL 9.1 이상에서 실행하면, 충돌 가능성을 감지하고 에러를 발생시킨다. 이는 트랜잭션을 중단함으로써 일관성 훼손을 사전에 차단하는 전략이다.

아래는 앞서 살펴 본 급여 변경 예시다. 이를 PostgreSQL에서 실행하면, 아래와 같이 TX2의 커밋 시점에 에러가 발생한다[34].

34 온라인 스크립트 script6_postgresql_txN.sql 참조

〈 TX1 〉		〈 TX2 〉
SET TRANSACTION ISOLATION LEVEL **SERIALIZABLE;**	t1	
	t2	SET TRANSACTION ISOLATION LEVEL **SERIALIZABLE;**
8750 SELECT SUM(SAL) FROM EMP WHERE DEPTNO = 10;	t3	
	t4	8750 SELECT SUM(SAL) FROM EMP WHERE DEPTNO = 10;
UPDATE EMP SET SAL = **SAL + 250** WHERE EMPNO = 7934; -- MILLER	t5	
	t6	UPDATE EMP SET SAL = **SAL + 250** WHERE EMPNO = 7782; -- CLARK
COMMIT;	t7	에러
	t8	COMMIT;

에러 메시지에서, 트랜잭션을 다시 시도하면 성공할 수 있다고 친절하게 안내도 해 준다.

```
ERROR: could not serialize access due to read/write dependencies among transactions
HINT:  The transaction might succeed if retried.
```

휴가 신청 사례도 아래와 같이 TX2의 커밋 시점에 에러가 발생한다[35].

〈 TX1 〉		〈 TX2 〉
SET TRANSACTION ISOLATION LEVEL **SERIALIZABLE;**	t1	
	t2	SET TRANSACTION ISOLATION LEVEL **SERIALIZABLE;**
1 SELECT COUNT(*) FROM 휴가신청 WHERE 부서번호 = 10 AND 일자 = TO_CHAR(CURRENT_DATE+1, 'YYYYMMDD');	t3	

35 온라인 스크립트 script7_postgresql_txN.sql 참조

	t4	SELECT COUNT(*) FROM 휴가신청 WHERE 부서번호 = 10 AND 일자 = TO_CHAR(CURRENT_DATE+1, 'YYYYMMDD'); [1]
INSERT INTO 휴가신청 (사원번호, 부서번호, 일자) VALUES(1234, 10, TO_CHAR(CURRENT_DATE+1, 'YYYYMMDD'));	t5	
	t6	INSERT INTO 휴가신청 (사원번호, 부서번호, 일자) VALUES(1234, 10, TO_CHAR(CURRENT_DATE+1, 'YYYYMMDD'));
COMMIT;	t7	[에러]
	t8	COMMIT;

예외 처리를 통해 트랜잭션을 다시 시도하면, 이미 휴가 신청 건수가 2건이라는 사실을 확인하고 휴가를 포기하거나 대체 일정을 선택하게 된다.

이처럼 PostgreSQL은 SSI 충돌 감지 기능을 통해 쓰기 왜곡에 의한 비일관성을 사전에 차단한다. Oracle은 Insert 후에 결과가 정상적인지를 확인해도 쓰기 왜곡을 막을 수 없었는데, PostgreSQL은 확인할 필요도 없다. 둘 다 MVCC 모델을 기반으로 트랜잭션을 처리하는데 어디서 이런 차이가 생기는지, 이어서 좀 더 자세히 살펴보자.

4.5.2 PostgreSQL 직렬화 가능 스냅샷 격리

직렬화 가능 스냅샷 격리(Serializable Snapshot Isolation, SSI)! 이름에서 알 수 있는 것처럼 기존 스냅샷 격리는 기본적으로 직렬화에 한계가 있다.

직렬화 불가능한 스냅샷 격리 수준

Oracle의 Serializable과 PostgreSQL 9.1 이전 버전의 Serializable 격리 수준은 사실상 Snapshot 격리 수준에 해당한다. SQL Server는 MVCC 옵션을 아예 'Snapshot 격리 수준'이라고 명명했다.

Snapshot 격리 수준은 트랜잭션 시작 시점을 기준으로 데이터를 읽기 때문에 조회 일관성이 매우 우수하다. 조회할 때 Shared Lock을 사용하지 않기 때문에 동시성(성능)도 좋다. 하지만, 바로 그 Shared Lock을 사용하지 않는 특성으로 인해, 조회 시점에 동시 실행 중인 다른 트랜잭션들이 기다리도록 줄 세울 방법이 없다. 즉, 트랜잭션 직렬화에 취약하다.

트랜잭션 시작 시점 기준으로 데이터를 읽는 Snapshot(기존 Serializable) 격리 수준에서는 중간에 변경된 데이터는 이전 상태로 되돌려서 읽고, 중간에 삽입된 데이터는 조회 대상에서 자동으로 제외된다. Non-Repeatable Read와 Phantom Read 현상이 발생할 수 없는 구조다. Repeatable Read 격리 수준에서도 마찬가지이며, Oracle이 Repeatable Read 격리 수준을 별도로 제공하지 않는 이유다. PostgreSQL은 별도로 제공하지만 Serializable 격리 수준과 실질적인 차이가 없었다. 그러나 PostgreSQL은 기존 Serializable 격리 수준에 SSI 충돌 방지 기능을 구현함으로써 'Snapshot이지만 직렬화 가능한' 새로운 격리 수준을 갖추게 되었다. 이름하여 '직렬화 가능 스냅샷 격리 수준'이다.

직렬화 가능한 스냅샷 격리 수준

이 격리 수준은 기본적으로 Repeatable Read와 같은 방식으로 작동한다. 기존처럼 스냅샷 기반으로 조회 및 변경 작업을 수행하고, Update 충돌(직렬화 실패)을 감지한다. 즉, Non-Repeatable Read와 Phantom Read를 방지하고, 기본적인 직렬화 이상 현상을 차단하기 위해 트랜잭션 시작 이후 다른 트랜잭션이 변경한 레코드를 발견하면 아래와 같은 에러를 발생시킨다. 에러 코드(SQLState)는 40001이다.

```
" could not serialize access due to concurrent update "
```

새로 도입한 격리 수준이 Repeatable Read와 다른 점은, 동시에 실행되는 Serializable 트랜잭션 간에 쓰기 왜곡이 발생할 가능성이 있는지를 실시간 모니터링한다는 것이다. 쓰기 왜곡을 유발할 수 있는 조건이 감지되면 어느 한 트랜잭션에 아래와 같은 에러가 발생한다. 에러 코드(SQLState)는 똑같이 40001이다.

```
" could not serialize access due to read/write dependencies among transactions "
```

표 4-5는 PostgreSQL의 Repeatable Read와 Serializable 격리 수준 간의 차이점을 요약한 것인다.

격리 수준	동작 방식	충돌 탐지 범위	Phantom Read	Serializable Anomaly
Repeatable Read	스냅샷	실제 같은 데이터에 접근하는지 감시	불가	가능
Serializable (SSI)	스냅샷 + SSI 충돌 방지	같은 데이터에 접근하지 않더라도 예측적 감시	불가	불가

[표 4 - 5]

순환 RW 의존 관계

'직렬화 가능 스냅샷 격리'의 핵심이 SSI 충돌 감시이므로 이 메커니즘을 좀 더 자세히 살펴보자. 쓰기 왜곡은, "조회한 값을 기준으로" Update 또는 Insert하는 트랜잭션을 동시에 실행하는데, 두 트랜잭션이 서로의 기준 데이터를 변경할 때 발생한다. 좀 더 풀어서 설명하면, 아래와 같다.

- 동시에 실행 중인 A와 B 두 개의 트랜잭션이 있다.
- 두 트랜잭션 모두 읽기 작업 후에 쓰기 작업을 수행하는데, 앞서 읽은 값을 쓰기 작업에 이용한다. 예를 들어, "앞서 읽은 값을 검사해서" Update 여부를 결정하거나, 앞서 읽은 값을 Insert 한다.
- A의 쓰기 작업이 B의 읽기 결과에 영향을 주고, B의 쓰기 작업이 A의 읽기 결과에 영향을 준다. 즉, 상호 종속(=의존) 관계다.

이 두 개의 트랜잭션은 논리적으로 직렬화가 불가능하다. "동시에" 실행 중이던 두 트랜잭션을 "순차적으로" 실행하면 결과가 다를 수 있기 때문이다.

쓰기 왜곡의 근본 원인을 설명하려면, 순환 RW 관계를 이해할 필요가 있다. 트랜잭션 간 의존성에는 RW(Read-Write), WR(Write-Read), WW(Write-Write) 세 가지가 있으며, 쓰기 왜곡은 두 트랜잭션이 '순환 RW 의존 관계'일 때 발생한다[36]. 순환 RW 의존 관계는 아래와 같은 상황을 말한다.

- TX1 → TX2 : TX1의 변경 사항이 TX2의 조회 결과에 영향을 준다.
- TX2 → TX1 : TX2의 변경 사항이 TX1의 조회 결과에 영향을 준다.

예시 1 MAX 값 채번 후 Insert

순환하는 의존 관계를 이해할 수 있는 가장 쉬운 예는 채번 후 신규 레코드를 Insert하는 트랜잭션이다.

예를 들어, 거래 테이블의 PK가 「고객번호 + 거래순번」이다. PK의 유일성을 보장하기 위해 DBMS가 제공하는 PK 제약 기능을 사용하면 가장 쉽지만, 그럴 수 없는 상황이라고 가정하자. PK 제약 설정 없이 애플리케이션 단에서 고객별 거래순번을 Unique하게 채번해서 Insert하는 트랜잭션은 아래와 같다[37].

< TX1 >		< TX2 >
SET TRANSACTION ISOLATION LEVEL **SERIALIZABLE;**	t1	
	t2	SET TRANSACTION ISOLATION LEVEL **SERIALIZABLE;**
SELECT NVL(MAX(거래순번), 0) + 1 INTO[38] **:SEQ** FROM 거래 WHERE 고객번호 = 123;	t3	

36 트랜잭션 간 의존성에는 다음 세 가지가 있다.
① RW(Read-Write) 의존성 : TX1이 읽은 데이터를 TX2가 변경하는 경우
② WR(Write-Read) 의존성 : TX1이 변경한 데이터를 TX2가 읽는 경우
③ WW(Write-Write) 의존성 : TX1이 변경한 데이터를 TX2가 변경하는 경우

37 온라인 스크립트 script8_dbms_txN.sql 참조

38 조회 결과를 변수에 대입(할당)하기 위해 Oracle PL/SQL에서 사용하는 키워드

	t4	SELECT NVL(MAX(거래순번), 0) + 1 INTO :SEQ FROM 거래 WHERE 고객번호 = 123;
INSERT INTO 거래 (고객번호, 거래순번, …) VALUES (123, :SEQ, …);	t5	
	t6	INSERT INTO 거래 (고객번호, 거래순번, …) VALUES (123, :SEQ, …);
COMMIT;	t7	
	t8	COMMIT;

위 두 트랜잭션은 순환 RW 의존 관계다.

- TX1의 Select 결과는 TX2의 Insert에 종속 → RW 의존 관계
- TX2의 Select 결과는 TX1의 Insert에 종속 → RW 의존 관계

두 트랜잭션을 순차적으로 실행하면 동시에 실행할 때와 결과가 다르다. 어떤 순서로든 순차적으로 실행하면 PK 중복이 발생하지 않지만, 동시에 실행하면 PK 중복이 발생한다.
어떤 순서로든 순차적으로 실행했을 때와 결과가 동일하도록 처리하는 것이 Serializable 격리성인데, 순환 RW 의존 관계에 있는 트랜잭션을 동시에 처리하면 그것을 보장할 수 없고, 결과에 논리적 모순이 생긴다.
순환 RW 의존 관계일 때 쓰기 왜곡이 발생하므로 SSI 충돌 감지 기능은 RW 의존 관계만 추적한다. RW 의존 관계를 추적하던 중에 순환 고리가 발견되면 둘 중 하나를 강제로 실패 처리함으로써 논리적 모순 가능성을 차단한다.
아래는 Serializable 격리 수준에서 위 트랜잭션을 동시에 실행했을 때 DBMS별 처리 결과다.

- Oracle : 거래 테이블에 중복 발생
- SQL Server, MySQL : 교착상태 발생 → 재실행을 통해 일관성 확보 가능

- PostgreSQL : 에러(SQLState = 40001) 발생 → 재실행을 통해 일관성 확보 가능

예시 2 참조 무결성 구현

순환하는 의존 관계를 이해하기 쉬운 또 다른 사례는 외래 키(FK)의 참조 무결성 구현이다. 예를 들어, 부서(DEPT)와 사원(EMP) 테이블은 1:M 관계이며, 사원 테이블의 부서번호(DEPTNO)는 부서 테이블의 부서번호를 참조한다. 두 테이블 간 참조 무결성을 유지하려면 데이터 입력 및 삭제 시 아래와 같은 검증이 필요하다.

- 자식 레코드 입력 : 부모(DEPT) 레코드가 존재함을 확인해야 한다.
- 부모 레코드 삭제 : 자식(EMP) 레코드가 없음을 확인해야 한다.

아래 TX1은 40번 부서에 소속된 사원을 입력하는 트랜잭션이고, TX2는 40번 부서를 삭제하는 트랜잭션이다[39].

< TX1 >		< TX2 >
SET TRANSACTION ISOLATION LEVEL **SERIALIZABLE;**	t1	
	t2	SET TRANSACTION ISOLATION LEVEL **SERIALIZABLE;**
SELECT COUNT(*) INTO :CNT FROM DEPT WHERE DEPTNO = 40;	t3	
	t4	SELECT COUNT(*) INTO :CNT FROM EMP WHERE DEPTNO = 40;
IF :CNT = 1 THEN -- 부모가 있으면 INSERT INTO EMP(EMPNO, DEPTNO, …) VALUES(9999, 40, …); END IF;	t5	

39 온라인 스크립트 script9_dbms_txN.sql 참조

	t6	IF :CNT = 0 THEN -- 자식이 없으면 DELETE FROM DEPT WHERE DEPTNO = 40; END IF;
COMMIT;	t7	
	t8	COMMIT;

현재 40번 부서(DEPT)는 있지만 소속 사원(EMP)이 없는 상황에서 이 두 트랜잭션을 동시에 실행하면, 다음과 같이 처리된다.

- TX1 : 40번 부서가 존재하므로 40번 부서에 소속된 사원 레코드 Insert
- TX2 : 40번 부서에 소속된 사원이 없으므로 40번 부서 레코드 Delete

이후 두 트랜잭션이 커밋까지 완료하면, 참조 무결성이 훼손된 상태가 된다.
반면, 두 트랜잭션을 TX1 → TX2 순으로 순차 실행했다면, TX2는 40번 부서 소속 사원이 존재함을 확인하고 부서 레코드를 삭제하지 않았을 것이다. 반대로 TX2 → TX1 순으로 순차 실행했다면, TX1는 40번 부서가 존재하지 않음을 확인하고 사원 레코드를 입력하지 않았을 것이다.
아래는 Serializable 격리 수준에서 위 트랜잭션을 동시에 실행했을 때 DBMS별 처리 결과다.

- Oracle : 참조 무결성 훼손
- SQL Server, MySQL : 교착상태 발생 → 재실행을 통해 일관성 확보
- PostgreSQL : 에러(SQLState = 40001) 발생 → 재실행을 통해 일관성 확보

가능성을 고려한 예방적 조치

순환 RW 의존 관계라고 해서 항상 쓰기 왜곡이 발생하는 건 아니다. 휴가 신청 사례를 다시 보자.

< TX1 >		< TX2 >
SET TRANSACTION ISOLATION LEVEL **SERIALIZABLE;**	t1	
	t2	SET TRANSACTION ISOLATION LEVEL**SERIALIZABLE;**
0 SELECT COUNT(*) FROM 휴가신청 WHERE 부서번호 = 10 AND 일자 = TO_CHAR(CURRENT_DATE+1, 'YYYYMMDD');	t3	
	t4	0 SELECT COUNT(*) FROM 휴가신청 WHERE 부서번호 = 10 AND 일자 = TO_CHAR(CURRENT_DATE+1, 'YYYYMMDD');
INSERT INTO 휴가신청 (사원번호, 부서번호, 일자) VALUES(1234, 10, TO_CHAR(CURRENT_DATE+1, 'YYYYMMDD'));	t5	
	t6	INSERT INTO 휴가신청 (사원번호, 부서번호, 일자) VALUES(2345, 10, TO_CHAR(CURRENT_DATE + 1, 'YYYYMMDD'));
COMMIT;	t7	
	t8	COMMIT;

현재 10번 부서의 현재 휴가 신청 건수가 0인 상태에서 두 트랜잭션이 동시에 진행된다고 가정하자. 1234번 사원(TX1)과 2345번 사원(TX2)이 조회한 휴가 신청 건수는 모두 0이다. 이 상태에서 두 사원이 동시에 휴가 신청(Insert)을 완료하더라도 업무 규칙에 위배된 데이터는 생성되지 않는다.

두 트랜잭션을 순차적으로 실행했을 때와 동시에 실행할 때의 최종 결과도 같다. 순차 실행 시 어느 쪽을 먼저 실행하든 휴가 신청 건수가 2 이하라는 조건을 만족하기 때문이다.

- TX1이 먼저 실행되면, 2345번 사원(TX2)이 읽은 휴가 신청 건수는 1
- TX2가 먼저 실행되면, 1234번 사원(TX1)이 읽은 휴가 신청 건수는 1

순환 RW 의존 관계가 형성되었지만, 두 사원 모두 휴가 신청을 정상적으로 진행했을 때 쓰기 왜곡이 발생하지 않았다.

그러나 PostgreSQL이 이를 직렬화 가능한 상황이라고 판단할 수는 없다. 순차 실행 시 각 트랜잭션이 읽는 휴가 신청 건수가 현재와 다를 수 있고, 그에 따라 최종 결과도 달라질 여지가 있기 때문이다. 순환적 의존 관계가 형성되면 읽는 값과 조건에 따라 논리적 모순이 발생할 가능성이 있으므로 PostgreSQL은 무조건 에러를 발생시킨다.

정리해 보자.

- 쓰기 왜곡은 트랜잭션 간에 순환 RW 의존 관계가 형성될 때 발생한다.
- 순환 RW 의존 관계가 형성되더라도 항상 쓰기 왜곡이 발생하는 것은 아니다.
- PostgreSQL은 순환 RW 의존 관계를 감지하면, 잠재적 쓰기 왜곡 가능성을 차단하기 위해 예외 없이 에러를 발생시킨다.

Predicate Locking

두 트랜잭션이 같은 레코드를 변경한다면 Lock에 의한 블로킹이 발생하여 충돌을 감지하고 제어할 수 있다. 그러나 쓰기 왜곡은 두 트랜잭션의 변경 작업이 서로 다른 레코드에 접근하는 상황에서 발생하기 때문에 일반적인 Lock 메커니즘으로는 제어가 어렵다. 트랜잭션 간 직렬성을 모니터링하기 위한 별도의 수단이 필요한 이유다.

PostgreSQL은 이를 위해 Predicate Lock을 사용한다. 이 Lock은 Serializable 트랜잭션 간의 RW 의존성을 추적하기 위한 용도로 사용되며, SQL Server와 MySQL의 Predicate Lock처럼 블로킹을 유발하지는 않는다[40]. 따라서 Repeatable Read 격리 수준일 때 보다 동시성이 더 저하되진 않지만, 의존성 모니터링에 따른 약간의 부하는 존재한다.

다른 DBMS의 Predicate Lock처럼 PostgreSQL의 Predicate Lock도 트랜잭션이 실제로 접근한 데이터에 기반하여 설정된다. 이 Lock은 pg_locks 시스템 뷰에서 SIReadLock 모드로 표

---

40 Repeatable Read 격리 수준에 비해 Serializable에서만 블로킹이 발생하는 유일한 사례는 사용자가 트랜잭션 격리 수준을 명시적으로 SERIALIZABLE READ ONLY DEFERRABLE로 설정할 때뿐이다. 이렇게 설정하면 읽기 작업만 하는 트랜잭션이라는 사실을 확인할 때까지 해당 트랜잭션은 블로킹 상태에 들어간다.

시된다. Lock 추적에 필요한 메모리 자원의 고갈을 방지하기 위해, 최초 레코드 단위로 설정했다가 트랜잭션 도중에 페이지 단위로 에스컬레이션 될 수 있다.

모니터링 도중에 직렬화 이상이 발생할 가능성이 더는 없다고 판단되면(예를 들면, 읽기 작업만 하는 트랜잭션) 커밋 전에 SIRead 락을 해제할 수 있다. 실제로, 읽기 작업만 하는 트랜잭션은 시작 시점에 그 사실을 판단하여 아예 Predicate Lock을 설정하지 않고 실행되기도 한다.

반면, SIRead 락은 트랜잭션이 커밋된 이후에도 유지될 수 있다. 해당 트랜잭션과 RW 의존 관계를 형성한 트랜잭션이 모두 종료될 때까지 Lock을 유지해야 하기 때문이다.

Update 충돌(직렬화 실패) 감지

몇 가지 테스트를 통해 PostgreSQL 9.1 버전의 SSI 충돌 감지 기능이 구체적으로 어떻게 작동하는지 확인해 보자. 우선, 아래는 Repeatable Read와 예전 버전의 Serializable 격리 수준에서도 존재하던 기본적인 Update 충돌 감지 기능을 확인하기 위한 테스트다[41].

< TX1 >		< TX2 >
SET TRANSACTION ISOLATION LEVEL **SERIALIZABLE;**	t1	
	t2	UPDATE 계좌 SET 잔고 = 잔고 + 100 WHERE 계좌번호 = 'A001';
UPDATE 계좌 SET 잔고 = 잔고 + 100 WHERE 계좌번호 = 'A001';	t3	
	t4	COMMIT;

이 예시에서는 TX2가 커밋하는 순간 TX1에서 다음과 같은 에러가 발생한다.

```
" could not serialize access due to concurrent update "
```

41 온라인 스크립트 script10_postgresql_txN.sql 참조

이는 트랜잭션 직렬화를 보장하기 위한 조치이며, Repeatable Read 격리 수준에서도 작동한다.

본 사례에서는 실제 직렬화 이상이 발생하지는 않는다. 즉, 어떤 순서로 실행하든 결과는 같다. 하지만 한 트랜잭션이 Update 중인 데이터를 다른 트랜잭션이 동시에 Update 하는 경우, 직렬화 이상 현상이 발생할 가능성이 있다.

예를 들어, 3장 8절의 상황 10과 상황 11에서 PostgreSQL이 문장 수준 쓰기 일관성을 보장하지 않는 사례를 소개했는데, 이들 사례의 공통점은 다음 두 케이스 중 어느 것과도 결과가 일치하지 않는다는 점이다.

- TX1 → TX2 순으로 처리했을 때의 결과
- TX2 → TX1 순으로 처리했을 때의 결과

Scrializable 격리 수준에서는 직렬화를 보장해야 하므로 이러한 경우 Update 충돌 에러를 발생시켜 이상 현상을 방지한다. 기존의 Update 충돌 감지 기능도 실제 직렬화 이상 발생 여부와 관계 없이 가능성 차단을 위해 작동한다.

이번에는 아래와 같이 TX1이 Update 전에 조회부터 하도록 스크립트를 변경하고 다시 테스트해 보자[42].

〈 TX1 〉		〈 TX2 〉
SET TRANSACTION ISOLATION LEVEL **SERIALIZABLE;**	t1	
SELECT 잔고 FROM 계좌 WHERE 계좌번호 = 'A001';	t2	
	t3	UPDATE 계좌 SET 잔고 = 잔고 + 100 WHERE 계좌번호 = 'A001';
	t4	COMMIT;

42 온라인 스크립트 script11_postgresql_txN.sql 참조

UPDATE 계좌 SET 잔고 = 잔고 + 100 WHERE 계좌번호 = 'A001';	t5	

이 경우에도 t5 시점에 TX1이 Update를 실행하는 순간 앞서와 동일한 에러가 발생한다. Repeatable Read 격리 수준에서도 같은 에러가 발생하며, 이는 트랜잭션 직렬화를 보장하기 위한 조치다.

한편, 아래와 같이 TX2가 Insert 문을 수행할 때는 Update 충돌이 발생하지 않는다. 즉, TX1은 TX2가 Insert한 데이터는 제외한 채로 Update를 수행한다[43].

< TX1 >		< TX2 >
SET TRANSACTION ISOLATION LEVEL **SERIALIZABLE**	t1	
SELECT SUM(잔고), SUM(잔고+100) FROM 계좌 WHERE 고객번호 = 123;	t2	
	t3	INSERT INTO 계좌 (계좌번호, 고객번호, 잔고) VALUES ('A098', 123, 1000);
	t4	COMMIT;
UPDATE 계좌 SET 잔고 = 잔고 + 100 WHERE 고객번호 = 123;	t5	

MVCC 기반 DBMS에서 Update와 Insert가 동시에 진행될 때는 항상 Update 완료 후 Insert를 진행한 것과 동일한 결과가 나타난다. 이는 어떤 순서로든 트랜잭션을 하나씩 순차 실행한 결과 중 하나와 일치하므로 직렬화된 결과라고 할 수 있다.

정리하면, Update 충돌은 TX1 트랜잭션이 시작된 이후, TX2가 변경 및 커밋한 데이터를 TX1

43 온라인 스크립트 script12_postgresql_txN.sql 참조

이 다시 변경하려고 할 때 발생한다. 반면, TX2가 Insert 한 데이터는 무시하므로 충돌이 발생하지 않는다.

이처럼 Update 충돌을 방지하기 위한 기본적인 트랜잭션 직렬화 기능은 Repeatable Read 격리 수준, 그리고 예전 버전의 Serializable 격리 수준에서도 이미 존재했다. 9.0 버전까지의 Serializable은 Repeatable Read와 정확히 같은 방식으로 작동했다.

SSI 충돌 감지

이제 9.1 버전에 도입된 SSI 충돌 감지 기능을 테스트해 보자[44].

< TX1 >		< TX2 >
SET TRANSACTION ISOLATION LEVEL **SERIALIZABLE;**	t1	
	t2	SET TRANSACTION ISOLATION LEVEL **SERIALIZABLE;**
SELECT SUM(잔고) FROM 계좌 WHERE 고객번호 = 123;	t3	
	t4	SELECT SUM(잔고) FROM 계좌 WHERE 고객번호 = 123;
INSERT INTO 계좌 (계좌번호, 고객번호, 잔고) VALUES ('A098', 123, 1000);	t5	
	t6	INSERT INTO 계좌 (계좌번호, 고객번호, 잔고) VALUES ('A066', 123, 1000);
COMMIT;	t7	
	t8	COMMIT; → 에러 발생

두 트랜잭션을 동시에 실행하면, TX2가 커밋하는 순간 아래와 같은 에러가 발생한다.

---

44 온라인 스크립트 script13_postgresql txN.sql 참조

```
" could not serialize access due to read/write dependencies among transactions "
```

아래 Update 테스트에서도 동일한 에러가 발생한다[45].

< TX1 >		< TX2 >
SET TRANSACTION ISOLATION LEVEL **SERIALIZABLE;**	t1	
	t2	SET TRANSACTION ISOLATION LEVEL **SERIALIZABLE;**
SELECT SUM(잔고) FROM 계좌 WHERE 고객번호 = 123;	t3	
	t4	SELECT SUM(잔고) FROM 계좌 WHERE 고객번호 = 123;
UPDATE 계좌 SET 잔고 = 잔고 + 100 WHERE 고객번호 = 123 AND 계좌번호 = 'A065';	t5	
	t6	UPDATE 계좌 SET 잔고 = 잔고 + 100 WHERE 고객번호 = 123 AND 계좌번호 = 'A065';
COMMIT;	t7	
	t8	COMMIT;

방금 살펴본 두 사례는 TX1의 변경 또는 삽입이 TX2의 조회 결과에 영향을 주고, TX2의 변경 또는 삽입이 TX1의 조회 결과에 영향을 주는 구조이므로 순환 RW 의존 관계다. 하지만, 직렬화했을 때와 결과가 다르지는 않다. 조회한 잔고 합을 기준으로 삼지 않고 조건 없이 데이터를 변경 또는 삽입했기 때문이다.

---

45 온라인 스크립트 script14_postgresql_txN.sql 참조

하지만, DBMS는 사용자가 읽은 데이터를 어떻게 활용했는지, 즉 조회 결과를 기반으로 조건 판단을 했는지 여부를 알 수 없다. 따라서 PostgreSQL은 RW 의존 관계에 순환 구조가 형성되면 논리적 직렬화 위반 가능성을 차단하기 위해 나중에 커밋한 트랜잭션을 에러 처리한다.

여기서 알 수 있는 것은 **PostgreSQL의 SSI 충돌 감지 기능이 논리적 직렬성 위반 "가능성"을 고려한 예방적 조치**라는 사실이다. 이러한 감지 기능은 동시에 실행되는 트랜잭션에 광범위한 영향을 줄 수 있다. 따라서 PostgreSQL에서 쓰기 작업을 포함한 로직에 Serializable 격리 수준을 사용할 때는 일반적인 Update 충돌뿐만 아니라 SSI 충돌 가능성도 염두에 두고 프로그램을 작성해야 한다. 다행히 두 에러의 코드가 같아서 예외 처리를 별도로 하지 않아도 된다.

마지막으로 두 가지 사실만 더 확인하고 직렬화 가능 스냅샷 격리에 대한 설명을 마치겠다.

- 두 트랜잭션이 모두 Serializable 격리 수준일 때만 SSI 충돌을 감시한다. 즉, 어느 하나를 Read Committed 또는 Repeatable Read로 설정하면 순환 RW 의존 관계이더라도 에러가 발생하지 않는다.
- 두 트랜잭션이 모두 '조회 후 변경/삽입'하는 구조일 때만 SSI 충돌을 감시한다. 어느 한쪽이 조회만 하거나 변경/삽입만 하는 구조일 때는 상호 의존성 관계가 형성될 수 없기 때문이다.

방금, 변경만 하는 구조일 때는 상호 의존성 관계가 형성될 수 없다고 했는데, 예외가 존재한다. 아래 예시는 양쪽 모두 변경만 수행하는데도 PostgreSQL에서 실행하면 SSI 충돌 에러가 발생한다. 3장 2절에서 살펴본 당구공 사례다.

〈 TX1 〉		〈 TX2 〉
SET TRANSACTION ISOLATION LEVEL **SERIALIZABLE;**	t1	SET TRANSACTION ISOLATION LEVEL **SERIALIZABLE;**
UPDATE BALL SET COLOR = 'YELLOW' WHERE COLOR = 'RED';	t2	

```
                                   t3  UPDATE BALL
                                       SET    COLOR = 'RED'
                                       WHERE  COLOR = 'YELLOW';

COMMIT;                            t4

                                   t5  COMMIT;
```

서로의 조건절 값을 Set 절에서 변경하고 있어, **문장 수준에서 순환 RW 의존 관계가 형성**되었음을 확인하기 바란다.

Oracle은 Serializable 격리 수준에서 실행해도 색깔만 뒤바뀐 결과가 나타난다. 직렬화를 요구하지 않는 Read Committed 수준에서는 Update 시작 시점 기준의 일관성 있는 결과라고 말할 수 있지만, 직렬화 요건을 충족해야 하는 Serializable 격리 수준에서는 그렇지 않다. 이처럼 Oracle은 쓰기 왜곡 현상에 취약하다.

트랜잭션 격리 수준별 이상 현상 재정의

트랜잭션 격리 수준별로 나타날 수 있는 이상 현상들을 표4-1에서 살펴봤다. 이는 ANSI/ISO가 SQL 표준에서 정의한 내용인데, 직렬화 이상(Serialization Anomaly) 현상을 포함해서 PostgreSQL의 격리 수준을 재정의하면 표4-6과 같다.

격리 수준	나타날 수 있는 이상 현상			
	Dirty Read	Non-Repeatable Read	Phantom Read	Serialization Anomaly
Read Uncommitted	X (ANSI는 허용)	O	O	O
Read Committed	X	O	O	O
Repeatable Read	X	X	X (ANSI는 허용)	O
Serializable	X	X	X	X

[표 4-6]

4.5.3 Select For Update를 활용한 쓰기 왜곡 방지

(1) MySQL과 SQL Server

쓰기 왜곡은 조회 결과를 바탕으로 데이터를 추가, 변경, 삭제하는 시점에 이미 조회 결과가 달라진 상태여서 발생하는 이상 현상이다. 따라서 쓰기 왜곡을 방지하려면 조회 결과가 변하지 않도록 보장해야 한다.

MySQL과 SQL Server은 Serializable 격리 수준에서 이를 보장한다. 다만, 4.5.1항에서 살펴본 것처럼 조회 시점에 Shared Lock을 사용하기 때문에 교착상태가 발생할 수 있다. 따라서 교착상태 없이 쓰기 왜곡 현상을 방지하려면 조회 시점에 Exclusive Lock(SQL Server는 Update Lock)을 설정하면 된다.

MySQL

MySQL을 예로 들면, 아래에서 TX2는 t3 시점에 TX1의 Select For Update에 의해 블로킹 되었다가 TX1이 커밋하면 휴가신청 건수가 2인 사실을 확인하고 트랜잭션을 종료한다[46].

〈 TX1 〉		〈 TX2 〉
SET TRANSACTION ISOLATION LEVEL SERIALIZABLE;	t1	SET TRANSACTION ISOLATION LEVEL SERIALIZABLE;
SELECT COUNT(*) FROM 휴가신청 WHERE 부서번호 = 10 AND 일자 = DATE_FORMAT(CURDATE() + INTERVAL 1 DAY, '%Y%m%d') **FOR UPDATE;**	t2	
	t3	(블로킹) SELECT COUNT(*) FROM 휴가신청 WHERE 부서번호 = 10 AND 일자 = DATE_FORMAT(CURDATE() + INTERVAL 1 DAY, '%Y%m%d') **FOR UPDATE;**

46 온라인 스크립트 script15_mysql_txN.sql 참조

INSERT INTO 휴가신청 (사원번호, 부서번호, 일자) VALUES(1234, 10, DATE_FORMAT(CURDATE() + INTERVAL 1 DAY, '%Y%m%d'));	t4	
COMMIT;	t4	

MySQL은 Repeatable Read 격리 수준에서 조회 시 기본적으로 Consistent 모드 읽기 방식을 사용하지만, For Update 옵션을 사용하면 Current 모드 Locking Read 방식으로 전환되어 다른 트랜잭션이 삽입한 데이터를 볼 수 있다. 동시에 Gap Lock을 활용하므로 읽은 범위에 다른 트랜잭션의 삽입을 차단한다. 따라서 Select For Update를 사용하면 기본 격리 수준인 Repeatable Read에서도 쓰기 왜곡을 방지할 수 있다.

반면, Read Committed 격리 수준에서는 Select For Update만으로 쓰기 왜곡을 방지할 수 없다. 첫째, 이 격리 수준에서는 Gap Lock을 사용하지 않기 때문이다. 레코드 삽입을 차단하지 않은 상태에서 TX2의 Select For Update가 TX1의 Select For Update로 인해 블로킹되었는데, 이후 TX1이 삽입한 레코드가 TX2가 이미 지나간 영역에 삽입되면, TX2는 블로킹 해제 시점에 해당 레코드를 Count 결과에 포함하지 못하게 된다.

둘째, 이 격리 수준에서 Current 모드 Locking Read 방식으로 데이터를 읽으면 2장 8절에서 설명한 읽기 왜곡 현상이 발생할 수 있기 때문이다. 조회 완료 직후 다시 조회하면 결과가 달라질 수 있다는 의미인데, 이렇게 왜곡된 데이터를 기준으로 변경 작업을 수행하면 쓰기 왜곡으로 이어진다.

SQL Server

SQL Server의 Serializable 격리 수준에서 UPDLOCK 힌트를 사용하면 조회 시 Insert, Update, Delete를 모두 차단하면서 읽기 작업을 진행하므로 읽기 왜곡이 발생하지 않는다. 즉, 조회 완료 시점의 일관성을 보장한다. 트랜잭션 종료 시까지 Lock을 유지하므로 쓰기 왜곡 없이 안전하게 데이터를 변경할 수 있고, 교착상태도 발생하지 않는다[47].

---

47 온라인 스크립트 script15_sqlserver_txN.sql 참조

Read Committed와 Repeatable Read 격리 수준에서 UPDLOCK 힌트만 사용하는 것으로는 쓰기 왜곡을 방지할 수 없다. MySQL에서 설명한 것과 같은 이유다. 데이터 입력 패턴에 따라서는 쓰기 왜곡 방지 효과가 있는 것처럼 보일 수 있지만, 모든 상황에서 완벽하게 작동하지 않는다는 점에 유의하자.

Read Committed 격리 수준에서 아래와 같이 HOLDLOCK 힌트를 함께 사용하면 해당 테이블에 대해 Serializable 격리성을 제공하므로 교착상태 없이 쓰기 왜곡을 방지할 수 있다.

```
SELECT COUNT(*) FROM 휴가신청 WITH(UPDLOCK, HOLDLOCK) WHERE … ;
```

아래와 같이 힌트를 사용해도 결과는 같다.

```
SELECT COUNT(*) FROM 휴가신청 WITH(UPDLOCK, SERIALIZABLE) WHERE … ;
```

(2) Oracle과 PostgreSQL

안타깝게도 Oracle과 PostgreSQL에서는 집계함수를 가진 Select문에 For Update를 사용하면, 다음과 같은 컴파일 에러가 발생한다.

- Oracle : "FOR UPDATE of this query expression is not allowed" (ORA-01786)
- PostgreSQL : "FOR UPDATE is not allowed with aggreate functions."

PostgreSQL은 '직렬화 가능 스냅샷 격리'를 통해 쓰기 왜곡 문제를 명시적으로 해결했으므로 더 고민할 이유가 없다. 반면, Oracle은 앞서 설명한 방식(프로그램 병행 실행 제어, 테이블 Lock)으로는 트랜잭션을 제어하기 어려운 경우가 많기 때문에 Select For Update의 활용이 필요하다.

구현이 간단하고 실효성도 높은 Select For Update의 활용을 위해 다음 두 가지 대안을 고려할 수 있다. 첫째, 아래와 같이 집계함수를 제거한 Select For Update문을 실행하여 전체 레코드를 Fetch하면서 건수를 센다. 그러면 조회된 모든 레코드에 Lock이 설정되므로 두 번째 트랜잭션을 블로킹할 수 있다[48].

48 온라인 스크립트 script15_oracle_txN.sql 참조

```
DECLARE
  l_cnt NUMBER DEFAULT 0;
BEGIN
  SET TRANSACTION ISOLATION LEVEL SERIALIZABLE;

  FOR i IN (SELECT 1
            FROM   휴가신청
            WHERE  부서번호 = 10
            AND    일자 = TO_CHAR(SYSDATE + 1, 'YYYYMMDD')
            FOR UPDATE NOWAIT)
  LOOP
    l_cnt := l_cnt + 1;
  END LOOP;

  IF l_cnt < 2 then
    INSERT INTO 휴가신청(사원번호, 부서번호, 일자)
    VALUES( 1234, 10, TO_CHAR(SYSDATE + 1, 'YYYYMMDD') );
  END IF;

  COMMIT;
END;
```

문제는 Oracle이 어떤 격리 수준에서든 다른 트랜잭션이 삽입한 데이터를 읽지 않고, 읽은 영역에 대한 삽입을 차단하지도 않는다는 데 있다.

첫 번째 트랜잭션이 커밋되면서 Lock이 해제된 두 번째 트랜잭션은, 첫 번째 트랜잭션이 삽입한 데이터를 무시한 채 l_cnt = 1이라는 결과를 얻게 된다. 다른 트랜잭션에 의해 이미 조회 결과가 달라진 상태에서 이전 값을 기준으로 삽입한다면 쓰기 왜곡이 발생한다. Read Committed 격리 수준에서 테스트해 보면 이러한 현상을 쉽게 확인할 수 있으며, 이는 위 "로직 자체만으로는" 쓰기 왜곡을 방지할 수 없음을 보여준다.

그럼에도 위 로직이 쓰기 왜곡을 방지할 수 있는 이유는, Oracle Serializable 격리 수준에서 Select For Update를 사용할 경우 동시에 실행되는 두 번째 트랜잭션이 첫 번째 트랜잭션의 커밋을 기다린 후 무조건(첫 번째 트랜잭션의 Insert 진행 여부와 상관 없이) ORA-08177 에러를 발생시키기 때문이다.

ORA-08177 에러를 유발하여 쓰기 왜곡을 방지하는 전략이므로 Serializable 격리 수준 설정이 필수이며, 불필요한 대기를 피하기 위해 Nowait 옵션을 함께 사용하는 것이 좋다.

둘째, 부모 레코드에 Lock을 설정한다. 아래와 같이 하면 TX2는 t2 시점에 TX1의 Select For Update에 의해 블로킹 됐다가 TX1이 커밋하면 휴가신청 건수가 2인 사실을 확인하고 트랜잭션을 종료하게 된다.

< TX1 >		< TX2 >
SELECT * FROM 부서 WHERE 부서번호 = 10 **FOR UPDATE;**	t1	
	t2	SELECT * FROM 부서 WHERE 부서번호 = 10 **FOR UPDATE;**
SELECT COUNT(*) FROM 휴가신청 (1) WHERE 부서번호 = 10 AND 일자 = TO_CHAR(SYSDATE+1, 'YYYYMMDD');	t3	
INSERT INTO 휴가신청 (사원번호, 부서번호, 일자) VALUES(1234, 10 , TO_CHAR(SYSDATE+1, 'YYYYMMDD'));	t4	
COMMIT;	t5	
	t6	SELECT COUNT(*) FROM 휴가신청 (2) WHERE 부서번호 = 10 AND 일자 = TO_CHAR(SYSDATE+1, 'YYYYMMDD');

이 경우 Serializable 격리 수준이 꼭 필요하진 않다. 만약 Serializable 격리 수준에서 진행할 경우, 앞서 언급한 것처럼 TX2는 기다렸다가 TX1이 커밋하면 무조건 ORA-08177 에러가 발생한다. 따라서 기다리지 않고 바로 종료하도록 Nowait 옵션을 함께 사용하는 것이 좋다.

지금까지 설명한 쓰기 왜곡 현상을 정리하면 다음과 같다.

- MySQL과 SQL Server은 Serializable 격리 수준을 사용할 경우, 교착상태가 발생함으로써 결과적으로 쓰기 왜곡을 방지할 수 있다. Select For Update(SQL Server는 UPDLOCK 힌트)를 적절히 활용하면 교착상태 없이 쓰기 왜곡을 방지할 수 있다.

- PostgreSQL은 '직렬화 가능 스냅샷 격리'를 도입함으로써 명시적으로 쓰기 왜곡 현상을 방지한다.
- Oracle도 방법이 없진 않지만, 기본적으로 쓰기 왜곡 현상에 취약하다.

4.5.4 강한 직렬화

123번 계좌의 잔고가 100인 상황에서 아래 두 트랜잭션이 동시에 잔고를 Update 했다고 가정하자.

```
< TX1 >
UPDATE 계좌 SET 잔고 = 잔고 + 10 WHERE 계좌번호 = 123;

< TX2 >
UPDATE 계좌 SET 잔고 = 잔고 * 2 WHERE 계좌번호 = 123;
```

두 트랜잭션의 실행 순서에 따라 아래 두 가지 결과가 가능하다[49].

- TX1 → TX2 순으로 실행 : (100 + 10) × 2 = 220
- TX2 → TX1 순으로 실행 : (100 × 2) + 10 = 210

ANSI SQL이 정의한 직렬화는 실행 순서까지 보장하지 않기 때문에 위 두 값을 모두 직렬화된 결과로 인정한다. 그러나 트랜잭션 간 선후행 관계를 명확히 보장해야 하는 경우가 있다.
예를 들어 보자. 사장님이 전년도 직급별 업무 실적을 분석해 보니 과장들이 가장 우수해서 과장 임금은 20% 인상, 나머지 직급은 10% 인상하도록 재무팀에 지시했다. 그리고 개인으로는 홍길동 과장의 실적이 특히 우수해서 인사팀에는 홍길동을 부장으로 승진시키도록 지시했다. 그림 4-4처럼 사장님이 지시한 순서에 따라 재무팀이 임금 인상을 처리한 이후에 인사팀이 승진 처리해야 하는데, 두 팀이 거의 같은 시간대에 업무를 처리하면 어떤 일이 생기는지 살펴보자.

49 이처럼 실행 순서에 따라 결과가 달라지는 상태 또는 관계를 'Race Condition' 또는 'Interleaving dependency'라고 한다.

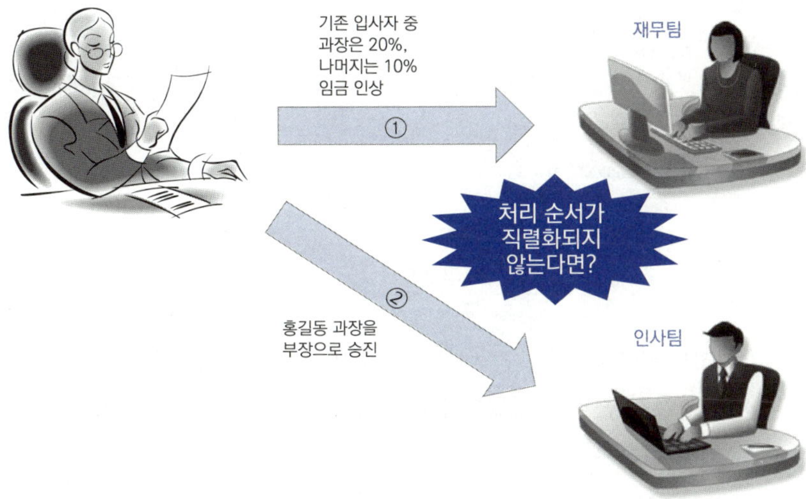

[그림 4-4]

아래와 같이 재무팀 트랜잭션이 먼저 Update 문을 실행하고, 곧이어 인사팀 트랜잭션이 Update 문을 실행했다.

< 재무팀 >		< 인사팀 >
UPDATE 사원 SET 급여 = 급여 * (CASE 직급 WHEN '과장' THEN 1.2 ELSE 1.1 END) WHERE 입사일자 < TRUNC(SYSDATE, 'Y');	t1	
	t2	UPDATE 사원 SET 직급 = '부장' WHERE 사원번호 = 'A123'; 홍길동
	t3	COMMIT;
COMMIT;	t4	

재무팀 Update는 그림 4-5처럼 기존 입사자 전체가 대상이므로 다소 시간이 걸린다.

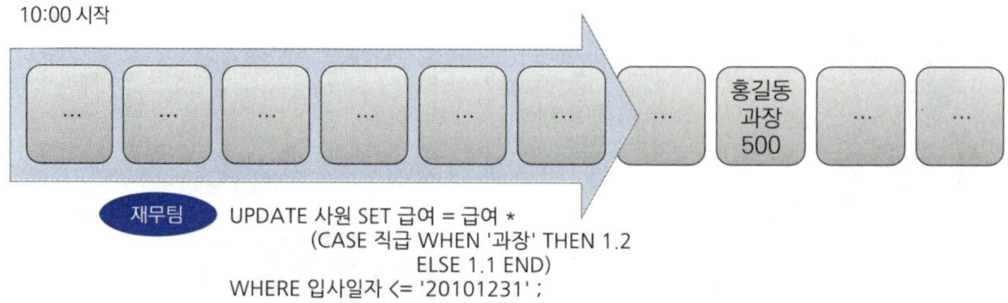

[그림 4-5]

나중에 시작한 인사팀 Update는 홍길동 과장만 대상이므로 그림 4-6처럼 매우 빠르게 처리된다. 이는 재무팀이 아직 홍길동 과장 레코드에 Lock을 설정하지 않은 상태이므로 가능하다.

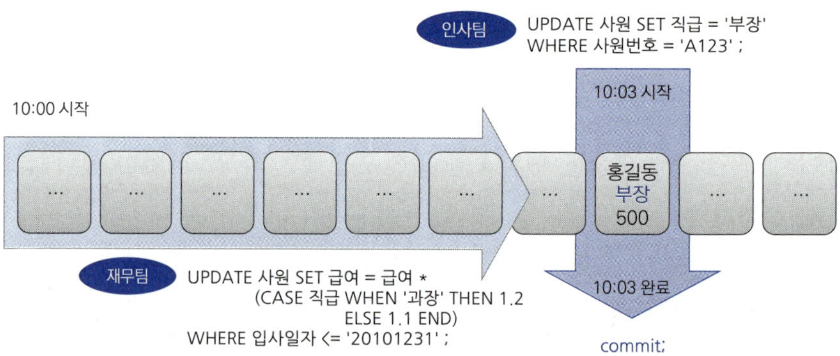

[그림 4-6]

인사팀이 홍길동을 부장으로 승진 처리하고 커밋도 완료한 상태에서 재무팀 Update가 홍길동 레코드에 도달하면 홍길동 부장은 급여를 10%만 인상받게 된다(그림 4-7).

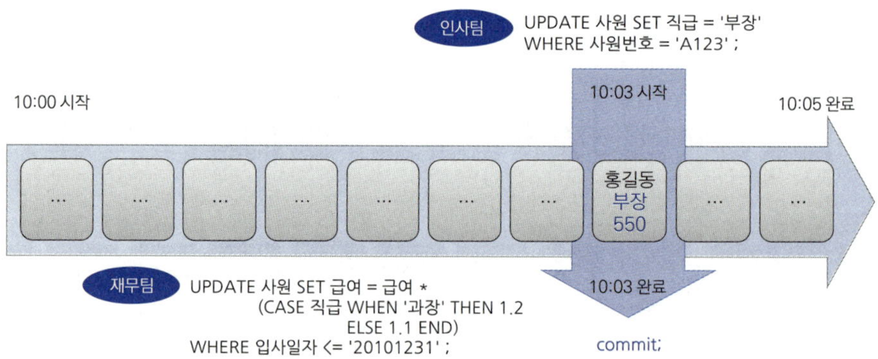

[그림 4-7]

홍길동은 부장 승진 및 20% 급여 인상 대상자였는데, 부장으로 승진만 됐다. 독자가 만약 홍길동이라면 부장 승진과 20% 급여 인상 중 어느 쪽을 택하겠는가?

이처럼 먼저 시작한 트랜잭션이 먼저 완료된 것과 동일한 결과를 보장해야 하는 것을 '강한 직렬화(Strong Serializable)'라고 한다. 쉽게 말하면, 어떤 데이터베이스에서 실행된 모든 트랜잭션을 시작 순서대로 로그에 기록한 후 이를 다른 데이터베이스에서 순차적으로 실행했을 때, 두 데이터베이스의 최종 상태가 동일함을 의미한다. 그림 4-8을 참고하기 바란다.

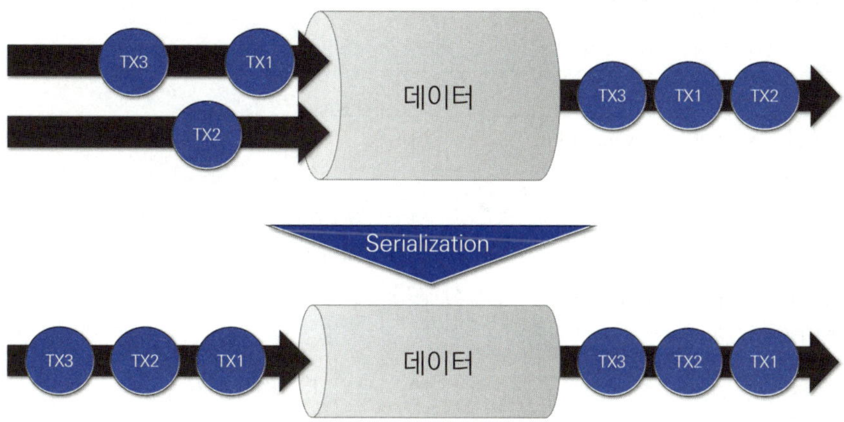

[그림 4-8]

강한 직렬화는 직렬성과 선형성을 결합한 가장 강력한 일관성 모델이다[50].

- 직렬성(Serializability) : 트랜잭션들을 순차적으로 실행한 것과 동일한 결과 보장
- 선형성(Linearizability) : 실시간 순서(real-time ordering) 보장

지금까지 설명한 격리 수준을 순서대로 나열하면 다음과 같다.

- Read Uncommitted
- Read Committed

---

50 직렬성과 선형성을 정확히 표현하면, '직렬화 가능성'과 '선형화 가능성'이다.

- Repeatable Read
- Snapshot
- Serializable
- Strong Serializable

강한 직렬화 위반

다량의 데이터를 Update 하는 도중에 다른 트랜잭션이 아래와 같이 신규 데이터를 Insert하는 상황을 통해 '강한 직렬화' 위반 사례를 살펴보자[51].

< TX1 >		< TX2 >
SET TRANSACTION ISOLATION LEVEL **SERIALIZABLE;**	t1	
	t2	SET TRANSACTION ISOLATION LEVEL **SERIALIZABLE;**
UPDATE EMP SET SAL = SAL * 1.1 WHERE DEPTNO = 20 ;	t3	
	t4	INSERT INTO EMP (EMPNO, DEPTNO, …, SAL) VALUES(9999, 20, …, 1000);
	t5	COMMIT;
COMMIT;	t6	

SQL Server와 MySQL은 Current 모드로 Update를 진행한다. 따라서 지금처럼 TX1이 먼저 트랜잭션을 시작한 상황에서 트랜잭션을 완벽하게 직렬화할 수 없다. TX2가 중간에 Insert한 데이터가 TX1 Update에 포함될 수 있기 때문이다. 아래와 같이 순차적으로 실행했을 때와 결과가 다를 수 있다는 것이다.

51 온라인 스크립트 script16_mysql_txN.sql, script16_sqlserver_txN.sql 참조

```
UPDATE EMP SET SAL = SAL * 1.1
WHERE  DEPTNO = 20 ;

COMMIT;

INSERT INTO EMP(EMPNO, DEPTNO, …, SAL)
VALUES(9999, 20, …, 1000);

COMMIT;
```

위 트랜잭션의 경우, Oracle과 PostgreSQL에서는 TX2가 Insert한 데이터를 TX1이 무시하고 지나가므로 위와 같이 순차적으로 실행했을 때와 결과가 같다. 그러나 아래와 같이 Insert 트랜잭션이 먼저 시작된 경우에는 직렬화되지 않은 결과가 나타난다. 순차적으로 실행하면 TX1이 Insert한 데이터가 TX2의 Update에 포함되지만, 동시에 실행하면 제외되기 때문이다[52].

〈 TX1 〉		〈 TX2 〉
SET TRANSACTION ISOLATION LEVEL **SERIALIZABLE;**	t1	
	t2	SET TRANSACTION ISOLATION LEVEL **SERIALIZABLE;**
INSERT INTO EMP (EMPNO, DEPTNO, …, SAL) VALUES(9999, 20, …, 1000);	t3	
	t4	UPDATE EMP SET SAL = SAL * 1.1 WHERE DEPTNO = 20 ;
COMMIT;	t5	
	t6	COMMIT;

결국, 동시에 실행되는 Update와 Insert 트랜잭션에 대해서는 어떤 DBMS도 완벽한(=강한) 직렬성을 보장하지 않는다. 참고로, Oracle에서는 방금 살펴본 두 사례 모두 Update 충돌 에러가

52 온라인 스크립트 script16_oracle_txN.sql, script16_postgresql_txN.sql 참조

발생할 가능성이 있다[53]. 그러면 직렬화 위반을 차단하는 효과가 나타나지만, 항상 에러가 발생하는 것은 아니므로 직렬성을 보장한다고 말할 수는 없다.

강한 직렬화 위반으로 인한 갱신 손실

이번에는 Update 도중 다른 트랜잭션의 동시 Update에 의한 직렬화 위반 현상을 살펴보자.

두 트랜잭션이 동시에 Update를 수행할 때, ① Unique Key를 통해 같은 레코드에 접근하거나, ② Unique Key를 사용하지 않더라도 변경 대상이 일치하면, 한쪽 트랜잭션은 Lock으로 인해 블로킹된다.

반면, 두 트랜잭션의 변경 대상이 일치하지 않는 상황에선 Update 조건에 해당하는 레코드 중 일부가 다른 트랜잭션에 의해 먼저 변경되고 커밋될 수 있다. 그러면 Update 도중에 대상 집합이 달라지면서 비일관성이 발생할 수 있다.

이는 3장 '문장 수준 쓰기 일관성'에서 다룬 내용으로, Update 대상이 많을 때 더욱 빈번하게 발생한다. 이번 장에서는 같은 문제를 트랜잭션 직렬화 관점에서 좀 더 자세히 살펴보고자 한다. 구체적인 예시를 통해 알아보자.

7788 사원의 DEPTNO = 20이고, SAL은 3,000이다. 아래처럼 **TX1이 먼저 Update를 시작했는데, TX2의 Update가 먼저 처리를 완료**한다면, 7788 사원의 최종 SAL 값은 얼마일까[54]?

< TX1 >		< TX2 >
SET TRANSACTION ISOLATION LEVEL READ COMMITTED;	t1	
UPDATE EMP SET SAL = SAL * 1.1 WHERE DEPTNO = 20 ;	t2	
	t3	UPDATE EMP SET SAL = SAL + 100 WHERE EMPNO = 7788 ;

53 Oracle이 Update 충돌 여부를 블록 단위로 확인하기 때문이다. 즉, 다른 트랜잭션이 Insert한 레코드가 Update 대상 레코드와 같은 블록에 입력돼 있으면, ORA-08177 에러가 발생할 수 있다. 앞서 보충설명 "Insert 시, ORA-08177 에러가 발생할 수 있는 이유"에서 설명한 내용이다.

54 온라인 스크립트 script17_dbms_txN.sql 참조

	t4	COMMIT ;
COMMIT;	t5	

만약 두 트랜잭션을 아래와 같이 순차적으로 실행했다면, 7788번 사원의 최종 SAL 값은 3,400이다.

```
UPDATE EMP SET SAL = SAL * 1.1
WHERE  DEPTNO = 20 ;

COMMIT;

UPDATE EMP SET SAL = SAL + 100
WHERE  EMPNO = 7788 ;

COMMIT;
```

그런데 동시에 실행하면 SQL Server, MySQL, Oracle, PostgreSQL 모두 3,410이 된다. 이는 트랜잭션 처리 도중에 순서가 바뀌어서 생긴 결과다. 이는 부분적인 갱신 손실(Lost Update)에 해당한다[55].

- TX1 → TX2 순으로 실행 : SAL = (3000 × 1.1) + 100 = 3400
- TX2 → TX1 순으로 실행 : SAL = (3000 + 100) × 1.1 = 3410

모든 DBMS의 결과가 같지만, 내부 처리 방식에는 차이가 있다. 서로 다른 읽기 모드를 사용하므로 상황에 따라 결과가 다를 수 있음을 3장에서 설명하였다.

- SQL Server, MySQL : Current 모드로 Update 하다가 Update 충돌 상황이 발생해도 무시하고 그대로 Update 진행

---

55 본 사례는 갱신 손실의 변형으로 볼 수 있다. 전형적인 갱신 손실은 한쪽의 갱신이 다른 쪽에 의해 완전히 무시되는 현상이지만, 여기서는 일부 값의 손실만 발생했을 뿐 한쪽 갱신이 완전히 사라지지는 않았다. 그래서 부분적인 갱신 손실(Partial Lost Update)로 분류하였다.

- Oracle, PostgreSQL : Consistent 모드로 변경 대상을 식별하고 Current 모드로 Update 진행 (※ Oracle의 경우, 조건절 값이 변경됐으면 Update를 다시 시작하겠지만, 여기서는 해당 없음)

4.5.5 강한 직렬화 방안

앞서 설명한 트랜잭션을 Oracle과 PostgreSQL의 Serializable 격리 수준에서 실행하면 아래와 같은 에러가 발생한다. SQL Server의 Snapshot 격리 수준에서 발생하는 에러 메시지도 참고하기 바란다.

DBMS	에러 메시지
Oracle	can't serialize access for this transaction (ORA-08177)
PostgreSQL	could not serialize access due to concurrent update
SQL Server	Snapshot isolation transaction aborted due to update conflict

에러가 발생하긴 했지만, 이를 통해 Oracle과 PostgreSQL은 갱신 손실을 차단할 수 있다. 반면 SQL Server와 MySQL는 트랜잭션 격리 수준을 Repeatable Read 또는 Serializable로 설정하더라도 갱신 손실이 발생한다.

Oracle과 PostgreSQL도 동시에 실행되는 Insert 트랜잭션에 대해서는 직렬화 위반을 피할 수 없다. 따라서 DBMS마다 강한 직렬화를 구현하기 위한 추가적인 수단이 필요하다.

SQL Server와 MySQL

SQL Server와 MySQL의 Serializable 격리 수준에서 Update 전에 Select 문을 먼저 실행해 보자. 아래와 같이 TX1이 Select 실행을 마치고 나면, TX2는 t3 시점에 블로킹 되므로 TX1은 t2 시점에 예상한 값과 정확히 일치하는 결과를 t5 시점에 얻을 수 있다[56].

56 SQL Server는 Repeatable Read 격리 수준에서 실행하거나, Read Committed에서 HOLDLOCK 힌트를 사용해도 같은 효과를 얻을 수 있다. MySQL은 Repeatable Read 격리 수준에서 For Update 옵션을 사용해도 같은 효과를 얻을 수 있다.

〈 TX1 〉		〈 TX2 〉
SET TRANSACTION ISOLATION LEVEL **SERIALIZABLE;**	t1	SET TRANSACTION ISOLATION LEVEL **SERIALIZABLE;**
SELECT SUM(SAL) AS 변경전 **, SUM(SAL*1.1) AS 변경후** **FROM EMP** **WHERE DEPTNO = 20;**	t2	
	t3	UPDATE EMP SET SAL = SAL + 100 WHERE EMPNO = 7788;
UPDATE EMP SET SAL = SAL * 1.1 WHERE DEPTNO = 20;	t4	
SELECT SUM(SAL) AS 변경후 FROM EMP WHERE DEPTNO = 20;	t5	
COMMIT;	t6	
	t7	COMMIT;

아래와 같이 TX2가 Insert를 수행할 때도 TX1이 Select 실행을 마치고 나면, TX2는 t3 시점에 블로킹 되므로 TX1은 t2 시점에 예상한 값과 정확히 일치하는 결과를 t5 시점에 얻을 수 있다[57].

〈 TX1 〉		〈 TX2 〉
SET TRANSACTION ISOLATION LEVEL **SERIALIZABLE;**	t1	SET TRANSACTION ISOLATION LEVEL **SERIALIZABLE;**
SELECT SUM(SAL) AS 변경전 **, SUM(SAL*1.1) AS 변경후** **FROM EMP** **WHERE DEPTNO = 20;**	t2	
	t3	INSERT INTO EMP (EMPNO, DEPTNO, …, SAL) VALUES(9999, 20, …, 1000);
UPDATE EMP SET SAL = SAL * 1.1 WHERE DEPTNO = 20;	t4	

57 SQL Server는 Read Committed 격리 수준에서 HOLDLOCK 힌트를 사용해도 같은 효과를 얻을 수 있다. MySQL은 Repeatable Read 격리 수준에서 For Update 옵션을 사용해도 같은 효과를 얻을 수 있다.

SELECT SUM(SAL) AS 변경후 FROM EMP WHERE DEPTNO = 20;	t5	
COMMIT;	t6	
	t7	COMMIT;

그러나 두 경우 모두, Select 수행 도중에 TX2 가 먼저 실행을 완료하고 (t4 이전에) 커밋까지 하면, TX2 → TX1 순으로 실행된 결과를 얻게 된다.

실무에서는 트랜잭션 내에서 'Update 전 예상 결과'와 'Update 후 결과'가 일치하면[58], Update가 일관성 있게 처리되었다고 보는 것이 일반적이다. 이것이 통상적인 직렬화 관점이다.

그러나 트랜잭션 시작 이후 발생한 다른 트랜잭션의 Insert나 Update가 결과에 절대 반영되어서는 안 되는 경우, 즉 강한 직렬화가 요구되는 상황이 존재할 수 있다. 이러한 경우 TX1 트랜잭션을 다음과 같은 방식으로 처리하면 된다[59].

```
-- 1. Update 결과를 검증하기 위한 사전 예상 쿼리
SELECT SUM(SAL) AS 변경전
     , SUM(SAL*1.1) AS 변경후
     , COUNT(*) AS 변경건수
FROM   EMP
WHERE  DEPTNO = 20;

-- 2. 트랜잭션 시작
SET TRANSACTION ISOLATION LEVEL SERIALIZABLE;

-- 3. Update 수행
UPDATE EMP SET SAL = SAL * 1.1
WHERE  DEPTNO = 20;

-- 4. Update 결과를 검증하기 위한 사후 결과 쿼리
SELECT SUM(SAL) AS 변경후, COUNT(*) AS 변경건수
FROM   EMP
WHERE  DEPTNO = 20;
```

---

58 앞서 살펴본 트랜잭션을 예로 들면, t2 시점에 읽은 '변경후' 값과 t5 시점에 읽은 '변경후' 값이 일치하는 경우를 말한다.

59 온라인 스크립트 script18_mysql_txN.sql, script18_sqlserver_txN.sql 참조

```
-- 5. 커밋 또는 롤백
IF 사전 결과와 사후 결과 일치 THEN
  COMMIT;
ELSE
  ROLLBACK;
END IF;
```

1번 쿼리가 2~5번과 별도 트랜잭션이라는 것이 핵심이다. 다른 트랜잭션이 Insert 또는 Update 하는 시점에 따라 다양한 경우의 수가 존재하며, 상황에 따라 5번 단계에서 커밋하기도 하고 롤백하기도 하지만, 이와 같이 처리하면 강한 직렬성을 보장할 수 있다.

트랜잭션이 복잡해서 Update 전후 결과를 쿼리로 검증할 수 없는 경우라면, 5장에서 설명할 '프로그램 병행 실행 제어' 기법을 사용하는 수밖에 없다.

Oracle과 PostgreSQL

Oracle과 PostgreSQL의 Serializable 격리 수준은 동시에 실행되는 Update에 대해서는 Update 충돌 에러를 발생시킴으로써 강한 직렬화를 보장한다. 하지만, 동시에 실행되는 Insert 트랜잭션에 대해서는 에러가 발생하지 않는다. MVCC 모델 특성상 중간에 Insert된 데이터를 인식할 방법이 없기 때문이다[60]. Insert를 차단할 수단도 존재하지 않는다.

이는 일반적인 직렬화 관점에서는 문제가 되지 않지만, 강한 직렬화가 필요한 상황에서는 문제가 될 수 있다.

해결 방법은 아래와 같이 양쪽 트랜잭션 모두 Serializable 격리 수준에서 Select For Update를 가장 먼저 수행하는 것이다. 이렇게 하면 Select For Update 과정에 설정하는 Lock을 통해 트랜잭션 실행 순서를 직렬화할 수 있다.

60 신규로 Insert된 데이터가 조회 조건을 만족하는 레코드가 존재하는 블록에 입력되면 우연히 발견할 수 있지만, 조회 조건을 만족하는 레코드가 전혀 없는 블록에만 입력된다면 이를 인식할 방법이 없다.

< TX1 >		< TX2 >
SET TRANSACTION ISOLATION LEVEL **SERIALIZABLE;**	t1	
	t2	SET TRANSACTION ISOLATION LEVEL **SERIALIZABLE;**
SELECT SUM(SAL*1.1) **FROM EMP** **WHERE DEPTNO = 20 FOR UPDATE;**	t3	
	t4	**SELECT COUNT(*)** **FROM EMP** **WHERE DEPTNO = 20 FOR UPDATE;**
UPDATE EMP SET SAL = SAL * 1.1 WHERE DEPTNO = 20;	t5	
	t6	INSERT INTO EMP (EMPNO, DEPTNO, …, SAL) VALUES(9999, 20, …, 1000);
COMMIT;	t7	
	t8	COMMIT;

문제는 Oracle과 PostgreSQL은 이런 형태로 Select For Update 문을 수행할 수 없다는 데 있다. 집계함수를 가진 Select 문에 For Update를 사용하면 에러가 발생하기 때문이다.

- Oracle : "FOR UPDATE of this query expression is not allowed" (ORA-01786)
- PostgreSQL : "FOR UPDATE is not allowed with aggreate functions."

에러를 회피하려면, 집계함수 없이 전체 데이터를 Fetch 하거나, 아래와 같이 Cursor For Loop 구문을 이용하면 된다[61]. 물론, 데이터가 많을 때 DB Call에 의한 성능 저하가 발생하지만, 성능 문제는 배열 처리(Array Processing)로 해결할 수 있다. 구체적인 구현 방법은 개발 언어별로 다르므로 매뉴얼을 참고하기 바란다.

61 온라인 스크립트 script18_oracle_txN.sql 참조

< TX1 : Update 트랜잭션 >

```
BEGIN
  SET TRANSACTION ISOLATION LEVEL SERIALIZABLE;
  FOR c IN (SELECT ROWID RID FROM EMP
            WHERE DEPTNO = 20 FOR UPDATE NOWAIT)
  LOOP
    UPDATE EMP SET SAL = SAL * 1.1
    WHERE  ROWID = c.RID;
  END LOOP;
  COMMIT;
EXCEPTION
  WHEN OTHERS THEN
    IF SQLCODE = 8177 THEN
      ROLLBACK;
      DBMS_OUTPUT.PUT_LINE('Update 충돌 발생');
    ELSE
      ROLLBACK;
      DBMS_OUTPUT.PUT_LINE(SQLERRM);
    END IF;
END;
```

< TX2 : Update 트랜잭션 >

```
BEGIN
  SET TRANSACTION ISOLATION LEVEL SERIALIZABLE;

  FOR c IN (SELECT ROWID RID FROM EMP
            WHERE DEPTNO = 20 FOR UPDATE NOWAIT)
  LOOP
    NULL;
  END LOOP;

  INSERT INTO EMP (EMPNO, DEPTNO, …, SAL)
  VALUES(9999, 20, …, 1000);

  COMMIT;

EXCEPTION
  WHEN OTHERS THEN
    IF SQLCODE = 8177 THEN
      ROLLBACK;
      DBMS_OUTPUT.PUT_LINE('Update 충돌 발생');
```

```
    ELSE
      ROLLBACK;
      DBMS_OUTPUT.PUT_LINE(SQLERRM);
    END IF;
END;
```

Oracle Serializable 격리 수준에서 Select For Update를 사용하면, 동시에 실행하는 두 번째 트랜잭션은 첫 번째 트랜잭션이 커밋할 때까지 기다렸다가, 무조건(첫 번째 트랜잭션의 Insert 진행 여부와 상관 없이) ORA-08177 에러가 발생한다. 따라서 불필요한 대기를 피하기 위해 Nowait 옵션을 함께 사용하는 것이 좋다.

이 방식은 **ORA-08177 에러를 유발시켜서 쓰기 왜곡을 방지하는 전략**이므로 Serializable 격리 수준 설정이 필수다.

방금 소개한 방법은 복잡할 뿐만 아니라 데이터가 많을 경우 DB Call에 의한 성능 저하가 발생하므로 아래와 같이 EMP의 부모인 DEPT에 Select For Update로 Lock을 설정하는 방법도 생각해 볼 수 있다.

〈 TX1 〉		〈 TX2 〉
SET TRANSACTION ISOLATION LEVEL **SERIALIZABLE;**	t1	
	t2	SET TRANSACTION ISOLATION LEVEL **SERIALIZABLE;**
SELECT DEPTNO FROM DEPT WHERE DEPTNO = 20 FOR UPDATE;	t3	
	t4	**SELECT DEPTNO FROM DEPT WHERE DEPTNO = 20 FOR UPDATE;**
UPDATE EMP SET SAL = SAL * 1.1 WHERE DEPTNO = 20;	t5	
	t6	INSERT INTO EMP (EMPNO, DEPTNO, …, SAL) VALUES(9999, 20, …, 1000);
COMMIT;	t7	
	t8	COMMIT;

또한, 프로그램의 실행을 직렬화하는 방법도 있다. 자세한 내용은 5장 12절 '프로그램 병행 실행 제어'에서 확인할 수 있다.

PostgreSQL의 SSI 충돌 방지 기능 활용

PostgreSQL의 Serializable 격리 수준에서 아래와 같이 최초로 Select 문을 실행하면, 다른 트랜잭션의 동시 Update에 의한 직렬화 위반뿐만 아니라 동시 Insert에 의한 직렬화 위반도 차단할 수 있다[62]. 이는 두 트랜잭션이 동일한 조건을 독립적으로 검사한 후에 데이터를 변경하거나 새로운 레코드를 삽입하면 SSI 충돌 감지 기능이 작동하기 때문이다.

< TX1 >		< TX2 >
SET TRANSACTION ISOLATION LEVEL **SERIALIZABLE;**	t1	
	t2	SET TRANSACTION ISOLATION LEVEL **SERIALIZABLE;**
SELECT SUM(SAL*1.1) **FROM EMP** **WHERE DEPTNO = 20;**	t3	
	t4	**SELECT COUNT(*)** **FROM EMP** **WHERE DEPTNO = 20;**
UPDATE EMP SET SAL = SAL * 1.1 WHERE DEPTNO = 20;	t5	
	t6	INSERT INTO EMP (EMPNO, DEPTNO, …, SAL) VALUES(9999, 20, …, 1000);
COMMIT;	t7	
	t8	COMMIT;

62 온라인 스크립트 script18_postgresql_txN.sql 참조

4.6 요약

2~4장 총정리

Lock 기반 동시성 제어 모델에서는 이미 읽은 영역과 아직 읽지 않은 영역 모두에서 집합 변화가 발생할 때 문장 수준 비일관성이 나타난다.

- TX1이 이미 읽고 지나간 범위에서 TX2가 집합 변화를 일으킨 경우 : TX1 완료 후 TX2가 실행된 것과 같은 일관된 결과
- TX1이 아직 읽지 않은 범위에서 TX2가 집합 변화를 일으킨 경우 : TX2 완료 후 TX1이 실행된 것과 같은 일관된 결과
- TX1이 이미 읽고 지나간 범위와 아직 읽지 않은 범위에 걸쳐 TX2가 집합 변화를 일으킨 경우 : 비일관성 발생 가능

Read Committed 격리 수준에서 Select 문을 수행할 때는 현재 읽고 있는 레코드에만 Shared Lock을 설정하므로 양쪽 범위 모두에서 집합 변화로 인한 비일관성이 쉽게 발생한다. Update, Delete 문을 수행하거나 Repeatable Read 격리 수준에서 Select 문을 수행할 때는 이미 읽은 범위에 설정한 Lock을 유지하므로 양쪽 모두에서 집합 변화가 발생할 가능성이 줄어든다.
그러나 Insert를 차단하지 않기 때문에 여전히 비일관성이 발생할 수 있다. Insert뿐만 아니라 Update에 의해서도 그러한 집합 변화가 발생할 수 있다. 읽고 지나간 범위에서 조건을 만족하지 않던 레코드가 Update로 인해 조건을 만족하게 될 수 있기 때문이다. 조건을 만족하지 않는 레코드에는 Lock이 설정되지 않으므로 Update가 가능하며, 이는 조건을 만족하는 데이터를 중간에 Insert 한 것과 본질적으로 같다.
집합 변화로 인한 문장 수준 비일관성은 결국 트랜잭션 수준 비일관성을 야기한다. 같은 SQL을 재수행할 때 이전과 다른 결과가 나타나기 때문이다.
Lock 기반 DBMS에서 이러한 비일관성을 해소하려면 격리 수준을 Serializable로 설정해야 한다. 이 격리 수준은 읽은 범위에서의 집합 변화를 차단하기 위해 Predicate Lock을 사용한다. 이를 통해 어느 트랜잭션이든 한쪽이 SQL 수행을 완료한 후 다른 트랜잭션이 SQL을 실행한

것과 같은 직렬성을 얻게 된다[63]. 직렬화된 트랜잭션은 문장 수준 일관성을 보장하며, 첫 번째 SQL 수행 이후 조건절 범위에 대한 집합 변화를 전면 차단하므로 트랜잭션 수준 일관성도 보장할 수 있다.

다중 버전 동시성 제어 모델에서는 전체 범위의 변경을 무시하고 기본적으로 쿼리 시작 시점 기준의 Consistent 모드 읽기 방식을 사용하므로 문장 수준 읽기 일관성을 보장한다.
Update 할 때는 Consistent 모드로만 처리하면 '갱신 손실(Lost Update)' 문제가 발생하므로 Current 모드를 함께 사용한다. Oracle은 아직 읽지 않은 영역에서 변경을 감지하면 일관성 훼손 가능성을 고려하여 무조건 Update를 재시작한다. 이를 통해 두 가지 읽기 모드를 함께 사용함에 따른 비일관성 문제를 해결한다. 재시작 메커니즘이 없는 PostgreSQL에서는 쓰기 일관성이 훼손될 수 있다. 중간에 대상 집합이 변했는데도 이를 무시하고 덮어쓰면서 생기는 비일관성이다.
트랜잭션 격리 수준을 Repeatable Read 또는 Serializable로 설정하면, Consistent 모드 읽기의 기준 시점이 트랜잭션 시작 시점으로 변경된다. 이를 통해 Non-Repeatable Read와 Phantom Read 현상을 방지한다. 두 트랜잭션의 Update 범위가 겹치면서 생기는 비일관성은 Update 충돌 에러를 발생시켜 해결한다.
다른 트랜잭션의 진행을 막지 않는 Consistent 모드로 조회한 결과를 조건으로 데이터를 변경하려고 할 때, 이미 조회 결과가 달라진 상태라면 이상 현상이 발생할 수 있는데, Update 충돌 에러는 이를 방지하는 데도 도움을 준다. 다만, 다른 트랜잭션의 삽입으로 인한 집합 변화를 감지하지 못하고, 두 트랜잭션의 Update 범위가 겹치지 않을 때 Update 충돌 에러가 발생하지 않는 한계가 있다. 이로 인해 직렬화 이상 현상, 즉 쓰기 왜곡(Write Skew)을 허용한다.
MVCC 기반 DBMS의 Serializable 격리 수준은 엄밀히 말하면 Snapshot 격리 수준이므로 직렬성을 보장하는 데 한계가 있다. 문장 수준 쓰기 일관성을 보장하는 Oracle도 트랜잭션 간 직렬성은 보장하지 않는다[64]. Update 시작 시점 기준으로 대상을 식별하는 Oracle의 처리

63 강한 직렬화를 통해 완벽하게 일관성을 보장하려면 양쪽 범위 모두에서 변경을 차단해야 하는데, 격리 수준 설정만으로는 그런 일관성을 확보하기 어렵다.

64 직렬화는 일관성을 보장하지만, 직렬화해야만 일관성을 보장하는 것은 아니다. 즉, 직렬화는 일관성을 보장하는 충분조건이지만 필요조건은 아니다.

방식이 Read Committed 격리 수준에서는 문제가 되지 않지만, 직렬화된 결과가 요구되는 Serializable 격리 수준에서는 문제가 될 수 있다. 3.2절의 당구공 사례가 대표적이며, 이 역시 쓰기 왜곡 현상에 해당한다.

이처럼 Oracle은 쓰기 왜곡 현상에 취약한 반면, PostgreSQL은 직렬화 가능 스냅샷 격리(SSI)를 도입함으로써 쓰기 왜곡 문제를 해결하였다. 당구공 사례에서도 에러를 발생시킴으로써 문장 수준에서 발생하는 직렬화 이상 현상을 차단한다.

핵심 시사점

2장부터 지금까지 설명한 내용을 바탕으로 핵심 시사점을 정리하면 아래와 같다.

- SQL Server는 **기본 격리 수준인 Read Committed에서 문장 수준 일관성을 보장하지 않는다**. 아직 처리하지 않은 범위의 데이터와 이미 처리한 범위의 데이터가 다른 트랜잭션에 의해 함께 변경됨으로 인해 생기는 비일관성이다(2~3장).
- PostgreSQL은 **기본 격리 수준인 Read Committed에서 문장 수준 쓰기 일관성을 보장하지 않는다**. 시작 시점 기준으로는 변경 대상이었던 레코드가, 중간에 값이 변경되어 실제 접근한 시점에는 제외됨으로 인해 생기는 비일관성이다(3장).
- MySQL은 **기본 격리 수준인 Repeatable Read에서 Non-Repeatable Read 현상이 발생할 수 있다**. 조회할 때는 Consistent Nonlocking Read 방식으로, 변경할 때는 Current Locking Read 방식으로 읽기 때문에 나타나는 비일관성이다(4장). 또한, 인덱스를 최적화하지 않으면, Update 시 과도한 범위에 대해 삽입, 변경, 삭제가 차단되는 문제가 발생할 수 있다.
- Oracle은 문장 수준에서는 가장 완벽한 일관성을 제공하지만, 트랜잭션 수준에서 **직렬화 위반으로 인한 쓰기 왜곡(Write Skew) 현상에 취약하다**(4장).

어떤 DBMS도 완벽하지 않다는 결론이다. 따라서 DB 개발자는 트랜잭션 격리 수준과 각 DBMS의 특성에 대한 깊은 이해를 바탕으로 프로그램을 설계하고 구현해야 한다. 특히 **트랜잭션 직렬화를 위해서는 적절한 격리 수준 설정뿐만 아니라 For Update를 적극 활용해야** 한다.

Serializable 격리 수준이 완벽하진 않지만 대부분의 비일관성 문제를 효과적으로 해결할 수 있다. 하지만, 다음과 같은 단점에 유의해야 한다.

- SQL Server, MySQL : Lock을 매우 강하게 사용하므로 동시성(성능)이 저하된다.
- Oracle, PostgreSQL : Update 충돌(직렬화 실패) 및 SSI 충돌 에러가 발생할 수 있으므로 이에 대한 예외 처리가 반드시 필요하다[65].

트랜잭션 격리 수준을 Serializable로 설정하려면, 프로그램을 기본적으로 매우 빠르게 처리되도록 튜닝해야 하며, 다음과 같은 환경에 사용하는 것이 적합하다.

- 소수의 레코드만 Update하는 짧은 트랜잭션
- 두 개의 동시 트랜잭션이 같은 데이터를 수정할 가능성이 상대적으로 낮은 시간대
- Oracle 또는 PostgreSQL 환경의 읽기 전용 트랜잭션(→ 조회할 때 Lock을 사용하지 않으므로 수행 시간이 길어도 사용 가능)

최근의 개발 환경에서는 격리 수준을 Serializable로 설정하기 어려운 경우가 많다. 그럴 때는 애플리케이션 수준에서 동시성 제어를 구현해야 한다. 특히, 강한 직렬화가 요구되는 상황에서 매우 복잡한 업무 로직을 일관성 있게 처리하려면, 데이터 변경 및 삽입을 단일 트랜잭션에서 일괄 처리하도록 애플리케이션을 구성하는 것이 가장 효과적이다[66]. 그것이 원천적인 직렬화다.
애플리케이션 수준에서 동시성을 제어하는 방법은 5장에서 다룬다.

---

65 강한 직렬화(Strong Serializable)가 요구되는 상황에서 예외 처리를 통해 트랜잭션을 바로 재시도할 경우, 직렬성이 위배된 결과가 만들어질 수 있으므로 사용자 확인 후 수동 처리해야 할 수 있다.

66 프로그램을 동시에 실행하지 못하도록 직렬화하는 방법은 5장 12절 '프로그램 병행 실행 제어'를 참고하기 바란다.

5장

트랜잭션 동시성 제어

트랜잭션 동시성 제어란, 여러 트랜잭션이 동시에 실행될 때 데이터의 일관성과 무결성을 유지하기 위해 트랜잭션 간의 상호작용을 제어하는 메커니즘을 말한다. 파일시스템 대신 고가의 DBMS를 사용하는 여러 이유 중 하나는 상용 DBMS가 이런 동시성 제어 메커니즘을 갖추고 있기 때문이다.

하지만, 지금까지 학습한 것처럼 DBMS도 일관성을 완벽하게 보장하지는 않는다. Lock 기반 동시성 제어 모델을 사용하는 DBMS는 문장 수준에서조차 일관성이 깨질 수 있다.

격리 수준을 상향 조정하면 트랜잭션 수준의 일관성을 어느 정도 지켜주지만, 4장에서 살펴본 것처럼 복잡한 상황에서는 여전히 비일관성이 나타날 수 있다. 특히, 다중 버전 동시성 제어 모델은 Lock을 사용하지 않기 때문에 트랜잭션 직렬화에 한계가 있고, 그로 인해 발생하는 비일관성을 제어하기가 까다롭다.

DBMS가 제공하는 동시성 제어 메커니즘이 모든 상황에 대해 완전한 일관성을 보장하지 않는데다가, 트랜잭션 격리 수준을 조정해 동시성을 관리하는 방법도 프로그래밍 구조상 제약이 많다. 요즘처럼 n-Tier 구조가 일반적인 개발 환경에서 더욱 그렇다. n-Tier 구조에선 DB 서버와의 접속을 여러 클라이언트가 공유하기 때문이다. 한 프로그램에서 수행한 SQL들이 서로 다른 접속을 통해 실행될 수 있는 구조다. 일련의 SQL들을 하나의 접속에서 하나의 트랜잭션으로 묶어 일괄 처리하는 기능이 프레임워크에서 제공되긴 하지만, 주문 트랜잭션처럼 사용자와 상호작용이 필요한 경우엔 이조차 적용하기 어렵다.

그래서 트랜잭션 격리 수준 외에도, 안정적인 동시성 제어를 위해 개발자가 구현해야 할 요소들이 적지 않다. 1장에서 소개한 동시성 제어의 정의를 다시 살펴보자.

- 여러 개 트랜잭션이 동시에 수행될 때, 트랜잭션 간 간섭을 최소화하면서도 데이터의 일관성과 무결성이 보장되도록 **구현하는 것**
- 동시에 실행되는 트랜잭션 수를 최대화하면서 입력, 수정, 삭제, 조회 시 데이터의 무결성이 유지될 수 있도록 **노력하는 것**
- 공유 자원을 두 개 이상 트랜잭션이 동시에 액세스할 때 발생할 수 있는 부작용을 막기 위해 **노력하는 것**

다시 강조하지만, 동시성 제어는 DBMS가 자동으로 해결해주는 것이 아니라, 개발자가 직접 '구현'하는 것이고 '노력'해야 하는 영역이다.

동시성 제어는 크게 낙관적 동시성 제어와 비관적 동시성 제어로 나뉜다. 먼저 비관적 동시성 제어부터 살펴보자.

5.1 비관적 동시성 제어

비관적 동시성 제어(Pessimistic Concurrency Control)는 여러 사용자가 같은 데이터를 동시에 수정할 가능성이 있다고 가정하는 방식이다. 따라서 최초 데이터를 읽는 시점에 Lock을 설정하고, 트랜잭션이 완료될 때까지 Lock을 유지한다.
For Update를 사용하는 방법은 앞에서 충분히 설명했지만, 낙관적 동시성 제어와 비교하기 위해 다시 한번 구현 예시를 살펴보자.

예시 1 주문 도중 상품 정보 수정

그림 5-1은 1장에서 소개한 '(동시성 제어 없는) 낙관적 프로그래밍'의 대표 사례다. 고객이 주문을 진행하는 도중 상품 가격이 변경된 경우, 시스템은 고객에게 변경된 가격으로 주문을 계속할 것인지 묻거나, 주문을 처음부터 다시 시작하도록 유도하는 것이 바람직한 업무 흐름이다. 그런데 만약 t1 시점에 조회한 가격으로 t6 시점에 주문을 확정한다면, 이는 동시성에 대한 고려 없이 구현한 경우에 해당한다.

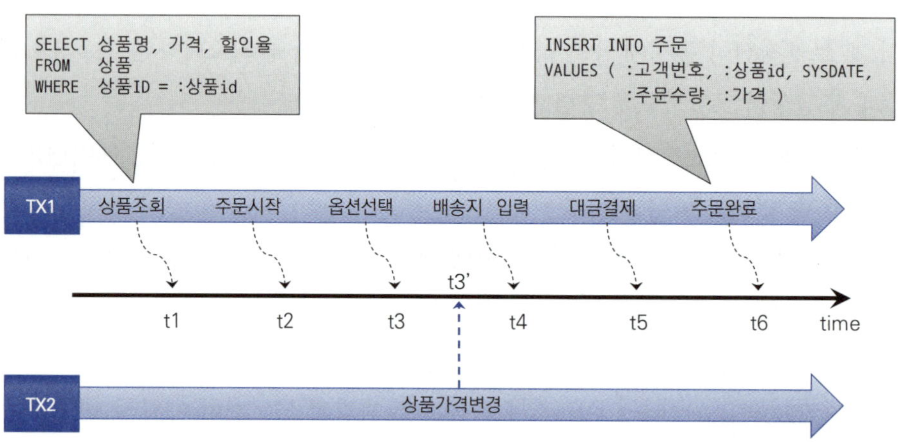

[그림 5-1]

이 트랜잭션에 비관적 동시성 제어를 적용하려면, t1 시점에 상품 조회 시 For Update 구문을 사용하면 된다. 그러면 주문이 완료될 때까지 다른 사용자(예를 들어, 상품 공급업체)는 해당 상품의 가격을 변경할 수 없다.

```
SELECT 상품명, 가격, 할인율
FROM   상품
WHERE  상품ID = :상품id
FOR UPDATE;
```

물론, 이 방법은 사용자의 응답을 기다리는 동안 트랜잭션이 수 분에서 수십 분간 지속될 수 있는 주문 시스템에는 적합하지 않다. 이러한 경우에는 보통 낙관적 동시성 제어가 더 적절하다. 만약 실제로 위와 같은 상황에서 For Update를 사용한다면, 공급업체는 진행 중인 주문 트랜잭션들이 모두 완료될 때까지 모래시계를 쳐다보며 무한정 기다려야 할 수도 있다. 이를 방지하기 위해 공급업체의 가격 변경 트랜잭션은 Update에 앞서 해당 상품에 Lock이 설정됐는지를 확인해 보는 것이 좋다. Select For Update에 Nowait 또는 Wait 옵션을 함께 사용하면 된다.

```
SELECT 상품명, 가격, 할인율
FROM   상품
WHERE  상품ID = :상품id
FOR UPDATE NOWAIT;

SELECT 상품명, 가격, 할인율
FROM   상품
WHERE  상품ID = :상품id
FOR UPDATE WAIT 3;
```

Wait 또는 Nowait 옵션을 사용하면, 다른 트랜잭션에 의해 Lock이 걸렸을 때 예외(Exception)가 발생한다. Oracle 기준으로 아래 예외가 발생한다.

- for update nowait : 대기없이 바로 Exception(ORA-00054) 발생
- for update wait 3 : 3초 대기 후 Exception(ORA-30006) 발생

예외 처리를 통해 "다른 사용자가 조회 또는 변경 중이므로 나중에 다시 시도하십시오"라는 메시지를 출력하고 트랜잭션을 종료함으로써 데이터 충돌을 피하고 동시성 문제를 완화할 수 있다.

예시 2 **우수고객 포인트 적립**

이번에는 우수 고객에게 포인트를 적립해 주는 이벤트를 예로 들어보자.

```
SELECT 적립포인트, 구매실적, 방문횟수, 최근방문일자
INTO   v_적립포인트, v_구매실적, v_방문횟수, v_최근방문일자
FROM   고객
WHERE  고객번호 = :cust_no;

IF v_구매실적 >= 100000 THEN
  v_적립포인트 := v_적립포인트 + 3000;
END IF;

IF v_방문횟수 >= 10 THEN
  v_적립포인트 := v_적립포인트 + 2000;
END IF;

IF v_최근방문일자 >= '20251006' THEN
  v_적립포인트 := v_적립포인트 + 1000;
END IF;

UPDATE 고객 SET 적립포인트 = v_적립포인트 WHERE 고객번호 = :cust_no;

COMMIT;
```

고객 테이블에서 읽은 실적정보에 산출공식을 적용해서 적립포인트를 계산하는 동안(Select문 이후, Update문 이전) 다른 트랜잭션이 실적정보를 변경한다면 데이터 정합성에 문제가 생길 수 있다.

이러한 문제를 방지하려면, Select 시점에 For Update를 사용해 고객 레코드에 Lock을 걸어야 한다. SQL Server를 사용하는 경우에는 UPDLOCK 힌트를 사용하면 된다.

만약 사용 중인 DBMS가 Select For Update를 지원하지 않는다면, 아래와 같이 Dummy Update를 먼저 수행해서 강제로 Lock을 획득한 뒤 데이터를 조회하면 된다.

```
UPDATE 고객 SET 적립포인트 = 적립포인트 WHERE 고객번호 = :cust_no;
```

굳이 이렇게까지 해야 하나 싶겠지만, 트랜잭션의 정합성을 유지하기 위해서는 필수적인 조치다.

다중 레코드에 대한 비관적 동시성 제어

지금까지는 PK 인덱스를 통해 단일 레코드를 접근하는 경우를 기준으로 설명했다. 다중 레코드를 처리하는 경우에는 두 가지 방법이 있다. COUNT, SUM, AVG 등 집계함수를 이용해 처리 대상 범위에 일괄적으로 Lock을 설정하는 방법과, 커서 루프를 이용해 건건이 Lock을 설정하는 방법이다.

(1) 집계함수를 이용한 Lock 설정

아래는 20번 부서(DEPTNO=20) 직원들의 급여(SAL)를 직무(JOB)에 따라 차등 인상하는 예시다.

```
-- 1. DEPTNO = 20인 사원 레코드에 Lock 설정
SELECT COUNT(*), SUM(SAL)
FROM   EMP
WHERE  DEPTNO = 20 FOR UPDATE;

-- 2. 20번 부서에 대한 복잡한 연산
-- DO ANYTHING …

-- 3. 직무별로 일괄 인상 처리
UPDATE EMP SET SAL = (CASE JOB
                      WHEN 'ANALYST' THEN SAL * 1.10
                      WHEN 'CLERK' THEN SAL * 1.05
                      ELSE SAL * 1.03 END)
WHERE  DEPTNO = 20;

COMMIT;
```

SQL Server는 For Update 대신 UPDLOCK 힌트를 사용하면 된다. 단, SQL Server는 인덱스만 읽고도 결과 값을 낼 수 있는 경우 인덱스 레코드에만 Lock을 설정한다. 따라서 테이블 레코드에 Lock을 설정하려면 인덱스에 없는 컬럼을 읽도록 조치해야 한다. 여기서는 SUM(SAL) 함수가 그 역할을 한다. 만약 SAL 컬럼이 인덱스에 포함돼 있다면, 인덱스에 없는 컬럼을 읽도록 추가적인 조치가 필요하다.

PK 인덱스를 통해 단일 레코드를 접근하는 경우, Read Committed 수준에서 최초 Select For Update를 수행하면 완벽한 트랜잭션 일관성을 유지할 수 있다. 하지만 지금처럼 다중 레코드를 액세스하는 경우, Select와 Update 사이에 집합 변화를 허용함으로써 다양한 비일관성이 나타날 수 있다. 4장에서 충분히 설명한 내용이므로 구체적인 사례는 생략한다.

집합 변화에 의한 이상 현상, 즉 **Phantom Read를 방지하려면 격리 수준을 Serializable로 설정해야** 한다. MySQL은 Repeatable Read로 설정해도 같은 효과를 얻을 수 있다.

(2) Oracle과 PostgreSQL

Oracle과 PostgreSQL에서는 집계함수에 For Update를 사용하면 에러가 발생한다. 따라서 아래와 같이 커서 루프를 이용해야 한다.

```
DECLARE
    l_new_sal  NUMBER;

    CURSOR emp_c IS
        SELECT EMPNO, JOB, SAL
        FROM   EMP
        WHERE  DEPTNO = 20
        FOR UPDATE;
BEGIN
    FOR c IN emp_c
    LOOP
        -- 직무별 인상률 계산
        IF c.job = 'ANALYST' THEN
            l_new_sal := c.SAL * 1.10;
        ELSIF c.job = 'CLERK' THEN
            l_new_sal := c.SAL * 1.05;
        ELSE
            l_new_sal := c.SAL * 1.03;
        END IF;
```

```
        -- 급여 갱신
        UPDATE EMP
        SET    SAL = l_new_sal
        WHERE  EMPNO = c.EMPNO;

    END LOOP;

    COMMIT;

EXCEPTION
    WHEN OTHERS THEN
        ROLLBACK;
END;
```

Oracle은 Select For Update 구문을 실행할 때도 Consistent 모드로 대상을 식별한다. 따라서 중간에 삽입된 데이터는 Consistent 모드 읽기를 통해 자연스럽게 Update 대상에서 제외된다. Consistent 모드로 대상을 식별하지만 Lock 설정 전에 Current 모드로 조건절 만족 여부를 다시 확인한다. 이 과정에서 삭제되거나 조건절 값이 변경된 데이터를 발견하면 Select For Update 실행을 롤백하고 처음부터 다시 시작한다. 이를 통해 기준 시점은 변경되지만, 일관성 있게 추출한 집합을 대상으로 Update를 수행하므로 **Read Committed 격리 수준에서도 전체 트랜잭션 결과에 논리적 모순이 발생하지 않는다.**

반면, PostgreSQL의 Read Committed 격리 수준에서 위 트랜잭션을 실행하면 결과에 논리적 모순이 발생할 수 있다. 단순 Select 문은 문장 수준 읽기 일관성을 보장하지만, Select For Update 문은 그렇지 않은데, 이러한 차이는 Oracle처럼 Consistent 모드로 대상을 식별하면서도 재시작 메커니즘을 사용하지 않는 데서 비롯된다.
구체적으로, 조건절을 만족하던 데이터가 Current 모드로 다시 읽는 시점에 다른 트랜잭션에 의해 삭제되었거나 조건절을 만족하지 않게 된 경우, PostgreSQL은 해당 데이터를 결과집합에서 제외하고 트랜잭션을 계속 진행한다. 이로 인해 다음과 같은 비일관성이 발생한다.

- TX1 : A 사원의 부서번호를 30에서 20으로, B 사원의 부서번호를 20에서 30으로 Update 하고, 커밋은 아직 미실행
- TX2 : 20번 부서의 급여를 일괄 인상하는 프로그램을 실행하였고, Select For Update 문 실행 도중 TX1의 Update에 의해 블로킹됨
- TX1 : 커밋 실행
- TX2 : A 사원은 Select 실행 시점에(Consistent 모드) 대상이 아니었으므로 제외 → Update 미실행
- TX2 : B 사원은 Select 실행 시점에 대상이었지만, 현재(Current 모드) 부서번호가 30으로 변경된 상태이므로 제외 → Update 미실행

20번 부서와 30번 부서가 서로 한 명씩 교차 발령했는데, 둘 다 임금 인상 대상에서 제외되는 논리적 모순이 발생했다. 실제 이런 논리적 모순이 발생하는지는 3장 8절의 상황 11과 12에서 TX2의 SQL을 Select For Update로 변경해 테스트하면 쉽게 확인할 수 있다.

PostgreSQL에서 이런 비일관성을 해소하려면 **격리 수준을 Repeatable Read로 설정해야** 한다. 그러면 변경되거나 삭제된 데이터를 발견하는 순간 Update 충돌 에러가 발생하므로 논리적 모순을 차단할 수 있다[1].

(3) MySQL과 SQL Server

MySQL과 SQL Server는 Select For Update(SQL Server는 UPDLOCK 힌트)에 Current 모드 읽기를 사용한다[2]. Current 모드 읽기는 Read Committed 격리 수준에서 다중 레코드에 대한 문장 수준 읽기 일관성을 보장하지 않으므로, 위와 같이 커서 루프 방식으로 프로그램을 실행하면 아래와 같은 비일관성이 발생한다.

- 저장 위치에 따라 20번 부서에 배속된 사원 중 일부는 급여 인상 대상에 포함되고 일부는 제외될 가능성 → 같은 시각 같은 팀에 배속된 두 명의 신입 사원 중 한 명은 임금 인상을

---

1 격리 수준을 Serializable로 설정하면 쓰기 왜곡(Write Skew)에 의한 비일관성도 방지할 수 있다.

2 MySQL은 조회할 때 Consistent 모드로 읽지만, For Share 또는 For Update 옵션을 사용하면 Current 모드로 읽는다.

받고 한 명은 제외된다면 논리적 모순

• 아직 읽지 않은 범위에서 다른 부서로 전환 배치(부서번호를 20에서 30으로 변경)된 사원과 이미 읽은 범위로 전환 배치(부서번호를 30에서 20으로 변경)된 사원 모두 제외될 가능성 → 20번 부서와 30번 부서가 서로 한 명씩 교차 발령했는데 둘 다 임금 인상 대상에서 제외된다면 논리적 모순

이러한 집합 변화에 의한 이상 현상, 즉 Phantom Read를 방지하려면 **격리 수준을 Serializable로 설정해야** 한다. **MySQL은 Repeatable Read로 설정해도 같은 효과**를 얻을 수 있다. 이들 격리 수준에서는 조회할 때 Shared Lock을 설정하므로 For Update 옵션(SQL Server는 UPDLOCK 힌트)이 꼭 필요하지 않지만, 교착상태 방지를 위해 권장된다.

DBMS별 Lock 기능 비교

비관적 동시성 제어를 잘못 사용하면 시스템 동시성이 매우 나빠질 수 있으므로 Lock은 필요한 최소한으로 사용해야 한다. DBMS별 For Update 기능의 차이를 정확히 숙지해야 하는 이유다. 예를 들어, 아래와 같이 조인문에 For Update를 사용하면 양쪽 테이블 모두에 Lock이 걸린다.

```
SELECT B.주문수량
FROM   계좌마스터 A, 주문 B
WHERE  A.고객번호 = :cust_no
AND    B.계좌번호 = A.계좌번호
AND    B.주문일자 = :ord_dt
FOR UPDATE
```

하지만 Oracle에서 아래와 같이 For Update Of 구문을 사용하면, 주문수량 컬럼이 포함된 주문 테이블에만 Lock이 설정된다.

```
SELECT B.주문수량
FROM   계좌마스터 A, 주문 B
WHERE  A.고객번호 = :cust_no
AND    B.계좌번호 = A.계좌번호
AND    B.주문일자 = :ord_dt
FOR UPDATE OF 주문수량
```

For Update를 부적절하게 사용하면 동시성에 독이 될 수 있지만, Wait 또는 Nowait 옵션을 잘 활용하면 오히려 약이 될 수도 있다. 예를 들어, Oracle Serializable 격리 수준에서 아래와 같이 For Update를 사용하면, TX2 트랜잭션은 TX1 트랜잭션이 커밋할 때까지 기다렸다가, 무조건 ORA-08177 에러가 발생한다.

< TX1 >		< TX2 >
SET TRANSACTION ISOLATION LEVEL **SERIALIZABLE;**	t1	
	t2	SET TRANSACTION ISOLATION LEVEL **SERIALIZABLE;**
SELECT * FROM EMP WHERE EMPNO = 7900 **FOR UPDATE;**	t3	
	t4	SELECT * FROM EMP WHERE EMPNO = 7900 **FOR UPDATE;**
COMMIT;	t5	**에러 발생! (ORA-08177: can't serialize access for this transaction)**

따라서 Serializable 격리 수준에서는 불필요한 대기를 줄이기 위해 항상 Nowait 옵션을 함께 사용하는 것이 좋다.
For Update를 약으로 쓰기 위해(동시성을 높이기 위해) 낙관적 동시성 제어에서도 최종 Update 전에 Select For Update를 의도적으로 사용하기도 한다. 이에 대해서는 뒤에서 자세히 설명한다.

데이터를 변경할 목적이 아니라면 조회 시 For Update 대신 For Share를 사용하는 것이 바람직하다. For Share는 Shared Lock을 유지하여 일관성을 높이면서도 다른 트랜잭션의 Shared Lock과 호환되므로 동시성 저하를 최소화하는 효과가 있다. SQL Server에서는 HOLDLOCK 힌트를 사용하면 된다. 다만, HOLDLOCK 힌트는 SERIALIZABLE 힌트와 사실상 동일하며, 다른 트랜잭션의 Insert를 차단하므로 동시성 저하에 주의해야 한다.
반면, For Update는 향후 변경할 데이터를 미리 읽어 Exclusive Lock을 설정함으로써, 일관성을 유지하고 교착상태를 방지하기 위해 사용한다.

SQL Server에서는 UPDLOCK 힌트를 사용하며, 이는 Update Lock을 설정한다. Update Lock은 Shared Lock과 호환되지만, 다른 Update 및 Exclusive Lock과는 호환되지 않는다.
MySQL은 기본 격리 수준인 Repeatable Read에서도 For Share, For Update 옵션이 다른 트랜잭션의 Insert를 차단하므로 동시성 저하에 주의해야 한다.
For Share, For Update의 기능을 DBMS별로 비교 요약하면, 표 5-1과 같다.

<table>
<tr><th>DBMS</th><th>Oracle</th><th>PostgreSQL</th><th>MySQL</th><th>SQL Server</th></tr>
<tr><td>For Share</td><td>미지원</td><td>지원</td><td>지원</td><td>WITH (HOLDLOCK)</td></tr>
<tr><td>For Update</td><td>지원</td><td>지원</td><td>지원</td><td>WITH (UPDLOCK)</td></tr>
<tr><td>다른 트랜잭션의 삽입</td><td>허용</td><td>허용</td><td colspan="2">격리 수준에 따름[주1)]</td></tr>
<tr><td>읽기 모드</td><td colspan="2">Consistent 모드로 대상 식별하고,
Lock 설정 전 Current 모드로
조건절 만족 여부 확인[주2)]</td><td colspan="2">Current 모드</td></tr>
<tr><td>nowait 옵션</td><td>지원</td><td>지원</td><td>지원</td><td>미지원[주3)]</td></tr>
<tr><td>wait 옵션</td><td>지원</td><td>미지원[주4)]</td><td>미지원[주5)]</td><td>미지원[주6)]</td></tr>
</table>

[표 5-1]

주1) Read Committed 격리 수준에서는 다른 트랜잭션의 삽입을 허용한다. Repeatable Read에서 SQL Server는 삽입을 허용하고, MySQL은 이미 읽은 범위에 삽입을 차단한다. Serializable에서는 두 DBMS 모두 이미 읽는 범위에 삽입을 차단한다.

주2) 조건절을 만족하지 않을 때 Oracle은 Select For Update 문을 재시작

주3) lock_timeout 파라미터 활용(예 : set lock_timeout 0)

주4) lock_timeout 파라미터 활용(예 : set lock_timeout = '3s')

주5) innodb_lock_wait_timeout 파라미터 활용(예 : set session innodb_lock_wait_timeout = 3)

주6) lock_timeout 파라미터 활용(예 : set lock_timeout 3000)

Select For Update 사용을 두려워 말자!

공유 자원에 대한 액세스 직렬화는 필수다. JAVA에서 멀티 쓰레드 프로그래밍을 해 본 독자라면, synchronized 키워드의 역할을 떠올려 보자. JAVA에서 synchronized는 여러 스레드 간의 동기화를 위해 사용되며, 특정 코드 블록이나 메서드에 Lock을 설정해 두 스레드가 동시에

실행하지 못하도록 제한한다. 멀티스레드 환경에서 공유 데이터에 대한 동시 접근을 제어하고, 데이터의 일관성을 보장하기 위한 필수 조치다.

DB 프로그래밍에서도 변경할 목적으로 데이터를 읽을 때 Select For Update로 Lock을 거는 것은 당연한 조치를 넘어 필수 사항이다. 4장에서 다각도로 살펴본 바와 같이, Select For Update는 트랜잭션 수준의 일관성과 직렬화를 위해 없어서는 안 될 정말 중요한 수단이다. 교착상태 방지를 위해서도 필요하다. 성능 저하가 우려될 수 있지만, 성능보다 데이터 품질과 정합성이 성능보다 우선한다.

For Update를 제거해서 성능 문제가 해결되었다며 반기는 개발자를 본 적이 있다. 하지만 이는 동시 트랜잭션에 의한 동시 Update가 발생하고 있었다는 증거일 뿐이다. 데이터 정합성이 훼손될 위험에 노출된 것이므로 결코 기뻐할 일이 아니다.

성능 문제 해결 방안

For Update 사용에 따른 성능 문제는 아래와 같은 방법으로 개선할 수 있다.

- SQL 튜닝을 통해 트랜잭션 처리 시간을 최소화한다.
- 불필요한 지연 없이 정확한 시점에 커밋 또는 롤백하도록 구현한다.
- Nowait 또는 Wait 옵션을 활용한다. 이 옵션을 적절히 사용하면, 오히려 동시성을 높이는 긍정적인 효과를 낼 수 있다.
- 동시성 문제가 발생할 가능성이 있는 프로그램은 동시 트랜잭션이 적은 야간 시간대에 수행하도록 스케줄링한다.
- 낙관적 시도 후 실패하면 비관적으로 전환하는 전략을 사용한다. 즉, 처음에는 Lock 없이 데이터를 조회하고, 갱신 시점에 변경된 값을 발견하면 롤백 후 트랜잭션을 다시 시작한다. 다시 시작할 때는 For Update로 Lock을 건다.

다시 강조하지만, For Update는 잘못 쓰면 독이 되지만, 올바르게 쓰면 정합성을 지키는 강력한 무기가 된다. 두려워할 것이 아니라, 제대로 이해하고 현명하게 활용해야 한다.

5.2 낙관적 동시성 제어

낙관적 동시성 제어(Optimistic Concurrency Control)는 여러 사용자가 같은 데이터를 동시에 수정하지 않을 것이라고 가정하는 방식이다. 따라서 데이터를 읽을 때는 Lock을 설정하지 않는다.

그러나 낙관적 접근이라고 해서 동시 트랜잭션에 의한 잘못된 데이터 갱신을 무시해도 된다는 뜻은 결코 아니다. 읽는 시점에 Lock을 사용하지 않았지만, 데이터를 수정하는 시점에 반드시 해당 데이터가 다른 사용자에 의해 변경되었는지를 검증해야 한다. 이 검증 과정을 생략하면, 일관성이 훼손된 상태로 데이터가 덮어써지는 갱신 손실(Lost Update)이 발생할 수 있다.

이번에는 낙관적 동시성 제어를 구현할 때 실제로 어떻게 코딩해야 하는지 예시를 통해 살펴보자.

예시 1 주문 도중 상품 정보 수정

그림 5-2는 앞서 살펴본 그림 5-1(비관적 동시성 제어)의 주문 트랜잭션을 낙관적 동시성 제어 방식으로 구현한 예시다.

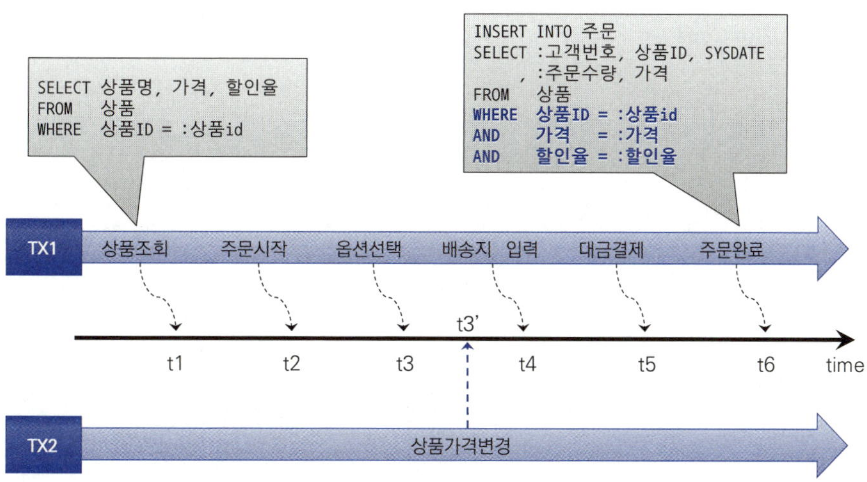

[그림 5-2]

t1 시점에 조회한 상품 정보를 주문 완료 시점에 조건절로 사용하였다. TX1이 주문을 진행하는 도중, TX2 트랜잭션이 상품 가격이나 할인율을 변경한 경우, t6 시점에서 Insert 문은 조건 불일치로 인해 실패(처리 건수 = 0)하게 된다. 이 경우, 상품 정보가 변경되었음을 고객에게 알리고, 주문을 처음부터 다시 진행하거나, 변경된 가격으로 완료할 수 있도록 안내하면 된다.

```
INSERT INTO 주문 (고객ID, 상품ID, 주문일시, 주문수량, 가격)
SELECT :고객id, 상품ID, SYSDATE, :주문수량, 가격
FROM   상품
WHERE  상품ID = :상품id
AND    가격   = :가격          -- 조회 당시 가격
AND    할인율 = :할인율 ;      -- 조회 당시 할인율

IF SQL%ROWCOUNT = 0 THEN
  DBMS_OUTPUT.PUT_LINE('상품정보가 변경되었습니다.');
END IF;
```

예시 2 **우수고객 포인트 적립**

앞서 살펴본 우수고객 포인트 적립에 대한 낙관적 동시성 제어 예시다.

```
SELECT 적립포인트, 구매실적, 방문횟수, 최근방문일자 INTO :a, :b, :c, :d
FROM   고객
WHERE  고객번호 = :cust_no

-- 새로운 적립포인트 계산

UPDATE 고객 SET 적립포인트 = :적립포인트
WHERE  고객번호       = :cust_no
AND    적립포인트     = :a
AND    구매실적       = :b
AND    방문횟수       = :c
AND    최근방문일자 = :d ;

IF SQL%ROWCOUNT = 0 THEN
  DBMS_OUTPUT.PUT_LINE('다른 사용자에 의해 데이터가 변경되었습니다.');
END IF;
```

낙관적 동시성 제어는 조회 컬럼이 많아질수록 Update 문의 조건절도 길어지는 단점이 있다. 다행히 테이블에 최종 변경일시 컬럼이 있다면, 이를 활용해 해당 레코드의 갱신여부를 쉽게 확인할 수 있다.

```
SELECT 적립포인트, 구매실적, 방문횟수, 최근방문일자, 변경일시
INTO   :a, :b, :c, :d, :mod_dtm
FROM   고객
WHERE  고객번호 = :cust_no;

-- 새로운 적립포인트 계산

UPDATE 고객 SET 적립포인트 = :적립포인트, 변경일시 = SYSDATE
WHERE  고객번호 = :cust_no
AND    변경일시 = :mod_dtm ; → 최종 변경일시가 앞서 읽은 값과 같은지 비교

IF SQL%ROWCOUNT = 0 THEN
  DBMS_OUTPUT.PUT_LINE('다른 사용자에 의해 데이터가 변경되었습니다.');
END IF;
```

For Update Wait 옵션의 활용

낙관적 동시성 제어에서도 아래와 같이 Update 전에 Wait(또는 Nowait) 옵션을 가진 Select For Update를 먼저 실행하면, Lock 충돌 시 무한 대기를 피할 수 있어 동시성 향상에 도움이 된다.

```
SELECT 적립포인트, 구매실적, 방문횟수, 최근방문일자, 변경일시
INTO   :a, :b, :c, :d, :mod_dtm
FROM   고객
WHERE  고객번호 = :cust_no;

-- 새로운 적립포인트 계산

SELECT 고객번호
FROM   고객
WHERE  고객번호 = :cust_num
AND    변경일시 = :mod_dt
FOR UPDATE WAIT 3;
```

```
UPDATE 고객 SET 적립포인트 = :적립포인트, 변경일시 = SYSDATE
WHERE  고객번호 = :cust_no
AND    변경일시 = :mod_dtm ;

IF SQL%ROWCOUNT = 0 THEN
  DBMS_OUTPUT.PUT_LINE('다른 사용자에 의해 데이터가 변경되었습니다.');
END IF;

EXCEPTION
  WHEN OTHERS THEN
   IF SQLCODE IN ( -30006, -54 ) THEN
     DBMS_OUTPUT.PUT_LINE('다른 사용자에 의해 변경이 진행 중입니다');
     DBMS_OUTPUT.PUT_LINE('잠시 후 다시 시도하십시오.');
  END IF;
```

다중 레코드에 대한 낙관적 동시성 제어

다중 레코드를 처리하는 경우, 낙관적 동시성 제어에서는 데이터 변경 여부를 레코드 단위로 확인해야 하므로 커서 루프를 이용하는 방법밖에 없다.

아래는 Oracle에서 20번 부서(DEPTNO=20) 직원들의 급여(SAL)를 직무(JOB)에 따라 차등 인상하는 예시다.

```
DECLARE
  l_new_sal NUMBER;
  CURSOR emp_c IS SELECT ROWID RID, JOB, SAL FROM EMP WHERE DEPTNO = 20;
BEGIN
  FOR c IN emp_c
  LOOP
    -- 직무별 인상률 계산
    IF c.JOB = 'ANALYST' THEN
      l_new_sal := c.SAL * 1.10;
    ELSIF c.JOB = 'CLERK' THEN
      l_new_sal := c.SAL * 1.05;
    ELSE
      l_new_sal := c.SAL * 1.03;
    END IF;

    -- 변경 여부 확인 후 갱신
    UPDATE EMP SET SAL = l_new_sal
    WHERE  DEPTNO = 20
```

```
    AND    ROWID  = c.RID
    AND    JOB    = c.JOB
    AND    SAL    = c.SAL;

    IF SQL%ROWCOUNT = 0 THEN
      DBMS_OUTPUT.PUT_LINE('다른 사용자에 의해 데이터가 변경되었습니다.');
      DBMS_OUTPUT.PUT_LINE('프로그램을 다시 실행하십시오');
      RAISE PROGRAM_ERROR;
    END IF;
  END LOOP;

  COMMIT;

EXCEPTION
  WHEN OTHERS THEN
    ROLLBACK;
END;
```

Consistent 모드 읽기를 사용하는 Oracle, PostgreSQL, MySQL에서 위와 같은 방식으로 낙관적 동시성 제어를 구현하면, 조회 시작 시점에 존재했던 집합에 대해서만 레코드 단위로 Update를 진행하므로 중간에 Insert된 데이터는 자연스럽게 제외된다. 중간에 변경되거나 삭제된 데이터를 발견하면 전체 트랜잭션을 롤백하도록 예외 처리했으므로, **Read Committed 격리 수준에서 MVCC의 Serializable과 유사한 격리성**을 얻을 수 있다. 아래 트랜잭션을 Oracle과 PostgreSQL의 Serializable 격리 수준에서 실행하면 중간에 변경된 데이터를 만났을 때 Update 충돌 에러가 발생한다는 사실을 상기하기 바란다.

```
SET TRANSACTION ISOLATION LEVEL SERIALIZABLE;

SELECT COUNT(*) FROM EMP WHERE DEPTNO = 20;

UPDATE EMP SET SAL = (CASE JOB
                      WHEN 'ANALYST' THEN SAL * 1.10
                      WHEN 'CLERK' THEN SAL * 1.05
                      ELSE SAL * 1.03 END)
WHERE  DEPTNO = 20;

COMMIT;
```

Current 모드 읽기를 사용하는 SQL Server에서도 위와 같은 방식으로 낙관적 동시성 제어를 구현하면 동시 Update와 Delete에 대해서는 일관성을 유지할 수 있다. 비일관성을 야기하는 데이터 변경은 발생하지 않기 때문이다.

- 이미 읽은 범위에서 Update 또는 Delete가 발생하면, 일관성 있게 Update 대상에서 제외
  → 20번 부서 급여 인상 완료 후에 Update 또는 Delete한 것과 같은 결과
- 아직 읽지 않은 범위에서 Update 또는 Delete가 발생하면, 에러 처리
- 양쪽 범위에서 Update가 발생하면, 에러 처리 → 비일관성 방지

문제는 Select 수행 도중 이미 읽은 범위와 아직 읽지 않은 범위 양쪽 모두에 Insert가 발생하는 경우다. 그러면 일부는 Update에 포함되고 일부는 제외되는 비일관성이 발생한다. 이 문제를 해결하려면 **격리 수준을 Serializable로 설정해야** 한다.

격리 수준을 조정하지 않고 Read Committed 격리 수준에서 급여 인상을 일관성 있게 처리하려면, 아래와 같이 트랜잭션 시작 전 조회 건수와 Update 완료 건수를 비교해서 최종 커밋 여부를 결정하는 방법을 고려할 수 있다.

```
SET IMPLICIT_TRANSACTIONS OFF;

BEGIN TRY
    DECLARE
        @l_new_sal DECIMAL(10,2),
        @empno     INT,
        @job       VARCHAR(20),
        @sal       DECIMAL(10,2),
        @row_count INT,
        @bef_count INT,
        @tot_count INT = 0;

    SELECT @bef_count = COUNT(*)  -- 트랜잭션 시작 전 레코드 수 조회
    FROM   EMP
    WHERE  DEPTNO = 20;
```

```
DECLARE emp_cursor CURSOR LOCAL FOR
    SELECT EMPNO, JOB, SAL
    FROM   EMP
    WHERE  DEPTNO = 20;

OPEN emp_cursor;

BEGIN TRAN;   -- 트랜잭션 시작

FETCH NEXT FROM emp_cursor INTO @empno, @job, @sal;

WHILE @@FETCH_STATUS = 0
BEGIN
    -- 직무별 인상률 계산
    IF @job = 'ANALYST'
        SET @l_new_sal = @sal * 1.10;
    ELSE IF @job = 'CLERK'
        SET @l_new_sal = @sal * 1.05;
    ELSE
        SET @l_new_sal = @sal * 1.03;

    -- 변경 여부 확인 후 갱신
    UPDATE EMP
    SET    SAL    = @l_new_sal
    WHERE  DEPTNO = 20
    AND    EMPNO  = @empno
    AND    JOB    = @job
    AND    SAL    = @sal;

    SET @row_count = @@ROWCOUNT;

    IF @row_count = 0
    BEGIN
        PRINT N'다른 사용자에 의해 데이터가 변경되었습니다.';
        PRINT N'프로그램을 다시 실행하십시오.';
        ROLLBACK TRAN;
        CLOSE emp_cursor;
        DEALLOCATE emp_cursor;
        RETURN;
    END;

    -- Update된 누적 행수 계산
    SET @tot_count = @tot_count + @row_count;
```

```
        FETCH NEXT FROM emp_cursor INTO @empno, @job, @sal;
    END;

    IF @bef_count = @tot_count  -- 트랜잭션 시작 전 건수와 Update 처리 건수 비교
    BEGIN
        COMMIT TRAN;  -- 트랜잭션 커밋
        PRINT N'작업을 정상적으로 완료하였습니다.';
    END;
    ELSE
    BEGIN
        ROLLBACK TRAN;  -- 트랜잭션 롤백
        PRINT N'다른 사용자에 의해 데이터가 추가되었습니다.';
        PRINT N'프로그램을 다시 실행하십시오.';
    END;

    CLOSE emp_cursor;
    DEALLOCATE emp_cursor;

END TRY
BEGIN CATCH
    IF @@TRANCOUNT > 0
        ROLLBACK TRAN;

    PRINT N'오류 발생: ' + ERROR_MESSAGE();
END CATCH;
```

테이블에 변경일시(MOD_DTM) 컬럼을 추가하고 아래와 같이 SQL에 변경일시 조건절을 추가하는 방법도 고려할 수 있다. 그러면 트랜잭션 시작 이후 Insert된 데이터는 제외되므로 작업 실패 가능성을 줄일 수 있다.

```
BEGIN TRY
    DECLARE
    ...
        @l_dtm      DATETIME;

    SET @l_dtm = GETDATE();

    DECLARE emp_cursor CURSOR LOCAL FOR
      SELECT EMPNO, JOB, SAL
      FROM   EMP
```

```
  WHERE  DEPTNO = 20
  AND    MOD_DTM <= @l_dtm;

...

UPDATE EMP
SET    SAL = @l_new_sal, mod_dtm = GETDATE()
WHERE  EMPNO = @empno
AND    MOD_DTM <= @l_dtm;
```

다만 이 경우에도 트랜잭션 시작 전 조회 건수와 Update 완료 건수를 비교하는 로직을 생략해서는 안 된다. 임금 인상 트랜잭션 시작 전에 Insert를 시작한 트랜잭션이 존재할 수 있기 때문이다.

- TX1 : t1 시점에 20번 부서 신규 레코드 Insert
- TX2 : t2 시점에 GETDATE() 함수 호출하고 임금 인상 트랜잭션 시작
- TX1 : t3 시점에 20번 부서 신규 레코드 Insert
- TX2 : TX1이 t1 시점에 Insert한 레코드(t1 < t2)는 Update 대상에 포함하고, t3 시점에 Insert한 레코드(t3 > t2)는 제외 → TX1이 Insert한 레코드를 일부는 포함하고, 일부는 누락하는 논리적 모순 발생

물론, 업무적으로 입사일자(HIREDATE) 조건을 추가해서 신입사원을 임금 인상 대상에서 원천적으로 배제할 수 있다면, 이렇게 복잡한 로직을 고려할 필요가 없으므로 그것이 가장 최선이다.

사용자 인터페이스 기반 동시성 제어

지금까지 설명한 다중 레코드에 대한 동시성 제어는 백엔드(Back-end) 배치(Batch) 프로그램을 기준으로 한 것이다. 이번에는 프론트엔드(Front-end)에서 사용자와 직접 상호작용하며 업무를 처리하는 경우를 살펴보자. 사용자 인터페이스가 필요한 상황에서는 낙관적 동시성 제어를 사용할 수밖에 없다.

예를 들어, 그림 5-3은 'SQLP고급' 과정을 신청한 예약자 목록이다.

[그림 5-3]

아래는 위 목록을 출력하기 위해 사용한 쿼리다.

```
SELECT 예약번호, 신청자, 전화번호, 신청일, 가격분류
FROM   수강신청
WHERE  과정명 = 'SQLP고급'
AND    상태 = '예약'
```

수강 대상자를 확정하기 위해 예약 건을 모두 선택한 뒤 '확정' 버튼을 누르면, 내부적으로 아래 Update 문이 예약 건별로 반복 실행된다. 확정된 예약 건은 이후 취소할 수 없다.

```
UPDATE 수강신청 SET 상태 = '확정'
WHERE  예약번호 = :rsrv_no
```

그러나 이 방식은 목록 출력 이후 예약자가 취소한 경우에도 해당 건을 '확정' 상태로 변경해 버리는 갱신 손실(Lost Update)이 발생할 수 있다. 이를 방지하기 위해 아래와 같이 상태 조건을 추가해야 한다.

```
UPDATE 수강신청 SET 상태 = '확정'
WHERE  예약번호 = :rsrv_no
AND    상태 = '예약'
```

이렇게 처리하면 일관성이 확보될 것 같지만, 또 다른 문제가 남아 있다. 바로 조회 시점에 따른 비일관성이다.

어떤 회사에서 김경수 사원과 홍길동 사원을 동시에 입과시키기 위해 수강 신청을 완료했다고 가정하자. 아래는 수강 신청 트랜잭션이다.

```
INSERT INTO 수강신청 (예약번호, 신청자, …, 상태)
            VALUES (125178, '김경수', …, '예약');

INSERT INTO 수강신청 (예약번호, 신청자, …, 상태)
            VALUES (125235, '홍길동', …, '예약');

COMMIT;
```

트랜잭션이 실행되기 직전, 교육 담당자가 수강 신청자 조회 쿼리를 실행했는데, 김경수는 쿼리가 이미 읽고 지나간 영역에 입력되었고, 홍길동은 아직 읽은 않은 영역에 입력되었다. 이때 DBMS에 따라 출력 결과가 달라진다.

- SQL Server : 김경수는 누락되고 홍길동은 출력됨
- Oracle, PostgreSQL, MySQL : 둘 다 목록에서 누락됨

교육 담당자가 전체 선택 후 '확정' 버튼을 누르고 수강자 명단을 인쇄해서 강사에게 전달한다면, 두 시스템 모두에서 업무적인 문제가 발생한다. 그러나 일관성 측면에서는 SQL Server가 더 문제다. 다른 시스템들은 최소한 스냅샷 일관성을 유지한 반면, SQL Server는 그렇지 못했기 때문이다.

실무에서 마감 프로세스가 필요한 이유가 바로 여기에 있다. 더 이상 수강 신청하지 못하도록 마감한 상태에서 대상을 확정하고 명단을 출력한다면 이런 상황은 발생하지 않는다.

다만, 접수 마감하기 전까지는 위와 같은 비일관성 문제가 언제든 나타날 수 있다. 예를 들어, 동시에 수강신청을 했는데 홍길동은 입과 안내 메일을 받고 김경수는 받지 못하는 상황이 생길 수 있다. 김경수도 다음 날에는 입과 안내 메일을 받겠지만, **SQL Server에서 이런 비일관성 문제까지 해결하려면 Serializable 격리 수준을 사용해야** 한다.

낙관적 동시성 제어 주의!!

다음은 특정 부서(p_deptno)에 속한 사원들의 급여를 일정률(p_raise_rate)만큼 인상하는 DB 프로시저로서, 비관적 동시성 제어 방식으로 구현되어 있다[3].

```
CREATE OR REPLACE PROCEDURE raise_sal
(
    p_deptno       NUMBER,
    p_raise_rate  NUMBER
)
IS
    CURSOR c IS
        SELECT SAL
        FROM   EMP
        WHERE  DEPTNO = p_deptno
        FOR UPDATE;

    r  c%ROWTYPE;
BEGIN
    OPEN c;

    LOOP
        FETCH c INTO r;
        EXIT WHEN c%NOTFOUND;

        UPDATE EMP
        SET    SAL = SAL * p_raise_rate
        WHERE  CURRENT OF c;
    END LOOP;

    COMMIT;
    CLOSE c;
END raise_sal;
```

3 온라인 스크립트 script1_pessimistic_txN.sql 참조

7900번 사원의 부서번호(DEPTNO)가 30인 상황에서 다음과 같이 두 트랜잭션을 동시에 진행해 보자.

< TX1 >		< TX2 >
UPDATE EMP SET DEPTNO = 10 WHERE EMPNO = 7900;	t1	
	t2	EXEC raise_sal(30, 1.2); → 블로킹
COMMIT;	t3	

TX2는 30번 부서의 급여를 20% 인상하는 트랜잭션인데, Select For Update 실행 시점에 TX1 Update에 의해 블로킹된다. Lock이 해제되는 t3 시점에는 7900번 사원의 부서번호가 10으로 변경돼 있기 때문에 급여 인상 대상에서 제외된다.

아래는 같은 DB 프로시저를 낙관적 동시성 제어 방식으로 구현한 예시다[4].

```
CREATE OR REPLACE PROCEDURE raise_sal
(
    p_deptno      NUMBER,
    p_raise_rate  NUMBER
)

IS
    CURSOR c IS
        SELECT EMPNO, SAL
        FROM   EMP
        WHERE  DEPTNO = p_deptno;

    r  c%ROWTYPE;

BEGIN
    OPEN c;

    LOOP
        FETCH c INTO r;
```

4 온라인 스크립트 script2_optimistic_txN.sql 참조

```
        EXIT WHEN c%NOTFOUND;

        UPDATE EMP
        SET    SAL   = SAL * p_raise_rate
        WHERE  EMPNO = r.empno
        AND    SAL   = r.sal;

        IF SQL%ROWCOUNT = 0 THEN
            DBMS_OUTPUT.PUT_LINE('다른 사용자에 의해 데이터가 변경되었습니다.');
            DBMS_OUTPUT.PUT_LINE('프로그램을 다시 실행하십시오');
            RAISE PROGRAM_ERROR;
        END IF;
    END LOOP;

    COMMIT;
    CLOSE c;

EXCEPTION
    WHEN OTHERS THEN
        ROLLBACK;
END raise_sal;
```

7900번 사원의 부서번호가 30인 상황에서 아래와 같이 두 트랜잭션이 동시에 진행하면, 7900번 사원의 급여가 인상된다.

< TX1 >		< TX2 >
UPDATE EMP SET DEPTNO = 10 WHERE EMPNO = 7900;	t1	
	t2	EXEC raise_sal(30, 1.2);
COMMIT;	t3	

TX2 트랜잭션이 t2 시점에 Update하다가 블로킹되지만, Lock 해제 시점에 부서 변경 사실을 인식하지 못함으로써 이미 10번 부서로 변경된 7900번 사원의 급여를 인상하는 것이다.

낙관적 동시성 제어에서 이런 잘못된 갱신을 방지하려면, 아래와 같이 **최초 조회할 때 사용한**

조건절(DEPTNO = p_deptno)을 Update 문에도 추가해야 한다[5].

```
CREATE OR REPLACE PROCEDURE raise_sal
(
    p_deptno      NUMBER,
    p_raise_rate  NUMBER
)
IS
    CURSOR c IS
        SELECT EMPNO, SAL
        FROM   EMP
        WHERE  DEPTNO = p_deptno;

    r  c%ROWTYPE;

BEGIN
    OPEN c;

    LOOP
        FETCH c INTO r;
        EXIT WHEN c%NOTFOUND;

        UPDATE EMP
        SET    SAL    = SAL * p_raise_rate
        WHERE  EMPNO  = r.empno
        AND    SAL    = r.sal
        AND    DEPTNO = p_deptno;

        IF SQL%ROWCOUNT = 0 THEN
            DBMS_OUTPUT.PUT_LINE('다른 사용자에 의해 데이터가 변경되었습니다.');
            DBMS_OUTPUT.PUT_LINE('프로그램을 다시 실행하십시오');
            RAISE PROGRAM_ERROR;
        END IF;
    END LOOP;

    COMMIT;
    CLOSE c;
```

---

5 온라인 스크립트 script3_optimistic_txN.sql 참조

```
EXCEPTION
    WHEN OTHERS THEN
        ROLLBACK;
END raise_sal;
```

TX2 트랜잭션은 tx2 시점에 블로킹 됐다가 TX1 커밋 시점에 Lock 해제되면서 7900번 사원의 부서 변경 사실을 확인하고 실행을 중단하게 된다.

< TX1 >		< TX2 >
UPDATE EMP SET DEPTNO = 10 WHERE EMPNO = 7900;	t1	
	t2	EXEC raise_sal(30, 1.2); → 실패
COMMIT;	t3	
	t4	EXEC raise_sal(30, 1.2);

TX2가 raise_sal 프로시저를 재실행하면, 7900번 사원의 급여는 인상되지 않는다.

5.3 데이터 누수 방지

운영계 데이터를 1시간 단위로 DW로 이관한다고 가정하자.

문제 상황 1 '주문상세 없는 주문' 발생

아래 예시는 운영계에서 주문 및 주문상세 데이터를 읽어 DW 시스템으로 이관하는 프로그램이 낮 12시 정각에 TX2 트랜잭션으로 실행되는 경우다.

< TX1 >		< TX2 >
INSERT INTO 주문(…, UPD_DTM) VALUES (…, **SYSDATE**) ;	11:59:58	
COMMIT;	11:59:59	

TX1	시각	TX2
	12:00:00	INSERT INTO 주문@DW SELECT * FROM 주문 WHERE UPD_DTM >= TRUNC(SYSDATE, 'HH')-1/24 AND UPD_DTM < TRUNC(SYSDATE, 'HH');
INSERT INTO 주문상세(…, UPD_DTM) VALUES (…, **SYSDATE**)	12:00:01	
COMMIT;	12:00:02	
	12:00:03	INSERT INTO 주문상세@DW SELECT * FROM 주문상세 WHERE UPD_DTM >= TRUNC(SYSDATE, 'HH')-1/24 AND UPD_DTM < TRUNC(SYSDATE, 'HH');
	12:00:04	COMMIT;

아래는 TX2 이관 SQL에 사용된 Oracle Trunc 함수의 이해를 돕기 위한 쿼리 결과다.

```
SQL> SELECT SYSDATE, TRUNC(SYSDATE, 'HH'), TRUNC(SYSDATE, 'HH')-1/24 FROM DUAL;

SYSDATE              TRUNC(SYSDATE,'HH')   TRUNC(SYSDATE,'HH')-1/24
-------------------- --------------------- --------------------------
25/04/23 12:00:05    25/04/23 12:00:00     25/04/23 11:00:00
```

위 시나리오를 설명하면 다음과 같다.

- TX1 : 11시 59분 58초에 주문을 입력하고, 59초에 커밋
- TX2 : 12시 정각에 시작해서 11시대의 주문 데이터 이관
- TX1 : TX2가 아직 주문상세를 읽지 않은 상태에서 TX1이 새로운 주문상세를 입력. 변경일시가 12시 00분 01초인 주문상세를 02초에 커밋
- TX2 : Insert 문에 사용한 조건절이 11시대를 가리키므로 TX1이 12시 00분 01초에 입력한 주문상세는 이관 대상에서 제외

결국, TX2에 의해 DW로 옮겨진 데이터에는 '주문상세 없는 주문'이 존재하게 된다. 누락된 주문상세는 1시간 후에 이관된다.

문제 상황 2 '주문 없는 주문상세'

아래와 같이 TX1의 주문과 주문상세를 한 트랜잭션으로 묶어서 처리해 보자. TX1 트랜잭션에서 주문의 변경일시를 리턴받아 주문상세의 변경일시로 사용한 것에 주목하기 바란다.

< TX1 >		< TX2 >
INSERT INTO 주문(…, UPD_DTM) VALUES (…, **SYSDATE**) RETURNING UPD_DTM INTO **:p_upd_dtm**;	11:59:57	
INSERT INTO 주문상세(…, UPD_DTM) VALUES (…, **:p_upd_dtm**) ;	11:59:58	
COMMIT;	11:59:59	
	12:00:00	INSERT INTO 주문@DW SELECT * FROM 주문 WHERE UPD_DTM >= TRUNC(SYSDATE, 'HH')-1/24 AND UPD_DTM < TRUNC(SYSDATE, 'HH');
	12:00:02	INSERT INTO 주문상세@DW SELECT * FROM 주문상세 WHERE UPD_DTM >= TRUNC(SYSDATE, 'HH')-1/24 AND UPD_DTM < TRUNC(SYSDATE, 'HH');
	12:00:04	COMMIT;

다행히 TX1 트랜잭션이 11시 59분 59초 이전에 커밋되기만 한다면, 해당 주문과 주문상세는 모두 정상적으로 이관된다. 하지만, 두 트랜잭션이 아래와 같은 순서로 진행된다면 문제가 생긴다.

< TX1 >		< TX2 >
INSERT INTO 주문(…, UPD_DTM) VALUES (…, **SYSDATE**) RETURNING UPD_DTM INTO **:p_upd_dtm**;	11:59:59	
INSERT INTO 주문상세(…, UPD_DTM) VALUES (…, **:p_upd_dtm**) ;	12:00:00	INSERT INTO 주문@DW SELECT * FROM 주문 WHERE UPD_DTM >= TRUNC(SYSDATE, 'HH')-1/24 AND UPD_DTM < TRUNC(SYSDATE, 'HH');

<table>
<tr><td>COMMIT;</td><td>12:00:01</td><td></td></tr>
<tr><td></td><td>12:00:02</td><td>INSERT INTO 주문상세@DW
SELECT * FROM 주문상세
WHERE UPD_DTM >=
      TRUNC(SYSDATE, 'HH')-1/24
AND UPD_DTM < TRUNC(SYSDATE, 'HH');</td></tr>
<tr><td></td><td>12:00:04</td><td>COMMIT;</td></tr>
</table>

- TX1 : 신규 입력한 주문과 주문상세 모두 변경일시가 11시 59분 59초이지만, 12시 00분 01초에 커밋
- TX2 : 12시 정각에 시작한 주문 이관 SQL은 TX1의 신규 주문 데이터를 누락하는 반면, 12시 00분 02초에 시작한 주문상세 이관 SQL은 신규 주문상세 데이터를 대상에 포함

결국, DW에는 '주문 없는 주문상세'가 발생한다. 문제는 **누락된 주문 데이터는 영원히 이관되지 않는다는 사실**이다. 1시간 후에는 변경일시가 12시대인 데이터를 이관하기 때문이다.
만약 격리 수준을 Serializable로 설정하면, '주문 없는 주문상세'는 방지할 수 있지만 둘 다 영구적으로 누락되는 결과를 초래한다.

문제 상황 3 주문과 주문상세 모두 누락

두 트랜잭션이 아래와 같이 진행한 경우를 보자.

<table>
<tr><th>< TX1 ></th><th></th><th>< TX2 ></th></tr>
<tr><td>INSERT INTO 주문(…, UPD_DTM)
VALUES (…, SYSDATE)
RETURNING UPD_DTM
INTO :p_upd_dtm;</td><td>11:59:59</td><td></td></tr>
<tr><td></td><td>12:00:00</td><td>INSERT INTO 주문@DW
SELECT * FROM 주문
WHERE UPD_DTM >=
      TRUNC(SYSDATE, 'HH')-1/24
AND UPD_DTM < TRUNC(SYSDATE, 'HH');</td></tr>
<tr><td>INSERT INTO 주문상세(…, UPD_DTM)
VALUES (…, :p_upd_dtm) ;</td><td>12:00:01</td><td></td></tr>
</table>

	12:00:02	INSERT INTO 주문상세@DW SELECT * FROM 주문상세 WHERE UPD_DTM >= TRUNC(SYSDATE, 'HH')-1/24 AND UPD_DTM < TRUNC(SYSDATE, 'HH');
COMMIT;	12:00:03	
	12:00:04	COMMIT;

- TX1 : 신규 입력한 주문과 주문상세 모두 변경일시가 11시 59분 59초이지만, 12시 00분 03초에 커밋
- TX2 : 12시 정각에 시작해서 11시대의 주문과 주문상세 조회. TX1의 신규 주문과 주문상세 모두 커밋되지 않았으므로 이관 대상에서 제외

문제는 **누락된 주문과 주문상세가 1시간 후에도 이관되지 않는다는 사실**이다. 1시간 후에는 변경일시가 12시대인 데이터를 이관하고, 다시 1시간 후에는 13시대 데이터를 이관하기 때문이다. 결국, 영원히 누락된 상태로 남는다.
Serializable 격리 수준도 이 문제를 해결하지 못한다. 이처럼 이관 시점 기준의 변경일시 조건만으로는 데이터 정합성을 보장할 수 없다.

그렇다면 이 문제를 어떻게 해결할 수 있을까? 두 가지 방법을 생각해 볼 수 있는데, 비유하자면 첫 번째 방법은 약속 시간에 늦은 친구를 두고 먼저 출발하는 방식이다. 늦은 친구는 다음 차를 타고 따라오면 된다. 두 번째 방법은 지각한 친구를 기다렸다가 함께 출발하는 방식이다.

해결 방안 1

첫 번째 방법은, 이관 트랜잭션(TX2) 시작 시점에 아직 커밋하지 않은 트랜잭션들이 삽입하거나 변경한 데이터는 일단 대상에서 제외하고, 다음 시간에 이관하는 방식이다.

```
SELECT NVL( MIN(TO_DATE(START_TIME, 'MM/DD/YY HH24:MI:SS'))
          , TRUNC(SYSDATE, 'HH')) INTO :min_txn_time
FROM   V$TRANSACTION
WHERE  TO_DATE(START_TIME, 'MM/DD/YY HH24:MI:SS') < TRUNC(SYSDATE, 'HH');
```

```
INSERT INTO 주문@DW
SELECT * FROM 주문
WHERE  UPD_DTM >= :before_min_txn_time → 직전 수행 시 저장해 둔 :min_txn_time 값
AND    UPD_DTM <  :min_txn_time ;

INSERT INTO 주문상세@DW
SELECT * FROM 주문상세
WHERE  UPD_DTM >= :before_min_txn_time → 직전 수행 시 저장해 둔 :min_txn_time 값
AND    UPD_DTM <  :min_txn_time ;

COMMIT;
```

Oracle은 V$TRANSACTION 뷰를 통해 현재 진행 중인 트랜잭션 목록을 제공한다. 각 트랜잭션이 시작된 시점은 START_TIME 컬럼으로 알 수 있다.

TX2 트랜잭션이 시작한 12시 시점에 진행 중인 트랜잭션이 있다면, 첫 번째 쿼리에서 얻은 :min_txn_time 값이 12시보다 작은 시간 값을 반환한다. 변경일시가 이보다 작은 주문 및 주문상세 데이터는 이미 커밋된 상태이더라도 UPD_DTM < :min_txn_time 조건절에 의해 일관되게 이관 대상에서 제외된다.

11시대에 Insert 되었지만 12시 시점에는 이관 대상에서 제외되었던 데이터가, 1시에는 UPD_DTM >= :before_min_txn_time 조건을 만족함에 따라 이관 대상에 포함된다. 12시에 얻은 :min_txn_time 값을 어딘가에 저장해 두었다가 1시 이관 시점에 :before_min_txn_time 변수에 입력하면 된다.

일반적으로 DW는 통계 및 추세 분석을 위한 시스템이므로 일부 데이터의 이관이 1시간 지연되는 정도는 업무에 큰 영향을 미치지 않는다. 따라서 위 방법이 허용될 수 있다. 만약 1시간 지연 이관이 문제가 된다면, 이제 소개할 방법을 사용해야 한다.

해결 방안 2

두 번째 방법은, 이관 트랜잭션(TX2) 시작 시점에 아직 커밋하지 않은 트랜잭션들이 모두 종료되기를 기다렸다가 이관하는 방식이다.

```
SELECT COUNT(*) INTO :txn_cnt
FROM   V$TRANSACTION
WHERE  TO_DATE(START_TIME, 'MM/DD/YY HH24:MI:SS') < TRUNC(SYSDATE, 'HH');

IF :txn_cnt = 0 THEN
  INSERT INTO 주문@DW
  SELECT * FROM 주문
  WHERE  UPD_DTM >= TRUNC(SYSDATE, 'HH')-1/24
  AND    UPD_DTM <  TRUNC(SYSDATE, 'HH');

  INSERT INTO 주문@DW
  SELECT * FROM 주문상세
  WHERE  UPD_DTM >= TRUNC(SYSDATE, 'HH')-1/24
  AND    UPD_DTM <  TRUNC(SYSDATE, 'HH');

  COMMIT:
END IF;
```

첫 번째 쿼리에서 조회한 :txn_cnt 값이 0보다 크면 잠시 후 다시 시도한다. 이관 시작 시점에 진행 중인 트랜잭션 중 어느 하나가 오래 수행되면 이관이 지연되겠지만, 주문 및 주문상세 데이터를 누락 없이 정확하게 DW로 이관할 수 있다.

약간 복잡하긴 해도 아래와 같이 쿼리하면 대상을 주문 및 주문상세와 관련한 트랜잭션 목록으로 한정함으로써 불필요한 이관 지연을 줄일 수 있다.

```
SELECT COUNT(*) INTO :txn_cnt
FROM   ALL_OBJECTS O, V$LOCK L, V$SESSION S, V$TRANSACTION T
WHERE  O.OWNER = USER
AND    O.OBJECT_NAME IN ( '주문', '주문상세' )
AND    L.TYPE  = 'TM'
AND    L.ID1   = O.OBJECT_ID
AND    S.SID   = L.SID
AND    T.ADDR  = S.TADDR
```

5.4 스냅샷 또는 중간 집계 데이터 활용

아래는 Phantom Read가 발생하는 사례다.

< TX1 >		< TX2 >
INSERT INTO 지역별고객 SELECT 지역, COUNT(*) 고객수 FROM 고객 GROUP BY 지역;	t1	
	t2	INSERT INTO 고객 (고객번호, 이름, 지역, 연령대, …) VALUES (:a, :b, :c, :d, …);
	t3	COMMIT;
INSERT INTO 연령대별고객 SELECT 연령대, COUNT(*) 고객수 FROM 고객 GROUP BY 연령대;	t4	
COMMIT;	t5	

TX1 트랜잭션이 집계 데이터를 생성하는 도중에 TX2 트랜잭션이 새로운 고객을 등록하면, 지역별고객과 연령대별고객 테이블에 저장된 정보 간에 불일치가 발생한다.

이 문제는 트랜잭션 시작 시점에 생성한 스냅샷 데이터를 활용하면 해결할 수 있다. 아래는 트랜잭션 시작 시점에 지역별연령대별로 집계한 중간 테이블을 활용하였다.

< TX1 >		< TX2 >
INSERT INTO 지역별연령대별고객 SELECT 지역, 연령대, COUNT(*) 고객수 FROM 고객 GROUP BY 지역, 연령대;	t1	
INSERT INTO 지역별고객 SELECT 지역, SUM(고객수) 고객수 FROM 지역별연령대별고객 GROUP BY 지역;	t2	
	t3	INSERT INTO 고객 (고객번호, 이름, 지역, 연령대, …) VALUES (:a, :b, :c, :d, …);

	t4	COMMIT;
INSERT INTO 연령대별고객 SELECT 연령대, SUM(고객수) 고객수 FROM 지역별연령대별고객 GROUP BY 연령대;	t5	
COMMIT;	t6	

이 방식은 데이터 마트(Data Mart)를 구축할 때 널리 활용된다. 데이터 마트는 다양한 분석 관점별로 집계 데이터를 미리 생성해 둠으로써, 빠르고 효율적인 조회 서비스를 제공하는 시스템이다. 집계 데이터를 생성할 때, 소스 데이터를 바로 읽기보다는, 정제되고 통합된 중간 테이블('Base Fact'라고 함)을 활용함으로써 데이터의 일관성과 처리 효율성을 높일 수 있다.
참고로, 중간 집계 테이블(Base Fact)인 지역별연령대별고객 데이터를 유지할 필요가 없다면, Oracle의 Global Temporary 테이블, SQL Server의 Local Temporary 테이블('#'으로 시작하는 테이블), MySQL의 Temporary 테이블 같은 기능을 활용할 수 있다.

5.5 페이지네이션

조회한 데이터를 한번에 일괄 출력하지 않고 일정량씩 나눠서 페이지 단위로 제공하는 기법을 '페이지네이션(Pagination)' 또는 '페이징 처리'라고 한다.
화면 인터페이스 측면에서 페이지네이션은 크게 다음 두가지로 구분할 수 있다.

- 페이지 번호 방식
- 스크롤 방식

페이지 번호 방식은 화면 하단에 페이지 번호를 표시하여 사용자가 원하는 페이지로 바로 이동할 수 있도록 하는 방식이다.
스크롤 방식은 사용자가 스크롤할 때마다 다음 페이지를 불러와 기존 목록 뒤에 이어 붙이는 방식으로, 네이버나 구글의 이미지 검색, 인스타그램, 페이스북의 뉴스피드 등에서 흔히 볼 수 있다.
한편, 페이지 번호 없이 '다음(Next)' 버튼만 제공하는 방식은 별도로 분류하지 않았지만, 전방으로만(Forward-Only) 이동할 수 있다는 면에서 스크롤 방식과 내부 구현은 같다.

페이지네이션을 구현할 때 동시성을 고려하지 않으면, 중복, 누락, 페이지 간 정보 불일치 같은 현상이 나타날 수 있다. 이러한 비일관성을 해소하기 위한 내부 구현 방식에 따라 페이지네이션은 다음과 같이 구분할 수 있다.

- 오프셋 기반
- 커서 기반
- 키 목록 기반
- 스냅샷 기반

이제 각 방식의 구현 방식을 설명하고, 장단점을 비교해 보자.

(1) 오프셋 기반

Oracle에서 가장 널리 사용되는 오프셋 기반 페이지네이션 구현 예시는 다음과 같다.

```
SELECT 거래일시, 거래구분코드, 출금, 입금, 잔액, 거래내용
FROM (
  SELECT ROWNUM AS NO, 거래일시, 거래구분코드, 출금, 입금, 잔액, 거래내용
  FROM (
    SELECT 거래일시, 거래구분코드, 출금, 입금, 잔액, 거래내용
    FROM   거래
    WHERE  계좌번호 = :acnt_no
    ORDER BY 거래일시 DESC, 거래순번 DESC)
  WHERE ROWNUM <= (:page * 10)
)
WHERE NO > (:page - 1) * 10;
```

참고로, Order By 절에 거래순번을 추가한 이유는 계좌번호와 거래일시가 같은 거래가 존재할 수 있기 때문이다.
12c 이상에서는 아래와 같이 Offset-Fetch 구문을 사용하여 보다 간결하게 구현할 수 있다.

```
SELECT 거래일시, 거래구분코드, 출금, 입금, 잔액, 거래내용
FROM   거래
WHERE  계좌번호 = :acnt_no
ORDER BY 거래일시 DESC, 거래순번 DESC
OFFSET (:page - 1) * 10 ROWS
FETCH NEXT 10 ROWS ONLY;
```

아래는 SQL Server용 쿼리다. 예전에는 Ton-N 구문 또는 윈도우 함수 ROW_NUMBER()를 이용했는데, 2012 이상 버전에서는 Offset-Fetch 방식이 표준이다.

```
SELECT 거래일시, 거래구분코드, 출금, 입금, 잔액, 거래내용
FROM   거래
WHERE  계좌번호 = @acnt_no
ORDER BY 거래일시 DESC, 거래순번 DESC
OFFSET (@page - 1) * 10 ROWS
FETCH NEXT 10 ROWS ONLY;
```

아래는 PostgreSQL용 쿼리다.

```
SELECT 거래일시, 거래구분코드, 출금, 입금, 잔액, 거래내용
FROM   거래
WHERE  계좌번호 = :acnt_no
ORDER BY 거래일시 DESC, 거래순번 DESC
OFFSET (:page - 1) * 10 ROWS
FETCH NEXT 10 ROWS ONLY;

또는

SELECT 거래일시, 거래구분코드, 출금, 입금, 잔액, 거래내용
FROM   거래
WHERE  계좌번호 = :acnt_no
ORDER BY 거래일시 DESC, 거래순번 DESC
LIMIT 10 OFFSET (:page - 1) * 10;
```

아래는 MySQL용 쿼리다. MySQL에서는 LIMIT이나 OFFSET 절에 산술식을 직접 사용할 수 없으므로 애플리케이션에서 :offset 값을 미리 계산해서 아래와 같이 바인딩해야 한다.

```
SELECT 거래일시, 거래구분코드, 출금, 입금, 잔액, 거래내용
FROM   거래
WHERE  계좌번호 = :acnt_no
ORDER BY 거래일시 DESC, 거래순번 DESC
LIMIT 10 OFFSET :offset → 변수에 0, 10, 20, 30 등 정수 값 입력
```

성능 최적화를 위해 인덱스는 「계좌번호 + 거래일시 + 거래순번」 순으로 구성하는 것이 좋다. Order By 절에 Desc를 명시하더라도, 옵티마이저가 알아서 내림차순으로 스캔하므로 인덱스 생성 시 Desc 지정은 필요 없다.

페이지네이션 조인 성능 최적화

각 거래구분코드의 거래구분명을 읽기 위해 아래와 같이 쿼리하면, 화면에는 10건의 거래만 출력함에도 불구하고 거래구분 테이블과 필요 이상으로 많은 조인 연산을 수행하게 된다.

```
SELECT 거래일시, 거래구분명, 출금, 입금, 잔액, 거래내용
FROM (
  SELECT ROWNUM AS NO, 거래일시, 거래구분명, 출금, 입금, 잔액, 거래내용
  FROM (
    SELECT A.거래일시, B.거래구분명, A.출금, A.입금, A.잔액, A.거래내용
    FROM   거래 A, 거래구분 B
    WHERE  A.계좌번호 = :acnt_no
    AND    B.거래구분코드 = A.거래구분코드
    ORDER BY A.거래일시 DESC, A.거래순번 DESC
  )
  WHERE ROWNUM <= (:page * 10)
)
WHERE NO > (:page - 1) * 10;
```

쿼리를 아래와 같이 수정하면, 각 페이지에 출력하는 10건의 거래에 대해서만 거래구분 테이블과 조인할 수 있어 훨씬 효율적이다.

```
SELECT A.거래일시, B.거래구분명, A.출금, A.입금, A.잔액, A.거래내용
FROM (
  SELECT ROWNUM AS NO
       , 거래일시, 거래순번, 거래구분코드, 출금, 입금, 잔액, 거래내용
  FROM (
    SELECT 거래일시, 거래순번, 거래구분코드, 출금, 입금, 잔액, 거래내용
    FROM   거래
    WHERE  계좌번호 = :acnt_no
    ORDER BY 거래일시 DESC, 거래순번 DESC)
  WHERE ROWNUM <= (:page * 10)
) A, 거래구분 B
WHERE A.NO > (:page - 1) * 10
AND   B.거래구분코드 = A.거래구분코드
ORDER BY A.거래일시 DESC, A.거래순번 DESC;
```

참고로, 거래 테이블의 거래구분코드가 Null 허용 컬럼이면, 인라인 뷰 안쪽에 '거래구분코드 IS NOT NULL' 조건을 추가해 줘야 한다. 이유는, 최초(변환 전 원본) 쿼리에서는 거래구분코드가 Null인 데이터는 출력되지 않는 반면, 조인 성능을 위해 변환한 지금의 쿼리에서는 Null 값을 포함한 거래가 조회된 후 인라인 뷰 밖에서 거래구분과 조인에 실패함으로 인해 최종 출력 건수가 10건 미만이 될 수 있기 때문이다.

Offset-Fetch 구문을 이용할 때는 아래와 같이 쿼리하면 된다.

```
SELECT A.거래일시, B.거래구분명, A.출금, A.입금, A.잔액, A.거래내용
FROM (
  SELECT 거래일시, 거래순번, 거래구분코드, 출금, 입금, 잔액, 거래내용
  FROM   거래
  WHERE  계좌번호 = :acnt_no
  ORDER BY 거래일시 DESC, 거래순번 DESC
  OFFSET (:page - 1) * 10 ROWS
  FETCH NEXT 10 ROWS ONLY
) A, 거래구분 B
WHERE B.거래구분코드 = A.거래구분코드
ORDER BY A.거래일시 DESC, A.거래순번 DESC;
```

오프셋 방식의 장점과 단점

장점은 다음과 같다.

- 구현 : 페이지 번호 방식을 간단하게 구현할 수 있다.
- 가독성 : SQL 문이 직관적이고 이해하기 쉽다.

단점은 다음과 같다.

- 성능 : 페이지가 뒤로 갈수록 처리 시간이 느려진다.
- 일관성 : 데이터 변경 시, 중복 또는 누락이 발생한다.

뒤 페이지로 갈수록 느려지는 이유는 각 페이지로 이동할 때 오프셋 수만큼 레코드를 스캔해야 하기 때문이다. Order By를 포함하는 인라인 뷰 집합을 Rownum으로 필터링하는 Oracle 쿼리 패턴을 보면 더 쉽게 이해할 수 있다. 다만, 대부분의 경우 사용자가 뒤쪽 페이지까지 이동하는 일이 많지 않기 때문에, 인덱스를 적절히 구성해 두면 성능 문제가 나타나는 경우는 드물다.

중복 및 누락 현상

성능보다 실질적인 문제는, 출력된 데이터에 중복 또는 누락이 발생할 수 있다는 점이다. 그림 5-4와 같은 거래 데이터를 오프셋 방식으로 페이징 처리하는 경우를 예로 들어보자.

	거래일시	거래구분	출금	입금	잔액	거래내용
1페이지	2025-07-11 13:59:25	통지 CC	1,000		1,401,436	SMS110***46800
	2025-07-10 12:13:15	FB보험	179,980		1,402,436	한화생명 07000
	2025-07-07 18:28:05	모바일	340,000		1,582,416	조민환
	2025-07-05 22:28:45	타행 MB		50,000	1,922,416	송재훈
	2025-07-05 22:18:05	CD출금	1,000,000		1,872,416	
	2025-07-04 11:13:18	OP이체	500,000		2,872,416	토뱅 김태섭
	2025-07-02 20:45:06	타행 IB		80,000	3,372,416	홍길동
	2025-07-01 22:12:15	타행 PC		3,213,520	3,292,416	급여
	2025-07-01 18:27:39	FB카드	124,300		78,896	롯데카드 (주)
	2025-07-01 18:26:54	FB이체	60,000		203,196	카카오페이
2페이지	2025-07-01 18:26:54	통신	29,290		263,196	LGU+인터넷
	2025-06-25 10:00:30	이자		432	292,486	03.24~06.23

「그림 5 - 4」

- Insert에 의한 중복 : 사용자가 출력된 1페이지를 보는 중에 새로운 레코드가 입력되면, 기존 1페이지 마지막 레코드(FB이체 60,000원)가 2페이지에서도 나타날 수 있다.
- Phantom Read : 다시 1페이지로 돌아갔을 때, 전에 없던 레코드가 출력되기도 한다.
- Delete에 의한 누락 : 사용자가 출력된 1페이지를 보는 동안 DB에서 레코드 하나가 삭제되면, 2페이지로 이동할 때 원래 첫 번째로 출력됐어야 할 레코드(통신 29,290원)가 누락된다. 누락된 데이터는 다시 1페이지로 돌아갈 때만 볼 수 있고, 만약 스크롤 방식이면 영영 볼 수 없다.
- 정렬 기준 변경에 의한 중복 및 누락 : 은행 거래 데이터가 변경될 일은 없겠지만, 만약 2페이지 첫번째 레코드(통신 29,290원)의 거래일자가 7월 12일로 변경되면, 2025년 7월 1일 FB이체 60,000원이 2페이지에 중복 출력된다. 반대로, 1페이지 첫번째 레코드(통지CC 1,000원)의 거래일자가 6월 30일로 변경되면, 7월 1일 통신 29,290원이 2페이지에서 누락된다. 통지CC 1,000원은 2페이지에 중복 출력되지만, 거래일시가 다르므로 다른 데이터로 볼 수도 있다.

이런 비일관성은 오프셋 방식이 **첫 번째 레코드로부터의 상대적 위치로 찾아가는 방식이기 때문**에 나타난다. 정렬 순서에 따라 스캔하는 과정에, 이미 읽은 범위에 신규 데이터가 입력되면 전체적으로 밀려서 중복이 발생하고, 삭제되면 당겨져서 누락이 발생한다.

비일관성 해소 방안

은행 거래내역처럼 변경이나 삭제가 없는 테이블이고, 데이터 입력 순서(거래일시, 등록일시, 입력일시 등)로 정렬하는 경우, 아래와 같이 거래일시 조건절을 추가해서 일관성을 확보할 수 있다.

```
-- 1페이지 조회 시점을 내부적으로 저장하고, 이 값을 모든 페이지에 조건절로 사용
SELECT SYSDATE INTO :조회일시 FROM DUAL;

SELECT 거래일시, 거래구분코드, 출금, 입금, 잔액, 거래내용
FROM   거래
WHERE  계좌번호  = :acnt_no
AND    거래일시 <= :조회일시
```

```
ORDER BY 거래일시 DESC, 거래순번 DESC
OFFSET (:page - 1) * 10 ROWS
FETCH NEXT 10 ROWS ONLY;
```

거래일시 조건절에 최초 조회 시점의 일시(:조회일시)를 입력하면, **이후 입력된 신규 데이터는 조회 대상에서 제외**되므로 중복 출력이나 Phantom Read 현상이 발생하지 않는다.

MVCC 주의!

앞서 '5.3 데이터 누수 방지'에서 설명한 것처럼 MVCC 기반 DBMS에서는 이 방식으로도 중복 및 Phantom Read 현상이 나타날 수 있다.

예를 들어, 조회일시를 쿼리하기 전에 다른 트랜잭션이 시작되어 데이터를 Insert 했지만, 1페이지 출력이 끝난 후에 커밋하는 경우가 있을 수 있다. 해당 신규 거래는 '거래일시 <= :조회일시' 조건을 만족하므로 전체적으로 데이터가 밀리면서 2페이지 상단에 중복 출력 현상이 나타난다. 다시 1페이지로 돌아가면, 앞서 보지 못한 데이터가 나타난다.

거래일시 기준으로 오름차순 정렬할 때는 MVCC 기반 DBMS에서도 별 무리 없이 이 방법을 사용할 수 있다.

아래와 같이 오름차순(Asc)으로 정렬할 때는 신규 레코드로 인한 중복 출력은 발생하지 않는다. **신규 레코드는 정렬 기준상 맨 마지막 페이지에 출력**되기 때문이다. 그렇더라도 Phantom Read 방지를 위해 거래일시 조건절을 추가해 주면 일관성을 높일 수 있다.

```
-- 1페이지 조회 시점을 내부적으로 저장하고, 이 값을 모든 페이지에 조건절로 사용
SELECT SYSDATE INTO :조회일시 FROM DUAL;

SELECT 거래일시, 거래구분코드, 출금, 입금, 잔액, 거래내용
FROM   거래
WHERE  계좌번호  = :acnt_no
AND    거래일시 <= :조회일시
ORDER BY 거래일시, 거래순번
OFFSET (:page - 1) * 10 ROWS
FETCH NEXT 10 ROWS ONLY;
```

사실 페이지네이션이 필요한 테이블은 대부분 거래성, 이력성, 로그성 데이터이거나, 게시판이나 뉴스처럼 타임라인을 기반으로 지속적으로 축적되는 데이터다. 이러한 데이터는 보통 시간 역순으로 정렬해서 최근 일부 데이터만 조회하는 경우가 많다. 또한, 설정된 데이터 보관 기간에 따라 일괄 삭제하는 경우는 있어도 일반 트랜잭션을 통해 건별 삭제하는 일은 거의 없다. 따라서 지금 소개한 방식으로도 **대부분의 경우 충분히 안정적이고 효율적인 페이지네이션 구현이 가능**하다.

하지만, 오프셋 방식으로는 결과 집합의 일관성을 보장할 수 없는 상황도 분명히 존재한다. 다른 트랜잭션이 중간에 데이터를 삭제하거나 정렬 기준 컬럼 값을 변경하는 경우, 또는 데이터 입력 순서와 다른 기준으로 오름차순 정렬하는 경우가 그렇다.
데이터 삭제 또는 정렬 기준 컬럼 값 변경에 대해서는 앞에서 설명하였다. 여기서는 그림 5-5와 같이, 은행 거래내역을 (데이터 입력 순서인 거래일시가 아닌) 거래구분과 거래일시 오름차순으로 정렬하여 조회하는 경우를 살펴보자.

	거래구분	거래일시	출금	입금	거래내용
1페이지	CD출금	2025-06-14 09:26:38	100,000		
	CD출금	2025-06-15 11:46:18	100,000		카카오페이
	CD출금	2025-07-05 22:18:05	1,000,000		
	FB보험	2025-07-10 12:13:15	179,980		한화생명 07000
	FB이체	2025-06-10 21:26:39	10,000		카카오페이
	FB이체	2025-06-18 07:00:43	51,550		카카오페이
	FB이체	2025-07-01 18:26:54	60,000		카카오페이
	FB카드	2025-06-20 17:00:49	9,396		K B카드출금
	FB카드	2025-07-01 18:27:39	124,300		롯데카드 (주)
	OP이체	2025-06-24 15:04:28	200,000		토뱅 홍길동
2페이지	OP이체	2025-07-04 11:13:18	500,000		토뱅 김태섭
	모바일	2025-06-08 08:18:07	50,000		김철수

[그림 5 - 5]

- TX1 : '2025-07-12 12:00:00' 시점에 1페이지 출력
- TX2 : 거래일시가 '2025-07-12 12:00:05'인 새로운 'CD출금' 거래 입력
- TX1 : 2페이지로 이동할 때 쿼리를 수행하면, TX2가 입력한 신규 거래가 거래일시 조건을

만족(12:00:05 >= 12:00:00)하므로 정렬 순서상 'CD출금'과 'FB보험' 사이에 위치 → 네 번째(FB보험 179,980) 이후 거래들이 한 칸씩 뒤로 밀리며, 1페이지 마지막 레코드(OP이체 200,000)를 2페이지 상단에 중복 출력

• TX1 : 다시 1페이지로 돌아가면, TX2의 신규 거래가 새롭게 나타나는 Phantom Read 현상 발생

또한, 뒷 페이지로 갈수록 조회 속도가 느려지는 현상도 때로는 문제가 될 수 있다. 지금까지 설명한 이유들로 인해 데이터의 일관성이나 성능이 문제가 된다면, 커서 기반 페이지네이션을 사용해야 한다.

(2) 커서 기반

우선 '커서'의 의미부터 살펴보자.

전통적인 데이터베이스에서 '커서(Cursor)'는 쿼리 결과 집합의 각 행을 순차적으로 탐색할 수 있게 해주는 포인터 역할의 객체다. 페이지네이션에서의 '커서' 역시 이와 같은 개념으로, 데이터의 특정 위치를 가리키는 지표로 사용된다.

커서 기반 페이지네이션은 현재 페이지 마지막 레코드의 정렬 기준 값(방금 본 사례에서는 거래일시와 거래순번)을 커서로 삼아, 그 이후 데이터를 이어서 조회하는 방식이다. 이는 오프셋 기반 방식과 달리 데이터의 상대적(오프셋으로부터 몇 번째) 위치에 의존하지 않고, 정렬 기준을 통해 다음 페이지의 시작점을 직접 찾아가기 때문에, 삽입, 삭제, 정렬 기준 값 변경 등에 의해 데이터 위치가 실시간으로 변동되는 환경에서도 중복이나 누락 없이 안정적인 결과를 제공한다.

참고로, 정렬 기준이 되는 키 컬럼 집합을 이용해 데이터를 탐색하므로 '키셋(Keyset) 기반 페이지네이션'이라고도 한다.

커서 = 책갈피

커서를 '책갈피'에 비유하면, 커서 방식은 '책갈피가 꽂힌 100쪽을 바로 펼쳐 그 다음 장인 101쪽부터 10쪽을 읽는 방식'이고, 오프셋 방식은 '1쪽부터 100쪽까지 차례로 넘긴 후 101쪽부터 10쪽을 읽는 방식'이다.

단일 컬럼 정렬 예시

정렬 기준이 단일 컬럼이면 아래와 같이 비교적 쉽게 구현할 수 있다. (단, Order By 단일 컬럼만으로 Unique하거나, 조건절의 '=' 조건과 조합했을 때 Unique한 집합이어야 한다. 아래는 PK가 거래일련번호 컬럼인 경우와 「계좌번호 + 거래일련번호」 복합 컬럼인 경우에 모두 적용할 수 있는 예시다.)

```
< 오름차순 정렬 >
-- 1페이지 조회용 쿼리
SELECT 거래일련번호, 거래일시, 거래구분코드, 출금, 입금, 잔액, 거래내용
FROM   거래
WHERE  계좌번호 = :acnt_no
ORDER BY 거래일련번호
FETCH NEXT 10 ROWS ONLY;

-- 2페이지 이후 조회용 쿼리
-- :prv_last_seq_no → 직전 페이지 마지막 레코드의 거래일련번호
SELECT 거래일련번호, 거래일시, 거래구분코드, 출금, 입금, 잔액, 거래내용
FROM   거래
WHERE  계좌번호  = :acnt_no
AND    거래일련번호 > :prv_last_seq_no
ORDER BY 거래일련번호
FETCH NEXT 10 ROWS ONLY;

< 내림차순 정렬 >
-- 1페이지 조회용 쿼리
SELECT 거래일련번호, 거래일시, 거래구분코드, 출금, 입금, 잔액, 거래내용
FROM   거래
WHERE  계좌번호 = :acnt_no
ORDER BY 거래일련번호 DESC
FETCH NEXT 10 ROWS ONLY;

-- 2페이지 이후 조회용 쿼리
-- :prv_last_seq_no → 직전 페이지 마지막 레코드의 거래일련번호
SELECT 거래일련번호, 거래일시, 거래구분코드, 출금, 입금, 잔액, 거래내용
FROM   거래
WHERE  계좌번호  = :acnt_no
AND    거래일련번호 < :prv_last_seq_no
ORDER BY 거래일련번호 DESC
FETCH NEXT 10 ROWS ONLY;
```

성능 최적화를 위해 인덱스는 「계좌번호 + 거래일련번호」 순으로 구성해야 한다. PK가 거래일련번호 단일 컬럼이더라도 이런 추가 인덱스 구성이 필요하다.

복합 컬럼 정렬 예시

정렬 기준이 복합 컬럼이면 쿼리가 복잡해진다. 아래는 오프셋 기반 페이지네이션을 설명할 때 살펴본 예시를 커서 기반으로 변환한 것이다.

```
< 오름차순 정렬 >
-- 1페이지 조회용 쿼리
SELECT 거래일시, 거래순번, 거래구분코드, 출금, 입금, 잔액, 거래내용
FROM   거래
WHERE  계좌번호 = :acnt_no
ORDER BY 거래일시, 거래순번
FETCH NEXT 10 ROWS ONLY;

-- 2페이지 이후 조회용 쿼리
-- :prv_last_dtm → 직전 페이지 마지막 레코드의 거래일시
-- :prv_last_no  → 직전 페이지 마지막 레코드의 거래순번
SELECT 거래일시, 거래순번, 거래구분코드, 출금, 입금, 잔액, 거래내용
FROM   거래
WHERE  계좌번호  = :acnt_no
AND    거래일시 >= :prv_last_dtm -- 인덱스 스캔량 최소화를 위한 조건절[6]
AND  ((거래일시 = :prv_last_dtm AND 거래순번 > :prv_last_no)
       OR
      (거래일시 > :prv_last_dtm))
ORDER BY 거래일시, 거래순번
FETCH NEXT 10 ROWS ONLY;

< 내림차순 정렬 >
-- 1페이지 조회용 쿼리
SELECT 거래일시, 거래순번, 거래구분코드, 출금, 입금, 잔액, 거래내용
FROM   거래
WHERE  계좌번호 = :acnt_no
ORDER BY 거래일시 DESC, 거래순번 DESC
FETCH NEXT 10 ROWS ONLY;
```

---

6 이 조건절이 없어도 결과 집합에는 영향이 없지만, 인덱스 스캔 범위를 줄여 성능 향상에 기여한다. 이하 OR 조건은 필터 역할만 수행할 뿐, 인덱스 스캔량을 줄이는 데에는 도움이 되지 않는다.

```
-- 2페이지 이후 조회용 쿼리
-- :prv_last_dtm → 직전 페이지 마지막 레코드의 거래일시
-- :prv_last_no  → 직전 페이지 마지막 레코드의 거래순번
SELECT 거래일시, 거래순번, 거래구분코드, 출금, 입금, 잔액, 거래내용
FROM   거래
WHERE  계좌번호  = :acnt_no
AND    거래일시 <= :prv_last_dtm -- 인덱스 스캔량 최소화를 위한 조건절
AND   ((거래일시  = :prv_last_dtm AND 거래순번 < :prv_last_no)
       OR
       (거래일시 < :prv_last_dtm))
ORDER BY 거래일시 DESC, 거래순번 DESC
FETCH NEXT 10 ROWS ONLY;
```

성능 최적화를 위해 인덱스는「계좌번호 + 거래일시 + 거래순번」순으로 구성해야 한다. 내림차순 정렬이더라도 인덱스 생성 시 Desc를 명시할 필요는 없다.

Order By 절에 거래순번을 포함하는 이유는 거래일시가 같은 거래가 여러 건 존재할 수 있기 때문이다.

OR 조건은 이러한 거래가 정렬 기준상 두 페이지에 걸쳐 출력되는 상황(그림 5-4 참조)에서 중복이나 누락 없이 정확한 이어 읽기를 보장하기 위해 필요하다. 즉, 2페이지에서는 다음과 같은 순서로 데이터를 출력해야 한다[7].

① 1페이지 마지막 레코드와 거래일시가 같고 거래순번이 작은(오름차순일 때는 큰) 거래

② 이어서, 거래일시가 작은(오름차순일 때는 큰) 거래

조건절이 너무 복잡해지면, 아래와 같이 복합 컬럼을 문자열로 결합하여 하나의 커서 키로 처리하는 방법도 있다. 예시코드는 Oracle용이다.

---

7 SQL을 실행할 때, OR 조건에 나열된 순서대로 옵티마이저가 조건을 처리하는 것은 아니다. 예시 SQL에서는 OR로 묶인 두 조건을 만족하는 데이터를 거래일시와 거래순번으로 정렬한 후 상위 10개를 출력했을 뿐인데, 결과적으로 거래일시가 '='인 데이터를 먼저 출력하게 된다. 오름차순일 때는 '>'보다 '=' 조건을 먼저 출력하고, 내림차순일 때는 '<'보다 '=' 조건을 먼저 출력하기 때문이다.

```
-- :prv_last_key → 직전 페이지 마지막 레코드의 거래일시와 거래순번을 결합한 문자열
...
WHERE  계좌번호  = :acnt_no
AND    거래일시 <= :prv_last_dtm -- 인덱스 스캔량 최소화를 위한 조건절
AND    TO_CHAR(거래일시, 'YYYYMMDDH24MISS') || LPAD(거래순번, 5) < :prv_last_key
ORDER BY 거래일시 DESC, 거래순번 DESC
FETCH NEXT 10 ROWS ONLY;
```

오프셋 방식과의 차이점

오프셋 방식과 비교할 때, 가장 큰 차이점은 직전 페이지의 마지막 레코드 정보를 조건절에 추가했다는 것이다. 이는 전체 집합의 처음부터 순차적으로 읽지 않고, 현재 커서 위치(=직전 페이지 마지막 레코드)부터 바로 다음 페이지를 읽어오기 위한 조치다.

두 번째 차이점은 Offset 절을 사용하지 않았다는 점이다. 임의의 페이지(n번째 페이지)로 바로 이동할 수 없기 때문에 '다음(Next)' 버튼만 제공하거나 스크롤 방식일 때만 사용 가능하다. 전방으로만(Forward-Only) 이동하는 방식이므로 이미 지나간 범위에 삽입, 변경, 삭제된 데이터는 무시(Insensitive)된다. 반면, 전방으로 진행하는 동안, 아직 읽지 않은 범위에 다른 트랜잭션이 삽입, 변경, 삭제한 데이터는 결과에 반영(Sensitive)된다.

커서 방식의 장점과 단점

장점은 다음과 같다.

- 성능 : **인덱스를 적절히 구성하고 인덱스 스캔량 최소화 조건절을 누락하지 않으면**, 매우 우수한 성능을 낼 수 있다. 특히, 데이터 양이 많을수록 오프셋 방식보다 훨씬 효율적이다.
- 일관성 : 이미 읽은 범위에 데이터가 삽입, 변경, 삭제되더라도 중복이나 누락 없이 안정적인 결과를 보장한다.

단점은 다음과 같다.

- 사용 편의성 : n번째 페이지로 바로 이동할 수 없다. 따라서 페이지 번호 방식에 사용할 수 없다.

- 구현 : 커서(마지막 키 값)를 내부적으로 관리해야 하며, 특히 정렬 기준이 여러 컬럼일 때 조건절이 복잡해진다.
- 일관성 : 아직 읽지 않은 범위에서 삽입, 변경, 삭제가 발생하면, 이후 조회 결과에 반영되어 조회 시작 시점의 전체 스냅샷과는 다른 결과가 나타날 수 있다. 2장 '문장 수준 읽기 일관성'에서 자세히 설명한 내용이다.

본서에서 가장 관심을 두는 단점은 세 번째, 즉 전체 결과집합에 대한 일관성 부족이다. 페이스북이나 인스타그램 같은 SNS 서비스는 일반적으로 커서 기반 페이지네이션을 사용하며, 이러한 시스템에서 우리는 컨텐츠의 정확한 일관성이나 정합성을 기대하지 않는다. 앞에서 본 게시물이 뒤에 다시 나타나더라도 불편함 없이 받아들인다.

반면, 전체 결과집합에 대한 일관성과 정합성을 엄격하게 요구하는 시스템도 있다. 잘못된 정보를 바탕으로 의도하지 않은 거래가 발생하거나 잘못된 판단으로 큰 손실이 발생할 수 있는 은행, 증권, 회계 시스템 등이 그렇다. 이러한 경우에는 지금까지 살펴본 방식으로는 부족할 수 있으며, 키 목록 기반이나 스냅샷 기반 페이지네이션 같은 방식의 도입을 고려해야 한다.

(3) 키 목록 기반

값이 변경되지 않으면서 데이터를 유일하게(Unique) 식별할 수 있는 키 집합의 목록을 DB 테이블, 캐시 등에 저장했다가 사용자 요청이 있을 때마다 조금씩 출력하는 방식을 '키 목록(Key List) 기반 페이지네이션'이라고 한다. 키 집합으로는 일반적으로 PK(단일 컬럼 또는 복합 컬럼)를 사용하며, PK가 없거나 구성 컬럼이 너무 많아 효율적이지 않을 경우에는 ROWID를 활용하기도 한다. 키 집합의 목록은 정렬 순번과 함께 미리 저장해 두지만, 나머지 컬럼은 키 정보를 이용해 페이지마다 별도로 조회한다.

'계좌번호 = :acnt_no' 조건을 만족하는 모든 거래를 「거래일시+거래순번」 내림차순으로 정렬해서 한 페이지에 10개씩 출력하는 경우를 예로 들어보자.

그림 5-6에서 왼쪽은 1페이지 조회 시점에 **계좌번호 조건을 만족하는 모든 거래의 키 집합**(거래일시+거래순번)을 정렬순번과 함께 미리 저장해 둔 키 목록이다.

키 목록

	정렬순번	거래일시	거래순번
1페이지	1	2025-07-11 13:59:25	1
	2	2025-07-10 12:13:15	1
	3	2025-07-07 18:28:05	1
	4	2025-07-05 22:28:45	1
	5	2025-07-05 22:18:05	1
	6	2025-07-04 11:13:18	1
	7	2025-07-02 20:45:06	1
	8	2025-07-01 22:12:15	1
	9	2025-07-01 18:27:39	1
	10	2025-07-01 18:26:54	1
2페이지	11	2025-07-01 18:26:54	2
	12	2025-06-25 10:00:30	1

저장해 둔 키 정보를 이용해 조회한 1페이지 데이터

거래구분	출금	입금	잔액	거래내용
통지 CC	1,000		1,401,436	SMS110***46800
FB보험	179,980		1,402,436	한화생명 07000
모바일	340,000		1,582,416	조민환
타행 MB		50,000	1,922,416	송재훈
CD출금	1,000,000		1,872,416	
OP이체	500,000		2,872,416	토뱅 김태섭
타행 IB		80,000	3,372,416	홍길동
타행 PC		3,213,520	3,292,416	급여
FB카드	124,300		78,896	롯데카드 (주)
FB이체	60,000		203,196	카카오페이

[그림 5 - 6]

오른쪽은 1페이지에 해당하는 10개의 키 집합 정보를 이용해 별도로 조회한 거래 데이터를 나타낸 것이다.

이 방식은 키 목록이 데이터를 찾아가는 인덱스 역할을 하므로 '인덱스 캐시 기반 페이지네이션'이라고도 부른다. 키 목록 저장을 위해 Redis[8] 같은 NoSQL DB를 사용할 수도 있다.

키 목록 방식의 장점과 단점

장점은 다음과 같다.

- 일관성 : 실시간 삽입, 변경, 삭제에 의해 정렬 순서가 변해도 저장된 키 목록은 변하지 않으므로(Insensitive) 목록의 일관성을 유지할 수 있다. 즉, 페이지 번호 방식에서 전후 어느 구간으로 이동해도 중복이나 누락이 발생하지 않는다.
- 성능 : 정렬된 키 목록을 기반으로 각 페이지에 필요한 데이터만 정확히 액세스하므로 2페이지부터 매우 빠른 응답 속도를 보장한다.
- 구현 : 페이지 번호 방식, 스크롤 방식 모두 구현 가능하다.

8 Key-Value 기반의 인메모리 NoSQL 데이터 저장소

단점은 다음과 같다.

- 성능 : 전체 키 목록을 미리 읽어서 저장해야 하므로 1 페이지 조회 성능이 다소 느릴 수 있다.
- 저장 공간 : 전체 키 목록을 메모리 또는 디스크에 저장해야 하므로, 대용량 데이터에서는 공간 사용량이 부담될 수 있다.
- 구현 : 구현의 복잡도가 증가한다. 키 목록을 저장하기 위한 임시 테이블 또는 캐시 구성이 필요하며, 더 이상 사용하지 않는 키 목록을 정리하는 로직도 필수적이다. 예를 들어, 일정 시간 경과 시 자동 삭제하고, 이후 사용자 요청 시 처음부터 다시 조회하도록 유도하는 방법을 생각해 볼 수 있다.
- 일관성 : 키 목록은 변하지 않지만, 키 이외 컬럼 값의 변화는 결과집합에 반영(Sensitive)된다. 따라서 조회 시작 시점 기준으로 일관성이 다소 저하된 결과가 나타날 수 있다[9]. 특히, 페이지 번호 방식에서 페이지 간 정보 불일치가 나타날 수 있다.

(4) 스냅샷 기반

조회 시점의 정적(Static) 스냅샷을 DB 테이블 또는 클라이언트 캐시에 저장했다가 사용자 요청이 있을 때마다 조금씩 출력하는 방식이다. 조회 이후 DB에 변화가 발생하더라도 결과 집합에 반영되지 않기 때문에(Insensitive) 정합성이 매우 높은 방식이며, 'Static 기반 페이지네이션'이라고도 할 수 있다. DB의 변경사항은 조회 버튼을 다시 눌러야 비로소 반영된다.
스냅샷 데이터를 Redis Hash에 저장하는 방식을 활용할 수도 있다.

---

9 일반적인 목록 조회에서는 키 이외 컬럼 값이 변경되더라도 업무에 큰 영향을 주지 않는다. 오히려 변경된 내용이 실시간으로 반영되면 더 바람직한 경우도 있다. 다만, 출력된 결과를 바탕으로 집계 업무를 수행할 때는 문제가 될 수도 있다.

스냅샷 방식의 장점과 단점

장점은 다음과 같다.

- 일관성 : 가장 큰 장점은 데이터 일관성이다. 데이터가 실시간으로 변경되어도, 1페이지 출력 시점으로 고정된 결과를 제공한다.
- 성능 : 임시 테이블에 인덱스를 잘 설계해 두면, 2페이지부터 매우 빠른 응답 속도를 낼 수 있다.
- 구현 : 페이지 번호 방식, 스크롤 방식 모두 구현 가능하며, 복잡한 정렬 조건도 처리할 수 있다.

단점은 다음과 같다.

- 성능 : 전체 집합을 임시 테이블 또는 캐시에 저장해야 하므로 1 페이지 조회 시 디스크 I/O가 같은 줄에 표시되도록 부탁합니다. 비용이 크고 응답 시간이 느려질 수 있다.
- 저장 공간 : 전체 결과 집합을 메모리 또는 디스크에 저장해야 하므로, 대용량 데이터에서는 공간 사용량에 대한 부담이 크다.
- 구현 : 구현의 복잡도가 증가한다. 키 목록을 저장하기 위한 임시 테이블 또는 캐시 구성이 필요하며, 더 이상 사용하지 않는 스냅샷을 정리하는 로직도 필수적이다. 이를 제대로 관리하지 않으면, 큰 리소스 낭비로 이어질 수 있다. 참고로, DB 커넥션을 단독으로 사용하는 2-Tier 환경에서는 Oracle의 Global Temporary 테이블, SQL Server의 Local Temporary 테이블('#'으로 시작하는 테이블), MySQL의 Temporary 테이블 같은 기능을 활용해 쉽게 구현할 수 있다. 그러나 3-Tier 환경에서는 세션 간 상태 공유가 어려워 이를 활용하기 어렵다.

스냅샷 데이터의 크기가 너무 클 경우, 저장 공간은 물론 1페이지 조회 성능도 문제가 될 수 있다. 따라서 Oracle 기준으로 ROWNUM <= 10000 같은 조건절을 추가하여 스냅샷 크기를 제한하는 방안을 고려할 필요가 있다.

페이지네이션은 사용 목적과 데이터 특성에 따라 구현 방식이 달라져야 한다. 정확한 일관성이 반드시 요구되는 경우라면 **스냅샷(또는 Static)** 방식 외에는 대안이 없지만, 구현과 운영 부담이 커 실제로 그렇게까지 하는 경우는 드물다. 게다가, 전체 집합을 한번에 출력하더라도 Current 모드로 조회하는 DBMS는 읽는 도중에 변경된 데이터를 그대로 수용해서 결과집합을 생성한다. 스냅샷 기반으로 페이징 처리하더라도 Consistent 모드로 조회하는 MVCC 기반 DBMS가 아닌 한, 100% 정확한 스냅샷은 아닐 수 있다는 뜻이다.

조회 시작 시점 기준으로 100% 일관성 있는 결과집합을 출력해야 하는 경우가 아니라면, 대부분 업무에서는 **커서 방식**으로도 충분히 안정적이고 성능이 우수한 페이지네이션을 구현할 수 있다.

데이터를 변경하거나 삭제하지 않는 테이블이라면, 원하는 페이지로 바로 이동할 수 있는 페이지 번호 방식의 장점을 살리기 위해 **오프셋 방식**을 활용하는 것이 효과적이다.

5.6 선분이력 정합성 유지

이력을 관리하는 방법에는 크게 두 가지가 있다. 하나는 점이력, 다른 하나는 선분이력이다. 그림 5-7은 점이력 예시다. 부가서비스이력 테이블에 데이터가 입력된(=고객의 부가서비스 가입 내역이 변경된) 시점을 관리하기 위해 변경일시 컬럼을 두었다.

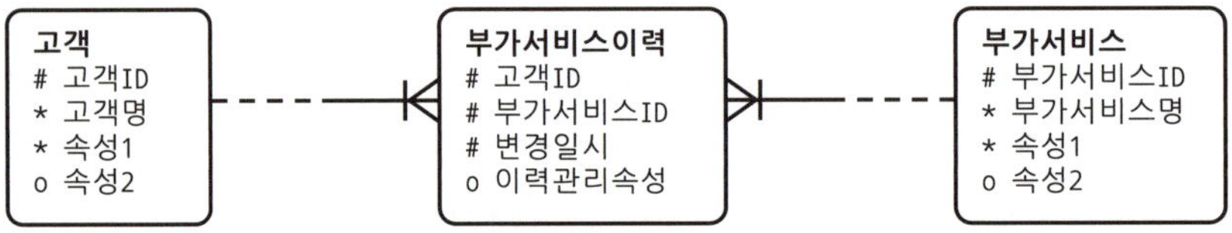

[그림 5-7]

점이력으로 2025년 5월 5일 시점의 부가서비스이력을 조회하려고 하면, 아래와 같이 서브쿼리를 이용해 복잡하게 쿼리해야 한다.

```
SELECT A.고객명, A.속성1, B.부가서비스명, B.속성2, C.변경일시, C.이력관리속성
FROM   고객 A, 부가서비스 B, 부가서비스이력 C
WHERE  A.고객ID         = '123'
AND    B.부가서비스ID   = 'ABC195'
AND    C.고객ID         = A.고객ID
AND    C.부가서비스ID   = B. 부가서비스ID
AND    C.변경일시       = (SELECT MAX(변경일시)
                           FROM   부가서비스이력
                           WHERE  고객ID       =  A.고객번호
                           AND    부가서비스ID =  B.부가서비스ID
                           AND    변경일시     <= TO_DATE('20250505', 'YYYYMMDD')
```

그림 5-8은 선분이력 예시다.

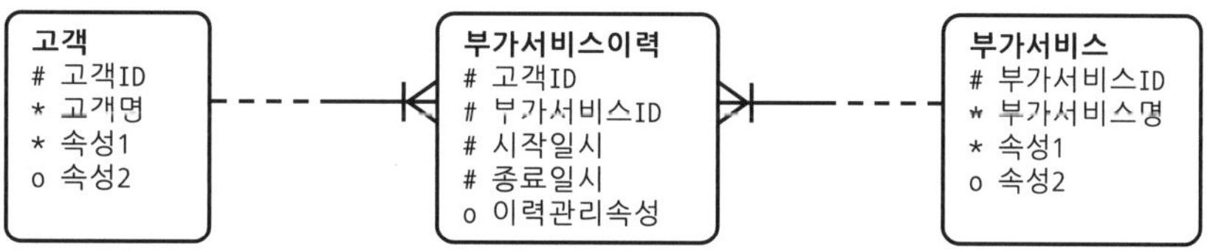

[그림 5-8]

점이력의 변경일시를 '시작일시'라고 명명했고, '종료일시' 컬럼을 추가했다. 시작일시에는 데이터가 입력된 일시를 입력하고, 종료일시에는 해당 이력이 유효했던 마지막 일시를 입력한다. 맨 마지막 이력의 종료일시에는 항상 9999년 12월 31일 23시 59분 59초를 입력한다. 선분이력으로 설계할 때 꼭 지켜야 할 약속이다.

선분이력으로 2025년 5월 5일 시점의 부가서비스이력을 조회할 때는 아래와 같이 BETWEEN 조건으로 간단하게 쿼리할 수 있다.

```
SELECT A.고객명, A.속성1, B.부가서비스명, B.속성2, C.시작일시, C.이력관리속성
FROM   고객 A, 부가서비스 B, 부가서비스이력 C
WHERE  A.고객ID         = '123'
AND    B.부가서비스ID   = 'ABC195'
AND    C.고객ID         = A.고객ID
AND    C.부가서비스ID   = B. 부가서비스ID
AND    TO_DATE('20250505', 'YYYYMMDD') BETWEEN C.시작일시 AND C.종료일시
```

최종 이력을 조회할 때는 더 간단하게 아래와 같이 쿼리한다.

```
SELECT A.고객명, A.속성1, B.부가서비스명, B.속성2, C.시작일시, C.이력관리속성
FROM   고객 A, 부가서비스 B, 부가서비스이력 C
WHERE  A.고객ID        = '123'
AND    B.부가서비스ID  = 'ABC195'
AND    C.고객ID        = A.고객ID
AND    C.부가서비스ID  = B. 부가서비스ID
AND    C.종료일시      = TO_DATE('99991231 235959', 'YYYYMMDD HH24MISS')
```

선분이력모델은 조회 측면에서 장점이 있지만 잘못하면 데이터 정합성이 쉽게 깨질 수 있는 단점이 있다. 예를 들어, 아래와 같이 시작일시가 중복된 데이터의 입력을 PK 제약으로 막지 못한다. 그러면, 2025년 5월 5일 또는 2025년 5월 6일 이력을 조회할 때 두 건이 출력되는 문제가 생긴다.

고객ID	부가서비스ID	시작일시	종료일시
123	ABC195	**20250505 000000**	20250506 000000
123	ABC195	**20250505 000000**	99991231 235959

아래와 같이 종료일시가 중복된 데이터의 입력도 막지 못한다.

고객ID	부가서비스ID	시작일시	종료일시
123	ABC195	20250504 000000	**20250506 000000**
123	ABC195	20250505 000000	**20250506 000000**
123	ABC195	20250506 000001	99991231 235959

아래와 같이 구간의 중복도 막지 못한다.

고객ID	부가서비스ID	시작일시	종료일시
123	ABC195	20250504 000000	20250507 000000
123	ABC195	**20250505 000000**	**20250506 000000**
123	ABC195	20250507 000001	99991231 235959

이처럼 선분이력은 PK 제약으로 개체의 유일성을 확보할 수 없으므로 애플리케이션 레벨에서 정합성을 확보해야 한다.

구체적인 코딩 예시를 통해 살펴보자. 아래는 선분이력에 새로운 이력을 추가하는 전형적인 로직이다.

```
   DECLARE
     p_cur_dt DATE;
   BEGIN
①    p_cur_dt := SYSDATE;

②    UPDATE 부가서비스이력
     SET    종료일시 = p_cur_dt - 1/24/60/60
     WHERE  고객ID          = 123
     AND    부가서비스ID  = 'ABC195'
     AND    종료일시        = TO_DATE( '99991231235959', 'YYYYMMDDHH24MISS' ) ;

③    INSERT INTO 부가서비스이력(고객ID, 부가서비스ID, 시작일시, 종료일시, …)
     VALUES ( 123, 'ABC195' , p_cur_dt
            , TO_DATE('99991231235959', 'YYYYMMDDHH24MISS'), … ) ;

④    COMMIT;
   END;
```

②번에서 기존 최종 선분이력을 종료시키고 ③번에서 새로운 이력 레코드를 추가했다. 최초 이력 등록이면 ②번 Update문에서 실패하고 ③번에서 한 건이 Insert 될 것이다.

만일 A, B 두 트랜잭션이 2025년 8월 15일 12시 정각에 ①을 동시에 수행한다면 어떻게 될까? 아래 선분이력을 통해 살펴보자.

고객ID	부가서비스ID	시작일시	종료일시
123	ABC195	20250505 000000	99991231 235959

②번 Update를 먼저 시작한 A 트랜잭션에 의해 아래와 같은 선분이력이 만들어진다.

고객ID	부가서비스ID	시작일시	종료일시
123	ABC195	20250505 000000	20250815 115959
123	ABC195	20250815 120000	99991231 235959

이어서 B 트랜잭션에 의해 아래와 같은 선분이력이 만들어진다.

고객ID	부가서비스ID	시작일시	종료일시
123	ABC195	20250505 000000	20250815 115959
123	ABC195	20250815 120000	20250815 115959
123	ABC195	20250815 120000	99991231 235959

두 트랜잭션의 진행을 직렬화하지 않아서 생긴 현상이다[10]. 따라서 트랜잭션이 순차적으로 진행할 수 있도록 직렬화 장치를 마련해야 하는데, ①번 문장을 수행하기 직전에 Select For Update 문을 이용해 해당 레코드에 Lock을 설정하면 된다.

그런데 아래처럼 부가서비스이력에 Lock을 걸어 동시성을 관리하려 한다면 기존에 부가서비스이력이 전혀 없던 고객일 경우 Lock이 걸리지 않는다. 그러면 동시에 두 개 트랜잭션이 ③번 Insert문으로 진입할 수 있고, 결과적으로 종료일시가 같은 두 개의 이력 레코드가 생긴다.

```
SELECT 고객ID FROM 부가서비스이력
WHERE  고객ID = 123
AND    부가서비스ID = 'ABC195'
AND    종료일시 = TO_DATE( '99991231235959', 'YYYYMMDDHH24MISS' )
FOR UPDATE NOWAIT ;
```

따라서 일시를 조회하기 직전에 부가서비스이력의 상위 엔터티인 고객 레코드에 Lock을 걸면 완벽하게 동시성을 제어할 수 있다.

```
DECLARE
   p_cur_dt DATE;
BEGIN
   SELECT 고객ID FROM 고객 WHERE 고객ID = 123
   FOR UPDATE NOWAIT ;

   p_cur_dt := SYSDATE;
```

10 이 문제는 트랜잭션 격리 수준을 Serializable로 설정해도 막지 못한다.

```
    UPDATE 부가서비스이력
    SET    종료일시 = p_cur_dt - 1/24/60/60  -- 1초 차감
    WHERE  고객ID        = 123
    AND    부가서비스ID  = 'ABC195'
    AND    종료일시      = TO_DATE( '99991231235959', 'YYYYMMDDHH24MISS' ) ;

    INSERT INTO 부가서비스이력(고객ID, 부가서비스ID, 시작일시, 종료일시, …)
    VALUES ( 123, 'ABC195', p_cur_dt
           , TO_DATE('99991231235959', 'YYYYMMDDHH24MISS'), … ) ;

    COMMIT;
END;
```

또 다른 상위 엔티티인 부가서비스는 여러 사용자가 동시에 접근할 가능성이 커 여기에 Lock을 설정하면 동시성에 나빠질 수 있지만, 고객 테이블은 그럴 가능성이 희박하기 때문에 일반적으로 동시성에 미치는 영향은 미미하다.

Dummy 테이블 활용

특정 업무를 위해 고객처럼 중요한 마스터 테이블에 Select For Update로 Lock을 건다면, 상황에 따라 시스템 동시성에 부정적인 영향을 줄 수도 있다. 특히, 조회할 때 Shared Lock을 설정하는 DBMS의 경우, 그 영향은 더욱 커질 수 있다. 그렇다면 마스터 테이블 대신 Dummy 테이블에 Lock을 거는 방안을 고려해 볼 수 있다.

만약 고객 테이블과 1:1 관계인 Dummy 테이블을 생성해 모든 고객의 고객ID를 미리 등록해 두면, 앞에서 설명한 패턴을 그대로 사용할 수 있다. 다만 이 경우, 고객 테이블에 신규 고객이 등록될 때마다 Dummy 테이블에도 실시간으로 동기화해야 하는 부담이 있다.

실시간 동기화를 피하고, 부가서비스이력이 한 번이라도 변경된 고객만 Dummy 테이블에 등록되게 하려면, Merge 문을 활용하면 된다. 아래는 SQL Server를 기준으로 한 예시다.

```
BEGIN TRAN;

MERGE INTO 고객_DUMMY A
USING (SELECT 123 AS 고객ID, 1 AS 변경횟수) B
ON    (B.고객ID = A.고객ID)
```

```
WHEN MATCHED THEN
   UPDATE SET 변경횟수 = A.변경횟수 + 1
WHEN NOT MATCHED THEN
   INSERT (고객ID, 변경횟수)
   VALUES (B.고객ID, B.변경횟수);

DECLARE @p_cur_dt DATETIME = GETDATE();

UPDATE 부가서비스이력
SET    종료일시       = DATEADD(SECOND, -1, @p_cur_dt) -- 1초 차감
WHERE  고객ID         = 123
AND    부가서비스ID  = 'ABC195'
AND    종료일시       = CONVERT(DATETIME, '9999-12-31 23:59:59', 120);

INSERT … ;

COMMIT TRAN;
```

위 Merge 문은 대상 고객ID가 고객_DUMMY 테이블에 이미 존재하면 변경횟수만 Update하고, 존재하지 않으면 신규 레코드를 Insert한다. 부가서비스이력을 변경하려는 123번 고객이 고객_DUMMY 테이블에 아직 등록되지 않은 경우에도 Insert 과정에 Lock이 설정되므로, 다른 트랜잭션이 동시에 같은 고객ID로 Insert를 시도하면 블로킹됐다가, 선행 트랜잭션의 Commit 이후 Update를 수행하게 된다.

Merge 구문이 조금 다른 MySQL에서는 아래와 같이 구현하면 된다.

```
START TRANSACTION;

INSERT INTO 고객_DUMMY (고객ID, 변경횟수) VALUES (123, 1)
ON DUPLICATE KEY UPDATE 변경횟수 = 변경횟수 + 1;

SET @p_cur_dt = NOW();

UPDATE 부가서비스이력
SET    종료일시      = DATE_SUB(@p_cur_dt, INTERVAL 1 SECOND)
WHERE  고객ID        = 123
AND    부가서비스ID = 'ABC195'
AND    종료일시      = STR_TO_DATE('9999-12-31 23:59:59', '%Y-%m-%d %H:%i:%s');

INSERT … ;

COMMIT;
```

한편, MVCC 모델을 사용하는 Oracle과 PostgreSQL에서는 고객_DUMMY 테이블에 해당 고객이 존재하지 않을 경우, 다른 트랜잭션을 블로킹하지 못하고 동시에 Insert를 시도하므로 아래 오류가 발생한다.

• Oracle : “ ORA-00001: 무결성 제약 조건(고객_DUMMY_PK)에 위배됩니다 ”
• PostgreSQL : SQL Error [23505]: ERROR: duplicate key value violates unique constraint "고객_dummy_pk"

따라서 이 경우에는 예외 처리를 통해 로직을 다시 실행해 줘야 한다.

Merge 문 대신 아래와 같이 Update와 Insert를 분리해서 처리할 수도 되지만, 이때도 Insert에 대한 예외 처리는 필요하다.

```
UPDATE 고객_DUMMY SET 변경횟수 = 변경횟수 + 1 WHERE 고객ID = 123;

IF SQL%ROWCOUNT = 0 THEN
   INSERT INTO 고객_DUMMY(고객ID, 변경횟수) VALUES (123, 1);
END IF;
```

Dummy 테이블을 활용하면 이처럼 구현의 복잡성이 수반된다. 고객 테이블에 대한 Lock 경합이 자주 발생하지 않는다면, 고객 레코드에 직접 Select For Update를 사용하는 방식이 더 단순하고 효과적이다.

5.7 자원 요청 순서 정렬

그림 5-9는 상담 목록을 출력한 화면이다. 이 화면을 기준으로 사용자 A는 일부 상담을 타부서로 이관하고, 사용자 B는 상담원 배정을 수행한다고 가정해 보자.

[그림 5-9]

두 트랜잭션이 아래와 같이 동시에 진행할 경우, t5 시점에 교착상태가 발생한다.

< TX1 >		< TX2 >
UPDATE 상담 SET 담당부서 = 'K31' WHERE 접수번호 = 934556634 ;	t1	
	t2	UPDATE 상담 SET 상담원ID = 62145 WHERE **접수번호 = 934565433** ;
UPDATE 상담 SET 담당부서 = 'D15' WHERE **접수번호 = 934556546** ;	t3	
	t4	UPDATE 상담 SET 상담원ID = 28515 WHERE **접수번호 = 934556546** ;
UPDATE 상담 SET 담당부서 = 'A08' WHERE **접수번호 = 934565433** ;	t5	

이러한 교착상태는 두 트랜잭션이 동일한 순서로 자원을 요청(Resource Ordering)하도록 강제하면 회피할 수 있다. 아래와 같이 두 트랜잭션 모두 정렬된 접수번호 순으로 Update를 수행하도록 구현하면 된다.

< TX1 >		< TX2 >
UPDATE 상담 SET 담당부서 = 'D15' WHERE **접수번호 = 934556546** ;	t1	
	t2	UPDATE 상담 SET 상담원ID = 62145 WHERE **접수번호 = 934556546** ;
UPDATE 상담 SET 담당부서 = 'K31' WHERE 접수번호 = 934556634 ;	t3	
UPDATE 상담 SET 담당부서 = 'A08' WHERE **접수번호 = 934565433** ;	t4	
COMMIT;	t5	
	t6	UPDATE 상담 SET 상담원ID = 28515 WHERE **접수번호 = 934565433** ;
	t7	COMMIT;

JPA에 의한 자원 요청 순서 뒤바뀜 현상

JPA(Java Persistence API)에서 엔티티의 값을 수정한 뒤 save()를 호출하거나 트랜잭션을 commit 했을 때, 개발자가 작성한 코드 순서와 실제 쿼리의 실행 순서가 다를 수 있다.

이는 JPA가 변경된 값을 DB에 실시간으로 반영하지 않고 엔티티의 상태 변화만 추적하다가 flush() 시점에 한꺼번에 쿼리를 실행하기 때문이다. flush() 시점의 쿼리 실행 순서는 내부적으로 정해진 정렬 규칙을 따른다.

그 결과, 코드상으로는 자원을 A → B 순서로 접근하더라도, 실제 실행 시점에는 JPA 내부 정렬 규칙에 의해 B → A 순서로 처리되면서 교착상태가 발생할 수 있다.

이러한 문제를 방지하려면, JPA의 내부 처리 순서에 의존하지 않고 개발자가 명시적으로 자원 접근 순서를 제어하거나, flush() 호출 시점을 조절하는 등의 조치를 취해야 한다.

5.8 대기 없이 큐 데이터 인출

쿠폰 발행, 예약 작업, 비동기 메시지 처리 등 다양한 업무에서 큐(Queue) 테이블을 활용한다. 하지만 하나의 큐 테이블을 여러 사용자가 동시에 접근하면 Lock 경합으로 인한 지연이 발생할 수 있다. 일례로 그림 5-10은 필자가 어떤 온라인 쇼핑몰에서 쿠폰을 받기 위해 대기하던 중 캡처한 화면이다. 대기인원 17,268명!

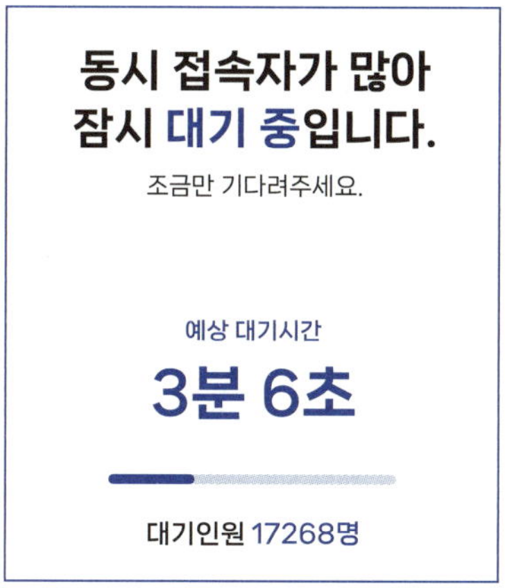

[그림 5 - 10]

이러한 성능 문제를 완화하기 위해 n개의 큐 테이블 또는 파티션을 만들어 사용자별로 큐를 지정하거나 Round-Robin 방식으로 분배함으로써 Lock 경합을 분산하는 기법이 자주 사용된다. 여기서는 큐에 먼저 진입한 트랜잭션에 의해 설정된 Lock을 건너뛰고, 다음 레코드를 처리하는 방법을 소개하려고 한다. 이 방식은 필자가 실제로 한 온라인 쇼핑몰에 적용해서 성공적으로 튜닝했던 사례이기도 하다.

선착순 쿠폰 발행 동시성 제어

ABC 인터넷 쇼핑몰에서 선착순으로 쿠폰을 발행하는 이벤트를 진행한다. 발행쿠폰 테이블에는 아래와 같이 데이터가 입력돼 있다[11].

쿠폰번호	발행순번	회원ID
CZ123	1	
CZ123	2	
CZ123	3	
CZ123	...	
CZ123	1000	

PK는「쿠폰번호 + 발행순번」이다. 이벤트 시작 전에는 회원ID가 모두 Null인 상태다. 예를 들어, 쿠폰번호가 CZ123인 1,000개 쿠폰 레코드(발행순번 1~1000)를 미리 등록해 놓고 선착순으로 회원에게 쿠폰을 발행하면서 회원ID를 Update하는 방식이다.

아래 JAVA 코딩을 보자. 100번 회원이 가장 먼저 getCoupon 함수를 호출하면서 파라미터에 CZ123, 100을 입력한다.

11 온라인 스크립트 script4_create_table.sql 참조

```
public static long getCoupon ( String cpnNo, String mbrId ) throws Exception {
  long issNo = -1;
  PreparedStatement stmt = null;
  ResultSet rs = null;
  try {
    String SQLStmt = "SELECT 발행순번 FROM 발행쿠폰 "
                   + "WHERE 쿠폰번호 = ? AND 회원ID IS NULL AND ROWNUM <= 1";
    stmt = conn.prepareStatement(SQLStmt);
    stmt.setString(1, cpnNo);
    rs = stmt.executeQuery();
    if(rs.next()) {
      issNo = rs.getLong(1);
      setMember(cpnNo, mbrId, issNo);
      conn.commit();
    }
  } catch (SQLException e) {
    issNo = 0;
  } finally {
    if (rs != null) try { rs.close(); } catch(SQLException ex) {}
    if (stmt != null) try { stmt.close(); } catch(SQLException ex) {}
  }
  return issNo;
}

public static void setMember ( String cpnNo, String mbrId, long issNo ) throws
Exception {
  String SQLStmt = "UPDATE 발행쿠폰 SET 회원ID = ?, 다운로드시각 = SYSDATE "
                 + "WHERE 쿠폰번호 = ? AND 발행순번 = ? AND 회원ID IS NULL";
  PreparedStatement stmt = conn.prepareStatement(SQLStmt);
  stmt.setString (1, mbrId);
  stmt.setString (2, cpnNo);
  stmt.setLong (3, issNo);
  stmt.executeUpdate ();
  stmt.close();
}
```

가장 먼저 실행되는 아래 SQL은 회원ID가 Null인 레코드 하나를 조회한다. 즉, 아직 회원에게 발급하지 않은 쿠폰의 발행순번을 조회하는 것이다. 쿠폰번호 + 발행순번 순으로 정렬된 PK 인덱스를 이용한다면, 발행순번으로 1을 얻게 될 것이다.

```
SELECT 발행순번 FROM 발행쿠폰
WHERE  쿠폰번호 = ? → 'CZ123' 입력
AND    회원ID IS NULL
AND    ROWNUM <= 1
```

이어서 setMember 메소드를 호출하면서 쿠폰번호(cpnNo), 회원ID(mbrId), 발행순번(issNo)을 입력하면 아래 Update 문이 실행된다.

```
UPDATE 발행쿠폰
SET    회원ID = ?    → 100 입력
     , 다운로드시각 = SYSDATE
WHERE  쿠폰번호 = ?  → 'CZ123' 입력
AND    발행순번 = ?  → 1
AND    회원ID IS NULL
```

만약 이 프로그램으로 이벤트를 진행한다면, 동시에 같은 발행순번을 조회한 여러 트랜잭션 중 하나만 성공하고 나머지는 모두 Update 과정에 실패하게 된다. 그러면 조회부터 다시 하게 되고, 오히려 뒤늦게 참여한 회원이 먼저 쿠폰을 가져갈 수도 있다. 결과적으로 선착순이 아닌 복불복에 의해 쿠폰을 발행하는 셈이다.

해결방안 1 : For Update

실행 순서대로 쿠폰을 가져가도록 하려면, 조회할 때 아래와 같이 For Update를 사용해야 한다[12].

```
SELECT 발행순번 FROM 발행쿠폰
WHERE  쿠폰번호 = ?  → 'CZ123' 입력
AND    회원ID IS NULL
AND    ROWNUM <= 1
FOR UPDATE
```

12 온라인 스크립트 script4_coupon_wait.sql 참조

문제는 성능이다. 예를 들어, 그림 5-11처럼 P1~P4 네 개의 프로세스가 동시에 124번 쿠폰을 읽으려고 할 때, 가장 먼저 진입한 P1이 Lock을 획득하면 나머지 프로세스는 대기해야 한다.

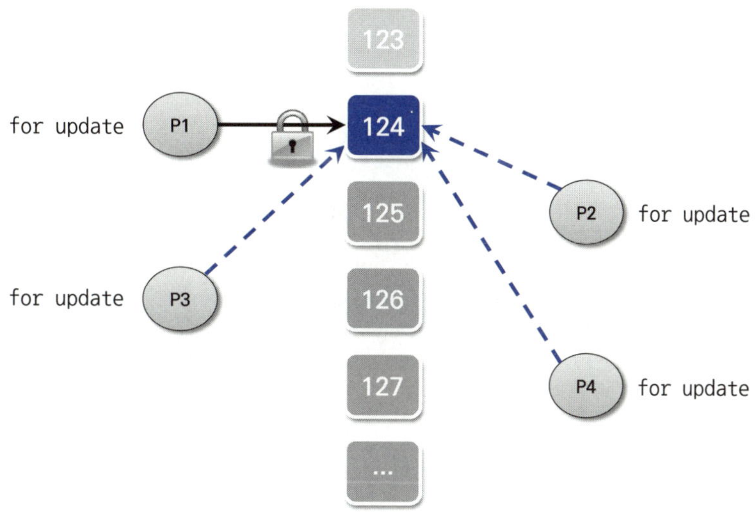

[그림 5-11]

프로세스 P1이 커밋하면 P2는 그림 5-12처럼 발행순번 125번 쿠폰 레코드에 Lock을 획득하게 되며, P3, P4는 여전히 대기해야 한다.

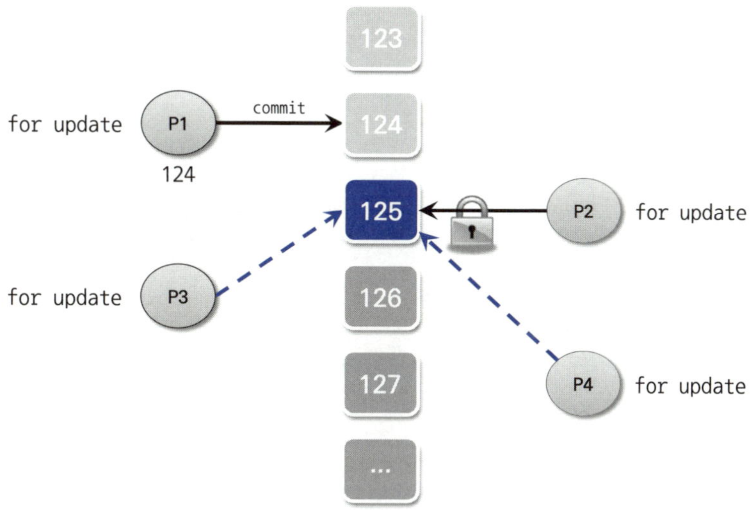

[그림 5-12]

그림 5-13처럼 프로세스 P2가 커밋하고 P3가 발행순번 126번 쿠폰 레코드에 Lock을 획득하면 P4는 여전히 대기해야 한다.

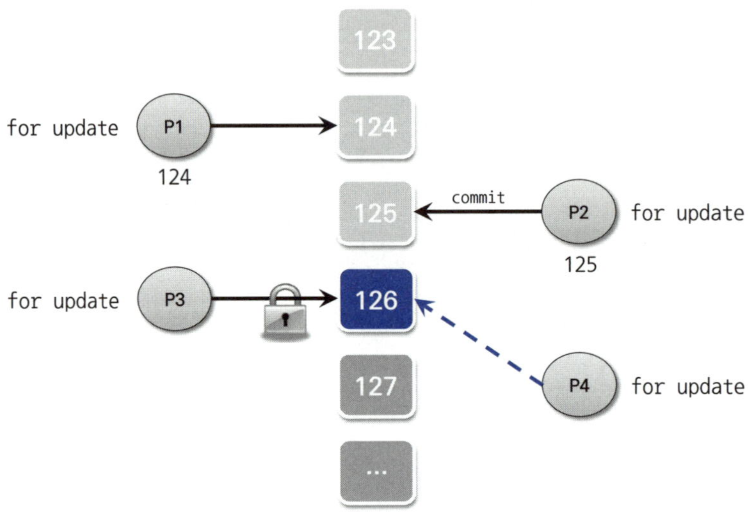

[그림 5 - 13]

그림 5-14처럼 프로세스 P3가 커밋하면 P4는 비로소 Lock을 획득하고 발행순번 127번 쿠폰을 얻게 된다.

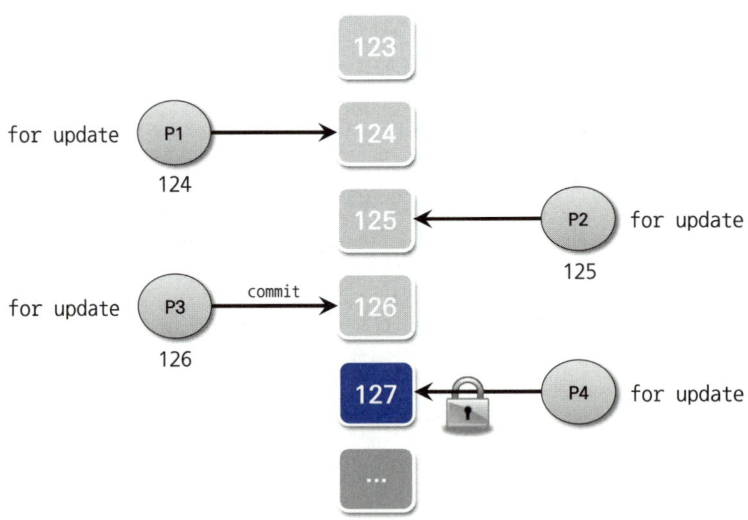

[그림 5 - 14]

동시 진행 가능하도록 하기 위해 1,000개 레코드를 미리 등록해 두었지만, 사실상 동시 진행이 불가능하다. 한 순간에 한 회원에게만 쿠폰을 발행할 수 있다.

해결방안 2 : For Update Nowait

Lock이 걸렸을 때 대기하지 않고 다시 조회하도록 구현하기 위해 아래와 같이 NOWAIT 옵션을 사용하면 어떨까?[13]

```
SELECT 발행순번 FROM 발행쿠폰
WHERE  쿠폰번호 = ?  → 'CZ123' 입력
AND    회원ID IS NULL
AND    ROWNUM <= 1
FOR UPDATE NOWAIT
```

그림 5-15처럼 P1~P4 네 개의 프로세스가 동시에 124번 쿠폰을 읽으려고 할 때, 가장 먼저 진입한 P1이 Lock을 획득하면 나머지 프로세스는 예외처리를 거쳐 계속해서 조회를 재시도한다. 그 과정에 CPU 사용률은 이전보다 더 높아진다.

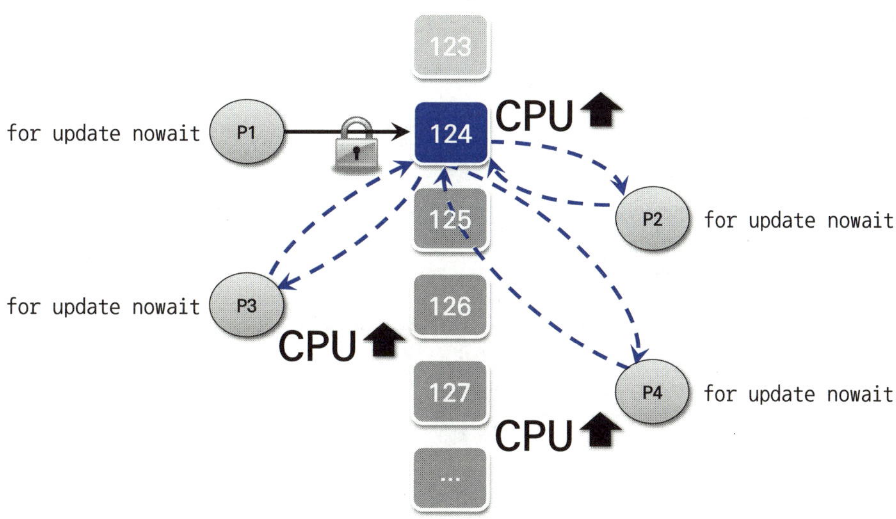

[그림 5-15]

13 온라인 스크립트 script4_coupon_nowait_retry.sql 참조

그림 5-16처럼 프로세스 P1이 커밋하고 P2가 발행순번 125번 쿠폰 레코드에 Lock을 획득하면 P3, P4는 계속해서 조회를 재시도한다.

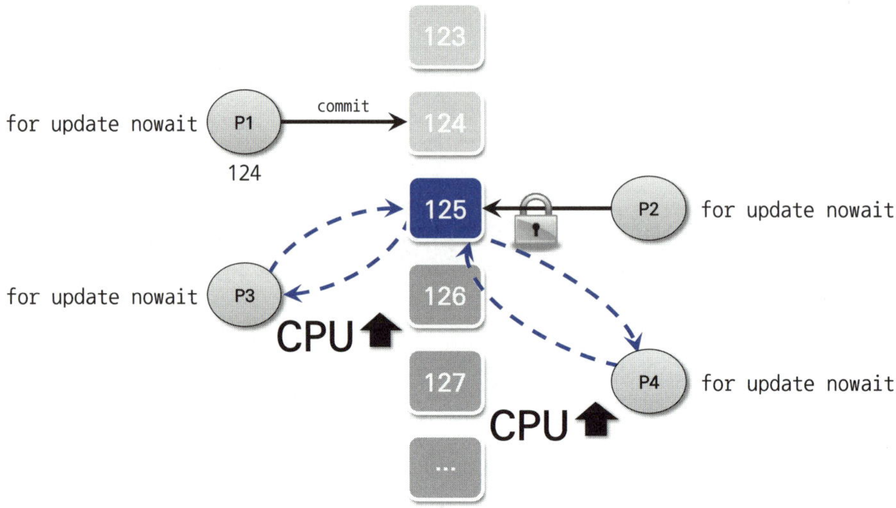

[그림 5-16]

그림 5-17처럼 프로세스 P2가 커밋하고 P3가 발행순번 126번 쿠폰 레코드에 Lock을 획득하면 P4는 계속해서 조회를 재시도한다.

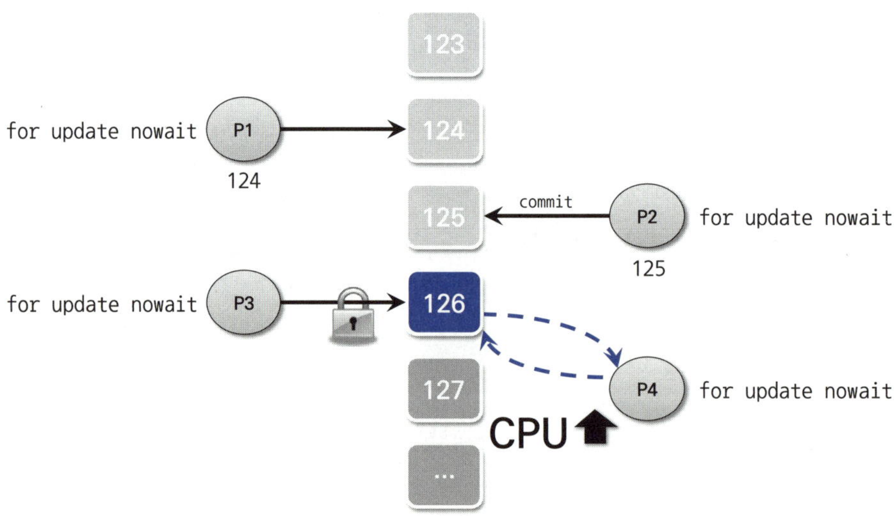

[그림 5-17]

그림 5-18처럼 프로세스 P3가 커밋하면 P4는 비로소 Lock을 획득하고 발행순번 127번 쿠폰을 얻게 된다.

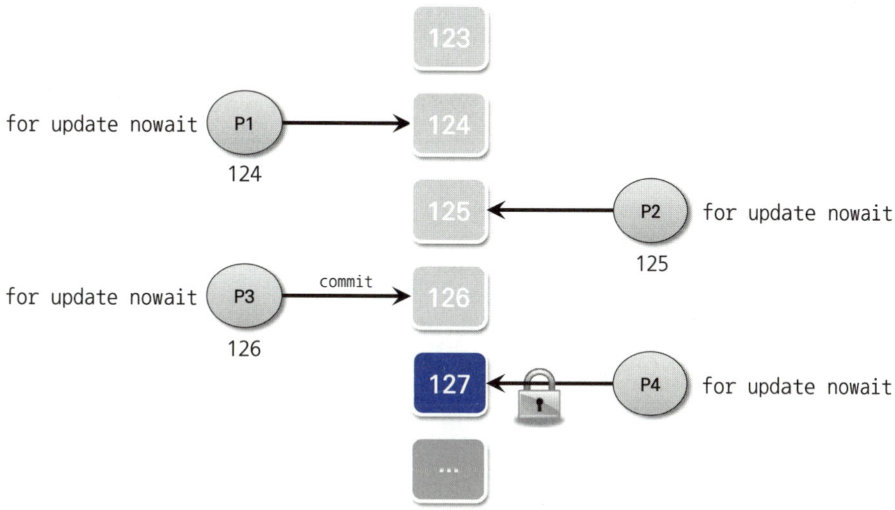

[그림 5 - 18]

For Update Nowait 옵션을 사용하면, 빈번한 재시도와 예외 처리로 인해 CPU 사용률이 높아지고 전체 성능은 악화된다. 선착순도 보장할 수 없다.

해결방안 3 : For Update Skip Locked

가장 좋은 방법은 아래와 같이 Skip Locked 옵션[14]을 사용하는 것이다. 이 방식은 Lock이 걸린 레코드를 건너뛰고 다음 레코드에 바로 접근할 수 있도록 한다.

---

14 Oracle은 11g부터, PostgreSQL은 9.5부터, MySQL은 8.0부터 Skip Locked 옵션을 지원한다.
SQL Server는 이 옵션을 명시적으로 지원하지 않지만, readpast 힌트를 활용할 수 있다. 다만, 이 힌트는 Lock이 걸린 레코드를 건너뛸 뿐, 조회된 레코드에 Lock을 걸지는 않는다. 따라서 조회와 수정을 원자적으로 처리하려면 UPDATE … OUTPUT 구문과 함께 with(rowlock, readpast) 힌트를 사용하는 방식으로 구현해야 한다. 자세한 내용은 매뉴얼을 참고하기 바란다.

```sql
SELECT 발행순번
FROM   발행쿠폰
WHERE  쿠폰번호 = ?
AND    회원ID IS NULL
FOR UPDATE SKIP LOCKED
```

주목할 것은 rownum <= 1 조건을 사용하지 않았다는 사실이다. rownum <= 1 조건을 사용하면 애초에 대상 집합이 한 건이므로 해당 레코드가 Lock이 걸려 있을 때 생략하고 읽을 다음 레코드가 없다.

rownum <= 1 조건을 없애는 대신, 한번에 한 건씩만 Fetch 하도록 stmt.setFetchSize(1) 메소드를 실행하면 불필요한 레코드 Fetch를 줄일 수 있다.

구체적으로, 앞서 예시한 getCoupon 함수를 아래와 같이 수정하면 된다[15].

```java
public static long getCoupon ( String cpnNo, String mbrId ) throws Exception {
  long issNo = -1;
  PreparedStatement stmt = null;
  ResultSet rs = null;
  try {
    String SQLStmt = "SELECT 발행순번 FROM 발행쿠폰 "
                   + "WHERE 쿠폰번호 = ? AND 회원ID IS NULL "
                   + "FOR UPDATE SKIP LOCKED";
    stmt = conn.prepareStatement(SQLStmt);
    stmt.setFetchSize(1);
    stmt.setString(1, cpnNo);
    rs = stmt.executeQuery();
    if(rs.next()) {
      issNo = rs.getLong(1);
      setMember(cpnNo, mbrId, issNo);
      conn.commit();
    }
  } catch (SQLException e) {
    issNo = 0;
  } finally {
    if (rs != null) try { rs.close(); } catch(SQLException ex) {}
    if (stmt != null) try { stmt.close(); } catch(SQLException ex) {}
  }
  return issNo;
}
```

15 온라인 스크립트 script4_coupon_skip_lock.sql 참조

P1~P4 네 개의 프로세스가 동시에 쿠폰을 읽으려고 할 때, 그림 5-19처럼 가장 먼저 진입한 프로세스 P1이 124번 쿠폰에 Lock을 획득하고 발행순번을 얻는다.

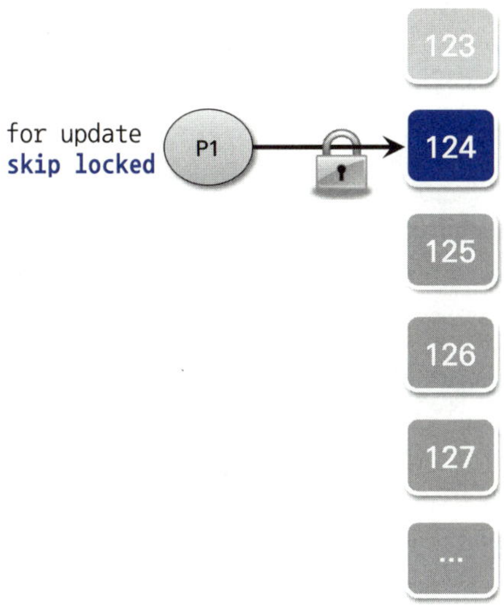

[그림 5-19]

두 번째로 진입한 프로세스 P2는 그림 5-20처럼 Lock이 걸린 124번 쿠폰을 생략하고 125번 쿠폰에 Lock을 획득하고 발행순번을 얻는다.

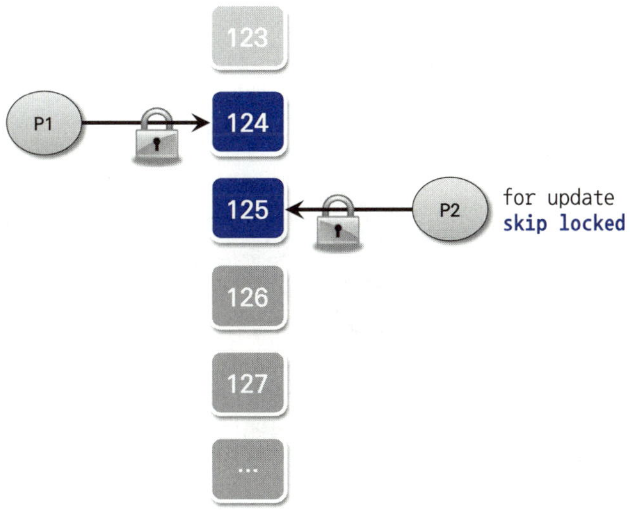

[그림 5-20]

세 번째로 진입한 프로세스 P3는 그림 5-21처럼 Lock이 걸린 124번, 125번 쿠폰을 생략하고 126번 쿠폰에 Lock을 획득하고 발행순번을 얻는다.

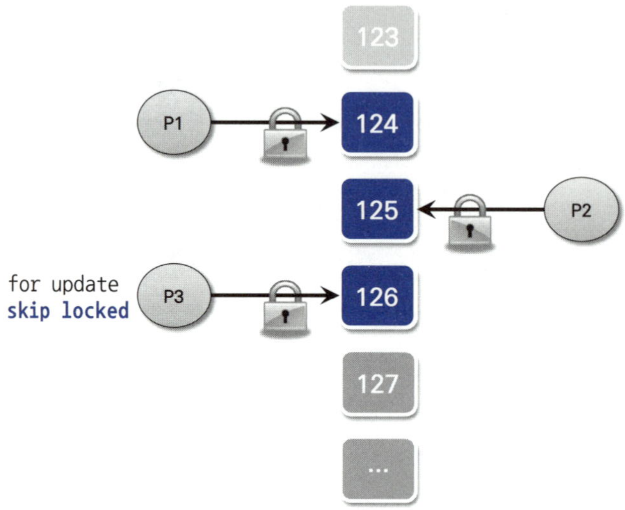

[그림 5-21]

마지막으로 진입한 프로세스 P4는 그림 5-22처럼 Lock이 걸린 124번, 125번, 126번 쿠폰을 생략하고 127번 쿠폰에 Lock을 획득하고 발행순번을 얻는다.

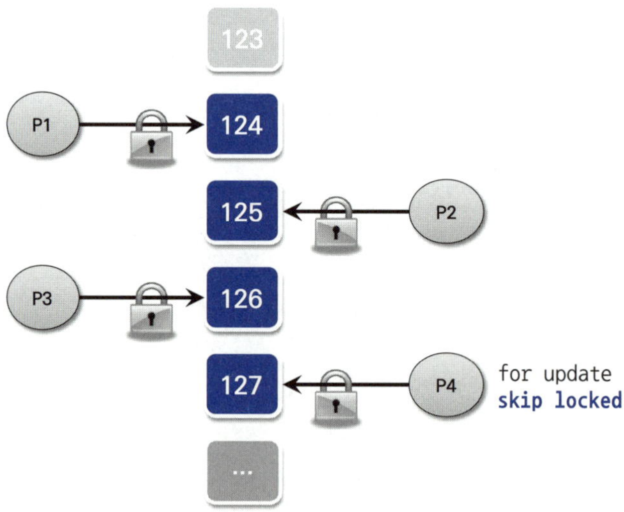

[그림 5-22]

이렇게 처리하면 지연 없이 빠르게 선착순에 따라 쿠폰을 발행할 수 있다.

대안 : Sequence 객체 활용

Sequence 객체를 활용하는 방법도 있다. 먼저 아래와 같이 Sequence 객체를 생성한다.

```
CREATE SEQUENCE 쿠폰용SEQ
INCREMENT BY 1
START WITH 1
MAXVALUE 1000;  → 발행 쿠폰 개수
```

그리고 앞서 예로 든 JAVA 코딩을 아래와 같이 수정하면 된다.

```
String SQLStmt = "SELECT 쿠폰용SEQ.NEXTVAL AS 발행순번 FROM DUAL";
PreparedStatement stmt1 = conn.prepareStatement(SQLStmt);
ResultSet rs = stmt1.executeQuery();
if(rs.next()) {
  issNo = rs.getLong(1);
  SQLStmt = "UPDATE 발행쿠폰 SET 회원ID = ?, 다운로드시각 = SYSDATE "
          + "WHERE 쿠폰번호 = ? AND 발행순번 = ? AND 회원ID IS NULL";
  PreparedStatement stmt2 = conn.prepareStatement(SQLStmt);
  stmt2.setString (1, mbrId);
  stmt2.setString (2, cpnNo);
  stmt2.setLong (3, issNo);
  stmt2.executeUpdate ();
  stmt2.close();
  conn.commit();
}
```

Sequence 객체를 지원하지 않는 MySQL에서는 auto_increment 컬럼을 활용하면 된다.

5.9 채번 동시성 높이기

신규 데이터를 입력하려면, PK 중복을 방지하기 위한 고유 번호 채번이 선행되어야 한다. 가장 널리 사용하는 아래 세 가지 채번 방식의 성능 특성과 장단점을 비교해 보자. (※ 시퀀스 관련 기능은 DBMS마다 용어와 동작 방식이 다르므로[16] 여기서는 Oracle 중심으로 설명한다.)

- 채번 테이블
- 시퀀스 객체
- MAX + 1 조회

설명의 편의를 위해 용어부터 정리하자. 예를 들어, PK가「상담원ID + 상담일자 + 상담순번」처럼 복합 컬럼으로 구성되어 있다면, 채번 컬럼인 상담순번 이외의 컬럼들(상담원ID, 상담일자)을 지금부터 '구분 속성'이라고 부르기로 하자.

채번 테이블

각 테이블 식별자(PK)의 단일 컬럼 일련번호 또는 구분 속성별 순번을 생성하기 위해 별도 테이블을 운영하는 방식이다. 아래와 같이 채번 레코드를 읽어 현재 값에 1을 더해 갱신하고, 이 값을 새로운 레코드 입력에 사용한다.

```
< 방법 1 >
UPDATE SEQ_TAB
SET    SEQ = SEQ + 1
WHERE  GUBUN = :gubun;

SELECT SEQ INTO :new_seq
FROM   SEQ_TAB
WHERE  GUBUN = :gubun;
```

16 PostgreSQL은 Oracle 시퀀스와 거의 동일한 시퀀스 객체를 지원한다.
SQL Server 2012 이상부터 시퀀스 객체를 지원하지만, 전통적으로 사용해 온 더 일반적인 방식은 IDENTITY 속성이다. MySQL은 시퀀스 객체가 없고, Auto_Increment 속성을 사용한다.

```
INSERT INTO TARGET_T (SEQ, … ) VALUES (:new_seq, …);
```

< 방법 2 >

```
SELECT SEQ + 1 INTO :new_seq
FROM   SEQ_TAB
WHERE  GUBUN = :gubun
FOR UPDATE;

UPDATE SEQ_TAB
SET    SEQ = :new_seq
WHERE  GUBUN = :gubun;

INSERT INTO TARGET_T (SEQ, … ) VALUES (:new_seq, …);
```

이 방식은 채번 레코드를 변경하는 과정에 자연스럽게 액세스 직렬화가 이루어지므로 두 트랜잭션이 같은 값을 중복 채번할 가능성을 원천적으로 차단해 준다.
이 방식의 장점부터 나열하면 아래와 같다.

- 범용성이 뛰어나다.
- Insert 과정에 중복 레코드 발생에 대비한 예외(Exception) 처리에 크게 신경 쓸 필요가 없어, 채번 함수만 잘 정의하면 편리하게 사용할 수 있다. (→ MAX+1 방식보다 우수)
- Insert 과정에 결번을 방지할 수 있다. (→ 시퀀스 방식보다 우수)
- PK가 복합 컬럼일 때도 사용할 수 있다. (→ 시퀀스 방식보다 우수)

가장 큰 단점은 다른 채번 방식에 비해 성능이 안 좋다는 데 있다. 채번 레코드를 변경할 때 발생하는 로우 Lock 경합 때문이다(그림 5-23). 로우 Lock은 기본적으로(다음 절에서 설명할 자율 트랜잭션 기능을 활용하지 않는 한) Insert 이후 트랜잭션이 커밋 또는 롤백할 때까지 지속된다.

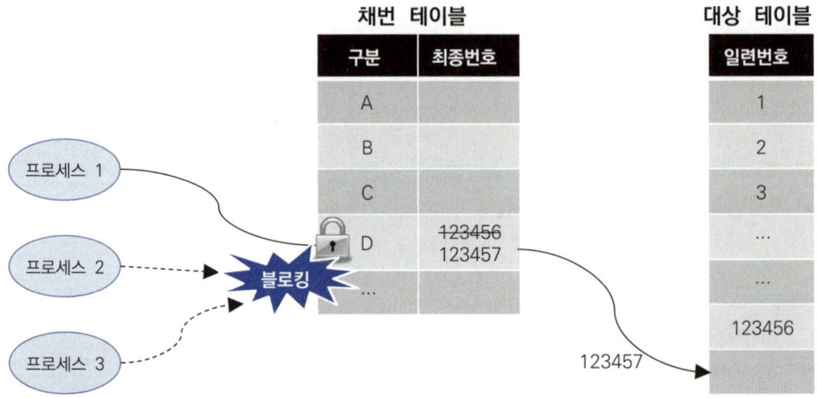

[그림 5 - 23]

동시 Insert가 매우 많은 환경에서는 채번 레코드뿐만 아니라 채번 테이블 블록 자체에도 경합이 발생한다. 서로 다른 채번 레코드를 변경하는 프로세스 간에도 경합할 수 있다는 뜻이다[17]. PK가 복합 컬럼으로 구성돼 있어 구분 속성별로 순번을 채번하는 경우, Lock 경합이 구분 속성 단위로 분산된다. 하지만 구분 속성의 값 종류가 소수에 불과할 때만 이 방식을 사용하므로[18] Lock 경합이 발생할 가능성은 다른 채번 방식에 비해 여전히 높다. 따라서 동시 Insert가 매우 많은 테이블에는 이 방식을 사용하기가 사실상 어렵다.

시퀀스 객체

시퀀스(Sequence)의 가장 큰 장점은 성능이 빠르다는 데 있다. 채번 테이블과 마찬가지로 Insert 과정에 중복 레코드 발생에 대비한 예외처리에 크게 신경 쓰지 않아도 된다. 테이블별로 시퀀스 객체를 생성하고 관리해야 하는 부담은 있지만, 개발팀 입장에서는 사용하기에 매우 편리하다.

시퀀스의 가장 큰 장점이 성능이지만, 성능 이슈가 전혀 없는 것은 아니다. 시퀀스 채번 과정에 Lock을 획득해야 하기 때문이다. 이 성능 이슈를 이해하려면, 시퀀스 객체가 DBMS 내부에서

17 구체적으로 말하면, 버퍼 Lock과 ITL 경합을 의미한다.

18 예를 들어, 고객별 순번을 채번 테이블을 통해 관리하려고 한다면, 고객 수만큼 채번 레코드가 필요하므로 이 방식을 적용하는 데 무리가 따른다.

관리하는 채번 테이블이라는 사실을 알아야 한다(그림 5-24). Oracle의 경우 SYS.SEQ$ 테이블을 말하며, DBA_SEQUENCES 뷰를 통해 조회할 수 있다.

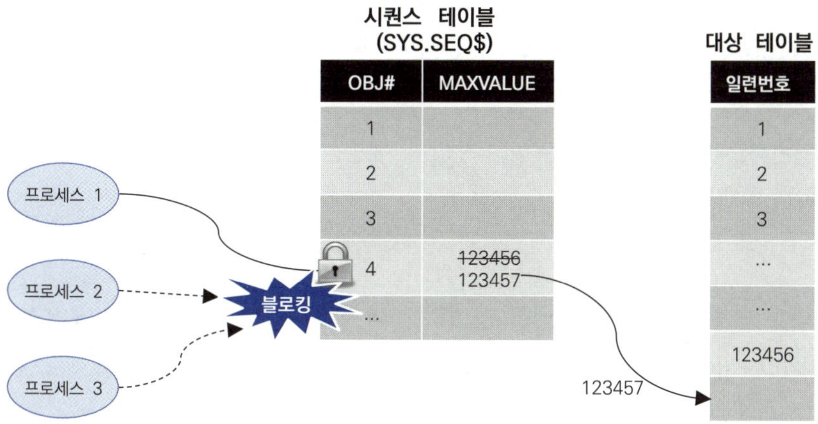

[그림 5 - 24]

시퀀스 객체도 결국 테이블이므로 값을 읽고 변경하는 과정에 Lock 메커니즘이 작동한다. 하지만, 아래와 같이 캐시 사이즈를 적절히 설정하면 시퀀스는 가장 빠른 성능을 제공한다.

```
CREATE SEQUENCE MY_SEQ CACHE 1000;
ALTER  SEQUENCE MY_SEQ CACHE 2000;
```

또한, 시퀀스에는 자율 트랜잭션 기능이 기본적으로 내장되어 있다.

시퀀스의 가장 큰 단점은 기본적으로 PK가 단일 컬럼일 때만 사용 가능하다는 데 있다. PK가 복합 컬럼일 때도 사용할 수는 있지만, 각 레코드를 유일하게 식별하는(유일성을 보장하는) 최소 컬럼으로 PK를 구성해야 한다는 최소성(Minimalty) 요건을 위배하게 된다.

순환옵션을 가진 시퀀스 활용

PK가 복합 컬럼임에도 불구하고 동시 트랜잭션이 많아 시퀀스가 꼭 필요하다면, 순환(cycle) 옵션을 가진 시퀀스 활용을 고려할 수 있다. 하루에 도저히 도달할 수 없는 값으로 최대값(maxvalue)을 설정하고, 그 값에 도달하면 1부터 다시 시작하도록 순환옵션을 설정하는 것이다. 순환옵션을 사용하는 이유는 값이 무한정 증가하지 않도록 제한함으로써 순번 컬럼의 길이를 최소화하기 위해서다.

이 방식은 일반적으로 권장되는 방법은 아니다. 다만, 채번 성능이 문제가 될 때 한 가지 대안으로 검토해볼 수 있는 옵션이다.

시퀀스의 또 다른 단점은, 신규 데이터를 입력하는 과정에 결번이 생길 수 있다는 점이다. 원인은 크게 두 가지다. 첫째, 시퀀스 채번 이후에 트랜잭션을 롤백하는 경우다. 둘째, CACHE 옵션을 설정한 시퀀스가 캐시에서 밀려나는 경우다. 자주 사용하지 않아(시퀀스 채번 간격이 길어) 캐시에서 밀려나거나 인스턴스를 재기동하는 순간, 캐시돼 있던 번호는 모두 사라지며 시퀀스 테이블에서 다시 읽을 때 그다음 번호부터 읽는다[19].

그런데 과연 일련번호에 결번이 생기는 현상을 반드시 막아야 할까? 업무적으로 반드시 그래야 하는 경우는 많지 않다. 그리고 채번 테이블이나 MAX + 1 방식을 사용하더라도 결번을 원천적으로 막을 수는 없다. 데이터를 삭제하면서 생기는 결번은 피할 수 없기 때문이다. (자율 트랜잭션을 사용해 채번 테이블에서 채번할 때도 롤백에 의해 결번이 생길 수 있다.)

MAX + 1 조회

아래와 같이 대상 테이블의 최종 일련번호를 조회하고, 거기에 1을 더해서 Insert하는 방식이다.

```
INSERT INTO 상품거래(거래일련번호,계좌번호,거래일시,상품코드,거래가격,거래수량)
VALUES ( (SELECT MAX(거래일련번호) + 1 FROM 상품거래)
       , :acnt_no, SYSDATE, :prod_cd, :trd_price, :trd_qty );
```

19 인스턴스 재기동에 의한 결번은 피할 방법이 없지만(NOCACHE 옵션을 지정하면 되지만 성능에 문제가 생김), 시퀀스 사용 빈도가 낮아서 생기는 결번은 피할 수 있다. 시퀀스를 Shared Pool에 KEEP하도록 아래 명령을 수행해 주면 된다.

```
SQL> EXEC SYS.DBMS_SHARED_POOL.KEEP('SCOTT.MY_SEQ', 'Q');
```

이 방식의 장점은 다음과 같다.

- 첫째, 시퀀스 또는 별도의 채번 테이블을 관리하는 부담이 없다.
- 둘째, 동시 트랜잭션에 의한 충돌이 많지 않으면, 성능이 매우 빠르다.
- 셋째, PK가 복합 컬럼인 경우, 즉 구분 속성별 순번을 채번할 때도 사용할 수 있다. 채번 테이블은 구분 속성 값의 수(Number of Distinct Values)가 적을 때만 사용할 수 있지만, 이 방식은 값의 수가 아무리 많아도 상관없다. 오히려 값의 수가 많을수록 성능이 더 좋아진다. 입력 값 중복에 의한 로우 Lock 경합이 줄고 재실행 횟수도 줄기 때문이다.

단점은 다음과 같다.

- 첫째, 레코드 중복에 대비한 세밀한 예외처리가 필요하다.
- 둘째, 다중 트랜잭션에 의한 동시 채번이 심하면 시퀀스보다 성능이 많이 나빠질 수 있다. 레코드 중복에 의한 로우 Lock 경합 때문이다. 로우 Lock은 선행 트랜잭션이 커밋 또는 롤백할 때까지 지속된다. 선행 트랜잭션이 롤백하지 않는 한, Insert는 결국 실패하게 되므로 채번과 Insert를 다시 실행해야 한다. 이런 현상이 자주 발생하면 성능이 느릴 수밖에 없다(그림 5-25).

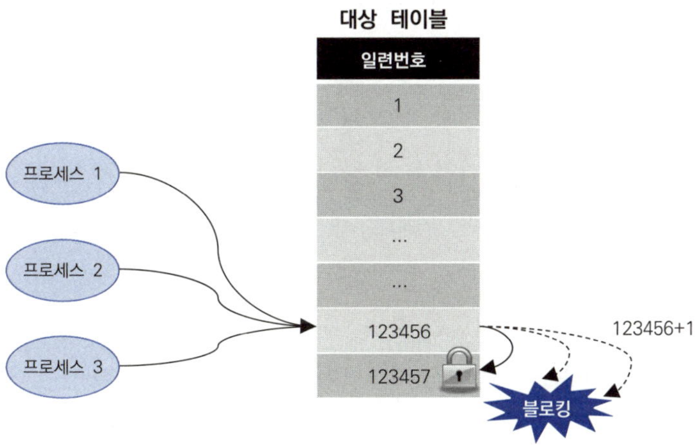

[그림 5 - 25]

다행히 PK가 복합 컬럼이고 구분 속성별 값의 수가 많으면, 구분 속성 값별로 채번이 분산된다. 따라서 동시 채번이 많아도 로우 Lock 경합 및 재실행 가능성은 현저히 줄어든다.
로우 Lock 경합 이외의 성능 이슈는 MAX 값 조회에 최적화된 인덱스를 구성해 주지 않을 때 생긴다.

각 채번 방식에 발생하는 Lock 경합 요소를 정리하면, 표 5-2와 같다.

<table>
<tr><th>채번 방식</th><th>식별자 구조</th><th>주요 경합</th><th>부수적인 경합</th><th>비고</th></tr>
<tr><td rowspan="2">채번 테이블</td><td>일련번호</td><td>(값 변경을 위한)
로우 Lock 경합</td><td>(동시성이 높다면)
채번 테이블 블록 경합</td><td rowspan="2">채번 테이블 관리 부담</td></tr>
<tr><td>구분+순번</td><td colspan="2">단일 일련번호일 때보다 Lock 경합 감소</td></tr>
<tr><td>시퀀스 객체</td><td>일련번호</td><td>시퀀스 경합</td><td>(시퀀스 경합 해소 시)
인덱스 블록 경합</td><td>시퀀스 관리 부담
Insert 과정에
결번 가능성</td></tr>
<tr><td rowspan="2">MAX + 1</td><td>일련번호</td><td>(입력 값 중복 시)
로우 Lock+재실행</td><td>(동시성이 매우 높다면)
인덱스 블록 경합</td><td rowspan="2">별도 오브젝트 관리 없음
중복 값 발생에 대비한 예외처리 필수
PK 인덱스 구성에 따른 성능 차이 발생</td></tr>
<tr><td>구분+순번</td><td colspan="2">단일 일련번호일 때보다 Lock 경합 감소
(구분 속성 값의 종류 수가 많으면, 현저히 감소)</td></tr>
</table>

[표 5-2]

Lock 경합 요소를 고려한 채번 방식 선택 기준을 정리하면, 다음과 같다(그림 5-26).

① 동시 채번이 많지 않은 경우
다중 트랜잭션에 의한 동시 채번이 많지 않다면, 세 가지 방식 중 어느 것을 사용해도 무방하다. 하지만, 채번 테이블이나 시퀀스 객체 관리 부담을 고려한다면, 가급적 MAX+1 방식을 선택하는 것이 좋다.

② 동시 채번이 많고 PK가 단일 컬럼인 경우
다중 트랜잭션에 의한 동시 채번이 많고 PK가 단일 컬럼 일련번호라면, 시퀀스 방식이 가장 좋다.

③ 동시 채번이 많고 구분 속성 값 종류가 많은 경우
다중 트랜잭션에 의한 동시 채번이 많고 PK 구분 속성에 값 종류 개수가 많으면, 중복에

의한 로우 Lock 경합 및 재실행 가능성이 낮다. 그렇다면 시퀀스보다 MAX+1 방식이 구조적(PK 컬럼의 Minimality 측면)으로 좋다.

④ 동시 채번이 많고 구분 속성 값 종류가 적은 경우

다중 트랜잭션에 의한 동시 채번이 많고 PK 구분 속성에 값 종류 개수가 적으면, MAX+1 방식은 성능에 문제가 생길 수 있다. 그럴 때 순환(cycle) 옵션을 가진 시퀀스 객체 활용을 고려할 수 있다.

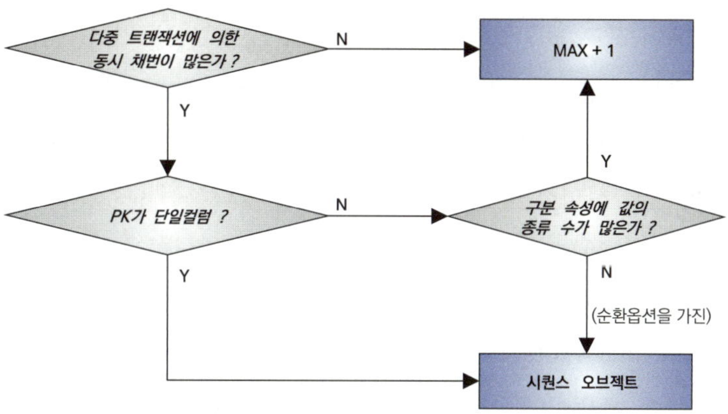

[그림 5 - 26]

시퀀스보다 좋은 솔루션

한 개 이상의 구분 속성과 함께, 뒤쪽에 순번 대신 입력일시(주문일시, 계약일시, 청구일시, 입금일시, 상담일시, 처리일시 등 컬럼 이름은 다양하겠지만, 내용적으로는 데이터 입력일시)를 두는 방식으로 PK 구조를 설계하면, 채번 또는 Insert 과정에 생기는 Lock 이슈를 거의 해소할 수 있다. 이 방식은 채번 과정 자체를 생략하고 SYSDATE 또는 SYSTIMESTAMP 함수만 호출하면 되기 때문에 매우 빠르고 간편하다.

- 구분 속성에 값의 종류 개수가 많으면, DATE 타입을 사용하는 것으로도 충분히 유일성을 보장할 수 있다.

- 반면, 값의 종류 개수가 적으면 TIMESTAMP 타입을 써야 할 수도 있다.[20]

적절한 데이터 타입을 선택하면, 중복 가능성이 매우 희박하지만 그래도 예외처리는 필요하다. (※ MAX+1 방식도 기본적으로 예외처리가 필요하고, 시퀀스 방식도 중복 가능성은 낮지만 예외처리를 해 두는 것이 안전하다. 특히, 시퀀스 객체를 재생성하고 나서 last_number 속성을 이전 최종 값으로 늘려주지 않으면 중복이 생길 수 있으며, 이는 개발환경에서 흔히 하는 실수 중 하나다.)

인덱스 블록 경합

Insert 성능이 너무 빨라도 문제다. 방금 소개한 방식으로 PK를 설계하면 더는 성능 문제가 없을 거 같지만, 복병이 하나 있다. 바로 인덱스 경합이다. 채번 테이블의 로우 Lock이나 시퀀스 Lock이 앞에서 길을 가로막고 있으면(채번 과정에서 병목 지점 역할을 해 주면) 인덱스 경합이 잘 드러나지 않지만, 방금 설명한 방식으로 채번 과정을 생략하는 순간부터 인덱스 블록 경합이 나타나기 시작한다. MAX + 1 방식을 사용할 때도 자주 나타난다.

인덱스 경합은 특히 Right Growing 인덱스에서 자주 발생한다. 인덱스에는 항상 키 순으로 정렬된 상태를 유지하며 값이 입력된다. 따라서 '일련번호'나 '입력일시', '변경일시'처럼 값이 순차적으로 증가하는 단일 컬럼 인덱스는 그림 5-27처럼 항상 맨 우측 블록에만 데이터가 입력된다. 이런 특징을 갖는 인덱스를 'Right Growing 인덱스'라고 부른다.

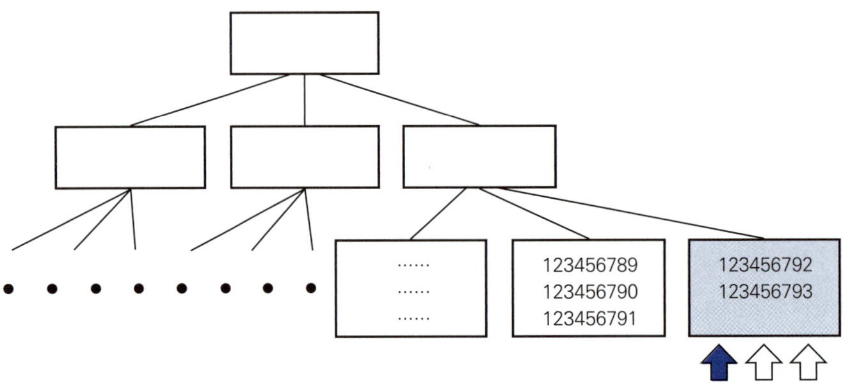

[그림 5 - 27]

20 TIMESTAMP는 OS에 따라 지원하는 소숫자리가 다르다. 최대 소수점 9자리까지 가능하지만, OS 플랫폼에 따라 다르다. 대부분 유닉스와 리눅스는 소수점 6자리(microsecond)까지 지원하고, MS 윈도우는 3자리(millisecond)까지만 지원한다. 이 정도면 데이터 중복은 거의 발생하지 않는다.

Right Growing 인덱스에는 입력하는 값이 달라도 같은 블록을 갱신하려는 프로세스 간 버퍼 Lock 경합이 발생할 수 있다. 이는 여러 프로세스에 의한 동시 Insert가 많을 때 트랜잭션 성능을 떨어뜨리는 주범이다.

구분 속성을 앞에 두면 Right Growing 인덱스는 아니다. 그렇더라도 동시성이 매우 높으면 인덱스 블록 경합은 생길 수 있다. 특히 구분 속성의 값 종류 개수(NDV)가 적을수록 경합도 심하다(그림 5-28).

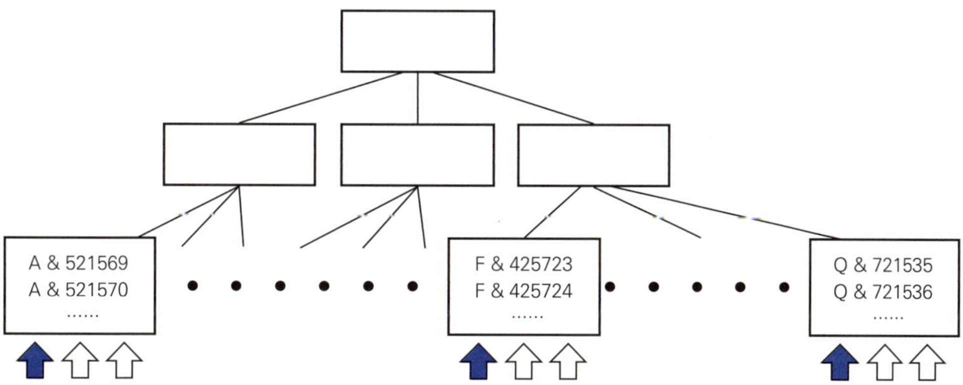

[그림 5 - 28]

인덱스 블록 경합을 해소하는 가장 일반적인 방법은 인덱스를 해시 파티셔닝하는 것이다. 인덱스를 해시 파티셔닝하면, 값이 순차적으로 증가하더라도 해시 함수가 반환한 값에 따라 서로 다른 파티션에 입력되므로 경합을 줄일 수 있다. 인덱스를 리버스(Reverse) 키 인덱스로 전환하는 방법도 고려할 수 있다.

5.10 자율 트랜잭션 활용

앞서 소개한 채번 방식 중에 채번 테이블 활용이 있었다. 이 방식의 가장 큰 단점은 채번 레코드를 변경하기 위한 로우 Lock 경합으로 인해 동시성이 저하될 수 있다는 점이다.

아래 채번 테이블을 이용한 채번을 예로 들어 보자[21].

```
CREATE TABLE SEQ_TAB (
   GUBUN VARCHAR2(1)
 , SEQ   NUMBER
 , CONSTRAINT PK_SEQ_TAB PRIMARY KEY(GUBUN, SEQ)
)
ORGANIZATION INDEX;
```

이 테이블에서 현재 값을 1만큼 증가시키고 그 값을 읽어 반환하는 사용자 정의 함수를 다음과 같이 정의하였다.

```
CREATE OR REPLACE FUNCTION seq_nextval(p_gubun NUMBER) RETURN NUMBER
AS
   l_new_seq SEQ_TAB.SEQ%TYPE;
BEGIN
   UPDATE SEQ_TAB
   SET    SEQ = SEQ + 1
   WHERE  GUBUN = p_gubun;

   SELECT SEQ INTO l_new_seq
   FROM   SEQ_TAB
   WHERE  GUBUN = p_gubun;

   COMMIT;
   RETURN l_new_seq;
END seq_nextval;
```

아래는 위에서 정의한 함수를 사용하는 트랜잭션 예시다.

21 온라인 스크립트 script5_autonomous_txn.sql 참조

```
 1 BEGIN
 2    UPDATE TAB1 SET COL1 = :x WHERE COL2 = :y ;
 3
 4    INSERT INTO TAB2 VALUES
 5        ( SEQ_NEXTVAL(123), :x, :y, :z  );
 6
 7    LOOP
 8      -- DO ANYTHING ...
 9    END LOOP;
10
11    COMMIT;
12
13 EXCEPTION
14    WHEN OTHERS THEN
15       ROLLBACK;
16 END;
```

문제는 커밋 시점이다. 만약 앞서 정의한 seq_nextval 함수처럼 라인 13에서 커밋을 한다면, 어떤 이유에서 메인 트랜잭션(바로 위 소스 코드)이 라인 4 Insert 이후에 롤백될 경우 문제가 생긴다. 라인 2에서 수행된 Update는 이미 커밋된 된 상태가 되어 데이터의 일관성이 깨지기 때문이다.

그렇다고 seq_nextval 함수의 라인 13에서 커밋하지 않고 함수를 빠져나오면 어떻게 될까? 아래 메인 트랜잭션이 모두 종료될 때까지 채번 테이블에 Lock이 걸린 상태가 유지되므로 동시 채번이 빈번하게 발생하는 상황에서 심각한 성능저하를 일으킬 수 있다. 메인 트랜잭션 7~9번 라인에서 어떤 이유로든 지연이 발생하는 상황을 상상해 보라.

다행히 Oracle은 메인 트랜잭션에 영향을 주지 않고 서브 트랜잭션만 따로 커밋하는 기능을 제공한다. 이를 '자율(autonomous) 트랜잭션'이라고 한다. 아래 3번 라인이 자율 트랜잭션을 활성화하는 부분이다.

```
CREATE OR REPLACE FUNCTION seq_nextval(p_gubun NUMBER) RETURN NUMBER
AS
   PRAGMA AUTONOMOUS_TRANSACTION;
   l_new_seq SEQ_TAB.SEQ%TYPE;
BEGIN
   UPDATE SEQ_TAB
   SET    SEQ = SEQ + 1
   WHERE  GUBUN = p_gubun;

   SELECT SEQ INTO l_new_seq
   FROM   SEQ_TAB
   WHERE  GUBUN = p_gubun;

   COMMIT;
   RETURN l_new_seq;
END seq_nextval;
```

PL/SQL 함수/프로시저를 자율 트랜잭션으로 선언하면, 그 내부에서 커밋을 수행해도 메인 트랜잭션은 커밋하지 않은 상태로 남는다. 메인 트랜잭션의 Insert 문에서 채번 함수를 호출하고 최종적으로 커밋하기 전까지 다른 작업을 많이 수행하더라도 채번 테이블의 로우 Lock은 이미 해제한 상태이므로 다른 트랜잭션을 블록킹하지 않는다.
직접 테스트를 통해 사용방법을 익히고 실제 업무에 적용한다면, 트랜잭션 동시성을 향상시키는 데에 큰 효과를 거둘 수 있다.

5.11 외래 키 제약 구현

외래 키(FK)는 참조 무결성(Referential Integrity)을 유지해야 한다. 즉, 부모 없는 자식 레코드가 존재해선 안 된다. 이를 위해 데이터 입력, 수정, 삭제 시 다음 사항을 확인해야 한다.

- 자식 레코드를 추가하거나 수정하기 전에 부모 존재 여부
- 부모 레코드를 삭제하기 전에 자식 존재 여부

키(Key), 제약, 인덱스

키(Key), 제약(Constraint), 인덱스(Index)에 대한 구분이 명확하지 않은 문서를 종종 볼 수 있다. 따라서 본격적인 설명에 앞서, 서로 밀접하게 연관되어 있는 이들 개념을 명확히 정의해 둘 필요가 있다.

PK(Primary Key) : 엔터티를 유일하게 식별하기 위해 사용하는 하나 이상의 컬럼 조합이다.

PK 제약(Constraint) : PK의 유일성(Uniqueness)과 필수성(Mandatory)을 보장하기 위해 DBMS가 제공하는 기능이다. PK 제약을 설정한 컬럼에는 중복 값이나 NULL 값이 입력되지 못하도록 DBMS가 막아준다.

PK 인덱스(Index) : 공식 용어는 아니지만, PK 제약이 설정된 컬럼의 유일성을 효율적으로 검증하기 위해 사용하는 인덱스를 흔히 'PK 인덱스'라고 부른다. 만약 인덱스가 없다면, 유일성 검사를 위해 매번 테이블을 Full Scan해야 하므로 비효율적이다. 따라서 PK 제약을 설정하면, DBMS는 내부적으로 인덱스를 자동 생성한다. 자동 생성된 인덱스를 사용하는 대신, 사용자가 미리 생성한 인덱스를 지정해 PK 제약에 활용하도록 설정할 수도 있다.

FK(Foreign Key) : 다른 테이블의 기본 키(PK) 또는 유니크 키(UK)를 참조하는 컬럼 또는 컬럼들의 조합이다. 관계형 데이터 모델에서 테이블 간의 관계, 즉 참조 무결성을 표현하는 데 사용된다.

FK 제약(Constraint) : 외래 키(FK)의 참조 무결성을 보장하기 위해 DBMS가 제공하는 기능이다. FK 제약을 설정한 컬럼에는 참조 대상이 없는 값을 입력하거나, 참조 중인 값을 삭제하지 못하도록 DBMS가 막아준다.

FK 인덱스(Index) : 공식 용어는 아니지만, 외래 키 컬럼에 생성된 인덱스를 흔히 'FK 인덱스'라고 부른다. PK 제약이 설정된 컬럼에는 반드시 인덱스가 필요하지만, FK 제약이 설정된 컬럼에는 인덱스가 필수는 아니다. 인덱스가 있으면 참조 무결성 검사를 보다 효율적으로 수행할 수 있을 뿐이다.

만약 FK 제약을 설정한 컬럼에 인덱스가 없는 상태에서 참조 대상(부모) 레코드를 삭제하거나 수정하면, 참조 무결성 검사를 위해 참조하는(자식) 테이블 전체를 Full Scan 해야 하므로 매우 비효율적이다. 더 큰 문제는, 이 과정에 신규 레코드가 삽입되지 못하도록 테이블 수준의 Shared Lock이 설정된다는 사실이다. 따라서 **온라인 트랜잭션에서 부모 키를 변경하거나 삭제할 가능성이 있다면**, 자식 테이블의 FK 컬럼에 인덱스를 생성하는 것이 바람직하다.

DBMS가 제공하는 FK 제약 기능을 활용하면, 참조 무결성을 애플리케이션에서 별도로 검사하지 않아도 된다. 하지만, 여러 현실적인 이유로 FK 제약을 설정하지 않는 시스템이 많다. 그렇다면 FK 제약이 설정되지 않은 상태에서 두 테이블 간 참조 무결성을 유지하려면 애플리케이션을 어떻게 구현해야 할까?

참조 무결성 구현에 대해서는 4장 5절 2항에서 짧게 소개한 바 있지만, '순환 RW 의존 관계'를 설명하기 위한 목적이었다. 여기서는 구현 관점에서 좀 더 구체적인 예시를 중심으로 살펴보자.

자식 레코드 추가

다음은 자식 레코드를 추가하는 의사(pseudo) 코드다.

```
SELECT * FROM DEPT WHERE DEPTNO = 40 FOR SHARE;  -- 부모 레코드 존재여부 확인

IF EXISTS THEN
  INSERT INTO EMP(EMPNO, DEPTNO, …) VALUES ( 9999, 40, … );
END IF;

COMMIT;
```

자식 레코드를 추가하는 동안 다른 트랜잭션이 부모 레코드를 삭제하지 못하도록 For Share 옵션을 사용하였다. SQL Server는 HOLDLOCK 힌트를 사용하면 된다. Oracle은 For Share를 지원하지 않으므로 For Update를 사용하면 된다.

이 기능이 제대로 작동하려면, 부모 레코드를 삭제하는 프로그램도 반드시 자식 레코드 존재여부를 먼저 확인하도록 구현해야 한다.

부모 레코드 삭제

다음은 Predicate Lock을 지원하는 DBMS에서 부모 레코드를 삭제할 때 사용할 수 있는 의사(pseudo) 코드다.

```
SET TRANSACTION ISOLATION LEVEL SERIALIZABLE;
SELECT COUNT(*) FROM EMP WHERE DEPTNO = 40; -- 자식 레코드 존재여부 확인

IF COUNT(*) = 0 THEN
  DELETE FROM DEPT WHERE DEPTNO = 40;
END IF;

COMMIT;
```

부모 레코드를 삭제하는 동안 다른 트랜잭션이 새로운 자식 레코드를 입력하지 못하도록 격리 수준을 Serializable로 설정하였다.
Predicate Lock은 (대상 레코드가 존재하지 않더라도) 조건절 범위에 Lock을 설정함으로써, 해당 범위에 대한 Insert를 차단해 준다. MySQL은 아래와 같이 Repeatable Read 격리 수준에서 For Share 옵션을 사용해도 된다.

```
SET TRANSACTION ISOLATION LEVEL REPEATABLE READ;
SELECT COUNT(*) FROM EMP WHERE DEPTNO = 40 FOR SHARE;

IF COUNT(*) = 0 THEN
  DELETE FROM DEPT WHERE DEPTNO = 40;
END IF;

COMMIT;
```

이 기능이 제대로 작동하려면, 자식 레코드를 추가하는 프로그램도 반드시 부모 레코드 존재여부를 먼저 확인하도록 구현해야 한다.

교착상태 및 Update 충돌 에러를 통한 참조 무결성 유지

위와 같이 구현한 상태에서 '자식 추가' 트랜잭션과 '부모 삭제' 트랜잭션이 동시에 진행할 경우 교착상태가 발생한다. 비록 에러가 발생하긴 하지만, 참조 무결성은 지켜낼 수 있다.
문제는 Oracle과 PostgreSQL이다. 이들 DBMS는 Predicate Lock[22]을 지원하지 않기 때문에 자식 레코드 Insert와 자식 레코드 존재 여부를 확인하는 Count 쿼리의 동시 실행을 막을 방법이 없다.
'자식 추가'와 '부모 삭제' 트랜잭션은 '순환 RW 의존 관계'다. 따라서 PostgreSQL에서는 '자식 추가' 트랜잭션의 격리 수준을 Serializable로 설정하면 SSI 충돌 감지 기능이 작동해 참조 무결성을 유지할 수 있다.
Oracle은 Predicate Lock이 없고 SSI 충돌 감지 기능도 없지만, 다행히 Serializable 격리 수준

---

22 PostgreSQL에서 Predicate Lock은 Insert를 막기 위한 용도가 아니라 SSI 충돌 감지하기 위한 목적으로 사용된다.

에서 실행할 경우, 아래 두 SQL 간 Update 충돌 에러(ORA-08177)가 발생해 무결성을 보호할 수 있다.

```
-- 자식 추가 트랜잭션 : 부모 레코드 존재여부 확인하면서 Exclusive Lock 설정
SELECT * FROM DEPT WHERE DEPTNO = 40 FOR UPDATE;

-- 부모 삭제 트랜잭션 : Exclusive Lock 설정
DELETE FROM DEPT WHERE DEPTNO = 40;
```

에러 없이 처리하기 위한 One SQL 활용

교착상태를 발생시키지 않고 참조 무결성을 보호하기 위해 아래와 같이 각 트랜잭션을 하나의 SQL로 처리하는 방안을 생각해 볼 수 있다.

<table>
<tr><th>< TX1 ></th><th></th><th>< TX2 ></th></tr>
<tr><td>SET TRANSACTION ISOLATION LEVEL
SERIALIZABLE;</td><td>t1</td><td>SET TRANSACTION ISOLATION LEVEL
SERIALIZABLE;</td></tr>
<tr><td>INSERT INTO EMP (EMPNO, DEPTNO, …)
SELECT 9999, 40, …
FROM DEPT
WHERE DEPTNO = 40;</td><td>t2</td><td></td></tr>
<tr><td></td><td>t3</td><td>DELETE FROM DEPT
WHERE DEPTNO = 40
AND NOT EXISTS (
SELECT 'X'
FROM EMP
WHERE DEPTNO = 40);</td></tr>
<tr><td>COMMIT;</td><td>t4</td><td></td></tr>
<tr><td></td><td>t5</td><td>COMMIT;</td></tr>
</table>

TX1은 자식(EMP) 레코드를 입력하는 트랜잭션이다. Insert는 DEPTNO = 40 조건을 만족하는 부모(DEPT) 레코드가 있을 때만 실행된다.

TX2는 부모(DEPT) 레코드를 삭제하는 트랜잭션이다. Delete는 Not Exists 필터링을 통해 DEPTNO = 40 조건을 만족하는 자식(EMP) 레코드가 없을 때만 실행된다.

TX1이 먼저 실행됐으므로 TX2는 TX1 트랜잭션이 커밋되기를 기다렸다가, 40번 부서에 소속

사원이 존재함을 확인하고 부서 레코드 삭제를 포기한다.

아래 순으로 실행하면, TX1은 TX2 트랜잭션이 커밋되기를 기다렸다가 40번 부서가 삭제된 것을 확인하고, 사원 레코드 입력에 실패한다.

< TX1 >		< TX2 >
SET TRANSACTION ISOLATION LEVEL **SERIALIZABLE**;	t1	SET TRANSACTION ISOLATION LEVEL **SERIALIZABLE**;

	t2	DELETE FROM DEPT
		WHERE DEPTNO = 40
		AND NOT EXISTS (
		        SELECT 'X'
		        FROM EMP
		        WHERE DEPTNO = 40);

INSERT INTO EMP (EMPNO, DEPTNO, …) SELECT 9999, 40, … FROM DEPT WHERE DEPTNO = 40;	t3	
	t4	COMMIT;
COMMIT;	t5	

이 경우도 Oracle과 PostgreSQL은 문제가 있다. MVCC는 Select 문이 다른 트랜잭션의 Insert, Update, Delete 결과를 볼 수 없기 때문이다.

PostgreSQL은 여기서도 SSI 충돌 감지 기능이 작동해 앞에서와 동일한 에러가 발생한다.

Oracle은 어떤 순서로 실행하든, 두 트랜잭션 모두 성공하므로 참조 무결성이 깨진다. 따라서 앞서 소개한 Update 충돌 에러를 통해 문제를 해결할 수밖에 없다. 즉, One SQL 활용이 불가능하다.

만약 이 두 DBMS에서도 Update 충돌 에러를 발생시키지 않고 참조 무결성을 지키고 싶다면, 애플리케이션 레벨 Lock을 활용하는 방법을 고려할 수 있다. 자세한 내용은 바로 다음 절인 '5.12 프로그램 병행 실행 제어'에서 설명한다.

외래 키(FK) 제약 설정에 대한 단상

관계형 데이터베이스(RDBMS)를 사용하는 개발자와 DBA 사이에서 외래 키(Foreign Key, FK) 제약 설정은 늘 논쟁거리다. 독자는 FK 제약 설정에 대해 어떻게 생각하는가? 찬성인가, 반대인가?
필자가 운영하는 온라인 커뮤니티에서 진행한 설문조사 결과에 따르면, 찬반 의견은 팽팽했다.

- 찬성 이유 중 가장 많았던 응답은 "데이터 정합성 확보"(62%)
- 반대 이유로는 "관리 비용 증가"(40%), "개발 생산성 저하"(36%)가 주요하게 언급되었다.

필자도 FK 제약의 가장 큰 장점은 데이터 정합성 보장이라는 점에 공감한다. 하지만 실제 운영 환경에서는 이론적 이점만으로 이를 쉽게 도입할 수 없다. 구체적이고 현실적인 문제들을 살펴봐야 한다.

1. FK 제약과 Lock 경합

FK 제약을 설정할 때 가장 먼저 고려해야 할 것은 Lock 문제다. 특히 자식 테이블의 FK 컬럼에 인덱스가 없을 경우, 부모 레코드를 삭제하거나 변경할 때 자식 테이블에 S 모드 TM Lock이 설정된다. 이는 시스템 전체에 영향을 미치는 심각한 경합을 유발할 수 있다.
Oracle은 이 문제에 대해 다음과 같이 권고한다.

"Index foreign keys unless the matching unique or primary key is never updated or deleted."

즉, 부모 키가 변경되거나 삭제될 가능성이 있다면, 자식 테이블의 FK 컬럼에 반드시 인덱스를 생성하라는 뜻이다.
부모 키가 변경되거나 삭제되지 않음을 보장할 수 있을까? 보장할 수 없으면 FK 제약을 설정할 때마다 자식 테이블에 인덱스를 만들어야 하는데, 이는 상당한 운영 부담을 야기한다.

- 드물게 발생하는 삭제 작업을 위해 과연 인덱스를 유지해야 할까?
- 업무가 종료된 야간에만 삭제를 허용하는 운영 룰을 마련할까?
- 시스템 부하를 줄이기 위해, 부모 레코드 삭제 시점에만 인덱스를 생성하고 이후 제거할까?

결론적으로, FK 제약을 많이 설정하면 Lock 경합에 주의해야 하고, Lock 경합 방지용 인덱스는 시스템 설계, 운영, 개발 모두에 부담을 줄 수 있다.

2. FK 제약과 성능 저하

부모 레코드를 삭제/변경할 때보다 더 빈번하게 발생하는 이슈는, 자식 레코드를 Insert할 때 발생하는 성능 부하다.

- 부모 존재 여부를 확인하기 위해 PK 인덱스를 탐색하면서 인덱스 Depth만큼 블록 I/O가 발생한다.

- 동시에, 메모리 버퍼캐시 상에서 래치(Latch)[23] 경합도 증가할 수 있다. 예를 들어, 상품, 고객, 주문 같은 테이블을 참조하는 수많은 자식 테이블이 존재할 텐데, 이들에 레코드를 Insert할 때마다 PK 인덱스에 접근하게 되고, 이는 캐시 버퍼 체인 래치 경합으로 이어진다.

따라서 대규모 트랜잭션 처리 시스템에서 FK 제약은 전반적인 트랜잭션 처리 성능을 저해할 가능성이 높다.

3. FK 제약과 데이터 정합성

그럼에도 불구하고 FK 제약을 설정하기로 했다고 가정하자. 그렇다면 기대한 대로 데이터 정합성이 확보될까? 현실은 생각보다 복잡하다.

1) 자주 참조되는 키/메인 테이블의 수적(數的) 문제

테이블이 50~100개 수준의 작은 시스템이나 솔루션에는 FK를 거는 일이 그다지 어려운 일은 아니다. 그런 시스템이라면 필자도 일단 FK 설정을 고려하겠다.
그런데 대형 시스템은 테이블 개수가 수천 개가 넘는다. 독자가 그런 대형 시스템에 근무하고 있다면, ERD를 펼쳐놓고 그 수천 개 테이블을 자세히 들여다보기를 바란다. 상당히 많은 테이블이 상품번호, 고객번호, 계약번호, 주문번호, 사원번호 등을 참조하고 있다는 사실을 발견할 것이다. 상품, 고객, 계약, 주문, 사원 테이블을 바라보는 수백 개 테이블에 모두 FK 제약을 설정하는 일이 가능할까? 수천 개 테이블이 서로 얽히고설킨 상태에서 수없이 많은 FK 컬럼에 인덱스를 생성하고, 혹시라도 인덱스가 누락된다면 언제고 테이블에 S 모드 TM Lock이 걸릴 수 있는 불안한 상황을 감당할 수 있을까?

2) 공통코드에 대한 FK 설정

공통코드는 일반적으로 「코드구분 + 코드」 조합을 PK로 사용하지만, 참조(자식) 테이블에는 코드만 저장하므로 구조적으로 FK 설정이 불가능하다. 게다가 공통코드는 모델링 단계에서 관계선조차 연결하지 않는 경우도 많다.

3) 데이터 삭제 및 보관 주기 이슈

가입 해지 고객 데이터를 법적으로 정해진 기간 내에 삭제해야 할 때, 해당 고객을 참조하는 계약, 거래, 입출금, 결제, 배송 등의 데이터까지 함께 삭제하는 것은 현실적으로 거의 불가능하다.
테이블마다 보관 기간이 다르고, 고객 데이터가 삭제되었더라도 이를 참조하는 거래 기록은 보관해야 하기 때문이다. 이런 상황에서 FK 제약은 삭제 업무를 방해하는 족쇄가 될 수 있다.

---

23 공유 메모리 자원에 대한 액세스를 직렬화하기 위한 일종의 Lock 메커니즘이다.

선분이력 테이블을 참조하는 경우에는 FK를 걸 수 없는 문제도 있다. 이런 저런 이유로, ERD를 펼쳐놓고 분석해 보면 실제 FK 제약을 설정할 수 있는 컬럼이 얼마되지 않는다. 게다가 FK 제약이 있는 관계와 없는 관계가 혼재하면, 개발자와 DBA 모두 혼란과 관리 복잡성을 겪게 된다.

결론적으로, 기본 키(PK) 제약은 거의 모든 테이블에 적용이 가능하므로 이를 통해 일정 수준의 데이터 품질을 안정적으로 확보할 수 있다. 반면, 외래 키(FK) 제약은 현실적인 제약이 너무 많아 적용 가능한 범위가 제한적이다.
FK를 설정하려는 가장 큰 이유가 데이터 품질 확보에 있지만, 사실상 FK로 지켜낼 수 있는 데이터 품질 수준은 전체 관계의 30%에도 미치지 못한다. 반면, FK 제약 설정에 따른 운영 리스크, 성능 저하, 관리 복잡도는 결코 가볍지 않다.
따라서 FK 제약을 일부 설정하더라도 결국 별도로 데이터 품질 관리(Data Quality Management, DQM) 체계를 수립할 수 밖에 없다.
따라서 실무에서는 아래와 같은 전략이 현실적이다.

① 테이블이 50~100개 수준의 작은 시스템이나 솔루션이라면, 가능한 FK 제약을 적극 설정하여 정합성을 확보하자.
② 수백 수천 개 테이블을 가진 대형 트랜잭션 시스템이라면, 의미있는 수준으로 FK 제약을 설정하는 일은 사실상 불가능에 가깝다. 따라서 데이터 품질은 주기적인 데이터 품질 관리 활동을 통해 확보하는 쪽으로 방향성을 잡자.
③ 다만, 변경 가능성이 낮고 정적 구조를 갖는 일부 마스터 테이블(조직, 사원, 규칙 등) 간에는 FK 제약을 설정해도 운영 리스크가 낮으므로 이를 활용한다.

5.12 프로그램 병행 실행 제어

정해진 작업 흐름에 따라 데이터를 일괄 처리하는 배치(Batch) 프로그램을 아래처럼 두 트랜잭션이 동시에 실행할 경우, 접근하는 데이터가 겹치면서 정합성에 문제가 생길 수 있다.

< TX1 >		< TX2 >
EXEC pgm_executor('prxq_3782', 'A');	t1	
	t2	EXEC pgm_executor('prxq_3782', 'B');

4장에서 트랜잭션 직렬화 방안을 소개했지만, 여러 테이블을 액세스하는 복잡한 배치 프로그램에는 적용하기 힘들 수 있다. 따라서 프로그램의 병행 실행을 제어할 수 있는 추가적인 방안이 필요하다.

프로그램목록 테이블 활용

대부분 대형 시스템에서는 프로그램 목록 테이블을 관리하므로 이를 활용해 아래처럼 트랜잭션 실행 순서를 직렬화할 수 있다.

< TX1 >		< TX2 >
SELECT * FROM 프로그램목록 WHERE 프로그램ID = 'prxq_3782' **FOR UPDATE;**	t1	
	t2	SELECT * FROM 프로그램목록 WHERE 프로그램ID = 'prxq_3782' **FOR UPDATE;**
EXEC pgm_executor('prxq_3782', 'A');	t3	
COMMIT;	t4	
	t5	EXEC pgm_executor('prxq_3782', 'B');
	t6	COMMIT;

프로그램 목록 테이블에 마지막 실행정보를 관리한다면, 아래와 같이 Update문을 활용하면 된다.

< TX1 >		< TX2 >
UPDATE 프로그램목록 SET **최종시작시각 = SYSDATE** WHERE 프로그램ID = 'prxq_3782';	t1	
	t2	UPDATE 프로그램목록 SET **최종시작시각 = SYSDATE** WHERE 프로그램ID = 'prxq_3782';
EXEC pgm_executor('prxq_3782', 'A');	t3	

UPDATE 프로그램목록 SET 최종완료시각 = SYSDATE WHERE 프로그램ID = 'prxq_3782';	t4	
COMMIT;	t5	
	t6	EXEC pgm_executor('prxq_3782', 'B');
	t7	UPDATE 프로그램목록 SET 최종완료시각 = SYSDATE WHERE 프로그램ID = 'prxq_3782';
	t8	COMMIT;

Lock 테이블 활용

만약 프로그램 목록을 관리하는 테이블이 없다면, 별도의 Lock 테이블을 활용하는 방법도 있다.

우선, 아래와 같이 Lock 테이블을 생성한다.

```
CREATE TABLE 락테이블 (
   락이름       VARCHAR(100) PRIMARY KEY
,  락소유자     VARCHAR(100)
,  락획득일시   TIMESTAMP
);
```

작업 시작 전에 아래 Insert 문으로 Lock을 획득한다.

```
INSERT INTO 락테이블(락이름, 락소유자, 락획득일시)
VALUES ('prxq_3782', 'A', systimestamp);
```

'prxq_3782' 프로그램을 다른 트랜잭션이 먼저 실행 중이면, PK 중복이 발생하므로 Lock이 해제될 때까지 기다려야 한다.

작업을 완료했으면 아래 Delete 문으로 Lock을 해제한다.

```
DELETE FROM 락테이블 WHERE 락이름 = 'prxq_3782';
```

애플리케이션 레벨 Lock 활용

프로그램 목록을 관리하는 테이블이 없을 때, DBMS가 제공하는 애플리케이션 Lock 기능을 이용할 수도 있다. 아래는 Oracle의 DBMS_LOCK을 이용해 프로그램의 동시 실행을 제어하는 예시다[24].

```
CREATE OR REPLACE PROCEDURE prxq_3782
IS
  l_result        NUMBER;
BEGIN
  l_result := DBMS_LOCK.REQUEST(
    id       => DBMS_UTILITY.GET_HASH_VALUE('prxq_3782', 0, 1024)
  , lockmode => DBMS_LOCK.X_MODE
  , timeout  => 10  -- 10초 대기 후 Lock이 해제되지 않으면, 1 이상의 값 반환
  , release_on_commit => true
  );

  IF l_result = 0 THEN
     /* 임계 구역 시작 */
     -- do anything ...
     /* 임계 구역 끝 */
     COMMIT;
  ELSE
    DBMS_OUTPUT.PUT_LINE('잠시 후 다시 시도하십시오.');
  END IF;
END prxq_3782;
```

DBMS_LOCK 호출 이후의 코드 영역은 임계 구역(Critical Section)으로 보호받게 된다. 커밋할 수 없는 상황이면 아래와 같이 명시적으로 Lock을 해제해 주어야 한다.

```
CREATE OR REPLACE PROCEDURE prxq_3782
IS
  l_id            NUMBER;
  l_result        NUMBER;
BEGIN
  l_id := DBMS_UTILITY.GET_HASH_VALUE('prxq_3782', 0, 1024);
  l_ result := DBMS_LOCK.REQUEST(
    id       => l_id
```

24 온라인 스크립트 script6_app_lock.sql 참조

```
  , lockmode => DBMS_LOCK.X_MODE
  , timeout  => 10
  );

  IF l_result = 0 THEN
     /* 임계 구역 시작 */
     -- do anything ...
     /* 임계 구역 끝 */
     COMMIT;

    l_ result := DBMS_LOCK.RELEASE(l_id);
  ELSE
    DBMS_OUTPUT.PUT_LINE('잠시 후 다시 시도하십시오.');
  END IF;
END prxq_3782;
```

MySQL에서는 GET_LOCK, RELEASE_LOCK 함수를 이용하면 된다.

```
-- 10초 동안 Lock 시도 : 1(성공) 또는 0(실패) 또는 NULL(에러) 반환
SELECT GET_LOCK('prxq_3782', 10) INTO l_result;

IF l_result = 1 THEN
   /* 임계 구역 시작 */
   -- do anything ...
   /* 임계 구역 끝 */
   COMMIT;

  -- 작업 완료 후 Lock 해제 : 1(성공) 또는 0(Lock 없음) 또는 NULL(에러) 반환
  SELECT RELEASE_LOCK('prxq_3782');
END IF;
```

지면 관계상 SQL Server와 PostgreSQL 예시는 생략하지만, 이들 DBMS도 표 5-3과 같이 애플리케이션 Lock 기능을 제공한다. 자세한 사용 방법은 공식 매뉴얼을 참고하기 바란다.

DBMS	App Lock 설정	App Lock 해제
Oracle	DBMS_LOCK.REQUEST	DBMS_LOCK.RELEASE
MySQL	GET_LOCK	RELEASE_LOCK
SQL Server	SP_GETAPPLOCK	SP_RELEASEAPPLOCK
PostgreSQL	PG_TRY_ADVISORY_LOCK	PG_ADVISORY_UNLOCK

[표 5-3]

외래 키 제약 구현

앞 절에서 FK 제약을 애플리케이션 레벨에서 구현하는 방법을 살펴 봤는데, 방금 소개한 애플리케이션 레벨 Lock을 이용해 아래와 같이 구현하는 방법도 있다.

아래는 부모 테이블인 DEPT에서 레코드를 삭제하는 프로그램이다[25].

```
CREATE OR REPLACE PROCEDURE delete_dept(p_deptno VARCHAR2)
IS
  l_cnt     NUMBER;
  l_result  NUMBER;
BEGIN
  -- 애플케이션 Lock 설정
  l_result := DBMS_LOCK.REQUEST(
    id       => DBMS_UTILITY.GET_HASH_VALUE('dept_' || p_deptno, 0, 1024)
  , lockmode => DBMS_LOCK.X_MODE
  , timeout  => 10
  , release_on_commit => true
  );

  IF l_result = 0 THEN
    -- 자식 레코드 존재 여부 확인
    SELECT COUNT(*) INTO l_cnt FROM EMP WHERE DEPTNO = p_deptno;[26]

    IF l_cnt = 0 THEN
      -- 자식 레코드가 존재하지 않으면, 부모 레코드 Delete
      DELETE FROM DEPT WHERE DEPTNO = p_deptno;
    END IF;

    COMMIT;
  ELSE
    DBMS_OUTPUT.PUT_LINE('잠시 후 다시 시도하십시오.');
  END IF;

END delete_dept;
```

자식 테이블에 Insert 할 때도 같은 보호 로직을 적용해야 한다. 아래는 자식 테이블인 EMP에 레코드를 Insert하는 프로그램이다.

---

25 온라인 스크립트 script7_fk_constraint.sql 참조

26 Oracle이라면, 'AND ROWNUM <= 1' 조건을 추가해 주는 것이 좋다

```
CREATE OR REPLACE PROCEDURE insert_emp(p_deptno VARCHAR2)
IS
  l_cnt     NUMBER;
  l_result  NUMBER;
BEGIN
  -- 애플케이션 Lock 설정
  l_result := DBMS_LOCK.REQUEST(
    id       => DBMS_UTILITY.GET_HASH_VALUE('dept_' || p_deptno, 0, 1024)
  , lockmode => DBMS_LOCK.X_MODE
  , timeout  => 10
  , release_on_commit => true
  );

  IF l_result = 0 THEN
    -- 부모 레코드 존재 여부 확인
    SELECT COUNT(*) INTO l_cnt FROM DEPT WHERE DEPTNO = p_deptno;

    IF  l_cnt = 1 THEN
      -- 부모 레코드 존재하면, 자식 레코드 Insert
      INSERT INTO EMP(EMPNO, DEPTNO, ...) VALUES(9999, p_deptno, ... );
    END IF;

    COMMIT;
  ELSE
    DBMS_OUTPUT.PUT_LINE('잠시 후 다시 시도하십시오.');
  END IF;
END insert_emp;
```

이렇게 구현하면, '자식 추가' 트랜잭션과 '부모 삭제' 트랜잭션이 동시에 진행할 때 발생하는 교착상태를 피할 수 있다.

지금까지 설명한 프로그램 병행 실행 제어 기법들은 동시 트랜잭션 간 경합이 빈번한 상황에서는 적용이 어려울 수 있다는 점을 염두에 두어야 한다.

5.13 데이터베이스 설계 변경

5.9절에서 채번 동시성을 고려한 PK 식별자 설계 방안을 다루었다. 이 외에도 설계 변경을 통해 동시성을 향상시킬 수 있는 다양한 방법이 존재한다.

예를 들어, 그림 5-29의 체결 테이블은 주식 매수주문과 매도주문이 체결될 때마다 한 건씩 Insert 되며, 하루에 약 1,000만 건의 데이터가 적재된다.

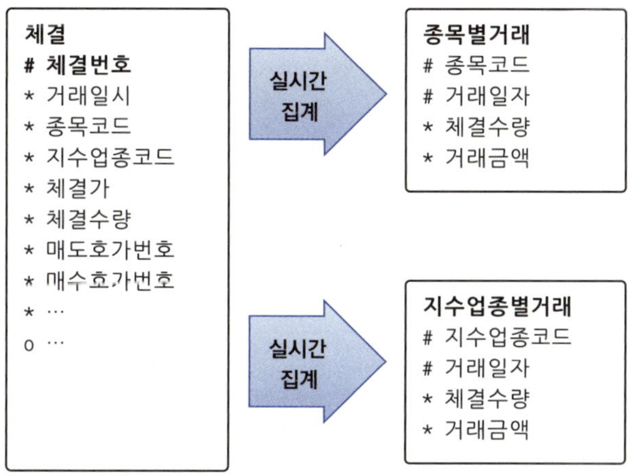

[그림 5 - 29]

아래는 주식 거래가 체결될 때마다 실행되어 종목별거래와 지수업종별거래를 실시간으로 집계하는 프로그램이다.

```
INSERT INTO 체결(체결번호, 거래일시, 종목코드, 지수업종코드, 체결가, 체결수량, … )
VALUES ( … ) ;

UPDATE 종목별거래
SET 체결수량 = 체결수량 + :체결수량, 거래금액 = 거래금액 + (:체결가 * :체결수량)
WHERE  종목코드 = :isu_cd;

UPDATE 지수업종별거래
SET 체결수량 = 체결수량 + :체결수량, 거래금액 = 거래금액 + (:체결가 * :체결수량)
WHERE  지수업종코드 = :idx_ind_cd;

COMMIT;
```

거래되는 주식 종목은 10,000여 개이며, 지수업종은 50여 개에 불과하다. 종목별거래 테이블은 Lock이 10,000여 개 종목에 분산되므로 동시 Update에 의한 경합이 거의 발생하지 않는다. 반면, 지수업종별거래 테이블은 지수업종이 적어 동시 Update에 의한 Lock 경합이 자주 발생한다. 따라서 이러한 동시성 문제를 해결하기 위한 대안이 필요하다.

일별 집계

첫 번째 방안은 그림 5-30처럼 지수업종별거래를 실시간 집계하지 않고, 일별 집계하는 것이다.

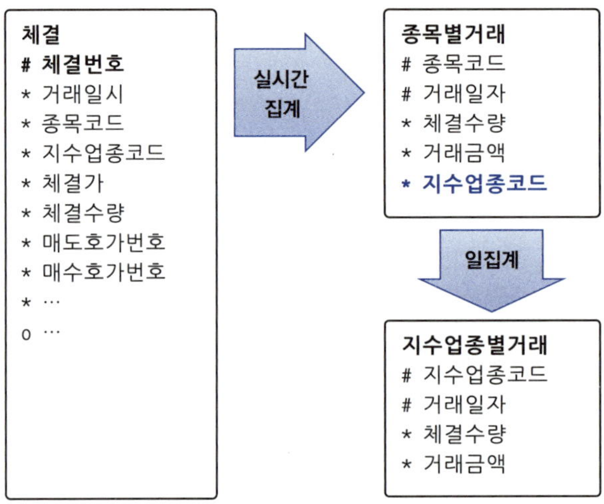

[그림 5 - 30]

아래는 종목별거래를 이용해 지수업종별거래를 일별 집계하는 SQL이다.

```
INSERT INTO 지수업종별거래
SELECT 지수업종코드, 거래일자, SUM(체결수량) 체결수량, SUM(거래금액) 거래금액
FROM   종목별거래
WHERE  거래일자 = TO_CHAR(SYSDATE - 1, 'YYYYMMDD')  -- 전일자
GROUP BY 지수업종코드;
```

전일까지의 집계 데이터를 조회할 때는 지수업종별거래 테이블만 조회하면 된다. 현재까지의

실시간 집계 데이터를 조회할 때는 종목별거래 테이블을 함께 활용하면 된다. 예를 들어, 2025년 10월 1일부터 2025년 10월 16일 현재까지의 지수업종별 체결수량과 거래금액을 조회할 때는 아래와 같이 조회하면 된다.

```
SELECT 지수업종코드, SUM(체결수량), SUM(거래금액)
FROM (
  SELECT 지수업종코드, 체결수량, 거래금액
  FROM   지수업종별거래
  WHERE  거래일자 BETWEEN '20251001' AND '20251015'
  UNION ALL
  SELECT 지수업종코드, 체결수량, 거래금액
  FROM   종목별거래
  WHERE  거래일자 = '20251016'
)
GROUP BY 지수업종코드;
```

근실시간 집계

두 번째 방안은 그림 5-31처럼 두 테이블 모두 실시간 집계하지 않고, Deferred 방식으로 집계하는 것이다.

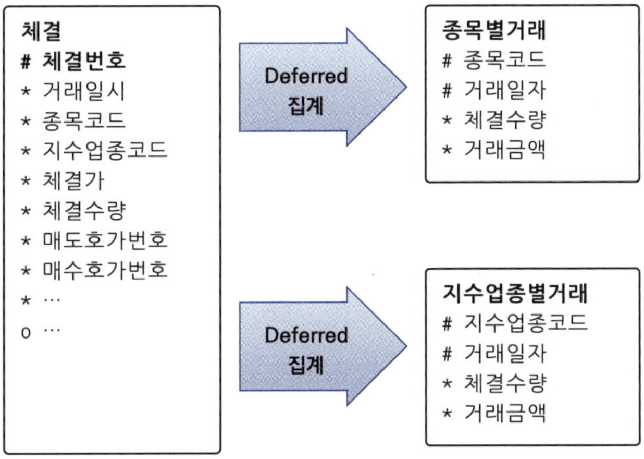

[그림 5 - 31]

아래는 종목별거래와 지수업종별거래를 집계하는 프로그램이다. 이 프로그램을 10초 또는 30초 또는 1분 간격으로 실행하면, 근실시간(near real time) 조회가 가능하다.

```
:curr_tm := SYSDATE;

SELECT 직전집계시각 INTO :last_tm
FROM   집계프로그램관리
WHERE  프로그램코드 = :pgm_cd;

UPDATE 집계프로그램관리
   SET 직전집계시각 = :curr_tm
WHERE  프로그램코드 = :pgm_cd;

MERGE INTO 종목별거래 A
USING (SELECT 종목코드, SUM(체결가) 체결가, SUM(체결수량) 체결수량
       FROM   체결
       WHERE  거래일시 > :last_tm AND 거래일시 <= :curr_tm
       GROUP BY 종목코드) B
ON (A.종목코드 = B.종목코드 AND A.거래일자 = TO_CHAR(SYSDATE, 'YYYYMMDD'))
WHEN MATCHED THEN UPDATE SET …
WHEN NOT MATCHED THEN INSERT … ;

MERGE INTO 지수업종별거래 A
USING (SELECT 종목코드, SUM(체결가) 체결가, SUM(체결수량) 체결수량
       FROM   체결
       WHERE  거래일시 > :last_tm 거래일시 <= :curr_tm
       GROUP BY 지수업종코드) B
ON (A.지수업종코드 = B.지수업종코드 AND A.거래일자 = TO_CHAR(SYSDATE, 'YYYYMMDD'))
WHEN MATCHED THEN UPDATE SET …
WHEN NOT MATCHED THEN INSERT … ;
```

이 방식에서는 체결 발생 이후 데이터가 집계되기까지 일정 시간 지연이 발생하지만, 동시 Update로 인한 Lock 경합 문제를 크게 줄일 수 있다.

체결에 소요되는 최대 시간을 고려하여 프로그램 수행 주기를 잘 설정해야 하며, 만약 5.3절에서 설명한 데이터 누수 현상이 발생할 가능성이 있다면, 그에 따른 동시성 제어 코드를 추가로 구현해야 한다.

5.14 One SQL 구현 및 SQL 튜닝

One SQL 구현

할 수 있다면, 트랜잭션 전체를 하나의 SQL 문으로 구현하는 것이 일관성과 동시성(=성능)을 동시에 확보하는 최선의 선택이다.

앞서 5.1절(비관적 동시성 제어)과 5.2절(낙관적 동시성 제어)에서 살펴본 우수고객 포인트 적립 예시는 아래와 같이 하나의 Update 문으로 구현할 수 있다.

```
UPDATE 고객
SET 적립포인트 = NVL(적립포인트, 0)
               + (CASE WHEN 구매실적 >= 100000 THEN 3000 ELSE 0 END)
               + (CASE WHEN 방문횟수 >= 10 THEN 2000 ELSE 0 END)
               + (CASE WHEN 최근방문일자 >= '20251006' THEN 1000 ELSE 0 END)
WHERE 고객번호 = 100
AND  (구매실적 >= 100000 OR 방문횟수 >= 10 OR 최근방문일자 >= '20251006')
```

4장에서는 Phantom Read 사례로 아래 경우를 살펴봤다. TX1 트랜잭션이 총 건수를 조회하고, 이어서 상품 목록을 출력하기 위한 쿼리를 수행하였는데, 그 사이 TX2가 새로운 상품을 등록함으로써 총 건수와 출력된 목록의 맨 마지막 레코드 번호가 서로 불일치하는 현상이었다.

<table>
<tr><th>< TX1 ></th><th></th><th>< TX2 ></th></tr>
<tr><td><pre>SELECT COUNT(*) AS 총건수
FROM   상품
WHERE 분류코드 = 'ABC';</pre></td><td>t1</td><td></td></tr>
<tr><td></td><td>t2</td><td><pre>INSERT INTO 상품(상품코드, 분류코드, …)
VALUES ('S0087', 'ABC', …);</pre></td></tr>
<tr><td></td><td>t3</td><td><pre>COMMIT;</pre></td></tr>
<tr><td><pre>SELECT ROWNUM AS 번호, A.*
FROM (
  SELECT 상품코드, 상품명, 판매가
  FROM   상품
  WHERE 분류코드 = 'ABC'
  ORDER BY 상품명
) A</pre></td><td>t4</td><td></td></tr>
</table>

이 문제는 TX1에서 다음과 같이 COUNT OVER 윈도우 함수를 활용한 쿼리를 수행함으로써 해결할 수 있다.

```
SELECT ROWNUM AS 번호, A.*
FROM (
  SELECT 상품코드, 상품명, 판매가, COUNT(*) OVER () AS 총건수
  FROM   상품
  WHERE  분류코드 = 'ABC'
  ORDER BY 상품명
) A
```

이때 주의할 점이 있다. 만약 상품 목록을 출력하는 쿼리가 「분류코드 + 상품명」 순으로 정렬된 인덱스를 이용해 부분범위처리[27] 방식으로 처리되고 있었다면, COUNT OVER 함수를 추가하는 순간 전체범위처리[28]로 바뀌어 성능이 저하될 수 있다. 이는 애초에 별도로 수행한 COUNT 쿼리가 전체범위처리 방식이므로 큰 성능 저하가 아닐 수 있다. 하지만 별도로 수행한 COUNT 쿼리가 인덱스만 스캔해서 결과를 얻을 수 있는 상황이라면, COUNT OVER 함수를 사용한 통합 쿼리 성능이 문제가 될 수 있다.

마지막 예로, 기존 데이터 중 일부를 Update 또는 Delete 하고, 새로운 데이터를 Insert 하는 트랜잭션의 경우, Merge 문을 활용하면 된다.
예를 들어, 아래와 같이 Source 데이터를 읽어 TARGET 테이블에 Delete, Update, Insert 하는 트랜잭션이 있다고 하자.

---

27 조건절을 만족하는 전체 데이터 중 앞쪽 일부만 전송하고 멈추었다가, 사용자의 추가 요청(Fetch Call)이 있을 때마다 나머지 데이터를 일정 단위로 나눠서 추가 전송하는 방식

28 조건절을 만족하는 전체 데이터를 중단 없이 한번에 끝까지 읽어서 전송하거나, 전체 데이터를 모두 읽어서 필요한 가공 작업을 수행한 뒤 결과 전송을 시작하는 방식

```
DELETE FROM TARGET T
WHERE NOT EXISTS (SELECT 'X' FROM SOURCE WHERE ID = T.ID);

UPDATE TARGET T
SET ...
WHERE EXISTS (SELECT 'X' FROM SOURCE WHERE ID = T.ID);

INSERT INTO TARGET
SELECT ... FROM SOURCE
WHERE NOT EXISTS (SELECT 'X' FROM TARGET WHERE ID = T.ID);
```

3개의 DML을 수행하는 도중에 다른 트랜잭션이 TARGET 테이블에 데이터를 입력, 수정, 삭제한다면 일관성에 문제가 생길 수 있다. 따라서 3개의 DML을 아래와 같이 하나의 Merge 문으로 구현하면 일관성을 확보할 수 있다.

```
MERGE INTO TARGET T
USING (SELECT S1.ID, S1.COL1, S1.COL2, S1.COL3, S1.MOD_DTM, 'N' AS DEL_YN
       FROM   SOURCE S1
       UNION ALL
       SELECT T1.ID, T1.COL1, T1.COL2, T1.COL3, T1.MOD_DTM, 'Y' AS DEL_YN
       FROM TARGET T1
       WHERE NOT EXISTS (SELECT 'X' FROM SOURCE WHERE ID = T1.ID)) S
ON (S.ID = T.ID)
WHEN MATCHED THEN UPDATE SET ...
     WHERE (S.MOD_DTM <> T.MOD_DTM) OR (S.DEL_YN = 'Y')
     DELETE WHERE S.DEL_YN = 'Y'
WHEN NOT MATCHED THEN INSERT VALUES( ... )
```

집합 확장을 위한 Union All 대신 아래와 같이 Full Outer Join을 사용해도 된다.

```
MERGE INTO TARGET T
USING (SELECT NVL(S1.ID, T1.ID) ID, S1.COL1, S1.COL2, S1.COL3, S1.MOD_DTM
             ,(CASE WHEN S1.ID IS NULL THEN 'Y' END) AS DEL_YN
       FROM SOURCE S1 FULL OUTER JOIN TARGET T1 ON S1.ID = T1.ID) S
ON (S.ID = T.ID)
WHEN MATCHED THEN UPDATE SET ...
     WHERE (S.MOD_DTM <> T.MOD_DTM) OR (S.DEL_YN = 'Y')
     DELETE WHERE S.DEL_YN = 'Y'
WHEN NOT MATCHED THEN INSERT VALUES( ... )
```

SQL 튜닝

'공격이 최상의 수비'라는 말이 있다. DB 트랜잭션의 동시성을 높이는 가장 효과적인 방법은 바로 SQL 튜닝이다. Lock 자체에 집중하기 보다 개별 SQL의 처리 성능을 향상시키는 것이 우선이며, 그렇게 하면 Lock 경합은 자연스럽게 줄게 마련이다. 이와 함께 일관성 향상이라는 부수적인 효과도 기대할 수 있다. 이는 조회나 변경 작업 중 다른 트랜잭션이 개입할 가능성을 줄여주기 때문이다.

그뿐 만이 아니다. 튜닝되지 않은 악성(Long Running) 쿼리들이 곳곳에 존재할 경우, Oracle에서는 Snapshot too old 에러 발생 가능성이 높아지고, PostgreSQL에서는 Autovacuum이 정상적으로 작동하지 않아 심각한 시스템 부하를 유발할 수 있다. 튜닝되지 않은 SQL은 그외에도 다양한 동시성 문제를 야기한다.

SQL 튜닝은 이 책의 범위를 벗어나므로 더는 설명하지 않겠지만, SQL 튜닝을 통해 DB 동시성을 향상시키고자 한다면, 필자가 저술한 '친절한 SQL 튜닝'과 '오라클 성능 고도화 원리와 해법'을 참고하길 바란다.

색 인

ㄱ

ㄴ

ㄷ

ㄹ

ㅂ

ㅅ

ㅇ

ㅈ

ㅊ

ㅋ

A

C

D

E

F

G

H

I

K

L

M

N

O

P

R

S

U

V

W